Die Geschäfte des Allfinanzdienstleistungsvermittlers bei Kombinationsmodellen

AF814993

Europäische Hochschulschriften
Publications Universitaires Européennes
European University Studies

**Reihe II**
**Rechtswissenschaft**

Série II Series II
Droit
Law

**Bd./Vol. 3345**

PETER LANG
Frankfurt am Main · Berlin · Bern · Bruxelles · New York · Oxford · Wien

Jutta Hänle

# Die Geschäfte des Allfinanzdienstleistungsvermittlers bei Kombinationsmodellen

## Berufsbild, Haftung, Haustürgeschäft, Täuschung unter besonderer Berücksichtigung der Haftung der dahinterstehenden Produktgeber

PETER LANG
Europäischer Verlag der Wissenschaften

Die Deutsche Bibliothek - CIP-Einheitsaufnahme

Hänle, Jutta :

Die Geschäfte des Allfinanzdienstleistungsvermittlers bei Kombinationsmodellen : Berufsbild, Haftung, Haustürgeschäft, Täuschung unter besonderer Berücksichtigung der Haftung der dahinterstehenden Produktgeber / Jutta Hänle. - Frankfurt am Main ; Berlin ; Bern ; Bruxelles ; New York ; Oxford ; Wien : Lang, 2002
(Europäische Hochschulschriften : Reihe 2, Rechtswissenschaft ; Bd. 3345)
Zugl.: Leipzig, Univ., Diss., 2001
ISBN 3-631-38462-9

15
ISSN 0531-7312
ISBN 3-631-38462-9

© Peter Lang GmbH
Europäischer Verlag der Wissenschaften
Frankfurt am Main 2002
Alle Rechte vorbehalten.

Das Werk einschließlich aller seiner Teile ist urheberrechtlich geschützt. Jede Verwertung außerhalb der engen Grenzen des Urheberrechtsgesetzes ist ohne Zustimmung des Verlages unzulässig und strafbar. Das gilt insbesondere für Vervielfältigungen, Übersetzungen, Mikroverfilmungen und die Einspeicherung und Verarbeitung in elektronischen Systemen.

www.peterlang.de

**Meinen Eltern**

„Es ist produktiver, einen Tag lang über sein Geld nachzudenken,
als einen ganzen Monat für Geld zu arbeiten."

Heinz Brestel (*1922, deutscher Finanzpublizist)

## VORWORT

Ich möchte an dieser Stelle zuerst Frau Imke Ritter danken, die mich zu dieser Doktorarbeit motivierte und die notwendigen Schritte hierfür einleitete.

Zu großem Dank bin ich auch meinem Doktorvater Prof. Dr. Kern verpflichtet, der mich auf die Problematik des Allfinanzvermittlers aufmerksam machte und das Thema dieser Arbeit anregte.

Weiterhin danke ich Dr. Arne Kroidl, Malte Kroidl und Carl-Christof Gebhardt für Ihre Unterstützung, die für mich den zu dieser Arbeit notwendigen Ausgleich schafften.

Zu Dank bin ich auch Jens Müller und Holger Schraps verpflichtet, ohne deren tatkräftige Mithilfe beim Formatieren und Ausdrucken ich die Arbeit niemals rechtzeitig hätte abgeben können.

Mein Dank gilt überdies Ralf Hänle, der mich auf der Layout-Seite tatkräftig unterstützte.

Zu großem Dank bin ich der Konrad-Adenauer-Stiftung verpflichtet, die mich in Ihre Graduiertenförderung aufnahm, und ohne deren finanzielle Hilfe ich diese Arbeit niemals hätte erstellen können.

Zuletzt möchte ich hiermit meinen Eltern für Ihren jahrelangen Einsatz danken, die mir in finanzieller Hinsicht das Studium ermöglichten und mir geistig und moralisch in allen Lebenslagen zur Seite standen. Ihnen widme ich vorliegende Arbeit.

Jutta Hänle

KURZGLIEDERUNG

# INHALTSVERZEICHNIS

**EINLEITUNG**

Die Arbeit hat sich zum Ziel gesetzt, die Rechtsfigur des Vermittlers zu untersuchen, der dem Kunden gleichzeitig mehrere Verträge verschiedener Produktgeber als Bündel verkauft. Dargestellt wird zuerst der geschichtliche Hintergrund, aus dem heraus sich die Idee der gleichzeitigen Vermittlung mehrerer Geschäfte entwickelt hat. Eingegangen wird kurz auf den betriebswirtschaftlichen Anspruch dieses sogenannten Allfinanzdienstleistungvermittlers.
In juristischer Hinsicht gibt es noch kein Berufsbild des Allfinanzvermittlers. Daher werden die Berufsbilder nebst ihren möglichen zukünftigen Veränderungen vorgestellt, aus denen sich der Allfinanzvermittler zusammensetzt und deren Funktionen er in seiner Person verwirklicht.
Auseinandergesetzt wird sich mit dem Versuch des Gesetzgebers, dieses Berufsbild rechtlich zu regeln sowie seinem Widerhall in der Literatur.

In jüngster Zeit ist eine Flut von gerichtlichen Entscheidungen zu der Frage ergangen, welche konkreten Pflichten den Vermittler bei dem Verkauf jedes einzelnen Produkts treffen. Diese darzustellen, soll jedoch nicht Thema der Arbeit sein. In einem ersten Abschnitt wird kurz eingegangen auf den Pflichtenumfang jedes einzelnen Vermittlers, um dann Rückschlüsse für den Pflichtenkreis des Allfinanzvermittlers zu ziehen.
Es wird versucht, Aufklärungspflichten des Allfinanzvermittlers herauszuarbeiten, die gerade aus der gemeinsamen Vermittlung mehrerer Produkte entstehen und die jeder einzelne Vermittler bei der Vermittlung nur eines Produkts nicht innehätte.

In einem dritten Abschnitt werden von dem Finanzvermittler als Bündel verkaufte Produkte gegenübergestellt.
Betriebswirtschaftlicher Anspruch einer individuell abgestimmten Produktkombination und in der Praxis tatsächlich vermittelte Produkte stimmen nicht überein. Während meiner Arbeit mußte ich erkennen, daß vor den Gerichten immer über die gleichen Produktkombinationen gestritten wird. Die in der Betriebswirtschaft theoretisch aufgezeigte Möglichkeit, eine x-beliebige Zahl von Produkten zu verbinden, reduziert sich in der Praxis letztlich auf wenige Produkte. Grund hierfür könnte sein, daß individuell aus einem sehr großen Spektrum zusammengestellte Leistungen erst durch den Einsatz von Software vermehrt vermittelt werden. In der betriebswirtschaftlichen Literatur erscheint derzeit umfangreiche Literatur, die sich mit der Frage beschäftigt, wie Kombinationen optimiert werden können.
Möglicherweise werden sich Gerichte daher erst zukünftig mit wirklich individuellen Kombinationen beschäftigen.

Ich habe mich daher auf das Bündel fremdfinanzierte (steuersparende, risikoreiche) Kapitalanlagen (Gesellschaftsbeteiligung, Fondsbeteiligung, Unternehmensbeteiligung, Aktienindexspekulation, Zinsdifferenzgeschäft), fremdfinanzierte Immobilien(kapital)anlagen und den fremdfinanzierter Verkauf einer beweglichen Sache beschränkt. Bei letzterer Kombination handelt es sich nicht um ein typisches Geschäft des Vermittlers. Aufgrund seiner umfassenden Analyse in der Rechtsprechung eignet es sich aber als Vergleichsmaßstab. Die bei dem Vergleich herausgearbeiteten Grundsätze lassen sich m.E. auf neue Kombinationen aller Art übertragen.

Die rechtliche Behandlung dieser drei Kombinationen wird gegenübergestellt.

Untersucht werden die juristischen Probleme, die sich aus der Vermittlung des Bündels bzw. eines Teils des Bündels an der Haustür ergeben.
In der Praxis hat sich gezeigt, daß Produktbündel oftmals mit einer Kapitallebensversicherung gekoppelt werden. Die aus der Untersuchung gewonnenen Ergebnisse werden auf Produktkombinationen mit Versicherungsschutz übertragen.

Untersucht wird die Auswirkung fehlerhaften Verhaltens des Vermittlers auf das Produktbündel. Hier steht die Frage im Vordergrund, wie sich unrichtige Angaben des Vermittlers in Bezug auf ein Produkt auf die übrigen Produktteile auswirken.
Schwerpunkt der Arbeit ist die Untersuchung des Begriffs des Dritten i.S.d. § 123 II BGB. Hier wird die Entwicklung seit der Zeit des Reichsgerichts dargestellt, da sich dieser vielschillernde Begriff nur aus seiner Entwicklung verstehen läßt. Hier wird mit Entscheidungen der Rechtsprechung gearbeitet, anhand derer die Entwicklungstendenz aufgezeigt wird. Gerade in jüngster Zeit ist der Begriff des Nichtdritten und sein Umfang durch die massenhaft gescheiterten Immobilienkapitalanlagen wieder zum Streitpunkt von Rechtsprechung und Literatur geworden. Durch die Gegenüberstellung der Kombinationen werden Wertungswidersprüche aufgezeigt. Es wird der Versuch einer dogmatischen Begründung unternommen, der die unterschiedlichen Ergebnisse harmonisiert und gleichermaßen für alle Kombinationen verwendet werden kann. Die Arbeit versteht sich auch als Diskussionsbeitrag zum Streit der gescheiterten, fremdfinanzierten Immobilienanlagen.

Schließlich wird kurz auf die Frage eingegangen, ob Störungen hinsichtlich eines Produktkombinationsteils den übrigen Produktgebern im Wege des Einwendungsdurchgriffs entgegengehalten werden können.

Die Arbeit wurde am 6. Januar 2000 bei der Universität Leipzig zur Dissertation eingereicht. Erst nach Abgabe der Arbeit wurden viele neue, oberinstanzliche Entscheidungen bezüglich fremdfinanzierter, gescheiterter Immobilienkapitalanlagen getroffen, die eine bis zum Zeitpunkt der Abgabe der Arbeit nur in einigen wenigen Entscheidungen angedeutete Tendenz festigten und sich vehement gegen andere zum Zeitpunkt der Abgabe der Arbeit gleichermaßen vertretenen Ansichten wandten. Diese Entscheidungen wurden nachgetragen. Trotz dieser neuen Entwicklung der Rechtsprechung, die zum Zeitpunkt der Abgabe der Arbeit weit weniger klar erkennbar und gefestigt war, bleibt festzuhalten, daß noch höchstrichterliche Entscheidungen ausstehen, die sich mit vorliegender Problematik beschäftigen, so daß auch zum jetzigen Zeitpunkt noch die Möglichkeit besteht, daß die sich in den letzten Monaten entwickelte Rechtsprechung der Instanzgerichte korrigiert wird.

## A. Berufsbild des Allfinanzvermittlers
## I. Rechtliche Regelungen des Allfinanzdienstleistungsvermittlers

### 1. Definition des Finanzdienstleisters

Der Deutsche Unternehmensverband Finanzdienstleistungen e.V. hat sich nach gründlicher Diskussion auf folgende Definition des Begriffs des Finanzdienstleisters verständigt[1]:

**Der Finanzdienstleister analysiert sorgfältig die persönliche und familiäre Einkommens-, Vermögens- und Versorgungslage, ermittelt die individuellen Wünsche und Lebensziele, berücksichtigt die aktuelle Situation und die Motive des Kunden, empfiehlt in angemessenem Umfang die erforderlichen vermögens- und vorsorgewirksamen Anlagen und vermittelt entsprechende Verträge. Über den Zeitpunkt des Abschlusses hinaus stellt er dauerhaft die Betreuung sicher. Idee des Allfinanz-Konzepts: Der Kunde selbst mit seinen Zielen, Vorstellungen und Wünschen steht im Mittelpunkt. Der Berater erfaßt zunächst sorgfältig die Situation und den Bedarf des Kunden. Mit Hilfe von Computern wird dieser Ist-Zustand analysiert, anschließend werden die passenden Angebote entwickelt. Zuletzt erhält der Kunde ein individuelles Allfinanz-Konzept, das genau auf seine Lebensplanung zugeschnitten ist. Jedes Beratungsgespräch ist zugleich immer ein Stück Lebenshilfe.**

Allfinanz[2] bezeichnet das Zusammenwachsen traditionell getrennter Branchen der Finanzdienstleistungsindustrie, wobei nicht die kapitalmäßige Verflechtung von Banken und Versicherungen, sondern vielmehr die Integration der unterschiedlichen Dienstleistungen und Produkte in den Distributionskanälen im Vordergrund steht.[3]

## II. Entstehung der Allfinanzidee und Hintergründe

Bis Ende der 70er Jahre herrschte auf dem deutschen Markt eine klare Trennung zwischen Versicherungen, Banken und Bausparkassen. Die jeweiligen abgeschotteten Märkte[4] beinhalteten ausreichende Wachstumspotentiale.[5] Jeder dieser Märkte besaß seinen eigenen Vertriebsweg. Dies änderte sich jedoch mit dem Beginn der 80er Jahren, als eine Veränderung auf den Finanzmärkten hin zu einem Allfinanzangebot einsetzte.

Das Produktangebot einer Bank bzw. Versicherungsgesellschaft wurde mit der Perspektive erweitert[6], die finanzwirtschaftlichen Bedürfnisse des Kunden möglichst umfassend abzudecken und den Kunden auf breiterer Produkt- und Dienstleistungsbasis zu bedienen.[7]

---

[1] Von der Allfinanz-Idee S. 19

[2] Zu den Vor- und Nachteilen von Allfinanz, Helmke Allfinanz – Plus und Minus aus Sicht der Kunden in: Geld, Banken und Versicherungen, S. 31

[3] Kuhn, Schweizerische Versicherungszeitschrift 65 (1997) 9/10, 253(257)

[4] Die unterschiedlichen staatlichen Aufsichtsbehörden und verschiedenen gesetzlichen Regelungen für Banken und Versicherungsgesellschaften führte zu einer Spezialisierung. Müller, Thexis, 94, S. 36

[5] Hielscher, Versicherungsbetriebe 6/90, S. 28

[6] Die Deutsche Bank schuf als erste ihren Sparplan mit Versicherungsschutz und erzeugte damit heftige Reaktionen der Versicherungsbranche, weil aus ihrer Sicht die bis dahin immer respektierte Abgrenzung der Branchen aufgehoben worden war. Wollmann, Versicherungskaufmann 3/95, S. 44

[7] Kuhn, Schweizerische Versicherungszeitschrift 65 (1997) 9/10, S. 253(263)

Für diesen Prozeß gibt es vielerlei Gründe: In den 80er Jahren verringerten sich die Anlagen der Kunden bei den Banken spürbar[8] zugunsten von steuerlich geförderten Anlagen bei Versicherungen.[9] Die Banken gerieten unter Wettbewerbsdruck. Die hohen Fixkosten des Filialsystems wirkten sich negativ aus und machten sich bei den Zinsmargen bemerkbar. Demgegenüber wurde der Vorteil der traditionellen Vertriebsorganisation der Versicherungswirtschaft darin gesehen, daß der Versicherungsvertreter eine hohe Kontaktfähigkeit zum Kunden besitzt nach dem Motto: „Der Vertreter wohnt nebenan".[10]
Mobile Vertriebsformen gewannen zunehmend an Bedeutung. Andere Finanzdienstleister wie Bausparkassen, Warenhäuser, Versandhäuser, Kreditinstitute und Immobiliengesellschaften (Near- und non-bank Bereich) drängten in den Finanzdienstleistungsmarkt.[11] Ausländische Investmentfonds und damals in Deutschland nicht zugelassene Geldmarktfonds entzogen deutschen Banken immer mehr Geld.[12] Da die Allfinanz-Aktivitäten auch im benachbarten Ausland zunahmen, wurde die Ausweitung zum Allfinanz-Anbieter gerade im Hinblick auf den einheitlichen Binnenmarkt für notwendig gehalten, um wettbewerbsfähig zu bleiben.[13] Auch ist in allen entwickelten Volkswirtschaften zu beobachten, daß Vermögensbildung hinter Vermögensabsicherung zurücktritt. Die individuelle Sicherung (Ersparnisbildung für Risiken) wurde zunehmend durch das Versicherungsprinzip (Kollektivsysteme) abgelöst.[14]
Gleichzeitig änderten sich Kenntnisse, Einstellungen und Verhaltensweisen des privaten Kunden.[15]
Verstärktes Rentabilitätsbewußtsein[16] sowie höhere Fachkenntnis der Bevölkerung bei Suche von Bewertung von Anlagealternativen[17] kennzeichnete die neue Generation, bei der es sich teilweise bereits um die Erbengeneration handelt.[18]

---

[8] Globus Geldvermögen der privaten Haushalte in der BRD: Von 1980 bis1988 sinken Sparanlagen der Bundesbürger von 40% auf 13%.
[9] Hopp/ Mehl, Versicherungen in Europa heute und morgen, S. 747; Die Auszahlung der Kapitallebensversicherung ist steuerfrei nach einer Mindestlaufzeit von 12 Jahren, während die Auszahlungen des Sparplans mit Versicherungsschutz, der als Alternative zur KLV angeboten wurde, voll versteuert werden mußte. 1993 wurde der Steuerfreibetrag um das Zehnfache auf 6.000 DM für Ledige und 12.000 DM für Verheiratete angehoben, zum 01.01.2000 wurde der Betrag halbiert.
[10] Klein, Versicherungswirtschaft 51 1996, S. 218 (219)
[11] Müller-Lutz Versicherungsbetriebe 7/8, 1993, S. 4
[12] Müller-Lutz, a.a.O. S.1
[13] Verkauf von Finanzdienstleistungen im 21.Jhd., S.29
[14] Andras ÖBA 2/90 S. 112(113); Bub, Privates Sparen in der Bundesrepublik Deutschland – Ein Rückblick, in: Ehrlicher/ Simmert S. 67-88; Fuchs Geldinstitute S. 35: 1960 lagen die Ausgaben privater Haushalte für Vermögensbildung bei Banken bei 516 DM pro Jahr. 1988 lagen sie mit 1575 DM pro Jahr um etwa 200 Prozent höher. Betrug die Zahl per Haushalt für Versicherungen 1960 nur 353 DM pro Jahr, so stieg sie bis 1988 um etwa 900 Prozent auf 3.512 DM pro Jahr.
[15] Zinsreagibles Verhalten bzw. Umschichtungen zwischen verschiedenen Anlageformen belegen, daß der Kunde das Preis-Leistungs-Verhältnis von Dienstleistungen kritischer beurteilt. Geise, Sparkasse 2/93, S. 56 (61); Kern, Versicherungswirtschaft 53/ 98, S.1124; Hein, Bankwirtschaft, S. 37; Becker/Herges/Steitz Bum 2/91, S. 23 -25.
[16] Rudolph, Die Bank (1987) S. 657- 658
[17] Vgl. Stammer, Bankleistungsmarkt, S.91; Priewasser FLF 2/90, S. 47- 51, S.50
[18] Geise, Sparkasse 2/93 S.56(60) Schätzungsweise werden in den 90er Jahren 1,6 Billionen DM vererbt werden, davon rund 800 Mrd. DM in Form von Geldvermögen (Bargeld, Bankguthaben und Wertpapiere), weitere 300-400 Mrd. DM als Immobilienwerte und rund 400 Mrd. DM aus fälligen Lebensversicherungen.

Der jährlich zur Disposition stehende Geldvermögenszuwachs der privaten Haushalte stieg an[19], zumal die Auszahlungen aus Lebensversicherungen seit Mitte der 80er Jahre kontinuierlich wuchsen.[20]
Als weiterer wichtiger Faktor für den Allfinanztrend wurden auch demographische Veränderungen in der Bevölkerung gewertet.[21] Somit handelt es sich bei Allfinanz zum einen um eine Reaktion der Finanzdienstleistungsunternehmen auf veränderte Bedürfnisstrukturen der privaten Haushalte (Nachfragephänomen), zum anderen aber auch um ein aktives Gestalten von Angebots- und Wettbewerbsstrukturen durch die Anbieter ohne Berücksichtigung der Kundenbedürfnisse (Angebotsphänomen) und ist damit Ausdruck eines wechselseitigen Beeinflussungsverhältnisses von Anbieter und Nachfragern.[22] Die Arbeit beleuchtet den Vertrieb dieses Kundenberaters,[23] dem bei der Verwirklichung der Allfinanz-Idee eine besondere Bedeutung zukommt.
Bei dem Zusammenwachsen der Branchen erwies sich der Vertrieb als besondere Schwachstelle, da qualifizierte Allfinanzvermittler nicht vorhanden waren.[24] Erkannt wurde, daß hier ein neues Berufsbild des Finanzkaufmanns im Entstehen ist.[25] Allfinanzvertriebe verstehen sich als Bindeglied zwischen dem Kunden und den Produktlieferanten. Sie entwickeln selbst keine Finanzprodukte,[26] sondern verbinden und bieten Kombinationen von Einzelprodukten der Allfinanzpartner, die in den einzelnen Teilmärkten in der Vergangenheit entwickelt worden sind,[27] zur Abdeckung sachlich zusammengehörender Kundenbedürfnisse an (z.B. Rund ums´s Auto, Kindervorsorge-Paket). Um bedarfsgerechte Angebote zu sichern, wollen sie verfügbares Einkommen und Vermögen, persönliche Risikoneigung und Renditeerwartung, Beruf, Alter und Familiensituation berücksichtigen. Allfinanz bedeutet eine verstärkte Hinwendung zum Kunden. Es geht dabei im Kern um eine neue Definition der Beziehung zwischen Finanzdienstleistungsunternehmen und Kunde. Waren früher die Absatzbemühungen der Kreditinstitute wie auch anderer Finanzdienstleister eher produktgeprägt und - im Hinblick auf den Kunden - episodenhaft, so liegt dem Allfinanzgedanken eine ganzheitliche, den gesamten Kundenlebenszyklus berücksichtigende Betrachtung zugrunde, welche berücksichtigt, daß sich die Bedarfs- und Präferenzstruktur und damit die Nachfrage der Kunden nach Finanzdienstleistungen in Abhängigkeit vom Lebensalter und damit zusammenhängend von der Einkommens- und Vermögensstruktur, vom persönlichen Reifegrad, von persönlichen Werthaltungen und gesellschaftlicher bzw. sozialer Stellung verändert.[28]

---

[19] Goß, Die Bank 1990,188; Klein Versicherungswirtschaft 51/96 S. 218 Geschätzt wird, daß die Erbengeneration bis zum Anfang 2000 500 Mrd. DM neu anzulegen hat. 1998 erreichte das private Geldvermögen der Bundesbürger eine Größenordnung von 5,3 Billionen DM (VDI Nachrichten, Düsseldorf 30.04.1999).
[20] Die Auszahlungen aus Lebensversicherungen lagen 1991 bei ca. 40 Mrd. DM Deutsche Versicherungswirtschaft, S. 48
[21] Im Jahre 2000 werden rund zwei Drittel aller Haushalte sich aus 1 bis 2 Personen zusammensetzen; der Anteil der über 65jährigen wird auf rund 35% ansteigen Geise, Sparkasse 2/93 S. 61. In einer älter werdenden Gesellschaft gewinnt die Altersvorsorge an Bedeutung, Remsperger, Die Bank 89, 299(305).
[22] Geise, Sparkasse 2/93, S. 56
[23] Die Skeptiker der Allfinanz-Bewegung haben erhebliche Zweifel an der Fähigkeit der Kundenberater zum Cross-Selling, Kaven, ZfKW (1987), S. 12-18; Weigel, In: Bank und Markt, (1987), S. 5-13.
[24] Wollmann, Versicherungskaufmann 3/95 S. 44
[25] Wollmann, Versicherungskaufmann 3/95 S. 44(45)
[26] Jansen, Allfinanz 2000, S. 420
[27] Tietz, WiSt 94, 629
[28] Vgl. Büschgen, Bankbetriebslehre, S.11; Laakmann, bum 8/90 S. 12ff. Oppitz/ Mohr, VersWirtschaft 91,862

Will man das Berufsbild des Finanzdienstleistungsvermittler in rechtlicher Hinsicht näher beleuchten, so fällt auf, daß der Finanzdienstleistungsvermittler sich aus dem Versicherungsvermittler, dem Immobilienvermittler, dem Kreditvermittler und dem Finanzvermittler zusammensetzt und auf der Schnittstelle von Versicherungs- und allgemeinem Zivilrecht liegt. Die Berufsbezeichnung „Finanzberater", „Vermögensberater", „Wirtschaftsberater", „Geldberater", „Allfinanzdienstleister" ist gesetzlich nicht geschützt.[29]
Diese Vermittler haben einen Bedeutungsaufschwung dadurch erfahren, daß die Angestellten von Banken und Sparkassen nach Erlaß des Wertpapierhandelsgesetzes gemäß § 31 WpHG verpflichtet sind, ihre Kunden, je nach Wissensstand und Sicherheitsbedürfnis, eingehend zu den Anlagezielen und den finanziellen Verhältnissen zu befragen.
Weil die Hürden in den eigenen Häusern derart erhöht worden sind, weichen die Bankiers auf freie Vermittler (Strukturvertriebe) aus.[30] Spezielle Anlageprodukte, wie z.B. geschlossene Immobilienfonds mit einem sehr großen Anlagevolumen, können mangels alternativer Vertriebskapazitäten häufig nur mit Hilfe großer Vertriebsgesellschaften innerhalb der erforderlichen Zeit am Markt plaziert werden.[31] Beim Vertrieb riskanter Anlageprodukte über eine Vertriebsgesellschaft vermindert sich darüber hinaus das Risiko, im Falle einer schlechten Entwicklung der Anlage den Ruf des eigenen Unternehmens zu gefährden.[32]
Selbständige Versicherungsvermittler unterliegen bei ihrer Vermittlungstätigkeit nicht dem Verbot des § 7 Abs. 2 VAG.[33] Danach dürfen Versicherungsunternehmen neben Versicherungsgeschäften nur solche Geschäfte betreiben, die hiermit in unmittelbarem Zusammenhang stehen.[34]

Im folgenden ist zuerst die Rechtsposition des Versicherungs-, Kredit-, Finanz- und Immobilienvermittlers getrennt zu beleuchten, um dann aufzuzeigen, ob sich aus dem Zusammenwachsen der Berufe bei Kombinationsmodellen Besonderheiten ergeben.[35]

**Was sind Kombinationsmodelle?**

Oftmals werden die Produkte mit einem Darlehensvertrag, Bausparvertrag, vermögenswirksamen Leistungen oder einer Versicherung kombiniert. Die Kombinationen sind verwirrend und die Produkte beliebig kombinierbar. Vertrieben werden Kombinationen einer Kapitallebensversicherung mit Teilauszahlung/ oder mehrere hintereinandergeschaltete Bausparverträge, eine Unfallversicherung, ein Investmentsparvertrag, der unter Ausnutzung vermögenswirksamer Leistung entweder über den Bausparvertrag oder den Investmentsparvertrag

[29] Thomsen, Mein Geld vom 01.06.1995 S. 52.53; Düren, Handelsblatt vom 11.01.96
[30] Warndenbacher, Die Welt vom 19.08.1995; zu den Strukturvertrieben Finanztest spezial Dezember 1999 S. 12-17
[31] Helmke, in: Allfinanz 2000, S. 410-411
[32] Frehrking/Schöffski ZFB 64/94, S. 571(584)
[33] Anders als für angestellte Außendienstmitarbeiter Prölss VAG, § 7 Anm. 3e
[34] Vgl. hierzu die Ausführungen von Mohr, Versicherungswirtschaft 14/92 S. 862(864).
[35] Derzeit gibt es in Deutschland 500 000 Finanzvermittler, davon 364 000 Versicherungsverkäufer, wobei nur 64 000 Versicherungsvermittler hauptberuflich tätig sind. Handelsblatt vom 16.06.1998 S. 46.

gefördert wird. Ein Beispiel aus der Praxis stellt die von einer Vertriebsgesellschaft zusammengestellte Kombination eines Bausparvertrages eines Produktgebers, einer Teilauszahlungspolice eines zweiten Produktgebers, sowie zweier Unfallversicherungen weiterer Produktgeber[36]dar.
Ein anderes Modell bestand aus einer Kombination aus einem Bausparvertrag, zweier Kapitallebensversicherungsverträge, davon einmal mit Teilauszahlung und einmal mit Sparzielabsicherung über BUZ.[37] Bei fast allen Kapitalanlage-Angeboten ist der „Steuervorteil" eingebaut.
Kombiprodukte werden auch in Zukunft vertrieben werden, wobei immer neue Zusammenstellungen vorstellbar sind, wie z.B. ein Bausparvertrag verbunden mit einem Aktien-Investmentsparvertrag, einer Vorleistungsversicherung (Teil-Auszahlungspolice) und einer dynamischen Lebensversicherung.[38]
In dieser Arbeit werden jedoch nur die Kombimodelle finanzierter Abzahlungskauf, finanziertes Steuersparmodell und finanzierter Immobilienkauf (im Erwerber/Bauherrenmodell) erörtert werden. Ein kleiner Teil befaßt sich mit Bündeln, die eine Kapitallebensversicherung enthalten.
Werden mehrere Produktleistungen durch einen Vermittler als Bündel verkauft, so erkennt der BGH diese oftmals nicht als wirtschaftliche Einheit an mit der Begründung, daß der Kunde sich der Hilfe eines **Beraters** bediene bzw. bedienen könne,[39] um die Aufspaltung des einheitlichen wirtschaftlichen Geschäfts zu erkennen. Der BGH mißt also der Stellung des Beraters eine maßgebliche Bedeutung zu. Im folgenden wird daher auch die Frage der Qualifikationen beleuchtet werden. Da es noch kein juristisches Berufsbild des Allfinanzvermittlers gibt, werden im folgenden die bereits bestehenden Berufsbilder des Versicherungsvermittlers, Kreditvermittlers, Immobilienvermittlers und Finanzvermittlers dargestellt. Es werden die bestehenden Unzulänglichkeiten, die derzeit in bezug auf diese vier Vermittler in der Literatur diskutiert werden, dargestellt, um daraus Rückschlüsse und Verbesserungsvorschläge für den Allfinanzvermittler zu ziehen.

Dabei werden die Berufsbilder im Hinblick auf Aufsicht, Qualifikation, Berufshaftpflichtversicherung und Vermittlerregister untersucht, da diese Punkte derzeit hauptsächlich als Verschärfungsvorschläge diskutiert werden.

---

[36] V.A.P. Vermögens-Aufbau-Programm der Capital 3000 All-Finanzberatung GmbH Bausparvertrag der Badenia Bausparkasse AG, Teilauszahlungspolice der Aachener- und Münchener LebensversicherugsAG, Unfallversicherung der Versicherungs-Aktiengesellschaft und der Nürnberger Beamten Allgemeine Versicherung AG.

[37] Vertrieb der WAG-Gruppe, Bausparvertrag der Bausparkasse Heimstatt, KLV der Iduna/Nova Gerlach-report Nr. 18/92.

[38] Bausparvertrag der BHW Bausparkasse, Investmentsparplan der HANSAINVEST, Versicherung der IDUNA/NOVA vermittelt durch die NUEVO GMBH. Gerlach-report Nr. 50/91 S. 1 GR 7/92 S.3
Kombimodelle sind immer dann besonders erfolgreich, wenn sie mit den vertrauenerweckenden Namen bekannter Finanzdienstleistungsunternehmen beworben werden.
z.B. Angebot der Gothaer LV a.G. in Kooperation mit der BB-Investment GmbH, wo aus vermögenswirksamen Leistungen von monatlich 78 DM u. Beitrag für eine 30j.LV i.H.v. 100DM unter tätiger Mithilfe 2er BB-Investmentfonds nach 30Jahren genau 140.146,15 DM werden sollen.
Plan 2000 vermögenswirksame Leistung in BfG Invest Aktienfonds, Monatsbeitrag von DM 100 in KLV mit Teilauszahlung der Aachener u. Münchner LV, die mit einer selbständigen Berufsunfähigkeitsversicherung mit einer Monatsrente von DM 500 für die ersten 12 Jahren verbunden ist.

[39] Vgl. hierzu noch ausführlich unten C II 4e

## III. Derzeitige Regelung der Vermittlertätigkeit

### 1. Versicherungsvermittler

#### a. Aufsicht

##### aa. Gewerberechtliche Aufsicht

In einem Land wie Deutschland[40], in dem nahezu jeder Handwerker einer Berufsregelung unterliegt, ist es kaum vorstellbar, daß die Vermittlung von Versicherungen[41] unreglementiert ausgeführt werden darf. Dennoch ist das so.
Jeder, der sich dazu berufen fühlt und ein Gewerbe gemäß § 14 GewO angemeldet hat,[42] darf Versicherungen vermitteln und sich dabei Versicherungsmakler oder –vertreter nennen, ohne eine fachliche Qualifizierung für diese Tätigkeit nachweisen zu müssen.[43] Zwar kann bei Betreiben des Gewerbes ohne Gewerbeschein die Fortsetzung des Gewerbebetriebes nach § 35 GewO verhindert werden.
Diese gewerberechtlichen Normen sind jedoch zu allgemein gehalten, als daß sie speziell der Regulierung der Versicherungsvermittlertätigkeit gerecht werden könnten.[44] Gewerbeämter als nicht spezialisierte Fachbehörden sind weder fachlich noch personell auf die Aufsicht über Versicherungsvermittler eingestellt und mit der Prüfung dieser Geschäfte fachlich und kapazitätsmäßig überfordert.[45]

**Fazit:** Hieraus ergibt sich, daß keine ausreichende Kontrolle über die Versicherungsvermittler durch die Gewerbeämter stattfindet.

##### bb. Versicherungsrechtliche Aufsicht

Das Aufsichtsrecht entfaltet sich unmittelbar im Verhältnis zwischen Aufsichtsbehörde und Versicherungsunternehmen (§ 81 Abs. 1 S.1 VAG). Selbständige Versicherungsvertreter und Versicherungsmakler werden nicht erfaßt und bedürfen weder einer Zulassung gemäß §§ 5ff. VAG noch unterliegen sie der laufenden Aufsicht nach den §§ 81ff. VAG.
Das Bundesaufsichtsamt für Versicherungswesen (BAV) hat jedoch eine mittelbare Aufsicht, indem sie den Versicherungsunternehmen im Rahmen der laufenden Aufsicht Anordnungen auf allen Gebieten der Versicherungsvermittlung erteilt.[46] Diese wiederum erteilen den ihnen agenturvertraglich verbundenen Versicherungsagenten Anordnungen.[47]

---

[40] Einen historischen Überblick vermittelt Abram, VersR 98,551. Unter dem Begriff des Versicherungsvermittlers werden sowohl Versicherungsmakler als auch die firmengebundenen Einfirmen- oder Ausschließlichkeitsvertreter (im folgenden Versicherungsvertreter) gefaßt
[41] Gleiches gilt auch für den Anlagevermitter, den Kreditvermittler, den Immobilienvermittler, den Finanzierungsberater vgl. unten: A,III,2; A,III,3; A, III,4
[42] Vergl. Benkel/Reusch, VersR 92,1302(1304); Bosselmann, VW 95,310;Wacket, FLF 3/97/117
[43] Vgl. nur Benkel/Reusch VersR 92,1302(1304); Bosselmann VW 95,310; Hübner in Berufsregeln für Versicherungsvermittler, S. 23 m.w.N.
[44] Ebensowenig wird der konkrete Pflichtenkreis festgelegt.
[45] Hübner, Berufsregelung für Versicherungsvermittler S. 10; Hohlfeld, VersR 93,144(147); Wolf, KMI Special-Beilage zu 28/98
[46] Prölss/Frey/Schmidt-Kollhosser, VAG, § 81 Rn. 10
[47] Die Anordnungen können entweder als allgemeine Anordnungen für den Wettbewerb und die Überwachung der Vertreter ergehen oder als konkrete Anordnung an ein bestimmtes Versicherungsunternehmen, einen bestimmten Versicherungsagenten zu maßregeln. Schließlich bleibt dem BAV die Möglichkeit, die zum unmittelbaren Vorgehen befugten Behörden (z.B. Gewerbebehörde, Staatsanwaltschaft) auf Fehlverhalten aufmerksam zu machen oder den Agenten den Verbänden zu mel-

Bei Versicherungsmaklern greift diese mittelbare Aufsicht nicht ein, weil den Versicherungsunternehmen mangels vertraglicher Verbindung keine Einwirkungsmöglichkeiten zustehen. Hier kann die Aufsichtsbehörde nur die unmittelbar zuständigen Gewerbeämter bzw. Berufsverbände einschalten.
Bei Gefährdung der Versichertenbelange[48] kann das BAV nach § 81 Abs.2 S.4 allgemein oder für einzelne Versicherungszweige u.a. den Versicherungsvermittlern unmittelbar untersagen, dem Kunden in irgendeiner Form Sondervergütungen zu gewähren. Verstöße hiergegen sind Ordnungswidrigkeiten nach § 144a Abs. 1 Nr.3 GewO. Nach § 83 Abs. 2 VAG sind auch die Makler und Agenten eines Versicherungsunternehmens verpflichtet, dem BAV Bücher, Belege und Schriften vorzulegen und Auskünfte zu erteilen, die für die Beurteilung von dessen Geschäftsbetrieb und Vermögenslage von Bedeutung sind. Die Mißbrauchskontrolle des BAV ist eine nachträgliche. Festgestellte Mißstände können nur von der zuständigen Gewerbeüberwachungsbehörde im Rahmen des § 35 GewO verfolgt werden.

**cc. Kreditrechtliche Aufsicht**

Die Tätigkeit des Versicherungsvermittlers wird von der 6. KWG-Novelle nicht erfaßt. Soweit der Vermittler aber ein Versicherungsprodukt ( Risikolebensversicherung o.ä.) mit einem dem Anwendungsbereich der 6. KWG-Novelle unterfallenden Produkt (z.B. Aktienfonds ) o.ä. kombiniert, gelten die Regelungen des KWG.[49]

**dd. Ergebnis**

Die Tätigkeit des Versicherungsvermittlers ist weder nach dem VAG noch nach der Gewerbeordnung erlaubnispflichtig, solange er nur Versicherungen vermittelt. Vermittelt der Versicherungsvertreter zusätzlich Darlehen, ist diese Tätigkeit erlaubnispflichtig.[50]

**b. Qualifikationsmöglichkeiten**

In seiner Entscheidung zum (früheren) Einzelhandelsgesetz vom 14.12.1965[51] urteilte das Bundesverfassungsgericht, daß es nicht Sache des Gesetzgebers, sondern des Gewerbes sei, dafür Sorge zu tragen, daß die Gewerbetreibenden die fachlichen Voraussetzungen für die Berufsausübung besitzen und sich selbst weiterbilden.
Ende der 80er Jahre entstand das 'Berufsbildungswerk der Deutschen Versicherungswirtschaft e.V. (BWV)', das in Gestalt berufsständischer Selbstverwaltung zu einer qualifizierten Ausbildung der Versicherungsvermittler beitragen soll.[52]

---

den. Durch Rundschreiben vom 28.03.1994 hat es die Versicherungsunternehmen angewiesen, durch Einholung eines Führungszeugnisses aus dem Bundeszentralregister sowie Auskünfte aus dem Gewerbezentralregister und bei der Auskunftsstelle für den Versicherungsaußendienst e.V. (AVAD), die Konkurse registriert, die Konkursfreiheit der Vermittler, -Makler und Mitarbeiter des Außendienstes zu überprüfen. Weiterhin sind Versicherungsunternehmen verpflichtet, dem BAV Vermögens- und Eigentumsdelikte des Vermittlers mitzuteilen.

[48] Prölss/Frey/Schmidt-Kolhosser, VAG, § 81 Rn. 12; Unger, S. 204

[49] Jung, BB 98, 649(651).

[50] Hess.VGH Urteil, v.10.09.1996, GewA 97, 67; allerdings soll nach Nr.1.1.2.4.4. MaBVwV nicht jede erlaubnispflichtige Handlung des Bausparkassen- und Versicherungsvertreters die Erlaubnispflicht nach §34c Abs.1 auslösen, wenn in dieser Tätigkeit nur ein unbedeutender Annex zur übrigen Tätigkeit des Gewerbetreibenden liegt. Nach Landmann-Roemer, Gewerberecht, § 34 c GewO, Rn. 31 ist dies bei einer jährlichen Vermittlung von 2-3 Darlehen von geringer Höhe der Fall.

[51] BVerfGE 19,330

[52] Taupitz in: Versicherungswissenschaftliche Studien, S. 116

Seit 1989 gibt es für den Versicherungsvermittler bei dem BWV die Möglichkeit, sich durch die Teilnahme an einem einjährigen Ausbildungsprogramm [53] mit 200 Stunden theoretischer Ausbildung und Prüfung zum Versicherungsfachmann/-frau zu qualifizieren.[54]
Weiterhin gibt es die Ausbildung zum Versicherungskaufmann, die Fortbildung zum Versicherungsfachwirt[55] bzw. –betriebswirt[56] sowie den Abschluß spezieller Fachhochschul- und Hochschulstudien.[57]
Der Bundesverband Deutscher Versicherungsmakler e.V. (BDVM) hat in seiner Satzung die Mitgliedschaft an bestimmte von den Maklern zu erfüllende fachliche Voraussetzungen geknüpft. Mit Hilfe des „Gütesiegels" des BDVM können die Makler den Kunden signalisieren, daß sie die fachlichen Fähigkeiten besitzen, die für die Herstellung qualitativ hochwertiger Beratungsinformationen erforderlich sind.
Diese Qualifizierungsmöglichkeiten sind jedoch nicht obligatorisch. Es wird bezweifelt, ob diese recht kurze Ausbildung, die nebenberuflich stattfindet[58], den Vermittlern die Fähigkeit verleiht, sowohl die gesamten Versicherungsprodukte vergleichen und analysieren zu können, als auch die Rahmengesetze und Steuervorschriften anderer EU-Länder zu beherrschen.
Eine Vermögensschaden-Haftpflichtversicherung ist gesetzlich nicht vorgeschrieben. Die Maklerverbände[59] weisen schon lange auf die Notwendigkeit einer Berufshaftpflichtversicherung hin und nehmen nur Vermittler als Mitglieder auf, die eine solche Versicherung mit einer Versicherungssumme von mindestens 3 Millionen DM besitzen.[60]

### c. Vermittlerregister

Seit Ende des Zweiten Weltkrieges betreibt der Versicherungsaußendienst als Selbsthilfeeinrichtung der Branche eine Auskunftsstelle. Dort können sich Versicherer, die mit Vermittlern zusammenarbeiten wollen, versichern, daß keine negativen Tatsachen über den jeweiligen Vermittler bekannt sind und daß ein Führungszeugnis vorliegt.

---

[53] Vgl. dazu die anschauliche Kurzdarstellung durch den Geschäftsführer des Berufsbildungswerkes der Deutschen Versicherungswirtschaft e.V. Krätzig Verlagsbeilage der FAZ v. 14.03.1993, S. B 11

[54] Diese Ausbildung beinhaltet einen schriftlichen (in drei Sachgebieten) sowie einen verkaufspraktischen Prüfungsteil, in denen Kenntnisse der Rechtsgrundlagen für Versicherungsvermittler, Verkauf und Kundenberatung abgefragt werden vgl. hierzu Breuer, VW (47), 1992, S. 398-405; derselbe VW 46/91, S. 1015-1016; Bosselmann Versicherungswirtschaft 5/95, S. 310(312); Das Berufsbildungswerk der Deutschen Versicherungswirtschaft gibt den Ausweis 'Versicherungsfachmann/-fachfrau (BWV) aus, der als Fachkundenachweis für Personen gilt, die ausschließlich Versicherungen vermitteln. In der Vergangenheit haben jedoch viele Vermittler den Ausweis auf Antrag ohne Prüfung erhalten. Lucht, Versicherungskaufmann, 2/94 S.23; 95.000 Zertifikate sind ohne Prüfung an langjährige Versicherungsvermittler verteilt worden, Handelsblatt S. 35 vom 25.04.1995; ebenso Burgmaier/Palan, WirtschaftsWoche vom 04.01.1996.

[55] Bockshecker, Versicherungskaufmann, 4/ 94, S. 36. 1983 und 1991 wurden die Lernziele an die veränderten Umstände angepaßt. Eingegangen wird auf den vom Markt her bestimmten Ausbau der Produktpalette auf dem Finanzdienstleistungssektor sowie die Erweiterung des „versicherungsfachlichen Spartenwissens" unter dem Aspekt der Kundenorientierung.

[56] Keil, VW 94,1292

[57] Landmann-Roemer, Komm zur GewO, § 6 Rn. 59

[58] Hübner, Auswirkungen der Deregulierung, S. 12

[59] Bundesverband deutscher Versicherungsmakler (BDVM) und Versicherungs-Makler-Verband (VMV)

[60] Schmelzer, Versicherungskaufmann 9/94, S. 26(28)

Das Register wirkt also nur im Sinne einer Negativ-Auslese.[61] Die Versicherer melden dem AVAD Beginn und Beendigung der Zusammenarbeit sowie Verfehlungen der Vermittler.[62] Am 14.05.1995 ist unter Mitwirkung des AVAD das öffentliche und nicht kommerzielle Zentralregister (ZVD) von dem Gesamtverband der Deutschen Versicherungswirtschaft e.V. und den maßgeblichen Vermittlerverbänden[63] eingerichtet worden.
Eingetragen wird sowohl die berufliche Qualifikation des Vermittlers als auch das Bestehen einer Vermögenshaftpflichtversicherung oder einer ähnlichen Absicherung. Weiterhin wird die Vermittlereigenschaft angegeben wie Makler, Mehr- oder Einfirmenvertreter. Eine Eintragung erfolgt nur bei Nachweis ausreichender Qualifizierung.[64]
Während das Register des AVAD überwiegend von den Versicherungsunternehmen abgerufen wird, soll der Kunde bei diesem Register berechtigt sein, alle zu dem jeweiligen Vermittler gespeisten Angaben abzufragen, wodurch fachlich nicht qualifizierte und unseriöse Vermittler indirekt vom Markt eliminiert werden sollen.[65]
Die Eintragung in das Register erfolgt jedoch nur auf freiwilliger Basis und ist gerade keine Bedingung für die Aufnahme der Vermittlertätigkeit.[66]

### d. Vorstöße auf europäischer Ebene

#### aa. EG-Versicherungsvermittler-Empfehlung (Richtlinie 77/92d/EWG)

Die erste EG-Versicherungsvermittler-Empfehlung[67] wurde bereits 1976 erlassen. Diese war als Übergangsregelung gedacht[68] und betraf die grenzüberschreitende Tätigkeit von Versicherungs- und Rückversicherungsmaklern innerhalb der EG.[69] Eine Einführung von Berufsausübungsregelungen sah die Richtlinie nicht vor.

#### bb. EG-Versicherungsvermittler-Empfehlung (92/48/EWG)

Seit 1988 wies die Europäische Kommisssion öffentlich auf das Fehlen von europaeinheitlichen Berufsausübungsregeln hin und forderte das BIPAR[70] als maßgeblichen internationalen Dachverband der selbständigen Versicherungsvermittler auf, ein Konzept für eine europaeinheitliche Regelung zu entwerfen. Aufgrund seiner Vorschläge wurde 1992 die EG-Versicherungsvermittlerempfehlung (92/48/EWG)[71] verabschiedet. Das BIPAR reagierte positiv auf die Empfehlung und forderte eine zügige Umsetzung.

---

[61] Hohlfeld, Versicherungskaufmann 4/95, S. 19
[62] Jannot VW 94,612(615); Hohlfeld Versicherungskaufmann 3/94 S. 18(19)
[63] Dies waren der Bundesverband der Deutschen Versicherungskaufleute( (BVK), der Bundesverband der Geschäftsstellenleiter der Assekuranz (VGA), Bundesverband Deutscher Versicherungsmakler(BDVM), Bundesverband firmenverbundener Versicherungsvermittler(BfV) und der Versicherungs-Makler-Verband (VMV); Clemens, VW 95, 1354
[64] In der Vergangenheit war eine Eintragung bei der AVAD auch ohne Zustimmung des Vermittlers möglich, wodurch diese Selbsthilfeeinrichtung der Versicherungswirtschaft als im Widerspruch zu Art. 12 GG stehend kritisiert worden ist; Breit, Versicherungskaufmann, 11/94, S. 22
[65] Vgl. hierzu VW (49) 1994,S. 1370-1371
[66] Erdmann, VersVerm 96,393; Keil, VW 94,1292
[67] Richtlinie 77/92d/EWG
[68] Überschrift sowie ABIEG Nr. I 26/15, 9. Erwägungsgrund. Sie erlaubte Versicherungsvermittlern, nach einer Mindesttätigkeit im Heimatland auch grenzüberschreitend in anderen EG-Ländern tätig zu werden, ohne dort die Zulassungsvoraussetzungen erfüllen zu müssen.
[69] Art. 2 II a ABIEG Nr. L 26/15
[70] Bureau International des Producteurs d´Assurances et de Reássurances Internationale Dachverband selbständiger Versicherungsvermittler
[71] ABL. EG Nr. L. 19/32 vom 28.01.1992: Hübner in FS für Lorenz, S. 326

Es erarbeitete als Konzept zur Umsetzung der Empfehlung die sogenannte Resolution.[72] Hierdurch sollten einerseits europaweit einheitliche Berufsausübungsregelungen geschaffen werden. Andererseits sollten die Verbraucher angesichts des zunehmend unübersichtlicher werdenden Versicherungsproduktemarktes vor Fehlberatung und den daraus resultierenden Schäden geschützt werden.[73] Die EG-Empfehlung ist jedoch bis heute nicht in nationales Recht umgesetzt worden[74] und entfaltet keine unmittelbare Rechtswirkung auf das nationale Recht der Mitgliedstaaten.[75] Diese sind nur dazu angehalten,[76] eine Umsetzung in nationales Recht ernsthaft zu erwägen.[77]

### cc. Reaktionen

#### aaa. Bundesregierung

Auf Anfrage der SPD-Bundestagsfraktion, die eine Qualifikation des Vermittlers befürwortete,[78] verneinte die Bundesregierung in ihrer Antwort vom 03.02.1993 einen Handlungsbedarf.[79] Die bestehenden beruflichen Qualifizierungen zum Versicherungskaufmann/-frau und –fachwirt/-frau für Versicherungsvermittler entsprächen den Anforderungen der EU-

---

[72] Abgedruckt in Versicherungsvermittlung 93,69ff. Die Resolution unterstreicht die Allgemeingültigkeit der EG-VersicherungsVermittlerEmpfehlung (Art. 1). Voraussetzung soll ein Schulungsprogramm von 300 Stunden bei einer Dauer von 18 Monaten sein (Art. 4). Hinsichtlich der Kenntnisse forderte es gleiche Mindeststandards für Versicherungsmakler und Vertreter. Die Berufshaftpflichtversicherung mit einer Mindestdeckungssumme von entweder 350 000 ECU pro Jahr und Schadensfall oder von 700 000 ECU Jahreshöchstleistung wird als einzige effektive Möglichkeit zur Absicherung gegen berufliche Fehlleistungen angesehen. Schließlich forderte es, daß die finanzielle Leistungsfähigkeit der Versicherungsmakler anhand regelmäßig nachgewiesenen Eigenkapitals sichergestellt werden müsse. In Art. 6 wird die Schaffung von Strafen für Versicherer gefordert, die mit nicht registrierten Vermittlern zusammenarbeiten.

[73] Erwägungsgründe 1 + 3 der EG-Kommission ABL. EG Nr. L 19/32; Benkel/Reusch. VersR 92,1302,1303; Erdmann, VersVerm 96,393
Die EG-Empfehlung verlangt daher im wesentlichen, daß der Versicherungsvermittler seinen Beruf nur dann aufnehmen kann, wenn er den Nachweis
- geordneter finanzieller Verhältnisse (Art.4 Nr. 4)
- allgemeiner kaufmännischer und besonderer beruflicher Kenntnisse (Art. 4 Nr.2)
- einer Absicherung gegen Haftungsrisiken aus beruflichen Fehlleistungen (Art.4 Nr.3) erbringt und daraufhin in ein Register als un- / abhängiger Versicherungsvermittler eingetragen wird (Art. 5 Nr. 1) Die Register werden entweder von staatlichen Stellen oder von anerkannten Berufsverbänden geführt. Ausreichend ist, wenn das Versicherungsunternehmen eine Freistellungserklärung für den Vermittler abgibt oder wenn eine Berufshaftpflichtversicherung abgeschlossen wird. Bei Verstoß gegen Art. 4 sollen Strafsanktionen erlassen werden. Der Anwendungsbereich der EG-Empfehlung war allumfassend und bezog sich auch auf nebenberufliche Versicherungsvermittler (so ausdrücklich Krauss, Europäische Berufsstandards für Versicherungsvermittler, Versicherungswissenschaftliche Studien, S. 132 mit Verweis auf die EG-rechtlichen Einschätzung des Versicherungssektors als – im Hinblick auf den erforderlichen Verbraucherschutz - 'besonders sensibel.')

[74] Es wurde den Mitgliedstaaten aufgegeben, der Kommission binnen 36 Monaten Mitteilung über getroffene Maßnahmen bzw. über erlassene Rechtsvorschriften zu machen; ABL. EG Nr.L 19/32)

[75] EuGHE 88,4698

[76] Vgl. Zuleeg in Groeben/Thiesing/Ehlermann(Hrsg.) EGV Art. 189, Rn. 49

[77] Allerdings müssen deutsche Gerichte EG-Empfehlungen bei Auslegung einer nationalen Norm beachten; EuGHE 89,4407(4421).

[78] BT-Drucksache 12/2888 abgedruckt in VW 93,784

[79] Vgl. BT-Drucksache 12/4279, S. 1 ff (6) und 12/8552; Bünger, GewArch 94,305 (306); Geisendörfer, GewArch 95,41

Empfehlung.[80] Der Großteil der Vermittler sei überdies bereits haftpflichtversichert oder erhalte Freistellungserklärungen der Versicherungsunternehmen. Versicherungsmakler würden zur Haftpflichtversicherung mit 3 Mio. DM Deckungssumme verpflichtet.
Die Zuverlässigkeit von Vermittlern werde durch Auskünfte beim Bundeszentral- bzw. Gewerbezentralregister sowie der Auskunftsstelle des AVAD gewährleistet.[81] Das in der Empfehlung geforderte Register müsse nicht öffentlich sein und sei mit der genannten AVAD ebenfalls erreicht.[82]
Schließlich verbleibe bei Mißständen dem BAV die Möglichkeit, gegenüber einem Versicherungsunternehmen anzuordnen, die Zusammenarbeit mit einem firmenabhängigen Vermittler zu beenden.[83]

**bbb. Andere**

Um das Ansehen des Berufsstandes zu stärken,[84] fordert das BAV die Umsetzung der EG-VersVermEmpf.[85]
In der Literatur wird aus Verbraucherschutzgesichtspunkten die Umsetzung der Empfehlung gefordert.[86]
Nach Auffassung der Verbraucherverbände bedarf es dringend einer gesetzlichen Zulassungs- und Haftungsregelung für Versicherungsvermittler.[87]

**e. Gründe für die fehlende Qualifikation des Vermittlers**

In der BRD galt bis zur Umsetzung der Dritten EU-Richtlinie für die Schadens- und Lebensversicherung 1992 [88] das Prinzip der materiellen Versicherungsaufsicht, d.h. die Geneh-

---

[80] Insbesondere wurde darauf hingewiesen, daß lediglich 17% durch die Prüfung fielen und daß 43.000 Versicherungsvermittler Qualifikationsnachweise vorweisen könnte. (Diese Zahl beinhaltet jedoch Mehrfachnennungen, da die Vermittler, die in mehreren Sparten tätig sind, doppelt und dreifach zählen.)
[81] Die Regierung stellte jedoch in Aussicht, möglicherweise zukünftig dem AVAD einen staatlichen Auftrag zur Registrierung zu erteilen.
[82] Schmitz, GewArch 92, 293 (294)
[83] Minister Dr. Rexrodt sprach sich gegen Einschränkungen der Gewerbefreiheit aus. Wirtschaftspolitisch seien an Fachkunde gebundene Berufszulassungsregelungen unerwünscht, da die unternehmerische Betätigungsfreiheit eingeschränkt werde und zwangsläufig Marktzugangsbeschränkungen einschließlich Wettbewerbsbeschränkungen eingeführt würden; Rexrodt, GewArch 93, 393
[84] Hohlfeld, VersR 93,144(149)
[85] so Müller, Die Empfehlung der EG-Kommission vom 18.Dezember 1991 über Versicherungsvermittler aus der Sicht der Versicherungsaufsicht, In: Beiträge über den Versicherungsmakler, S. 178; Hohlfeld VW 1991,1494,1500
[86] Reich, VuR 93,10(28); Schmelzer, VK 6/92, 49(52); Kieninger, VersR 98,11); Dies könnte beispielsweise im Rahmen der Novellierung des VAG geschehen, indem für das BAV eine Verordnungsermächtigung, die Empfehlung umzusetzen, eingefügt werden soll. Dabei sollte eine Zugangskontrolle in Form von Qualifikationsnachweisen und einer Berufshaftpflichtversicherung verlangt werden. Dem BAV sollte die Befugnis über Einzelbeschwerden der Versicherungsnehmer bezüglich aller Versicherungsaspekte eingeräumt werden sowie die Verbandsklagebefugnis nach §§ 13 UWG, AGBG; Hübner, FS Lorenz S. 317,324; Müller, in: Beiträge über den Versicherungsmakler S.159,171ff
[87] Derzeit versucht der Bundesverband Deutscher Versicherungskaufleute e.V. (BDV) durch Gemeinschaftsanzeigen und Plakate die Verbraucher vor unseriösen Vermittlern zu schützen, indem die Versicherungsnehmer aufgefordert werden, nach dem Versicherungskaufmannausweis zu fragen; Erdmann, VersVerm 96,393 (394).
[88] Richtlinie 92/96/EWG= ABIEG Nr. L 360/1 vom 09.12.1992 wurde in nationales Recht umgesetzt und trat am 01.07.1994 in der BRD in Kraft; Hohlfeld, VersR 93,144

migungspflicht für Versicherungsbedingungen und Tarife.[89] Das Bundesaufsichtsamt für Versicherungen hatte die Aufgabe, die Versicherungsprodukte sowie die Allgemeinen Versicherungsbedingungen (AVB), die die Rechte und Pflichten der Vertragsparteien sowie den Versicherungsschutz umschreiben, vorab im Sinne einer präventiven Bedingungs- und Tarifkontrolle zu genehmigen.[90] Dieser Erlaubniszwang sicherte die Überschaubarkeit des Marktes und schützte die Verbraucher vor ´undurchsichtigen´ Produkten. Eine Qualifikation des Vermittlers schien aufgrund der Kontrolle des BAV nicht erforderlich. Durch die Umsetzung der o.g. EG- Richtlinien und damit den Wegfall der Genehmigungspflicht für Versicherungsbedingungen und Tarife hat das BAV nunmehr nur noch die Aufgabe, den Geschäftsbetrieb der Versicherer zu überwachen[91] und repressiv einzugreifen.
Hieraus folgt, daß dem Vermittler eine neue Rolle zukommt.

Er muss den Kunden umfassend informieren und die Versicherungsprodukte eingehend sowohl generell qualitativ als auch individuell für den Kunden zu überprüfen.[92] Überwiegend wird erkannt, daß der durch die Vorabkontrolle entfallene Produktschutz durch den Beratungsschutz des Vermittlers ersetzt werden muß.[93]

**2. Kreditvermittler**

Mißstände im Maklergewerbe führten bereits 1883 dazu, daß die Makler der Untersagungsvorschrift des § 35 GewO unterstellt wurden, der zum damaligen Zeitpunkt jedes einzelne Unternehmen aufzählte. Begründet wurde dies damit, daß das Treiben im Maklergewerbe einen gemeinschädlichen Umfang und Charakter angenommen habe.[94] Durch das dritte Gesetz zur Änderung der Gewerbeordnung vom 29.09.1953[95] wurde § 38 III GewO dahingehend geändert, daß auch die Vermittlung von Verträgen zu den überwachungspflichtigen Tätigkeiten zählt (Nr.5). Aufgrund der anhaltenden Diskussion um eine strengere Reglementierung des Maklergewerbes wurde im Jahre 1972 § 34 c GewO eingeführt, der eine Erlaubnispflicht für das Maklergewerbe vorsieht.[96]
Nach § 34 c Abs.2 GewO muß für diese Geschäfte eine behördliche Erlaubnis vorliegen, die versagt werden kann, wenn die erforderliche Zuverlässigkeit oder geordnete Vermögensverhältnisse nicht gegeben sind.[97]
Ausgenommen sind Warenverkäufer, die zusätzlich zum Absatz ihrer Waren den entspre-

---

[89] vgl. hierzu Benkel, VersR 92,1302
[90] Hohlfeld, VersR 93,144
[91] Art. 19 III der Ersten Richtlinie Schadensversicherung und Art. 23 III der Ersten Richtlinie Lebensversicherung
[92] Eberhardt, Die Mißbrauchsaufsicht, S. 78; Benkel, VersR 92, 1302(1303); Werber, VersR 92,917(920); Taupitz, Versicherungswissenschaftliche Studien, S. 105 (115)
[93] Baumann, VersR 96,1(5); Der Vorstandsvorsitzende der Victoria Edgar Jannott schreibt in der Verlagsbeilage der FAZ vom 14.03.1995: „Zusätzlich wird man sich mehr als bisher auf den qualifizierten Rat des Vermittlers zu stützen haben, um das Defizit an Vergleichbarkeit und Transparenz zu kompensieren." So auch Rösing, Versicherungskaufmann 2/94 S. 7; Taupitz, a.a.O., S. 105(109)
[94] RT-Drucks., 5.Legislaturperiode, II. Session 1882/1883
[95] BGBl. I, 1459, 1461
[96] Durch Art. 1 Nr.1 des Gesetzes zur Änderung der GewO v. 16.08.1972 (BGBl. I, 1465). Diese Änderung führte gem. Art.1 Nr.2 ÄndG zur entsprechenden Aufhebung des § 38 Nr.5 GewO
[97] § 34 c GewO lautet: „Wer gewerbsmäßig den Abschluß von Verträgen über ..Darlehen ...vermitteln oder die Gelegenheit zum Abschluß solcher Verträge nachweisen....will, bedarf der Erlaubnis der zuständigen Behörde."

chenden Kredit vermitteln.[98] Sofern sie jedoch darüber hinausgehen, bedürfen auch sie der Erlaubnis.[99]
Ein Sachkundenachweis wurde nicht eingeführt.[100] Begründet wurde dies damit, daß die vorgesehenen Versagungsgründe – Unzuverlässigkeit und ungeordnete Vermögensverhältnisse – ausreichend seien, den Zugang zum Gewerbe zu versperren bzw. die Erlaubnis zurückzunehmen.[101] Ein Sachkundenachweis sei im Hinblick auf Art.12 GG sowie den Grundsatz der Verhältnismäßigkeit bedenklich.[102]
Wie die insbesondere erst in der Mitte der 70er Jahre intensiv einsetzende Diskussion über Probleme des Konsumentenkredits und damit verbunden über Mißstände bei der Kreditvermittlung zeigt, hat die Kontrolle der Kreditvermittler durch die Gewerbeaufsicht kaum dazu beigetragen, Mißstände abzubauen.[103]
Die Normen werden durch keine zivilrechtliche Sanktion ergänzt.[104]

Nach der Rechtsprechung ist ein Maklervertrag, der trotz fehlender Gewerbeerlaubnis zwischen einem gewerbsmäßig tätigen Makler und seinem Kunden abgeschlossen wird, wirksam.[105] § 34 c GewO richte sich nicht gegen die privatrechtliche Wirksamkeit und den wirtschaftlichen Erfolg der Maklertätigkeit, sondern begnüge sich mit der Verfolgung als Ordnungswidrigkeit. Wenn eine Erlaubnis fehlt, kann die zuständige Behörde nach § 15 II GewO einschreiten.
Verstöße gegen die Erlaubnispflicht erfüllen ferner nur den Ordnungswidrigkeitstatbestand des § 144 I Nr. 1 lit. H, bei beharrlicher Wiederholung sogar den Straftatbestand des § 148 Nr. 1.[106]

---

[98] Eingefügt durch das Gesetz vom. 05.07.1976 (BGBl. I S.1773); Vgl. zu den Voraussetzungen.: Landmann-Marcks § 34 c GewO Rn. 60ff.

[99] Diese Ausnahme wurde durch die am 09.07.1976 in Kraft getretene Änderung der Gewerbeordnung eingeführt (BGBL I, S. 1773). Nach Ansicht des Gesetzgebers war die dem Verbraucherschutz dienende Zielsetzung der Genehmigungspflicht bei den kreditvermittelnden Warenverkäufern bereits durch die Änderung des Gesetzes betreffend die Abzahlungsgeschäfte erreicht worden. Backhaus, Verbraucherkredite, S. 82.

[100] Fehlt dem Kreditvermittler die Erlaubnis, haben Mitkreditvermittler einen Unterlassungsanspruch aus § 13 Abs. 1 UWG i.V. m. § 34c GewO, Hanseatisches OLG Hamburg WRP 82,423

[101] BT-Drucks. VI/2588 Begründung zur Einführung des § 34 c GewO

[102] BT-Drucks. VI/2588 Begründung zur Einführung des § 34 c GewO. Der Entwurf der CDU/CSU-Fraktion sah zwar einen Sachkundenachweis vor. Der Bericht des Ausschusses für Wirtschaft zu Anlaß und Ziel der Gesetzesänderung kam jedoch zu dem Ergebnis, daß die Mißstände in ihrer Mehrzahl nicht auf mangelnde fachliche Kenntnisse zurückzuführen seien (Bericht zu BT-Drucks. VI/3535 v. 15.6.1972). Auch im Hinblick auf die verfassungsrechtlichen Bedenken wurde dies dann fallengelassen.

[103] Die Erfahrung hat gezeigt, daß die überregionale Tätigkeit vielen großer Kreditmakler einerseits und die nur lokale Überwachung durch Behörden, die sich in der Hauptsache mit der Beaufsichtigung von Lebensmittelbetrieben, Gaststätten, Tankstellen, Friseuren und dergleichen befassen und denen daher die nötigen Spezialkenntnisse im Kreditbereich fehlen, mit eine der Ursachen dafür ist, daß trotz zahlreicher Bestimmungen und der in der MaBV vorgeschriebenen jährlichen Einreichung des Prüfungsberichts eines Wirtschaftsprüfers durch den Kreditvermittler nach wie vor Beschwerden seitens der Verbraucherverbände erhoben werden. Scholz MDR 81, 361(368), Vollkommer, FLF, 3/86 S.96(101); Mackenthun, Kreditvermittler. S.23 ff; Schwartze/Simon, Konsumentenkredite, S. 183ff. m.w.N.

[104] Tettinger/Wank, Gewerbeordnung, § 35 Rn. 75 § 34 I Nr. 1 a GewO ist kein gesetzliches Verbot i.S.d. § 134 BGB, BGHZ 78,269.

[105] BGHZ 78,269

[106] Eine gewisse Kontrolle, ob die Erlaubnis erteilt ist, schaffte darüber hinaus die Möglichkeit der Mitkonkurrenten, bei Fehlen einer Erlaubnis gegen den Kreditvermittler aus Verstoß gegen § 1 UWG zu klagen. OLG Hamburg, WRP 82,423

Die Bundesregierung wurde in der Vergangenheit mehrfach aufgefordert, sich um einen besseren Schutz der Verbraucher auf dem Gebiet der Kreditvermittlung zu bemühen.[107]
Die Bundesregierung hatte 1979 eine gesetzliche Regelung vorgeschlagen, die jedoch nicht mehr abschließend beraten werden konnte.[108]
Der 53. Dt. Juristentag empfahl zwar eine Intensivierung der Gewerbeaufsicht über die Kreditvermittler, konnte sich jedoch wegen der Interventionen von Vertretern des Bundesaufsichtsamt für Kreditwesen (BAK), das sich gegen die neuen Aufgaben wehrte und im Hinblick auf die Befürchtung eines Teils der Kreditwirtschaft, die gewerbliche Kreditvermittlung könnte zum 'Bankgeschäft' aufgewertet werden, nicht dazu entschließen, die zentrale Überwachung der Kreditmakler durch das BAK zu empfehlen. Seitdem wird immer wieder die Frage diskutiert, ob die Aufsicht über die Kreditvermittler zweckmäßigerweise bei der Bankenaufsicht konzentriert werden sollte.[109]

### 3. Immobilienanlagenvermittler

Immobilienmakler benötigen vor Aufnahme einer gewerblichen Tätigkeit einer behördlichen Erlaubnis nach § 34 c GewO und unterliegen der Anzeigepflicht des § 14 GewO. Trotz wiederholter Forderungen der Berufsverbände[110] wurde bisher ein Fachkundenachweis als weitere Zulassungsvoraussetzung nicht eingeführt.[111] Grundsätzlich kann jeder mit Erlaubnis des Gewerbeamts gemäß § 34 Abs. I Nr. 1 GewO Grundstücke, Grundstücksteile oder Miteigentumsanteile sowie Wohnungseigentum und gewerbliche Räume vermitteln.[112]
Ebenso ist die Vermittlung beim Bauherrenmodell erlaubnispflichtig.[113] Die Erlaubnis kann gem. § 48 VwVfG zurückgenommen bzw. gem. § 49 Abs. 2 Nr. VwVfG widerrufen werden.[114] Auch der neue Gesetzentwurf [115] erfaßt die Immobilienanlagenvermittlung nicht. Immobilienkapitalanlagen (Erwerber- und Bauherrenmodelle) werden jedoch sehr oft auch durch Vertriebsgesellschaften vermittelt.[116]

---

[107] vgl. 'Kleine Anfrage' vom 3.7.79 BT-Drs. 8/2977; Antwort 9.7.79
[108] BT Dr. 8/3212 vom 27.9.1979. In der darauffolgenden Legislaturperiode brachte das Land Hessen einen Gesetzesantrag im Bundesrat ein, um Mißständen auf dem Gebiet der Kreditvermittlung geschäftlich unerfahrener Personen entgegenzuwirken. Bundesratsdrucksache 573/80
[109] Scholz, Kreditvermittlung, Rn. 672
[110] Demme, S. 78f.
[111] Auf Initiative des Rings Deutscher Makler wurde im Mai 1994 in Leipzig die Deutsche Immobilien-Akademie eingerichtet, die erstmals einen akademischen Abschluß als Diplom-Betriebswirt für Immobilienwirtschaft ermöglicht, vgl. AIZ 4/94 S. 25f.
[112] Zum Begriff Immobilien Bethge, Maklerrecht, Rn. 24
[113] Koeble-Pause, Kap. 10 Rn. 56
[114] Vgl. Bethge, Maklerrecht, Rn. 39
[115] Gesetzentwurf 'zur Ausübung der Tätigkeit als Finanzdienstleistungsvermittler und als Versicherungsvermittler sowie zur Einrichtung eines Beirats beim Bundesaufsichtsamt für das Kreditwesen Bundesrat Drucksache 517/97, vgl. hierzu unten S.
[116] Sehr beliebt ist der Einsatz von Strukturvertrieben Fuellmich, FS Deutsch, 371

## 4. Kapitalanlagen/Finanzvermittler

### a. Aufsicht

#### aa. Gewerberechtliche Aufsicht

Kapitalanlagenvermittler bedürfen gemäß § 34 GewO der Erlaubnis, die bei Vorliegen der persönlichen Zuverlässigkeit erteilt wird.
Dieser Gewerbeschein kostet 40-50 DM. Mit seinem Erhalt kann sich jeder selbständig machen und Finanzprodukte jeder Art verkaufen.[117]

#### bb. Kreditrechtliche Aufsicht/ KWG-Novelle

Zum 01.01.1998 ist das Kreditwesengesetz umfassend geändert worden.[118]
Da der Gesetzgeber ausdrücklich als Finanzinstrumente in Abs. 11 KWG nur Wertpapiere, Geldmarktinstrumente, Devisen und Derivate aufzählt, die er unter besondere Aufsicht stellt, ergibt sich im Umkehrschluß, daß die übrigen Finanzinstrumente gerade nicht erfaßt sein sollten und eine analoge Anwendung daher ausgeschlossen ist.[119] Nicht zu den Finanzinstrumenten i.S.d. KWG gehören daher Finanzanlagen wie Versicherungspolicen, Edelmetalle, Bausparfinanzierungen, Darlehen mit Ausnahme von Geldmaklergeschäften, Verträge über den Erwerb von Anteilen, die eine Beteiligung am Ergebnis eines Unternehmens gewähren (z.B. Anteile an Kommanditgesellschaften und atypisch stille –mitunternehmerische – Beteiligungen), GmbH-Geschäftsanteile, Verträge über den Erwerb von Anteilen an einem Vermögen, das ein Unternehmen im eigenen Namen, jedoch für fremde Rechnung verwaltet (Treuhandvermögen), GbR-Beteiligungen, insbesondere an geschlossenen Immobilienfonds und Mobilienfonds wie z.B. Leasingfonds, Schiffsfonds, Flugzeugfonds, Containerfonds.
Die Vermittlung dieser Finanzanlagen ist auch nach der Novellierung des Kreditwesengesetzes nicht erlaubnispflichtig. Finanzdienstleister unterliegen für die Vermittlung dieser Produkte keiner Aufsicht durch das Bundesaufsichtsamt für Kreditwesen.[120]
Eine Erlaubnis nach §§ 32, 33 KWG als Voraussetzung für die Aufnahme der Geschäftstätigkeit ist für Finanzdienstleister nicht erforderlich. Eine aufsichtsrechtliche Zuständigkeit des Bundesaufsichtsamtes für das Kreditwesen für den „Grauen Kapitalmarkt“ besteht nur für den Fall des Betreibens ungesetzlicher Geschäfte nach § 37 KWG.[121]
Beschränkt sich der Finanzdienstleister allerdings nicht auf die Vermittlung dieser Finanzprodukte und übernimmt er daneben die Vermittlung von Finanzinstrumenten i.S.d. § 1 Abs. 11 KWG, dann wird seine Tätigkeit dem Kreditwesengesetz zugerechnet und wird erlaubnispflichtig.[122]

#### cc. Ergebnis:

Für die Vermittlung von Immobilien, GmbH-Anteilen, KG- und GbR-Beteiligungen ist nach wie vor allein eine Zulassung nach § 34c GewO erforderlich, obwohl gerade geschei-

---

[117] Bockholt, FAZ vom 04.11.1996
[118] Jung/ Schleicher Neue gesetzliche Regeln für Finanzdienstleister ab dem 01.01.98 – Die 6. KWG-Novelle
[119] Plück/Schmutzler/Kühn S. 40; Jung, BB 98, 649 (651)
[120] Plück, Schmutzler, Kühn Kapitalmarktrecht S. 40; Reuter, Welt am Sonntag v. 26.04.1997; Handelsblatt v. 15.06.1998
[121] Brandt, ZRP 98, 179
[122] Plück/Schmutzler/Kühn Kapitalmarktrecht, S. 40

terte GmbH- und Genossenschaftsbeteiligungen von den Verbraucherzentralen in großer Anzahl registriert werden.[123]
Eine Gesetzesgrundlage zum Verkauf von Assekuranz-, Bank- und Vermögensanlagen gibt es nicht. Jedermann hat Zugang zu diesen Branchen.[124] Somit unterstehen weite Teile der Anbieter nach wie vor lediglich den Gewerbeaufsichtsbehörden, die mit der Prüfung dieser Geschäfte sowohl fachlich als auch kapazitätsmäßig überfordert sind.[125] Die Gewerbeaufsicht beschränkt sich im wesentlichen auf die Zuverlässigkeit des Vermittlers.[126] Werden Produkte verschiedener Sparten als Kombination vermittelt, treten Zuständigkeitsüberlappungen der Exekutivbehörden auf. Unseriösen Anbietern von Finanzdienstleistungen wird auf diese Weise wirkungsvoll die Möglichkeit gegeben, sich durch eine geringfügige Veränderung der angebotenen Finanzprodukte oder erbrachten Dienstleistungen der staatlichen Kontrolle zu entziehen.[127]

Von Verbraucherverbänden[128] und einigen Bundesländern ist die willkürliche Limitiertung[129] der sachlichen Reichweite der Neuregelung kritisiert worden. Die Ausnahme von Vermittlern nicht verbriefter Gesellschaftsbeteiligungen und Beteiligungen an geschlossenen Immobilienfonds sei nicht zu rechtfertigen.[130]

**dd. Vergleich Versicherungs-, Kredit-, Immobilien- und Kapitalanlagenvermittler**

Alle vier Vermittler unterliegen lediglich der gewerberechtlichen Aufsicht. Bei allen vier Vermittlern wird derzeit diskutiert, ob sie nicht jeweils einer spezialisierten Fachbehörde zu unterstellen seien. Die Ausübung aller vier Berufsbilder ist gleichsame ohne Markteintrittsbarriere möglich, was in allen vier Berufen kritisiert wird. In allen vier Berufen wird darüber hinaus die Absicherung durch eine Haftpflichtversicherung diskutiert. Ein Vermittlerregister gibt es bei keinem Berufsbild (allenfalls beim Versicherungsvermittler auf freiwilliger Basis). Betrachtet man nunmehr die Tätigkeit des Allfinanzvermittlers, so fällt auf, dass die gleichen Diskussionspunkte dort ebenfalls diskutiert werden. Dies wird im folgenden dargestellt.

**b. Qualifikationsmöglichkeiten**

Die großen Finanzdienstleistungsgesellschaften haben im Jahre 1991 eine Arbeitsgemeinschaft Finanzdienstleistungsunternehmen in Frankfurt /Main gegründet, die ebenso wie Banken, Versicherungen und Bausparkassen ihre Interessen gegenüber dem Staat, der Gesellschaft und der Öffentlichkeit vertritt. 1992 ist diese in den Bundesverband 'Deutscher

---

123 Verbraucherpolitische Korrespondenz, Nr. 8 S. 2-4 vom 25.02.1997; Frankfurter Rundschau vom 26.02.1997
124 Thomsen, Mein Geld vom 01.06.1995 S. 52-53; Düren, Handelsblatt vom 11.01.1996
125 Wolf Kapital-Markt Special Beilage zu 28/98
126 Wacket, FLF 3/1997, S. 117
127 Brandt ZRP 98, 179(180)
128 Handelsblatt vom 13.02.1997 S. 25; in diesem Sinne auch von Hippel, ZRP 1997, S. 305(306f.)
129 Nach Angaben des Präsidenten des BAKred wird die Novelle (nur) rund 7500 der in Deutschland tätigen 40.000 bis 50.000 Unternehmen der Finanzdienstleistungsbranche unter seine Kontrolle bringen.
130 Zimmer DB 98, 969 (973); Handelsblatt vom 21./22.2.1997 S. 39; auch der Bundesrat forderte in seiner Stellungnahme zur Änderung des KWG eine Einbeziehung aller regelungsbedürftiger Finanzdienstleistungen in die Aufsichtstätigkeit des Bundesaufsichtsamtes für das Kreditwesen. Stellungnahme des BR zum Entwurf der KWG-Novelle, BR-Dr 963/2/96, S. 1ff.; Iken, Die Welt 01.04.1999; Handelsblatt S. 26 vom 16.02.1999.

Unternehmensverband Finanzdienstleistungen e.V‘[131] umgewandelt worden[132] zur Schaffung eines gemeinsamen Berufsbildes und Festsetzung gemeinsamer Qualitätsmaßstäbe für die Aus- und Weiterbildung.Externe Fortbildungsprogramme und Lehrgänge in Zusammenarbeit mit Industrie- und Handelskammern einschließlich Erwerb eines IHK- Zertifikats wurden eingerichtet[133], bei denen seit Mitte 1996 Weiterbildungskurse zum Fachberater für Finanzdienstleistungen IHK und zum Fachwirt für Finanzberatung IHK[134] belegt werden können.[135] Berufsverbände haben eigene Fortbildungs-Akademien gegründet.[136] Die großen Vermittlungsgesellschaften[137] haben interne Schulungsprogramme eingerichtet.[138]
Einzelne Verbände haben einen Ehrenkodex verabschiedet, der sich in einer Produktrichtlinie, einer Qualifikationsrichtlinie, einer Vermittlungs- und Beratungsrichtlinie und Vermögensschadenhaftpflicht mit hohem moralischen und qualitativem Anspruch niederschlägt.[139]
Die Privatakademie European Business School Oestrich-Winkel (ebs) bietet Kurse mit dem Abschluß „Vermögensplanung“ an.[140] Eingerichtet wurde die interdisziplinäre Ausbildung zum „Finanzökonom“.
Die internationale Certified Financial Planner-Organisation (CFP) hat der Finanzakademie der ebs das Recht verliehen, nach den Regeln der CFP Board of Standards (Denver/USA) die Lizensierungen mit dem Gütesiegel „CFP“ in Deutschland vorzunehmen.[141]
Die Gabler Fernakademie bietet einen 18monatigen Lehrgang mit dem Abschluß „geprüfter Anlage- und Vermögensberater“ an.[142]

---

[131] Von der Allfinanz- Idee zur Finanzdienstleistung Alles aus einer Hand Deutscher Unternehmensverband Finanzdienstleistungen e.V. S. 5: Gründungsunternehmen waren: Allgemeiner Wirtschaftsdienst AWD, Bonnfinanz AG für Vermögensberatung und Vermittlung; Deutsche Vermögensberatung AG DVAG; Unternehmensgruppe Global Finanz Gesellschaft für Beratung und Vermittlung mbH; OVB Allfinanzvermittlungsgesellschaft mbH & Co; RWS Vermögensplanung AG, tecis Holding AG.

[132] Die Gesamtzahl der durch den Verband vertretenen Außendienst-Mitarbeiter betrug 1993 ca. 40.000.

[133] Von der Allfinanz-Idee, S. 23; Seit dem 01.07.1992 bietet die IHK den Lehrgang für Finanzdienstleister an Cash 5/93, S. 69.

[134] Ein Jahr nach Abschluß des Fachberaters kann der Lehrgang zum „Fachwirt für Finanzberatung IHK“ begonnen werden. Bei beiden Abschlüssen handelt es sich um einen öffentlich-rechtlichen IHK-Abschluß

[135] Zugangsvoraussetzung ist der Abschluß einer Berufsausbildung sowie einer – je nach Abschluß gestaffelten – sechsmonatigen bis zweijährigen Berufspraxis. Die Teilnahmegebühr für den Kurs beträgt zwischen DM 3000 – 5000. Eine Prüfung schließt die Ausbildung ab. Fachberater für Finanzdienstleistungen, FAZ vom 31.01.1998, S. 47.

[136] Wardenbach, Die Welt vom 06.10.1995

[137] Das Schulungsprogramm des AWD wird als unzureichend kritisiert. Ein Schwerpunkt der Ausbildung liegt im Verkaufstraining, Finanztest Spezial, Dezember 1999, S. 14.

[138] Burgmaier/Palan, Wirtschaftswoche vom 04.01.96; die interne Ausbildung bei MLP dauert 2 ½ Jahre, Petersmann, Thexis 1994 S. 44(46); AWD, DVAG und OVB haben eigene Schulungszentren; Lawrens Versicherungskaufmann 5/94 S. 46; Mordhorst, Versicherungskaufmann 5/94 S. 48(49); fachbezogene Aufnahmeprüfung des Verbands der Bau-Finanz-Berater e.V.

[139] Richtlinien von Votum Verband Unabhängiger Finanzdienstleistungsunternehmen in Europa e.V. Merkblatt „votum der TÜV für unabhängige Finanzdienstleistungen“.

[140] Cash vom 01.09.1993 S.16

[141] Handelsblatt vom 6./7.12.97; weltweit gibt es bereits 40.000 Certified Financial Planners neben USA, Kanada, Australien, Neuseeland, Japan und Großbritanien FAZ vom 15.10.1997 .

[142] Düren, Handelsblatt vom 11.01.1996

Eine weitere freiwillige Initiative stellt der Verband deutscher Honorarberater dar, der Beratern aus allen Bereichen der Finanzdienstleistung offensteht.[143]

**c. Vermittlerregister**

1994 wurde das ZEFI-Register gemeinsam von einigen Berufsverbänden geschaffen.[144] Das ZEFI-Zentralregister Deutschland für Finanzdienstleister hat die vornehmliche Aufgabe, das Ausbildungsniveau des Vermittlers dem Auskunftssuchenden transparent zu machen.[145] Eine Klassifizierung in verschiedene Ausbildungswege ist dabei vorgesehen.[146] Kein Versicherungs-Verband hat sich dem ZEFI angeschlossen.[147] Weiterhin wird in dem Register vermerkt, ob der Vermittler über eine Vermögensschadenshaftpflichtversicherung verfügt. Gegen eine Gebühr von DM 20 können Verbraucher die gespeicherten Daten ihres Vermittlers abrufen und sich so ein Bild über dessen Qualifikation machen.[148] Verbraucherschützer kritisieren, daß diese Registrierungsstelle „privat" ohne jede sichtbare Kontrolle betrieben wird.[149]

Der Bundesverband Finanzdienstleistungen FiFa e.V. in Berlin hat zum 01.01.1994 ein Register für Finanzdienstleister eingerichtet, in das sich die Vermittler auf freiwilliger Basis mit ihren Fachgebieten und Qualifikationen eintragen lassen können.[150]

Das Register wird von einem eingetragenen Verein geführt, dessen Satzung demokratische Regeln bei der Besetzung der einzelnen Organe vorsieht. Die Satzung regelt, welche Daten auf Anfragen von Verbrauchern weitergegeben werden. Ein Datenschutzbeauftragter überwacht die Einhaltung der Vorschriften. Hierdurch wird die Berücksichtigung privater oder Gruppeninteressen weitgehend ausgeschlossen. In dem Register wird dargestellt, ob der Vermittler abhängig oder unabhängig ist. Die Registermitglieder sind verpflichtet, alle drei Jahre ihre Eintragungsberechtigung nachzuweisen. Das Register ist autonom und finanziert sich im Umlageverfahren.[151]

---

[143] Mitglied kann werden, wer seine Qualifikation einem Prüfungsausschuß gegenüber nachgewiesen hat und zwei Bürgen aus dem Verband vorweisen kann. Ihl, Versicherungskaufmann 8/94 S. 25(27)

[144] Durch den Bundesverband Finanzdienstleistungen, die Deutsche Vereinigung für Vermögensberatung, den Bundesverband Bau-Finanz-Berater, den Arbeitgeberverband für die finanzdienstleistende Wirtschaft, den Verband der Wirtschaftsberater und den Verband der Deutschen Makler: Die Welt vom 14.11.1994.

[145] Der Eintrag ins Register erfolgt ohne Registernummer. Dem Antrag auf Eintragung in das Register sind umfangreiche Tabellen, in denen die verschiedenen Ausbildungen angegeben werden können, beigefügt. Der höchste Grad der Ausbildung ist der Bank-, Immobilien- oder Versicherungskaufmann, gefolgt von Betriebswirt/Fachwirt in den einzelnen Branchen, für die es spezielle Kennziffern gibt.

[146] Die niedrigste Stufe erhalten Vermittler ohne finanzspezifische, theoretische Ausbildung, die mindestens drei Jahre im Versicherungs-, Bank-, Immobilien- oder im übrigen Finanzdienstleistungsbereich Erfahrung gesammelt haben. Der höchste Grad der Ausbildung ist der Bank-, Immobilien-oder Versicherungskaufmann, gefolgt vom Betriebswirt/Fachwirt in den einzelnen Branchen. Für diese Ausbildungen gibt es verschiedene Kennziffern. Weiterhin wird im Register vermerkt, ob der Vermittler über eine Vermögensschadenhaftpflichtversicherung verfügt. Kapital-markt intern Nr. 45/94 S. 1; es können sich nur unabhängige Vermittler aufnehmen lassen.

[147] Lucht, Handelsblatt S. 35 vom 25.04.1995

[148] Burgmaier/Palan, Wirtschaftswoche vom 04.01.1996

[149] DFI-gerlach-report 03/96; 17/97; 44/97

[150] Lucht, Versicherungskaufmann 2/94, S.23

[151] Breit, Versicherungskaufmann 11/94 S. 22

**Register des Certified Financial Planners (CFP)**

Anlehnend an die Regeln des CFP Board of Standards (Denver/USA) sind 1997 erstmals Vermögens- und Finanzberater mit dem Gütesiegel Certified Financial Planners ausgezeichnet worden.[152]

## IV. Gesetzesinitiative zum Finanzzdienstleistungs- und Versicherungsvermittlers

Anfang Juli 1997 brachten Niedersachsen und das Saarland[153] im Bundesrat einen Gesetzentwurf[154] zur Ausübung der Tätigkeit des Finanzdienstleistungsvermittlers und Versicherungsvermittlers und zur Einrichtung eines Beirats beim Bundesaufsichtsamt für Kreditwesen ein.[155] Der Entwurf scheiterte im Bundestag am Widerstand der damaligen Bundesregierung, die die Gewerbefreiheit durch eine derartige Regelung als zu sehr eingeschränkt ansah.[156] Nach dem Regierungswechsel sollte man davon ausgehen, daß die neue Bundesregierung den Gesetzentwurf wieder aufgreift.[157] Weiterhin muß damit gerechnet werden, daß die EU-Kommission erneut tätig wird und verbindliche Regelungen erlassen wird.

Die Gesetzesinitiative will die Tätigkeit der Personen regeln, die sowohl Finanzanlagen als auch Versicherungen vermitteln. Diese Personen werden ausdrücklich als Allfinanz-Vermittler bezeichnet.[158]

### 1. Vorgesehene Regelungen

Ziel des Entwurfes ist es, im Interesse des Verbraucherschutzes[159] auf dem Finanzdienstleistungssektor den Katalog der zulassungspflichtigen Vermittlung von Finanzanlagen zu erweitern, effizientere staatliche Überwachungsmöglichkeiten zu schaffen und die Kompetenz der Vermittler zu erhöhen.[160]

Das Gesetz strebt eine umfassende Regelung der Finanzdienstleistungen außerhalb der Ge-

---

[152] Voraussetzung ist Kenntnis des gesamten Spektrums des Finanz, Geld-, Kredit- und Versicherungswesen, Hochschulabschluß und Ablegung der interdisziplinären Ausbildung zum „Finanzökonom" der European Business School.

[153] Der Entwurf beruht auf Vorarbeiten der Arbeitsgruppe „ Verbraucherschutz im Finanzdienstleistungsbereich" der Bundesländer, vgl. zur Untersuchung in versicherungsrechtlicher Hinsicht Kieninger, VersR 98,5

[154] BR-Drucks. 517/97 vom 09.07.1997

[155] Bei der Erarbeitung des Gesetzentwurfs wurden die Verbände der Versicherungswirtschaft sowie Vertreter des Wirtschaftsministeriums in Hannover mit einbezogen; Reitz, Versicherungskaufmann 12/96, 14(18); zur Entstehungsgeschichte Schulte, Karriere vom 06.12.1996

[156] Die damalige Bundesregierung hielt dieses zulassungsregelnde Gesetz für nicht verfassungsgemäß. Es müsse eine Kausalität zwischen einem Mißstand und der fehlenden Sachkunde der Vermittler bestehen, damit der Eingriff in Art. 12 GG gerechtfertigt wäre. Eine solche Kausalität könne jedoch nicht nachgewiesen werden BT-Drucks. 12/8582, S. 10 Der Freistaat Bayern beantragte die Zurückweisung u.a. mit der Begründung, daß kein Handlungsbedarf bestehe und der Verbraucher keinen gravierenden Gefahren ausgesetzt sei. Überdies habe er die Möglichkeit der Kündigung des Vertrages (BR-Drucks. 517/2/97, S. 2 (Nr.3).

[157] Der AVAD will versuchen, Gerhard Schröder an seine damaligen Entwurf zu erinnern Vortrag Dr. Chr. Keil vom 08.04.1999.

[158] Finanzdienstleistungsvermittler ist danach, wer Darlehen mit Ausnahme von Geldmaklergeschäften nach § 1 Abs. 3 Satz 1 Nr. 8 KWG, Bausparfinanzierungen, den Erwerb von Anteilen, die eine Beteiligung am Ergebnis eines Unternehmens, an Treuhandvermögen, Schuldverschreibungen, sonstigen Finanzanlagen oder Versicherungen vermittelt (§ 1 FinanzdiLVermGE).

[159] Dies betonen EuGH VersR 86,1225(1228); Hübner in Berufsregelung für Versicherungsvermittler, S. 7f.

[160] ZRP-Gesetzgebungs-Report, ZRP 1998 S. 117

werbeordnung als Ergänzung zu der KWG-Änderung an. Der Anwendungsbereich von § 34c Abs. 1 Satz 1 Nr. 1 soll auf Grundstücke, grundstücksgleiche Rechte, gewerbliche Räume und Wohnräume reduziert werden.

Die Darlehens- und Anlagenvermittlung soll zusammen mit dem Versicherungs- und Bausparkassenvermittler spezialgesetzlich geregelt werden.[161] Dadurch wird die Aufsicht von den Gewerbeämtern auf das Bundesaufsichtsamt für Kreditwesen bzw. Versicherungswesen als neue Registrierungsstellen verlagert.[162] Der Initiative liegt der Befund zugrunde, daß den Verbrauchern auf dem 'grauen Kapitalmarkt' durch unseriöse oder fehlerhafte Beratung über Darlehen, Kapitalanlagen und Versicherungen jährlich Schäden in Milliardenhöhe entstehen.

Der Gesetzentwurf sieht die fehlende Berufsqualifizierung als Kernproblem an.[163]

Durch den Entwurf soll die Vermittlungstätigkeit für Finanzdienstleister und Versicherungsvermittler durch eine allgemeine Registrierungspflicht geregelt werden, die voraussetzt, daß der Vermittler in geordneten Vermögensverhältnissen lebt, über eine fachliche Qualifizierung verfügt und eine Haftpflichtversicherung abgeschlossen hat (Art. 1,§ 2 Abs. 2 und Art. 3, § 104 b II GesetzE).[164]

Die Qualifizierung ist i.S.d. Verhältnismäßigkeit gestuft: für die Vermittlung von Standardprodukten für private Haushalte reicht ein Basiswissen aus. Bei atypischer und komplizierter Vermittlertätigkeit ist eine höhere Qualifikation erforderlich.[165]

Der Vermittler muß bei der Eintragung offenlegen, ob er als Vertreter oder Makler tätig ist. Eine öffentlich-rechtliche Registrierung der betroffenen Vermittler bietet für den Verbraucher vor allem den Vorteil eines erhöhten Maßes an Transparenz.[166] Er erhält einen Ausweis, der dem Kunden vorzulegen ist und aus dem hervorgeht, welche Dienstleistungen der Vermittler aufgrund seiner beruflichen Qualifikation erbringen darf. § 104 b II Nr. 3, § 104 e II VAG-Entwurf.

Vermittler müssen sich entweder durch eine Berufshaftpflichtversicherung oder eine Bürgschaft oder Haftungsfreistellungserklärung seitens des Versicherers absichern. Ausgenommen sind Finanzdienstleistungsvermittler, soweit sie Darlehen lediglich zur Finanzierung eigener Warenverkäufe oder Dienstleistungen vermitteln sowie Vermittlungsgeschäfte im Rahmen eines Kreditinstituts, wenn sie fachliche Kenntnisse gegenüber dem Bundesaufsichtsamt für Kreditwesen nachweisen können (§ 4 Abs. 1 Nr. 1,Nr, 1).

Der nebenberufliche Vermittler ist von der Registrierungspflicht ausgenommen, soweit er unter der fachlichen Betreuung eines registrierten Versicherungsvermittlers steht, gewerbe-

---

[161] Gleichzeitig wird auch das Berufsbild des reinen Versicherungsvermittlers gesondert geregelt, das aber nicht Gegenstand der Arbeit sein soll.

[162] Nach Art. 2 des Entwurfes soll die Gewerbeordnung geändert werden.

[163] FinanzDiLVermGE Begründung BR-Drucks. 517/97 S. 23ff.; Römer beim 13. Münsterischen Versicherungstag, zitiert in VersR 96,171 (173); so auch Wacket, FLF 3/97 S.117; Handelsblatt Special: Grauer Kapitalmarkt, 17.2.1997.

[164] Das Register wird von den betroffenen Berufsverbänden geführt und untersteht der Aufsicht des Bundesaufsichtsamts. Bei Verstoß gegen die Registrierungspflicht kann das Aufsichtsamt die sofortige Einstellung des Geschäftsbetriebs anordnen. Art. 1, § 8 und Art. 3, § 104g GesetzE, BR-DR 517/97, S. 5f. und S.14f.) und nach dem VWVG seine Anordnungen durchsetzen ( § 8 Abs. 2). Gegen Versicherungsunternehmen, die mit nicht registrierten Vermittlern zusammenarbeiten, können Ordnungsgelder verhängt werden.

[165] Art. 1, § 2 II Nr. 2 und Art. 3, § 104b II Nr. 2 GesetzE, BR-Dr 517/97, S. 2 und S. 12

[166] Brandt ZRP 98, 179(180)

rechtlich zuverlässig ist und in geordneten Vermögensverhältnissen lebt.[167]

## 2. Kritik

Festzustellen ist, daß der Entwurf nach seiner allgemeinen Zielrichtung nur die Haftung der Vermittler regelt, nicht jedoch die der dahinterstehenden Produktgeber.
Dies ist für das Versicherungsrecht kritisiert worden.[168] Es sei fraglich, ob dem Verbraucher mit dem Anspruch ausschließlich gegen den Vermittler hinreichend gedient sei. Viele Vermittler seien nur nebenberuflich tätig und besäßen kein Geschäftsvolumen, aus dem heraus sie eine Vermögensschadenhaftpflichtversicherung mit hoher Versicherungssumme bezahlen könnten.[169]
Die Versicherungsunternehmen sollten ebenfalls Adressaten der Verhaltenspflichten sein. Denn der Entwurf lehne sich ersichtlich an § 31 WpHG an, der die Verhaltenspflichten auch für Wertpapierdienstleistungsunternehmen statuiert.[170]

### a. Qualifikation

In der Literatur wird die Frage diskutiert, ob eine obligatorische einheitliche Qualifizierung und Registrierung von Finanzdienstleistungsvermittlern geeignet ist, die auf dem 'Grauen Kapitalmarkt' sichtbar gewordenen Probleme zu lösen. Wacket weist darauf hin,[171] daß Dummheit und Leichtsinn von Anlegern durch Aufklärungspflichten nicht verhindert werden könnten, wenn der Anleger diesen Schutz wegen seiner Gier nach Traumrenditen und Steuersparnis nicht zur Kenntnis nehmen wolle. Wiechers[172] betont, daß die Probleme auch auf unseriösen und in betrügerischer Absicht entwickelten Produkten, bis hin zu schneeballsystemähnlichen Angeboten beruhten. Daher müßten in der tatsächlichen Problemzone Verantwortlichkeiten geschaffen und Verantwortliche einer Kontrolle unterworfen werden.

Ein Fachkundenachweis, der zu einem bestimmten Zeitpunkt erworben wird, garantiere weder eine andauernde Qualifikation des Gewerbetreibenden noch den marktwirtschaftlichen Erfolg. Es liege im wirtschaftlichen Eigeninteresse des Unternehmers, ein hohes Leistungsniveau zu garantieren. Dieses Ziel könne am wirksamsten mit ständiger freiwilliger Weiterbildung erreicht werden. Markt und Wettbewerb seien deshalb generell wirksame Garanten dafür, daß Gewerbefreiheit nicht zum Nachteil des Verbrauchers mißbraucht werde. Berufszugangsbeschränkungen wirkten demzufolge wie ein Wettbewerbsschutz und schafften in einer Zeit, in der Beschäftigungsanreize und die Schaffung von Beschäftigungsmöglichkeiten dringend gebraucht werden, zusätzliche Hindernisse, neue Bürokratie und höhere Staatsausgaben.[173]
Der Deutsche Industrie- und Handelstag lehnt eine gesetzliche Ausbildungsregelung ab und befürwortet eine freiwillige Aus- und Weiterbildung. Für den Schutz der Verbraucher sei

---

167 Diese Betreuung über Hauptvertreter als ein System der 'Anlehnung' werde schon jetzt bei einzelnen Unternehmen praktiziert, so Wulf-Meier Versicherungswirtschaft 15/96 S. 1060(1062).
168 Kieninger , VersR 98,11; Schwintowski, VersR 97, 942 (943)
169 Überdies ist die Berufshaftpflichtversicherung nicht zwingend und soll durch andere Formen der Absicherung wie Bürgschaft oder Haftungsfreistellungserklärung des Versicherers ersetzbar sein, für dessen Effektivität – anders als für die Berufshaftpflicht- noch keine Erfahrungswerte bestehen.
170 BR-Drucks. 517/97 S. 22
171 Wacket, FLF 3/97, S. 121
172 Wiechers, Der langfristige Kredit 8/97 S. 246(250) mit Verweis auf Handelsblatt vom 25./26.10.1996 und Wirtschaftswoche Nr. 13 vom 20.3.1997
173 Schoser, Frankfurter Allgemeine Nr. 40 vom 17.02.1998

eine Regelung für den Berufszugang nicht notwendig und „sogar hinderlich“. Denn wegen der vorgesehenen Qualifikationsnachweise könnte bei den Verbrauchern der falsche Eindruck entstehen, die Vermittler seien fachlich besonders kompetent und handelten daher verbraucherfreundlich.
Der Qualifikationsnachweis allein ändere nichts an der tatsächlichen Vertragspraxis. Fehlverhalten oder mangelnde Kenntnisse könnten nicht durch die von der Bundesregierung geplanten Stichtagsüberprüfungen der Fachkunde verhindert werden. [174]

**b. Nebenberufler**

Es wird kritisiert, daß Nebenberufler[175] geringere Qualifikationen aufweisen sollten als Hauptberufler.[176] Nur durch eine Registrierungspflicht auch für Nebenberufler könne ein umfassender Verbraucherschutz geschaffen werden.[177] Hauptberufliche Vermittler erwarten durch eine gute Ausbildung der eigenen Mitglieder Wettbewerbsvorteile vor allem dadurch, daß für die Konkurrenz eine gleich gute Ausbildung entweder zu kostspielig oder aber praktisch kaum möglich ist: Gerade ein Großteil der nebenberuflichen Vermittler kann den enormen Arbeitsaufwand, der mit einer qualifizierten Ausbildung verbunden ist, nicht aufbringen und würde, sofern die Ausbildung Berufszulassungsvoraussetzung ist, aus dem Markt geworfen.
Kritisiert wird an der Anlehnungslösung, daß ein problemloser Einstieg als Finanzdienstleister nur noch über den Strukturvertrieb möglich ist, da jeder andere Weg für Neueinsteiger über umfangreiche Qualifizierungen und Prüfungen führe. Hierdurch würde den Strukturvertrieben eine einer Monopolstellung ähnliche Schlüsselposition am Zugang zum Finanzdienstleistungsmarkt eingeräumt.[178] Zusätzlich erschwere die Übergangsregelung den Neueinstieg seriöser Vermittler und schütze den Besitzstand der am Markt derzeit Tätigen.[179]
Hiergegen wird in erster Linie der Gesichtspunkt der Verhältnismäßigkeit angeführt, nach dem man von Nebenberuflern keine ebenso hohen Qualifikationen wie von Hauptberuflern verlangen könne.[180]
Nebenberufler würden sich meist nicht an 'komplizierte' Vermittlungen heranwagen, so daß keine große Gefahr von ihnen ausginge.[181] Überdies würde die Bevölkerung bei Einführung einer gesetzlichen Regelung samt Ausweissystem sehr schnell nur den sich ausweisenden Vermittler mit ihren Versicherungsgeschäften betrauen.

**c. Berufshaftpflichtversicherung**

Bezweifelt wird, ob eine andere Absicherung als die durch Berufshaftpflichtversicherung

---

[174] www.IFF-Hamburg.de/odars2web/d_all/bin/show.pl?key=6155-910951369&docno=99
[175] Im selbständigen Versicherungsaußendienst stehen 59.000 hauptberufliche 300.000 nebenberuflichen Versicherungsvermittlern gegenüber, GDV, Die Deutsche Versicherungswirtschaft Jahrbuch 1994, S. 135.
[176] Vgl. Hübner, in :Berufsregelung für Versicherungsvermittler, S. 33; Arbeitsgemeinschaft für Verbraucherschutz,www.IFF-Hamburg.de/odars2web/d_all/bin/show.pl?key=6155-910951369&docno=104; Frankfurter Rundschau vom 26.02.1997.
[177] Ein hessischer Gesetzentwurf sieht auch die Registrierungspflicht für Nebenberufler vor. Dieser wurde jedoch nie in den Bundestag eingebracht
[178] DFI- gerlach-report 44/97 S. 3
[179] DFI-gerlach-report 44/97 S. 3
[180] Vgl. BverfGE 19, 330(339)
[181] Schmelzer, VK 6/92, 49 (50); Sendler, in: Berufsregelung für Versicherungsvermittler, S. 64/65

ebenso effektiv ist.[182]
Die Absicherung durch eine Berufshaftpflichtversicherung habe sich in anderen Berufssparten, wie z.B. den Rechtsanwälten und Steuerberatern, erfolgreich bewährt; es sei unverständlich, warum auf neue, noch nicht erfahrungserprobte Absicherungsmöglichkeiten zurückgegriffen werde.[183] Als problematisch wird das Problem der Abhängigkeit von Versicherungsgesellschaften bei der in der EG-Vermittlerempfehlung und im Gesetzentwurf gleichermaßen geforderten Vermögensschadenhaftpflicht-Versicherung. Der jetzige Stand der Dinge würde bedeuten, daß die wenigen Versicherungsgesellschaften, die solche Verträge anbieten, praktisch den Zugang zum Beruf des Finanzdienstleistungs- und Versicherungsvermittlers kontrollieren.[184]

### d. Verfassungsrechtliche Bedenken

Gegen den Entwurf sind verfassungsrechtliche Bedenken im Hinblick auf Art. 12 I S. 2 GG geäußert worden. Der Gesetzentwurf selbst stuft den Verbraucherschutz als wichtiges Gemeinschaftsgut ein.[185] Andere sehen das internationale Ansehen und die Funktionsfähigkeit des Finanzplatzes Deutschland im Hinblick auf die gesamtwirtschaftliche Bedeutung als wichtiges Gemeinschaftsgut an.[186] Werde das Vertrauen der Kunden in die Stabilität und Integrität der Kapital- und Versicherungsmärkte ernstlich erschüttert, so beeinträchtigt das auch das reibungslose Funktionieren dieser Märkte. Funktionierende Finanzmärkte seien für die gesamte Volkswirtschaft von größter Bedeutung.[187]

### e. Vermittlung von Finanzanlagen und Versicherungen durch Kreditinstitute

Kritisiert wird, daß die Aufsicht auch unmittelbar die Bankmitarbeiter der Kreditinstiute erfaßt.[188] Gefordert wird, daß die Vermittlungstätigkeit von Kreditinstituten von vornherein aus dem Anwendungsbereich des Gesetzes herausgenommen wird.[189]
Der Gesetzesentwurf wird deshalb als systemwidrig angesehen, da dieser bereits für die bloße Vermittlung von Finanzdienstleistungen Qualifizierungsanforderungen an die Mitarbeiter des Instituts stellt, während das WpHG dies nicht einmal ausdrücklich für die eigenständige Leistungserbringung vorschreibt.[190]
Es sei nicht systemgerecht, bereits die bloße Vermittlung von Versicherungen durch Kreditinstitute unter Aufsicht zu stellen, während Versicherungsunternehmen, die Bankgeschäfte nicht nur vermitteln, sondern selbst betreiben, nicht als Kreditinstitute gelten.[191]

### f. Kompetenzzersplitterung

Kritisiert wird, daß den Registrierungsstellen lediglich die Errichtung und Führung des Registers obliegt, während Eingriffsbefugnissen gegenüber Dritten sowie die Anordnung von

---

182 Präve, in: Berufsregelung für Versicherungsvermittler, S. 147
183 Vgl. Abram, VersR 98, 551(555) m.w.N.
184 DFI-gerlach-report Nr. 10/98 S. 3
185 BR-Drucksache 517/97, S.25; Vgl. Fricke, VersR 95, 1134ff
186 Brandt, ZRP 98, 179(183)
187 Brandt ZRP 98, 179(183)
188 Wacket, FLF 3/1997 117(119)
189 Zu weiteren Kritikpunkten Wacket, a.a.O., S. 117ff.
190 Das KWG legt keine Qualifizierungsanforderungen an die einzelnen Mitarbeiter des Instituts fest, während der Gesetzentwurf dies auch für die Mitarbeiter der Kreditinstitute tut.
191 Wacket, a.a.O. S. 120 rügt die Praktikabilität im Hinblick auf den Ansturm der Prüfungsvorgänge, zu weiteren Kritikpunkten diesbezüglich vergleiche ebenda, S. 120ff.

Zwangsmaßnahmen von den Aufsichtsämtern wahrgenommen werden. Diese wiederum können nur dann gegen unerlaubte Vermittlungstätigkeit einschreiten, wenn eine Auskunft der Registrierungsstellen vorliegt.
Diese Kompetenzaufsplitterung behindere die Effizienz der Aufsichtstätigkeit.[192]

**g. Keine fortlaufende Überwachung der Tätigkeitsvoraussetzungen**

Kritisiert wird das Fehlen einer fortlaufenden, regelmäßigen Überwachung der Tätigkeitsvoraussetzungen ähnlich § 26 KWG.[193]

**h. Ermächtigung zum Erlaß von Verordnungen**

Verbraucherschützer kritisieren, daß das Gesetz vieles nicht endgültig regelt, sondern vom Bundesministerium der Finanzen/BMF per Verordnung erst noch geschaffen werden soll. Die Lobbyisten könnten auf das Bundesfinanzministerium noch entsprechenden Druck ausüben, damit die Verordnung in ihrem Sinne erlassen wird.[194]

**i. Diverses**

Auch das Bundesaufsichtsamt für das Kreditwesen und das Versicherungswesen seien nur unzulänglich mit know-how, Kompetenzen und technischen Möglichkeiten ausgestattet.[195]
Der Gesetzentwurf sieht vor, daß die Registrierungsstellen von den jeweiligen Verbänden eingerichtet und betrieben werden sollen. Dies höre sich zwar vernünftig an. Faktisch gäbe es aber in der Finanzdienstleistungsbranche keine Verbände, die die Interessen der Finanzdienstleistungs- und Versicherungsvermittler vertreten.[196]

**j. Stellungnahme**

Experten schätzen, daß Anleger in der Bundesrepublik Deutschland in jedem Jahr rund 80 bis 100 Milliarden DM am sogenannten grauen Kapitalmarkt[197] investieren.[198] Davon gehen Schätzungen zufolge durch unseriöse Machenschaften mittlerweile jährlich rund 60 Milliarden DM verloren[199]. Viele Finanzanlagefirmen sind von vornherein auf Betrug ausgerichtet.[200] Nicht selten geht der Verlust auch auf ein unseriöses Gebaren von offerierenden Vermittlern zurück.[201] Vermittler treiben durch Abschluß immer neuer Kontrakte für ihre Kunden eigene Provisionen und sonstige Kosten so in die Höhe, daß dem Verlustrisiko eine echte Gewinnchance nicht mehr gegenübersteht.[202]

---

192 Brandt, ZRP 98, 179(183)

193 Brandt, ZRP 98, 179(182)

194 Das Bundesministerium für Finanzen soll noch folgende Punkte regeln: Einzelheiten zu Inhalt und Führung des Registers, zu den Eintragungsvoraussetzungen, zu den Ausnahmen, zu Ausweisen und Bestätigungen, Form und Inhalt der Anzeigen an das Register, zu Art und Umfang der Auskunft, zu den erforderlichen Nachweisen gerlach-report Nr. 44/97 S.2.

195 DFI gerlach-report Nr. 44/97 S. 3

196 DFI-gerlach-report 44/97 S. 3 weist darauf hin, daß der Bundesverband Finanzdienstleistungen e.V./FIFA beispielsweise im wesentlichen durch sogenannte Fördermitglieder meist (unseriöser) Produktlieferanten finanziert werde.

197 Eingehend Spannagel, in: Bruns/Häuser (Hrsg.), Der nicht organisierte Kapitalmarkt S. 186ff.; Sagasser, In: Assmann/Schütze, Handbuch des Kapitalanlagerechts, § 3 Rn. 105ff (zu den steuerrechtlichen Entstehungsvoraussetzungen des grauen Kapitalmarktes), Vgl. ferner von Hippel, ZRP 1997, S. 305ff

198 Zimmer, DB 98, 969

199 Der Bundesverband für Finanzdienstleistungen veranschlagt die Verlust für 1992 auf ca. 40 Milliarden DM Honeck, Kreditwesen 14/94 S.16; DIE ZEIT vom 05.08.1999 beziffert die Verluste unter

Der Gesetzentwurf ist insoweit zu begrüßen, als er die Qualifizierung verbessert, die Zugangsvoraussetzungen zur Ausübung dieses Berufs festlegt und mehr Transparenz schafft. Gerade im Hinblick auf die jüngst geführt Diskussion der privaten Altersvorsorge, bedarf es einer Regelung des Vermittlers dieser Altersvorsorgevermittlung. Vor dem Hintergrund eines international geprägten Kapital- und Versicherungsmarktes ist die notwendige Kompetenz allein durch Wettbewerb unter den Vermittlern nicht zu erreichen, denn der Verbraucher kann aufgrund der ständig zunehmenden Komplexität und Vielfalt der angebotenen Finanzprodukte kaum zwischen qualifizierten Vermittlern unterscheiden.[203]
Zwar ist durch eine Qualifizierung der Vermittler betrügerisches Verhalten nicht auszuschließen, entsprechende gesetzliche Regelungen können aber als Hürde im Sinne einer Auslese zu Lasten derjenigen wirken, deren Geschäftsgebaren allein davon bestimmt ist, sich auf Kosten ihrer Kunden zu bereichern.[204]
Durch die Verlagerung der Aufsicht zum Bundesaufsichtsamt für das Kreditwesen ist die fachlich spezialisiertere Fachbehörde betraut. Die staatliche Aufsicht alleine kann nicht ausreichen. Denn auch in den regulierten Bereichen ist es mit dem Anlegerschutz oft nicht weit her. Die Aufsicht greift kaum.[205] Anders als die dezentralen Gewerbeämter hat das Bundesaufsichtsamt für das Kreditwesen einen Spezialisierungseffekt und kann sich eventuell fehlendes know-how leichter aneignen. Zur Sicherung der fachkundigen Beratung kann das haftungsrechtliche Instrumentarium eingesetzt werden.
Mit der Verabschiedung wäre das Phänomen der multifunktional tätigen Vermittler erstmals gesetzlich anerkannt und damit eine gewisse Sensibilität für diese Rechtsfigur erreicht, die möglicherweise eine differenzierte Betrachtung der dahinterstehenden Produktgeber rechtfertigen könnte. Die Haftung der dahinterstehenden Produktgeber wird jedoch nicht angesprochen.

Es hat sich gezeigt, daß der Verweis auf die kompetenten Berater nicht sachgerecht ist. Insbesondere die dargelegte Situation und Diskussion in der Vergangenheit hat gezeigt, daß großer Handlungsbedarf für eine Qualifikation besteht. Das Argument des BGH, der Kunde könne sich ja eines Beraters bedienen, hat kein großes Gewicht und kann alleine keine Einschränkung des wirtschaftlich einheitlichen Geschäfts rechtfertigen. Fast erscheint es treuwidrig, den Kunden an einen Berater zu verweisen, bei dem die Diskussion um eine Qualifizierung noch in vollem Gange ist.

---

Berufung auf den Frankfurter Aktionskreis Finanzplatz auf 60 Milliarden; ebenso Finanztest spezial Dezember 1999, S. 10
[200] Rosendahl, Zeitschrift für das gesamte Kreditwesen 6/93 S. 18
[201] Wach, Terminhandel Rn. 12 ff.; Zimmer DB 98, 969; Schmorte, Focus 31/1995 S. 142; Öchsner, Süddeutsche Zeitung Nr. 194 S. 26 vom 24.08.1999
[202] Handelsblatt vom 17.02.1997, S. 17/18
[203] Brandt, ZRP 98, 179(181)
[204] Brandt, ZRP 98, 179(181)
[205] Auf die Frage eines Fernsehmoderators, wie viele Betrügerunternehmen denn das Bundesaufsichtsamt für Wertpapierhandel innerhalb eines Jahres schon „dicht gemacht habe", antwortete der Vizepräsident des Amtes, Gekorg Dreyling: „Zwei". Der Präsident Wolfgang Arteopoeus räumte ein, daß die 1250 Verfahren, die seine Aufsichtsleute gegen Firmen wegen unerlaubter Bankgeschäfte betreiben, nur die Spitze des Eisbergs seien. Finanztest spezial, Dezember 1999 S. 7

## B. Aufklärungspflichten des Allfinanzvermittlers

Die Berufszulassung und Ausbildung gibt keine Garantie dafür, daß die vorhandenen Kenntnisse bei der täglichen Arbeit auch problemlösend umgesetzt werden. Durch die Überwachung wird ein gewisser Druck erzeugt. Effektiver ist jedoch der Druck, den eine drohende Haftung ausübt.[206] Das haftungsrechtliche Instrumentarium sichert fachkundige Beratung und ist als Ergänzung zur Steigerung der Vertriebsqualität gedacht.[207]

Vermittelt jemand unter der Bezeichnung Finanzkaufmann Immobilien, Darlehen, Versicherungen und Geschäftsanteile, so ist jeweils auf das konkret vermittelte Geschäft abzustellen. Vermittelt er Versicherungen, gilt Versicherungsrecht, vermittelt er Anlagen, kommt die Rechtsprechung zur Anlagehaftung zum Tragen. Es bestehen also keine einheitlichen Haftungsregeln, die an die Person des Allfinanzdienstleisters anknüpfen.[208]
Im folgenden werden kurz die jeweiligen Aufklärungspflichten der Vermittler getrennt dargestellt, um dann zu untersuchen, wie es sich auswirkt, wenn der Vermittler mehrere Funktionen gleichzeitig ausgeübt werden.

### I. Versicherungsvertreter

Handelsvertreter ist gemäß § 92 i.V.m. § 84 Abs. 1 HGB, wer ständig – typischerweise aufgrund eines Agenturvertrags - damit betraut ist, für einen (Einfachagent) oder mehrere (Mehrfachagent) Versicherer in deren Namen Versicherungsverträge zu vermitteln oder abzuschließen. Er ist organisatorisch in das Vertriebssystem des Versicherers eingebunden, an dessen Weisungen gebunden,[209] und bedient sich der Mittel und Dienstleistungen, die ihm der Versicherer zur Verfügung stellt. Auf die Produkte und ihre Gestaltung hat er in der Regel keinen Einfluß.[210]
Er kann dem Kunden das von diesem gewünschte Produkt nur so verkaufen, wie es ihm vom Versicherer zur Verfügung gestellt wird. Die Möglichkeit, Angebote einer Vielzahl wechselnder Versicherer und des gesamten Marktes anzubieten, fehlt ihm weitestgehend.[211]
Da der Vertreter im Namen und für Rechnung des Versicherers als dessen Erfüllungsgehilfe tätig wird, muß dieser für die von ihm schuldhaft verursachten Schäden aufkommen.[212]
Eine persönliche Haftung des Versicherungsvertreters gegenüber dem geschädigten Kunden kommt nur dann in Betracht, wenn der Vertreter am Zustandekommen des Geschäfts ein

[206] Nicht eingegangen wird auf die Problematik der Schadensabnahme durch eine Haftpflichtversicherung. Zwar schafft eine Versicherung eine gewisse Entlastung. Schadensfreiheitsrabatte, Prämiengestaltung und drohende Kündigung nach einem Schaden erzeugen auch hier einen gewissen Druck, Schaden zu verhindern.
[207] Kieninger, AcP 198 (1998) S. 191 (193)
[208] Siehe nur BGH NJW-RR 93,1114. Ein Finanzkaufmann vermittelte berufsmäßig Versicherungen und Geschäftsanteile, im konkreten Fall jedoch nur letzteres. Der BGH wandte ohne weitere Problematisierung die Vorschriften zur Anlagehaftung an.
[209] Matusche, VersR 95,1391(1392) – seine Stellung im Lager des Versicherers wird durch die §§ 43 ff VVG bestätigt und ausgestaltet. So ist er kraft gesetzlicher Vollmacht Empfangsvertreter des Versicherers.
[210] Benkel, VersR 92, 1302(1303)
[211] Benkel, VersR 92, 1303(1303)
[212] BGH VersR 51,166, Mater VersVerm 98,190; Prölss/Martin-Kollhosser, VVG, § 43 Rn. 5 und 36ff.; darüber hinaus ist gewohnheitsrechtlich die sogenannte Erfüllungshaftung des Versicherers für alle Auskünfte und Zusagen des Vertreters über vertragswesentliche Punkte anerkannt. Prölss/Martin-Kolhosser, VVG, § 43 Rn. 29ff.

besonderes wirtschaftliches Interesse hat[213] oder das persönliche Vertrauen des Kunden in besonderem Maße in Anspruch genommen hat[214] oder wenn eine unerlaubte Handlung vorliegt.[215] Die besondere Vertrauensstellung des Vermittlers, die zu seiner persönlichen Haftung führen könnte, besteht fast nie,[216] da er nach dem gesetzlichen Leitbild und den Publikumserwartungen Absatzvermittler und nicht Berater ist.

### 1. Inhalt und Umfang der Aufklärungspflichten des Versicherers

Der Vertreter nimmt bei der Anbahnung von Vertragsverhandlungen keine eigenen, sondern die Pflichten des Versicherungsunternehmens wahr.[217] Fehlinformationen[218] und Falschberatung durch den Vermittler lösen eine Haftung der Versicherungsgesellschaft aus c.i.c. bzw. p.V.V. aus.[219] Der Versicherer hat die Nebenpflicht, dem Versicherungsnehmer solche Kenntnisse zu vermitteln, die für ihn wesentlich sind, um eine richtige Entscheidung treffen zu können[220]. Im Gegensatz zum Versicherungsmakler[221] besteht bei Agenten[222] keine Pflicht, den Kunden umfassend über sämtliche Bestimmungen des Versicherungsvertrags (die Einzelheiten des Deckungsumfangs oder alle Ausschlußbestimmungen[223] und der AVB) aufzuklären.[224] Es ist die eigene Angelegenheit jedes Kunden, sich gegen die für ihn bestehenden Risiken sinnvoll abzusichern. Es besteht keine spontante Aufklärungspflicht des Versicherers oder des Vermittlers.[225] Ohne Anlaß muß der Vertreter keine umfangreichen Beratungen durchführen oder über einen Risikoausschluß belehren.[226] Es findet keine Bedarfsermittlung und Bedarfsberatung statt.[227]

Dies wird in der Literatur dahingehend kritisiert, daß der Verbraucher gerade bei der unkörperlichen und unbegreifbaren Versicherung ohne erkennbare Leistung und ohne erkennbaren

---

213 OLG Köln VersR 95, 1173

214 BGH VersR 90, 157; Schmelzer Versicherungskaufmann 9/94 S. 12(16); allein die dem Vertreter zufließende Vermittlungsprovision reicht hierfür nicht aus BGH VersR 91,1052; OLG Karlsruhe VersR 86,33f. der Versicherer kann wiederum bei seinem Vertreter Regreß nehmen, es sei denn, er hat ihm gegenüber eine Haftungsfreistellungserklärung abgegeben.

215 Baumbach/Duden/Hopt, HGB, § 93 Anm. 4 B; Matusche, Pflichten und Haftung des Versicherungsmaklers, S. 32

216 Hasse/Zimmermann Phi 2/98 S. 47; Meyer, Versicherungswissenschaftliche Studien

217 Schirmer, ZversWiss 92,381 S. 415

218 OLG Nürnberg NJW-RR 94,1515

219 Ein selbständiger Beratungsvertrag, den der Agent für den Versicherer abschließt, wird im Versicherungswesen allgemein nicht ausdrücklich geschlossen. Ob konkludent ein solcher Beratungsvertrag vorliegt, ist durch Auslegung zu ermitteln, wobei Intensität, Umfang und Bedeutung des Gesprächs für den Versicherungsnehmer entscheidend sind. Römer, VersR 98,1313 (1316) mit Verweis auf BGH VersR 93,1236 und BGHZ 100,117(118). Römer nimmt dies für den Bereich des Wechsels von privater zu gesetzlicher Krankenversicherung an; Reifner, Falschberatung durch Versicherungsvermittler, S. 141(145)

220 Prölls/Martin- Kolhosser § 43 VVG Rn. 36

221 vgl. zum Versicherungsmakler ausführlich unten: B II

222 Sowohl beim Einfirmenvertreter als auch beim Mehrfachvertreter, vgl. Schmelzer Versicherungskaufmann 9/94 S. 26

223 OLG Köln VersR 96,1265; BGH VersR 81,621,623; Prölss/Martin, VVG Anm. 7 A c zu § 43 sowie Vorbem. II 3 A; Senat r+s 95, 267

224 Hasse/ Zimmermann, Phi 2/98 S. 46

225 BGH VersR 81,621,623; Römer VersR 98, 1313(1317); Kieninger VersR 98,5,8

226 Prölss/Martin- Kollhosser § 43 Rn. 36; dies gilt insbesondere dann, wenn die Allgemeinen Versicherungsbedingungen dies deutlich zum Ausdruck bringen, OLG Düsseldorf Vers R 92,948,949; OLG Köln r+s 90, 400

227 Taupitz, Versicherungswissenschaftliche Studien, S. 116

Leistungsaustausch gar nicht wissen kann, wonach er fragen soll.[228] Dagegen kenne der Vermittler einerseits die fundamentale Unwissenheit des Verbrauchers über seinen Bedarf und andererseits die entsprechende Bedarfsdeckungsmöglichkeiten und die große Bedeutung des richtigen Versicherns von Familien für die Fälle von Krankheit, Berufsunfähigkeit, Unfall und Tod.[229] Die Rechtsprechung biete dem Agenten keinen Anreiz zur vollständigen Information, sondern fördere eher noch das Gegenteil. Mehr Aufklärung als unbedingt nötig berge die Gefahr, unrichtige Angaben zu machen oder falsche Vorstellungen beim Versicherungsnehmer hervorzurufen, so daß sich dann eine Haftung aus c.i.c. ergeben könne.[230] Die Rechtsprechung sporne den Vermittler nicht an, den Kunden umfassend zu informieren und bezüglich eines bedarfsgerechten Versicherungsschutzes zu beraten.[231]

In letzter Zeit hat im Schrifttum eine Diskussion begonnen, ob, wann und welche konkreten Aufklärungspflichten den Versicherungsvertreter bei der Vermittlung treffen,[232] wenn Anhaltspunkte für einen Aufklärungs- und Beratungsbedarf des Kunden bestehen.[233]
Es wird gefordert,[234] daß auch für das Versicherungsrecht Regeln entwickelt werden müßten, die den Versicherungsinteressenten vor falscher Beratung schützen. Ihm müsse ein Anspruch darauf eingeräumt werden, richtig, sorgfältig, vollständig und verständlich beraten zu werden.[235] Ein anderer Teil der Literatur will den Produktschutz durch Beratungsschutz allenfalls für Versicherungsmakler ersetzt wissen.[236] Für den Vertreter wird in der Literatur eine fachkompetente Beratung über die Produkte des eigenen Unternehmens gefordert. Er müsse im Angebotsrahmen seines Unternehmens fundierte Auskünfte erteilen, die dem persönlichen Interesse des Kunden Rechnung trügen.[237]

Die Diskussion beschränkt sich leider auf die Vermittlung rein versicherungsrechtlicher Produkte und ist daher zur Bestimmung des Pflichtenumfangs des Allfinanzvermittlers nur bedingt verwendbar.
In jüngster Zeit ist lediglich **eine** Fallgruppe von versicherungsüberschreitenden Aufklärungspflichten entwickelt worden, die für unsere Zwecke interessant ist.

---

228 Schlossarek, a.a.O. S. 232
229 Meyer, Versicherungswissenschaftliche Studien, S. 172
230 Kieninger, VersR 98,5(9)
231 Kieninger, VersR 98,5(9)
232 vgl. Kieninger, AcP 19; Kieninger VersR 98, 5; Römer VersR 98, 1313: in der Literatur sind folgende Fallgruppen entwickelt worden: Nachfrage des Versicherungsnehmers/Bitte um umfassende Absicherung eines bestimmten Risikos; Erkennbarer Irrtum des Versicherungsnehmers über versicherungsrechtliche Umstände; Erkennbare fehlende Kenntnis des Versicherungsnehmers hinsichtlich spezieller versicherungsrechtlicher Kenntnisse; Erkennbarkeit des Versicherungszwecks; Kenntnis von nachträglichen Veränderungen; vorangegangenes Tun des Versicherers; als Grund für die fehlende systematische Aufarbeitung durch die Gerichte wird vor allem das Beweisrecht angeführt, weil die Haustürsituation und die vor allem mündlich vorgetragenen Argumente im Gerichtsverfahren den Verbraucher in Beweisnot bringen, Reifner, Falschberatung durch Versicherungsvermittler S. 141(145).
233 Prölss/Martin-Kolhosser § 43 Rn. 36; Römer VersR 98, 1313(1317)
234 Schwintowski VersR 97,942(943) mit Verweis auf Römer, Wolfgang, Mitglied des für Versicherungssachen zuständigen IV. Zivilsenats des BGH, der fordert, daß solche Fälle dem Gericht in Zukunft vorgelegt werden müßten, um den rechtlichen Rahmen für eine ordnungsgemäße Beratung auch im Versicherungsrecht zu entwickeln.
235 Schwintowski VersR 97,9423(943) mit Verweis auf Römer
236 Meyer, Versicherungswissenschaftliche Studien, S. 168
237 Taupitz, Versicherungswissenschaftliche Studien, S. 121

### 2. Versicherungsüberschreitende Aufklärungspflicht

Uneinheitlich ist die Rechtsprechung hinsichtlich der Frage, ob falsche Angaben über Umstände, die nicht den Versicherungsvertrag selbst, sondern andere für den Vertragsschluß erhebliche Umstände betreffen, eine Aufklärungspflicht auslösen.[238]
Das OLG Hamm[239] entschied, daß schuldhaft falsche Erklärungen eines Versicherungsagenten über die steuerliche Abzugsfähigkeit von Lebensversicherungsprämien als betriebliche Ausgaben einen Schadensersatzanspruch gegen den Versicherer aus c.i.c. auslösen.
Das LG München I[240] verneinte dies, da keine Pflicht des Versicherers oder seiner Vertreter bestehe, die Versicherungsnehmer in Steuerfragen zu beraten, selbst wenn der Versicherer mit der Steuerfreiheit werbe und seine Vertreter dazu anhalte, sie zu behaupten.

**Ergebnis:**
Unter den Gerichten ist folglich ungeklärt, wie weit bei unrichtigen, vertragsüberschreitenden Angaben der Haftungsumfang des dahinterstehenden Produktgebers Versicherung reicht.

## II. Versicherungsmakler

Handelsmakler ist gemäß § 93 Abs. 1 HGB, wer ohne ständige Betrauung Verträge über Versicherungen vermittelt.
Der Makler nimmt eigene Pflichten wahr. Bereits vor Vertragsschluß haftet er aus c.i.c, weil er aufgrund der besonderen Sachkunde und der herausgehobenen persönlichen Seriosität und Integrität bei Auskunftserteilung eine besondere Vertrauenswirkung beim Erklärungsempfänger erzielt und dieser die Beurteilung zur Grundlage zu treffender Vermögensdispositionen macht.[241] Haftungsgrundlage ist nach Vertragsschluß positive Forderungsverletzung des Maklervertrages bzw. § 98 HGB, der auch für den Versicherungsmakler gilt.[242]

### 1. Inhalt und Umfang der Aufklärungspflichten

Die höchstrichterliche Rechtsprechung legt an die Haftung deshalb höhere Maßstäbe an, weil sich, vom Empfängerhorizont des Kunden gesehen, aus der herausgehobenen Stellung insbesondere gegenüber den Mehrfachagenten und dem einfachen Konzernvertreter eine besondere Verantwortung ergibt.[243] Für den Kunden des Versicherungsmaklers folgt aus seiner Unabhängigkeit eine größere Erwartungshaltung hinsichtlich der Objektivität seiner Beratung. Er wird regelmäßig im Auftrag des Versicherers tätig und hat sich um die schnellstmögliche Besorgung passenden Versicherungsschutzes für diesen zu bemühen.[244]
Als ´treuhänderähnlicher Sachwalter´ ist er zu umfassender Aufklärung und Beratung des Versicherungsinteressenten verpflichtet.[245] Er übernimmt die Aufgabe, als Experte mit entsprechendem Fachwissen und beruflicher Erfahrung die versicherungsbezogenen Wissens-

---

[238] Fallgruppe entwickelt und Beispiele entnommen aus Kieninger, AcP 198(1998) S. 191( 203)
[239] OLG Hamm 10.4.1987, S. 623. Ebenso in einem obiter dictum OLG Karlsruhe, VersR 96,1001(1002)
[240] LG München I, r+s 1994,156
[241] BGHZ NJW 71,1309; BGH VersR 92,1001(1003); BGH WM 92,479(481)
[242] Matusche, Pflichten und Haftung des Versicherungsmaklers, S. 159; Werber, VersR 96,917
[243] Benkel/Reusch, VersR 92,1302(1304)
[244] Traub, S. 32f; Werber, VW 88,1159(1160)
[245] vgl. hierzu auch Werber, VW, 17/88 S. 1159; Werber Versicherungsrecht, 22/96 S. 917

und Erfahrungsdefizite des Versicherungsnehmers auszugleichen.[246] Er muß umfassende Marktkenntnisse besitzen und vollständig über die von in- und ausländischen Anbietern angebotenen Produkte informieren.[247] Seine Funktion besteht in der Herstellung von Transparenz im Versicherungsangebot.[248] Der Makler muß von sich aus das Risiko untersuchen, das Objekt prüfen und den Versicherungsnehmer als seinen Auftraggeber ständig, unverzüglich und ungefragt über die für ihn wichtigen Zwischen- und Endergebnisse seiner Bemühungen, das aufgegebene Risiko zu plazieren, unterrichten.[249]
Oftmals muß er den Kunden durch 'eindringliche Überzeugungsarbeit' zur Einsicht der Notwendigkeit der Sicherungsmaßnahme bewegen.[250]
Ihm obliegt die Risikoanalyse. Er muß sich durch Nachfragen/Ortsbesichtigung genaue Kenntnis über Art und Umfang des Risikos verschaffen. Im Rahmen der Erstellung eines Deckungskonzepts für das Risiko muß er durch Einholung von Angeboten bei verschiedenen Versicherungen die Konditionen vergleichen.[251] Das gesamte Preis-Leistungsgefüge ist zu vergleichen.[252]

Er schuldet dem Kunden Aufklärung über alle ihm bekannten Umstände, die für dessen Entschließungen positiv oder negativ bedeutsam sein können und sachkundige Beratung.[253]
Angesichts der zunehmenden Produktvielfalt auf dem europäischen Markt wird die Möglichkeit der Haftungsbegrenzung des Maklers durch Spezialisierung auf bestimmte Sparten und Märkte vorgeschlagen.[254]
Die Beratungspflicht ist Nebenpflicht aus dem Maklervertrag. Die Verletzung führt zur Haftung aus positiver Vertragsverletzung.[255] Je wichtiger die Tätigkeit, die Beratung und Aufklärung des Versicherungsmaklers für die Disposition des Versicherungsnehmers ist, desto eher wird man zu einer vertraglichen Haftung kommen können.[256]

**2. Haftung des Versicherungsvertreters, der sich als Makler geriert**

Ein Versicherungsvertreter, der auch makelnd auftritt oder seine agenturvertraglichen Bindungen nicht offenbart und sich als unabhängig geriert, haftet wie ein Makler, wenn der Kunde das Auftreten und das Gesamtverhalten des Vermittlers nach Treu und Glauben unter Berücksichtigung der Verkehrssitte (wegen der im Geschäftsverkehr gedruckten Briefbögen etc.) vernünftigerweise als Maklerverhalten auffassen darf.[257]
Allerdings trägt letztlich der Kunde die Risiken von Unklarheiten im Auftreten des Vermittlers, da er entscheiden muß, ob er gegen den Vermittler als Makler oder den Versicherer

[246] Werber, Versicherungsrecht 22/96 S. 917
[247] Benkel/Reusch VersR 92,1302(1309) zu den Pflichten vgl. die ausführliche Darstellung von Benkel/Reusch VersR 92, 1302(1306-1312)
[248] Lorenz, Kundenschutz S. 231,236 m.w.N.
[249] OLG Stuttgart VersR 91,883; Lahno VW 87,428(430); Zopfs VersR 86,747; Schmelzer, Versicherungskaufmann 9/94, S. 27
[250] Werber VersR 92, 917(921) im Hinblick auf BGHZ 94,356
[251] Hasse/Zimmermann Phi 2/98 S. 48
[252] Dies umfaßt Gesichtspunkte des Umfangs der Grunddeckung über Ein- und Ausschlüsse und Obliegenheiten, Bonität, Regulierungsverhalten, Möglichkeiten der Schadensfallkündigung, Laufzeiten, Erreichbarkeit des Anbieters, der Bilanzen, der Rückstellung für Beitragsrückerstattung der Rendite, vgl. Werber, VersR 92, 917(922)
[253] BGHZ 94,356,359; Matusche, Pflichten und Haftung des Versicherungsmaklers, S. 32
[254] Werber ZVersWiss 94,321,346; Lorenz, Kundenschutz S. 231,234
[255] BGH VersR 71,714(715); OLG Bremen, VersR 70,853(854)
[256] Benkel/Reusch VersR 92,1314
[257] BGH VersR 87,663(664)

als Prinzipal des Agenten im Falle von Fehlverhalten vorgehen möchte und das Auftreten beweisen muß.[258]

### III. Anlageberater

Die Rechtsprechung hat sich in den letzten Jahren in zahlreichen Entscheidungen intensiv mit Auskunfts- und Beratungspflichten von Anlageberatung und -vermittlung von Finanzdienstleistern auseinandergesetzt.[259]
Die Rechtsprechung unterscheidet zwischen Anlageberater und Anlagevermittler.[260] Ihre Pflichtenkreise decken sich nicht. Der jeweilige Pflichtenumfang kann nicht allgemein bestimmt werden, sondern nur anhand der Besonderheiten des Einzelfalls.[261] Dazu gehört die Gesamtsituation, wie sie sich bei der einzelnen Anlageentscheidung darstellt.[262] Abzustellen ist auch auf die Geschäftserfahrung und den konkreten Kenntnisstand des Anlageinteressenten. Ob jemand Vermittler oder Berater ist, bestimmt sich nach dem Empfängerhorizont, wie ein objektiver Dritter aus dem äußeren Auftreten des Anlegers den Eindruck einer ganz besonderen Sachkunde und Nähe zum Initiator geweckt hat [263] oder die Erwartung des Anlegers auf eine individuelle Beratung ausgerichtet ist. [264]
Bei der Anlageberatung zieht der Kapitalanleger einen Berater hinzu, weil er selbst keine ausreichenden wirtschaftlichen Kenntnisse besitzt und keinen genügenden Überblick über die wirtschaftlichen Zusammenhänge hat. Der Anleger erwartet von einem Berater nicht alleine Informationen über die die Anlage betreffenden Tatsachen, sondern insbesondere eine fachgerechte Bewertung und Beurteilung der Kapitalanlage[265], wobei die persönlichen Verhältnisse des Anlegers zu berücksichtigen sind.[266] Die den Beratungsumfang festlegenden Merkmale sind die Unerfahrenheit des Anlegers einerseits (anlegerbezogene Prüfung)[267]

---

[258] Hasse/Zimmermann, Phi 2/98 S. 47; Sieg, VersR 98,163
[259] Den Gerichten stehen öffentlich bestellte Sachverständige für Finanzplanung und Vermögensbewertung zur Verfügung, die anderweitig fehlendes Fachwissen in verwertbarer Form ersetzen. Voraussetzung ist eine Prüfung bei der IHK. Seit dem 25.01.1995 sieht die Mustersachverständigenordnung des Deutschen Industrie- und Handelstages/DIHT vor, daß öffentlich bestellte Sachverständige auch Beratungen, Überwachungen und Prüfungen durchführen dürfen. Vogelsang, gerlach-report Nr. 41/95 S. I
[260] Diese Rechtsprechung ist für die außerhalb der Bank stehenden Vermittler entwickelt worden und durch das BOND-Urteil (BGH WM 93,1456) auf die Banken übertragen und weiterentwickelt worden.
[261] BGH NJW-RR 89,150
[262] BGH LM § 676 Nr.45
[263] Z.B. durch Bezeichnung des Vermittlers als 'erfahrener und seriöser Partner' BGH NJW 79, 1449,1451, als 'branchenerfahrenes Finanz- und Wirtschaftsbetreuungsunternehmen'BGH WM 88,1685 oder als 'erfahrene und erfolgreiche Vertriebsfirma für steuerbegünstigte Kapitalanlagen'; als 'Finanzberatung, Kapitalservice und Immobilienberatung'OLG Celle, EwiR 89, 561 – Das Gericht sah diesen Zusatz als haftungsverschärfend an: Derjenige, der eine besonders hohe Leistungsfähigkeit verspricht, solle auch dafür einstehen.
[264] BGH WM 88, 1685(1687) Wer unter der Bezeichnung „Vermögensanlageberatungsgesellschaft" Kapitalanlagen vertreibt, von dem wird erwartet, daß er das steuerliche Konzept eines vertriebenen Bauherrenmodells eigenverantwortlich geprüft hat. Er hat dann auch für diese Angaben einzustehen.
[265] BGH NJW 82,1095(1096); BGH NJW-RR 93,1114
[266] Urteil des OLG Karlsruhe, WM 92,1101;OLG Stuttgart Urt. V.27.7.93 10 U 118/92; OLG Oldenburg 01.12.1986 13 U 126/85
[267] Ausgangspunkt muß die Frage nach dem Sparziel sein. Es macht einen Unterschied, ob langfristig auf ein langersehntes Auto gespart oder nur kurzfristig eine höchstmögliche Wertsteigerung des eingesetzten Kapitals angestrebt wird. Die individuelle Einstellung zum Geld im allgemeinen und zu Geldanlagen im speziellen ist zu berücksichtigen, also das Eruieren der Anlegermentalität.

sowie der Schwierigkeitsgrad und das Risiko des Geschäfts andererseits (anlagebezogene Prüfung).[268]

Zur Tatsacheninformation treten Werturteile über bestimmte Verhältnisse und Risiken hinzu, die in eine bestimmte Empfehlung einmünden. Der Kunde erwartet bei der Beratung eine Kombination von Tatsacheninformation und Empfehlung, ohne immer den genauen Inhalt von vornherein durch präzise Fragen festlegen zu können.[269]

Als unabhängiger, individueller Berater, dem weitreichendes persönliches Vertrauen[270] entgegengebracht wird, muß er besonders differenziert und fundiert beraten.[271]

Der Berater haftet aus einem stillschweigend geschlossenen Beratungsvertrag, wenn er dem geschädigten Anleger einen eigenen Rat erteilt und nicht nur im Namen der Kapitalanlagegesellschaft als deren Bevollmächtigter für diese beraten oder deren Ratschläge übermittelt hat.[272] Der für den Abschluß eines Beratungsvertrages erforderliche Rechtsbindungswille des Finanzdienstleisters wird schon dann bejaht, wenn eine Auskunft von ihm erteilt und vom Anleger verwendet wird.[273] Es reicht aus, daß die Beratung für den Anfragenden erkennbar von erheblicher Bedeutung ist, und er sie zur Grundlage wesentlicher Vermögensverfügungen machen will.[274] Er muß ihn in dem Bewußtsein zu Rate ziehen, daß er selbst keine ausreichenden wirtschaftlichen Kenntnisse besitzt und keinen Überblick über die Zusammenhänge hat.

Die den Beratungsumfang festlegenden Merkmale sind die Unerfahrenheit der Anleger einerseits sowie der Schwierigkeitsgrad und das Risiko des Geschäfts andererseits. Diese Merkmale sind aber nur im Wechselspiel mit der anlegerbezogenen Prüfung festzustellen. Der Vermittler braucht über dieses größtmögliche Risiko nur dann nicht aufzuklären, wenn er zuvor durch Fragen herausgefunden hat, ob der Anleger derartig riskante Geschäfte schon vorher getätigt hat, so daß eine erneute Information bloße Förmelei wäre.[275]

Der BGH nimmt beim Berater eine Nachforschungspflicht über das Anlageobjekt und die Angaben des Initiators im Prospekt regelmäßig an. Der Umfang ist jedoch nicht allgemein festgelegt und bestimmt sich in jedem Einzelfall danach, inwieweit der Kunde auf die Richtigkeit vertrauen durfte. Je mehr der Berater den Eindruck erweckt, das angegebene Objekt geprüft zu haben, desto größer ist seine Nachforschungspflicht.[276]

Je mehr er seine Sachkunde hervorhebt und je mehr er mit Vertrauen wirbt, um so eher haftet er bei Falschangaben. Der Berater kann sich nicht darauf zurückziehen, kritische Informationen, die in der einschlägigen Wirtschaftspresse veröffentlicht sind, nicht gekannt zu haben.[277]

---

268 Ortmann WuB I G 1.- 13.96 S. 1263; vgl. auch BGH WM 93, 1455; OLG Köln WM 95,381 WuB I G 1. –2.96 Christoffel, m.w.N.

269 so Horn, ZBB 2/97 S. 140(141)

270 Persönliches Vertrauen kann sich aus der Zahlung einer nicht unerheblichen Beratungsgebühr ergeben. BGH DB 88,2629 in einem Fall der Prospekthaftung.

271 BGH NJW 82,1095f; BGH WM 93,1238 (1239)

272 V.Stebut, ZIP 23-24/92 S. 1698

273 Ebke/Scheel, WM 91,389; Damm, JZ 91,373(375)

274 BGH WM 92,1031

275 Ortmann WuB I G 1.- 13.96 S. 1264

276 BGH WM 88,1685; BGH WM 78,611; BGH DB 79,1219; BGH NJW 79,1449(1451)

277 BGH WM 93,1455

**Neue Tendenzen**

Vereinzelte Stimmen in der Literatur vertreten die Auffassung, nach der die bisherige Unterscheidung zwischen Anlagevermittlung und –beratung zunehmend verwischt wird und wonach der Grundsatz der anleger- und objektgerechten Beratung „als allgemeines Rechtsprinzip treuhandähnlicher Geschäftsbesorgungsverhältnisse“ zu begreifen sei.[278] Gleichviel, ob vermittelt oder beraten wird, immer wird richtige und vollständige Information über diejenigen Umstände geschuldet, die für den Anlageentschluß des Kunden von besonderer Bedeutung sind.[279] Beide haben die Pflicht zur Mitteilung von kritischen Presseberichten[280] oder Offenbarung von Tatsachen, die die Anlageform als bedenklich erscheinen lassen.[281]

**IV. Anlagevermittler**

Ein Anlagevermittler ist jemand, der gewerblich für eine bestimmte Kapitalanlage im Interesse des Kapitalsuchenden und mit Rücksicht auf die von diesem versprochene Provision den Vertrieb übernommen hat.[282] Er schuldet die anlagegerechte Produktinformation.[283] Zwischen Anlageinteressent und Anlagevermittler kommt zumindest ein notfalls konkludent geschlossener Auskunftsvertrag zustande.[284] Von einem Anlagevermittler werden in der Regel nur Auskünfte erwartet, wobei der werbende und anpreisende Charakter der Information[285] sowie der geringere Erwartungshorizont des Anlageinteressenten zu berücksichtigen sind.[286] Der Anlagevermittler handelt erkennbar im Interesse des Anbieters und wird meist auch von diesem bezahlt. Der Vermittler ist verpflichtet, den Kunden richtig und vollständig über diejenigen tatsächlichen Umstände zu informieren, die für den Anlageentschluß des Interessenten von besonderer Bedeutung sind,[287] wobei Umfang und Intensität der Informationspflicht beim Anlagevermittler von den jeweiligen Umständen des Falles, aber auch von der Geschäftserfahrung und dem konkreten Kenntnisstand des Anlageinteressenten abhängen.[288] Der Vermittler hat den Anleger über die wesentlichen, wirtschaftlichen Grundlagen der Kapitalanlage aufzuklären. Hierzu gehört der genaue Inhalt der Kapitalanlage sowie die damit verbundenen Risiken.[289] Sind ihm diese selbst nicht bekannt, darf er die Kapitalanlage nicht vertreiben.[290]

---

[278] Schwintowski, ZfV 97,178; Zeller, Versicherungskaufmann 98,51ff.; Schwintowski/Schäfer Bankrecht, § 7 Rn. 114ff.; Schwintowski WuB I G 1.-4.98 S. 1026

[279] Schwintowski, WuB I G 1.-4.98 S. 1026

[280] hierzu zählen negative Veröffentlichungen des Brancheninformationsdienstes wie DFI-gerlach-report und Kapital-Markt-intern LG Paderborn 3 O 383/95 Urt.v. 22.02.1996 ; Thüringer OLG Urt. v. 29.10.1997 7 U 565/97. Es spielt keine Rolle, daß die Beklagte (Vermittlerin) bei dem Abschluß des Anlagevertrags gutgläubig handelte, weil ihr die eigene unzulängliche Beurteilungsgrundlage hinsichtlich der Kapitalanlage vor dem Hintergrund der bereits veröffentlichten negativen Berichte nicht bewußt war.

[281] BGH NJW 73,456

[282] BGH WM 93,1238

[283] LG Paderborn, 3 0 383/95; v. Heymann, NJW 99, 1577(1579)

[284] Raeschke-Kessler WM 93,1830(1832); BGH NJW-RR 93,1114; Senat NJW 92,2080

[285] BGH WM 93,1238(1239); OLG Oldenburg WM 87, 169

[286] BGH NJW 82,1096ff.; v. Heymann, Handbuch des Kapitalanlagerechts, § 5 Rn. 2-4

[287] BGH NJW 81,1266; BGH WM 95,263; WM 88,1031; OLG Köln NJW-RR 88,1113; OLG Karlsruhe WM 92,1101; OLG Oldenburg Urt.v. 01.12.1986, 13 U 126/85

[288] BGH NJW-RR 93,1114(1115)

[289] BGH WM 1993,1238

[290] OLG Stuttgart 19.7.1990 7 U 68,90; bei einem versprochenen Zinssatz von 30,5 % für die Anlage von Festgeld bei einer GmbH hätte er darauf hinweisen müssen, daß auch er sich nicht erklären könne, " wie die Firma einen derartig hohen Zins für Festgeld zahlen könne." OLG Karlsruhe Urt. v.

Die Informationspflicht entfällt bei mangelnder Aufklärungsbedürftigkeit des Anlegers[291] oder bei Verzicht auf Information.[292]
Nur wenn eine individuelle Beratung nach den besonderen Umständen des konkreten Einzelfalles notwendig war, z.B. weil der Kunde aufgrund seines Kenntnisstands oder seiner Geschäftserfahrung überfordert war, hat die Rechtsprechung auch vom Anlagevermittler eine auf die besonderen Umstände des Kunden eingehende Beratung gefordert.[293]
Dahinter steht der Gedanke, daß der Kunde ohne die zutreffenden Angaben über die maßgeblichen tatsächlichen Umstände der Kapitalanlage das finanzielle Engagement nicht sachlich beurteilen und daher auch keine sachgerechte Entscheidung treffen kann. Der Vermittler soll dem Anleger lediglich die Möglichkeit eröffnen, das wirtschaftliche Risiko seiner Kapitalinvestition zu erkennen.[294]
Stehen ihm nicht alle Informationen zur Verfügung und können die Daten nicht beschafft werden, so ist dies offenzulegen.[295] Prospekte und Materialien dürfen nicht nur zur eigenen Durchsicht überlassen werden, sondern müssen erschöpfend fachkundig erläutert werden.[296]
Der Vermittler muß auf Widersprüche hinweisen und erkennbar falsche Angaben richtigstellen.[297]

**V. Vergleich von Versicherungsvermittler und Anlagevermittler**

Bei dem Vertrieb von Kapitalanlagen stellt die Rechtsprechung allein auf den konkreten Erwartungs- und Empfängerhorizont ab. Der sachkundige Vermittler muß in besonderer Weise Vertrauen für sich in Anspruch nehmen. Nicht ausschlaggebend ist das Kriterium der Neutralität (unabhängiger/abhängiger Vermittler) gegenüber dem Kunden, denn sowohl Vermittler als auch Berater stehen oft im Lager des Produktgebers.[298]

Bei dem Vertrieb von Versicherungen klärt die Rechtsprechung nur die Funktion des Vermittlers, ob Versicherungsvertreter oder –makler. Sie stellt nicht mehr auf den konkreten Empfängerhorizont ab.[299] Sie hat die Maßstäbe gleichsam objektiviert, indem sie an das allgemeine Bild, das sich die Öffentlichkeit von dem konkreten Berufsstand macht, bzw. das, welches die Rechtsprechung erwartet oder sich selbst macht, anknüpft.[300] An diese allgemeine Vertrauenshaftung anknüpfend hat sie spezifische Pflichten geschaffen, die letztlich auf der besonderen Fachkunde dieses Berufes beruhen. Ein Vermittler, der mit dem Anspruch auftritt, Versicherungsmakler zu sein, prätendiert zugleich die notwendige Markt-

---

23.12.1991, 11 U 47/91 ; zumindest hätte er offenlegen müssen, wenn er nur über unzureichende Kenntnisse verfügt (BGH WM 93,1317).

[291] BGH NJW-RR 88,365; BGH NJW-RR 92,531; BGH NJW 96,1744

[292] BGH NJW-RR 96,947; BGH NJW-RR 97, 309

[293] BGH WM 93,1238(1240)

[294] Dazu Vortmann, Aufklärungs- und Beratungspflichten der Banken, Rn. 285ff.

[295] BGH NJW 90,506(507)

[296] BGH NJW 83,1730 ; OLG Hamm Urt. v. 03.05.1993 16 U 139/92

[297] BGH NJW 83,1730; OLG Karlsruhe Urt. v. 09.02.89; MDR 90,819

[298] V. Heymann, Handbuch des Kapitalanlagerechts, § 5 Rn. 1; Vertriebsgesellschaften sind oftmals mit Produktanbietern kapitalmäßig verflochten und dürfen nur Produkte vermitteln, die im Produktplan enthalten sind. Ein Beispiel aus der Praxis: an der OVB (2.größte Vertriebsgesellschaft) ist der Deutsche Ring mit 50,2 % und die Volksfürsorge Versicherungsgruppe mit 15% beteiligt. Nr. 6.2. des Mitarbeitervertrages der OVB lautet: "Dem Mitarbeiter ist ... untersagt. Gleiches gilt hinsichtlich der Vermittlung von Verträgen, die nicht von der OVB bzw. den Partnergesellschaften angeboten werden und die auch im jeweils gültigen Produktplan nicht enthalten sind."

[299] Benkel/Reusch VersR 92,1302(1306)

[300] So auch Benkel/Reusch VersR 92,1302(1305)

kenntnis zumindest auf einem signifikanten, für den Kunden thematisch und sachlich inter essanten Marktsektor.[301] Das gesetzliche Leitbild bestimmt den Pflichtenumfang.[302]

Dennoch stellt die Rechtsprechung beim Versicherungsvertreter dann auf die konkreten Umstände des Einzelfalles ab, um im Einzelfall spezielle Pflichten des Vertreters zu statuieren oder um die Eigenhaftung des Vertreters im Ausnahmefall zu begründen. Sie stellt auch dann auf die konkreten Umstände des Einzelfalles ab, wenn jemand seinem äußeren Erscheinen nach vorgibt, eine andere Funktion zu erfüllen bzw. einem anderen Berufsbild anzugehören.

Das Berufsbild des Finanzdienstleistungsvermittlers ist gerade erst im Entstehen. In der Öffentlichkeit gibt es noch kein allgemeines Bild des abhängigen/bzw. unabhängigen Vermittlers.

Daher ist die Abgrenzung Versicherungsmakler/-vertreter auf den Versicherungen vertreibenden Allfinanzvermittler nicht übertragbar.[303] Der Berufsbild des typischen Versicherungsvertreters ändert sich, wenn er zusätzlich noch andere Produkte vertreibt.

**VI. Finanzierungsvermittler im Kreditgeschäft (Kreditvermittler)**

Ein Finanzierungsberater hat die Pflicht, Finanzierungsvorschläge zu unterbreiten, Geschäfte zu vermitteln und den Kapitalbedarf zu berechnen.[304] Typische und absehbare Unzulänglichkeiten der Kalkulationsgrundlage sind zu beseitigen.[305] Ein Finanzierungsberater muß über die Unzweckmäßigkeit der Aufnahme eines Zwischenfinanzierungskredites zum Erwerb von Wohneigentum wegen dessen Tilgungsstruktur und der mangelnden Leistungsfähigkeit des Kreditnehmers aufklären.[306]

Es gehört zu den spezifischen Aufgaben eines Finanzierungsberaters, den Interessenten umfassend über die Einzelheiten der Finanzierung, deren Voraussetzungen und auf ihn zukommende Belastungen zu beraten und ihn vor Schaden zu bewahren. Er hat vor Abschluß etwaiger Verträge dem Interessenten all diejenigen Informationen zu geben, die für den Entschluß wesentliche Bedeutung haben. Er muß wahrheitsgemäß und sorgfältig, insbesondere vollständig aufklären.[307]

Als Grund für die geringen Anforderungen an Aufklärung und Beratung wird angesehen, daß der Kreditbedarf und -zweck für den Kunden im allgemeinen leicht zu ermitteln ist, da sie durch die unmittelbaren Konsum- oder Investitionsinteressen bestimmt werden.[308] Demgegenüber dienen Versicherung und Kapitalanlage gleichermaßen der Vorsorge für einen späteren Finanzbedarf.[309] Der Bedarf des Kapitalanlegers, der sich in den Anlagezielen (kurz-, mittel-, langfristig, sicher oder spekulativ) äußert, ist von den angebotenen Anlageformen determiniert und nicht wie beim Kreditgeschäft davon weitgehend unabhängig. In gleicher Weise ist die Bedarfsermittlung im Bereich der Versicherungen eng verknüpft mit der Frage, welche Deckungsarten am Markt angeboten werden.

---

[301] So auch Werber VersR 96, 917(919)
[302] V.Stebut ZIP 92,1698(1704)
[303] Vgl. hierzu noch unten: B VIII
[304] OLG Düsseldorf WM 86, 253 (Umkehrschluß)
[305] OLG München WM 90, 396 (Umkehrschluß)
[306] LG Münster WM 88,658-661 dort hielt das Gericht die Bank nicht zur Aufklärung verpflichtet, weil der Bauträger die Finanzierungsberatung übernommen hatte. Daraus ergibt sich im Umkehrschluß, daß der Finanzierungsberater hierzu verpflichtet ist.
[307] OLG Karlsruhe Urt. v. 15.3.1990, 1 U 203/89
[308] Kieninger, AcP 198(1998) S. 191 (224)
[309] Kieninger, AcP 198(1998) S. 225

Diese Verknüpfungen erschweren es dem Kunden, seinen Bedarf selbständig und in eigener Verantwortung zu erkennen.[310]

**VII. Immobilienvermittler**

Der Umfang der Aufklärungspflicht hinsichtlich des vermittelten Objekts ist unter Berücksichtigung der Umstände des Einzelfalls nach Treu und Glauben und der Verkehrssitte zu bestimmen.[311] Der Vermittler hat alle Informationen, die für den Entschluß des Kunden wesentliche Bedeutung haben, wahrheitsgemäß und sorgfältig, insbesondere vollständig zu erteilen.[312] Der Bauherrenmodellvertreiber muß, wenn das schriftliche Material widersprüchlich ist, die vorhandenen Widersprüche aufdecken und erklären, falsche Angaben eines Prospekts oder einer Stellungnahme ausdrücklich richtigstellen, wenn diese nicht offensichtlich unwesentlich für den Entschluß des Kunden sind.[313]
Der Makler ist verpflichtet, jegliches Verhalten zu unterlassen, das den Abschluß und die Durchführung des Vertrages gefährden könnte.[314]
Hinsichtlich Steuerspar-Immobilien wird teilweise eine strenge Haftung für Vermittler wegen pflichtwidriger Beratung angenommen.[315] Die Empfehlung eines Bauherrenmodells sei dann pflichtwidrig, wenn der tatsächliche Vemögenszuwachs wegen dieser bewußt hochgehaltenen Nebenkosten geringer als beim unmittelbaren Immobilienerwerb ohne ein Bauherrenmodell ist.[316]

**VIII. Allfinanzdienstleistungsvermittler**

Zu prüfen bliebt, ob der Allfinanzdienstleister, der gleichzeitig Versicherung, Darlehen und Beteiligungen vermittelt, Vermittler oder Berater ist.

Gefordert wird von allen Vermittlern die eigene Sachkunde über die von ihnen vertriebenen Produkte und deren Eigenheiten. Die Rechtsprechung erwartet vom Finanzdienstleister folglich, daß er sein Angebot genau kennt.[317]
Der Begriff 'Allfinanz' wirbt damit, den steuerlich und finanztechnisch ungewandten Bürger branchenneutral in allen Bereichen des Finanzwesens fachlich hochqualifiziert beraten zu

---

310 Kieninger, AcP 198 (1998), S. 225

311 BGH MDR64,495

312 BGH NJW 82,1095;

313 BGH NJW 83,1730; vgl. auch OLG Düsseldorf NJW-RR 98,1207; OLG Karlsruhe EwiR 92,325; zu dieser umfassenden Informationspflicht hinsichtlich des Vertragsobjekts gehört die Information über die Größe der Wohnung (OLG Düsseldorf NJW-RR 99, 848), die Tatsache, daß noch kein Bebauungsplan vorliegt (BGH WM 78,1069) die Prognose der Fertigstellung des Wohnhauses (OLG Köln NJW 71, 1813) vgl. Schwerdtner, Maklerrecht, S. 105ff.

314 Schwerdtner, Maklerrecht Rn. 328

315 LG Karlsruhe 07.07.1992 8 O 178/90 abgedruckt in Spitze 2/94 S. 35ff Die Kundin erwarb eine Eigentumswohnung im Rahmen eines Bauherrenmodells aufgrund einer Beratung wegen einer Geldanlage. Das Gericht entschied, daß eine Kapitalanlage in einem Bauherrenmodell für eine Privatperson mit durchschnittlichem Einkommen wie die Klägerin deshalb keine günstige Kapitalanlage darstellt, weil die Inanspruchnahme steuerlicher Vorteile gering ist. Denn die in den Erwerbskosten aus Gründen der steuerlichen Absetzbarkeit enthaltenen hohen Nebenkosten und die Weitervermietung unter Einschaltung eines gewerblichen Zwischenvermieters wirken sich steuerlich nicht so günstig aus wie bei Kapitalanlegern mit anderen Einkommensverhältnissen.

316 In LG Hanau 7 O 1019/96 vom 19.11.1996 ist der Anlagevermittler zu richtiger und vollständiger Information über das Anlageobjekt verpflichtet. Verfügt er nur über unzureichende Kenntnisse über die Wirtschaftlichkeit der Kapitalanlage, muß er dies dem Anleger offenlegen.

317 Plück, Schmutzler, Kühn, a.a.O. S. 166

können.[318] Bei Allfinanzangeboten als Kombination mehrerer Finanzdienstleistungen ist der Grad der Komplexität größer als bei jedem einzelnen Vermittler, die Qualität dieser Angebote für den Kunden schwer zu beurteilen.[319] Der anpreisende Charakter steht nicht so sehr im Vordergrund, weil er als Allround-Vermittler niemals nur die Interessen eines Produktgebers vertritt. Stimmen in der Literatur[320] gehen davon aus, daß die Komplexität von Finanzprodukten bedinge, daß Finanzdienstleistungen für einen erheblichen Teil der Nachfrager erklärungsbedürftig sind und immer Beratungsleistung als wesentliches subjektives Leistungselement gegenüber den Nachfragern erbracht werden müsse.

Ein Vermittler hat eine Reihe von Standardprodukten, die er dem Kunden vorstellt. Der Kunde entscheidet selbst, ob das vom Vermittler vorgestellte Produkt mit den vom Vermittler dargelegten Eigenschaften sich mit seinen Bedürfnissen deckt. Der Kunde überträgt das Paket mit den abstrakten Eigenschaften auf seine konkrete Situation und bewertet das Produkt nach seinem konkreten, individuellen Nutzen selbst.
Wenn der Vermittler erst die individuelle Situation des Kunden erforscht und dann im Hinblick darauf eine individuell abgestimmte Kombination erschafft, so liegt darin die konkludente Bewertung des Vermittlers, daß diese Kombination zum Kunden paßt. Dies ist eine Einschätzung der persönlichen Situation und damit ein Werturteil. Der Einsatz von Finanzplanungsprogrammen[321] suggeriert beim Kunden die auf die individuellen Bedürfnisse abstellende Beratung. Demzufolge überschreitet auch der Einsatz von produktbezogenen Verkaufsförderungs-Programmen[322], mit denen lediglich- z.B. im Rahmen einer Baufinanzierung – die persönlichen Daten (Alter, Steuersatz, Einkommen etc.) in den Computer eingegeben werden, um die wirtschaftlichen und steuerlichen Auswirkungen eines Produktes bzw. einer Produktkombination für einen bestimmen Anleger im Rahmen von Prognoserechnungen zu ermitteln, die Grenze zur Beratung.
In der Praxis herrscht meist die Tendenz vor, die Kunden zu Gruppen zusammenzufassen und das Leistungsangebot entsprechend zu standardisieren. Anerkannt ist, daß Produktkombinationen oft lediglich als Standardlösungen[323] oder als wenig fundierte, vielfach auch provisionsorientierte ad-hoc-Kombinationen aus Erfahrung oder Intuition des Beraters angebo-

---

[318] Graf, Das Allfinanzangebot der Banken, S. 1
[319] Goß, Volkswirtschaftliche Konsequenzen der Allfinanz, S. 130
[320] Holz, Entstehung neuer Finanzprodukte, S. 11; Peiner, ZversWiss 91,268; Plück, Kapitalmarktrecht, S. 149
[321] Gerlach-Report Nr. 29/96 S. 2 beschreibt ein Beispiel, bei dem dem Kunden als Ergebnis seiner persönlichen Computerberechnung ein Eigenheim, Hypothek mit teilweiser Tilgungsaussetzung abgesichert durch zwei Kapitallebensversicherungen mit Teilauszahlungen präsentiert wurde, wobei ein vorhandenes Eigenkapital in Rentenfonds angelegt werden sollte. Derzeit finden Untersuchungen über den Einsatz von Beratungsunterstützungssystemen im Finanzdienstleistungsbereich statt. ALLFIWIB war ein Gemeinschaftsprojekt der Wirtschaftsinformatik-Lehrstühle an den Universitäten Marburg und Gießen bzw. Augsburg, in dessen Mittelpunkt die Gestaltung eines Verbunds verteilter wissensbasierter Systeme zur betriebswirtschaftlich fundierten Unterstützung von Allfinanz-Angebotsprozessen stand. Ein weiteres Projekt ist MAGNIFICO, das als Anwendungsbereich ebenfalls die Allfinanzberatung zum Gegenstand hat; Roemer Direktvertrieb S. 211
[322] Vgl. hierzu Private Finanzplanung mit System, www.IFF-Hamburg.de/odars2web/d_all/bin/show.pl?key=4936-910943045&docono=140
[323] Z.B. Start 65 von Wüstenrot entwickelt, bei dem der Kunde einen Bausparvertrag und eine Lebensversicherungs abschließt.; Duo plus, Cash 4 , Wohnsparprogramm Hötzel/Wohlrabe Versicherungswirtschaft 2/98 S. 126(127).

ten werden.[324] Entworfen werden auf homogene Kundengruppen zugeschnittene Allfinanz-Marketingkonzepte. Es handelt sich hier um vorgefertigte Produktkombinationen, die im Hinblick auf eine bestimmte Zielgruppe mit bestimmten Eigenschaften und Bedürfnissen entworfen werden.
M.E. ist hier zu unterscheiden, ob der Vermittler selbst die Produktkombination entwirft. In diesem Fall nimmt er als Konstrukteur des Kombipakets selbst eine antizipierte Bewertung und Beurteilung der Bedürfnisstruktur[325] einer bestimmten Bevölkerungsgruppe als Kundenkreis vor. Wenn er dem Kunden dann diese Produktkombination anbietet, subsumiert er die Bedürfnisse des Kunden hierunter und gibt eine eigene Bewertung ab. Bietet er dem Kunden nach Erhalt der persönlichen Informationen eine Kombination an, ist die Schwelle zur Beratung ebenfalls bereits überschritten.

Eine Vermittlung ist nur vorstellbar, wenn das Paket von den dahinterstehenden Produktgebern zusammengestellt worden ist, und wenn der Vermittler nur in den Vertrieb eingeschaltet ist. Dann muß sich der Vermittler auf die Erläuterung des Produktbündels beschränken, so daß der Kunde selbst erkennen kann, ob das Angebot seinen individuellen Bedürfnissen gerecht wird.[326] Der Vermittler jedes einzelnen Produktes ist verpflichtet, dem Kunden alle Informationen über das Produkt zukommen zu lassen.[327] Daher muß gleiches auch für den multifunktionalen Vermittler gelten.
Bei einem Kombiprodukt beinhaltet dies, die Bewertung des Konstrukteurs des Produkts wiederzugeben, für welche Berufs/bzw. Bevölkerungsgruppe das Paket geeignet ist.[328] Denn auch der Vermittler muß sein Finanzangebot ja genau kennen. Er muß also klarstellen, daß er mit dem Vertrieb einer von anderen Produktgebern zusammengestellten Kombination eingeschaltet ist, über deren Vorzüge er informiert, ohne auf die persönliche Situation des Kunden einzugehen.

**Ergebnis**

Die Erstellung kundenindividueller Finanzdienstleistungen bedingt aufgrund der notwendigen Erfassung der jeweils spezifischen Kundensituation, der Komplexität von Produkten, ihren steuerlichen Wirkungen usw. eine persönliche Beratung des Nachfragers.[329]
Produktkombinationen verschieben die Verantwortung: Wenn nicht ein eindeutig im Hause der Gesellschaft entwickeltes und mit einem ebenso eindeutig zuordnungsbaren Prospekt ausgestattetes Produkt verkauft wird, liegt die Hauptverantwortung für die Kombinationen beim Vertrieb. Der Vermittler muß erkennen, welche Folgen dieses Produkt für seinen Kunden hat.[330] Bei der Vermittlung von Produktkombinationen, die dem Allfinanzgedanken entsprechend, als ´individuelle Problemlösung´ präsentiert werden, tritt der Vermittler in Beraterfunktion auf.[331]

---

[324] Buhl/Will Information Management 1993, S. 42(43) Von einem kundenspezifisichsen ´Zuschnitt auf den Einzelfall´ könne dabei nur selten die Rede sein. Penzel, IBM Nachrichten 41 (1991), 305 S. 7-15

[325] Kuhn, SVZ 6581997) 9/10

[326] Wesseling, Öffentliche Unternehmen im Allfinanzverbund S. 24

[327] Vgl. oben die Darstellungen zum Versicherungsvertreter, -makler, Immobilienvermittler, Anlagevermittler, -berater, Finanzierungsberater

[328] Beispielsweise: diese Kombination gilt für Kunden mit einen Steuersatz von x-%, einer großen Risikobereitschaft und einem Eigenkapitalanteil von x

[329] Roemer, Direktvertrieb von Finanzdienstleistungen, S. 42

[330] Ebenso Gerlach-Report 13/93 S. 3; Gerlach-Report 16/93

[331] Ebenso Gerlach-report Nr. 06/93 S. 4

Der Allfinanzdienstleister kann sich nicht hinsichtlich der vermittelten Versicherung auf die Funktion eines bloßen Versicherungsvertreters zurückziehen. Rät der Vermittler dem Kunden beispielsweise, die Versicherung zur Finanzierung der von einem anderen Unternehmen angebotenen Kapitalanlage zu verwenden, liegt darin eine eigene Beratungsleistung des Finanzdienstleisters, die bei Verletzung eigener Informationspflichten auch zu seiner Eigenhaftung führt. [332] Nur wer erklärtermaßen als bloßer Vermittler einer von anderen Produktgebern zusammengestellten und bewerteten Kombination auftritt, wer sich der Mittel und Dienstleistungen, die ihm diese Produktgeber zur Verfügung stellen, bedient und auf die Gestaltung keinerlei Einfluß hat, gibt nur für diese Produktgeber Erklärungen ab.
Die Pflichten der einzelnen Rechtskreise verstärken sich durch die gemeinsame Wahrnehmung und führen – sofern der Vermittler mit dem Gedanken der Allfinanz wirbt - dazu, daß meist aus einem Beratungsvertrag gehaftet wird.[333] Agent bei einem Kombipaket kann der Vermittler nur sein, wenn das Paket von den Produktgebern entworfen ist, das er für sie absetzt, wenn er dabei zum Ausdruck bringt, daß es sich um ein Projekt dieser zwei Produktgeber handelt, das er als konkrete Anlagemöglichkeit zweier Produktgeber vertreibt, und daß er Erklärungen nur in ihrem Namen abgebe und nur für diese zwei Produktgeber handele. Er muß also deutlich machen, daß die Verantwortung der Produktgestaltung bei den Produktgebern liegt. Auch diese Kooperation der Produktgeber findet man seit einigen Jahren in der Praxis.[334]

### IX. Aufklärungspflichten hinsichtlich jeden Produktteils

Sofern der Allfinanzvermittler das Kreditgeschäft vermittelt, gelten die Aufklärungspflichten des Kreditvermittlers. Vermittelt er eine Immobilie, gelten die Aufklärungspflichten des Immobilienvermittlers. Sofern der Allfinanzdienstleister eine Kapitalanlage vermittelt, ist über die jeweils anlagetypischen Risiken aufzuklären. Zu jeder Anlageform gibt es bereits eine umfassende Judikatur. Diese darzustellen, ist nicht Aufgabe dieser Arbeit.

### X. Aufklärungspflichten, die sich aus der Produktkombination ergeben

Die Rechtsprechung hat sich bisher sehr wenig mit Aufklärungspflichten beschäftigt, die sich gerade aus der Zusammenstellung der einzelnen Produkte ergeben. Dies sind Fallgestaltungen, bei denen die Vermittlung jedes einzelnen Produkts fehlerfrei ist und nur die Kombination der Produktteile fehlerhaft ist bzw. besonderen Beratungsbedarf erfordert. Hier ergibt sich eine auffällige Parallele zur jüngsten Entwicklung im Arzthaftungsrecht.

---

[332] V.Stebut ZIP 92, 1698(1704)
[333] So auch Roemer VersR 98,1313(1316), der von einem selbständigen Beratungsvertrag ausgeht, wenn die Versicherung Teil einer Baufinanzierung ist; ähnlich auch v.Stebut ZIP 92, 1698 (1703).
[334] Vgl. die Beispiele bei Ellgering, Produkte eines Allfinanzangebotes S. 249ff.:
1. Finanzierung aus einer Hand- Kooperation der Verbundpartner "Sparkasse" und "Landesbausparkasse "
2. S-StartSet Produktbündel der Sparkassen, Bausparkassen und öffentlichen Versicherungen
3. Rund um die finanzielle Vorsorge Kreissparkasse Köln mit Provinzial, Landesbausparkasse und DEKA
4. Vermögensaufbaudepot Professionelle Vermögensverwaltung, Gewährung von Bankkrediten, zusätzliche Absicherung durch Lebensversicherungen

**1. Exkurs Arzthaftungsrecht: Aufklärungspflichten, die sich aus der Kombination zweier Behandlungsmaßnahmen ergeben (BGH, MedR 99, 321)**

*In der Entscheidung des BGH*[335] *wurde die Klägerin wegen Schielens am rechten Auge operiert. Die Anästhesistin führte der Klägerin im Rahmen der Ketanestnarkose reinen Sauerstoff zu. Der Operateur verwandte zum Stillen von Blutungen einen Thermokauter, mit dem verletzte Gefäße durch Erhitzung verschlossen werden. Während des Kauterns kam es zu einer heftigen Flammenentwicklung, bei der die Klägerin schwere Verbrennungen im Gesicht erlitt. Die von den beteiligten Ärzten angewendeten Maßnahmen waren für sich genommen jeweils beanstandungsfrei. Der BGH bejahte einen Anspruch der Klägerin auf Schadensersatz gegen die Anästhesistin wegen fehlender, präoperativer Abstimmung.*

Hier ging es nicht um Gefahren, die ausschließlich dem Aufgabenbereich eines der beteiligten Ärzte zugeordnet sind. Das besondere Behandlungsrisiko ergab sich erst aus dem Zusmmenwirken mehrerer Ärzte verschiedener Fachrichtungen sowie der Kombination der beiderseitigen Maßnahmen.[336] Der BGH bejahte eine Abstimmungspflicht zwischen den Ärzten über die Wahl der anzuwendenden Methode[337], um zum Schutz des Patienten einer etwaigen Unverträglichkeit verschiedener von den Fachrichtungen eingesetzter Methoden oder Instrumente vorzubeugen. Dies bedeutet, daß sich der einzelne Arzt nicht auf die Erfüllung der Pflichten aus seinem jeweiligen Fachgebiet zurückzuziehen vermag. Die Kombinationen der Maßnahmen aus verschiedenen Fachgebieten begründet neue, fachgebietsübergreifende Pflichten.
Überträgt man den neuentwickelten Grundsatz aus dem Arzthaftungsrecht auf die Geschäfte des Allfinanzdienstleistungsvermittlers, so muß auch der Allfinanzdienstleistungsvermittler die Produkte untereinander abstimmen, bevor er sie als Produktbündel dem Kunden anbietet. Dies gilt umso mehr, da der Allfinanzdienstleister – anders als im entschiedenen Fall des Arzthaftungrechts – sich nicht mit den Anwendungsmethoden einer weiteren Person abstimmen muß, da er wegen seiner Multifunktionalität in seiner Person alle Maßnahmen vornimmt und damit nur die von ihm zu vermittelnden Finanzdienstleistungen abstimmen muß.

Auf dem Gebiet der Allfinanz ist dieser Grundsatz von der Rechtsprechung noch nicht als allgemeingültige Haftungsregel anerkannt. Es gibt lediglich vereinzelte Entscheidungen für spezifische Fallgestaltungen, in denen die Rechtsprechung eine Aufklärungspflicht aus der Produktkombination herleitet. Diese werden im folgenden dargestellt.

[335] BGH MedR 99, 321
[336] Vgl. Kern, MedR 99, 321
[337] So Kern, MedR 99, 321

**2. Kombimodelle mit Abschluß einer Lebensversicherung als Absicherung**

Wird die Beteiligung des Kunden an einem Treuhandmodell über einen Festkredit finanziert, der erst am Ende seiner Laufzeit aus einer gleichzeitig angesparten Kapitallebensversicherung getilgt werden soll, muß die Bank für 'Kundengerechtigkeit'[338] der von ihr angebotenen Kreditform sorgen und „alle auf Grund der ihr bekannten Tatsachen in Betracht kommenden Finanzierungsmodelle vorstellen und dem Kunden – auf dessen Bedürfnisse, Situation und Kenntnis zugeschnitten – deren Vor- und Nachteile umfassend, richtig und verständlich erläutern sowie ihn auf etwaige Bedenken aufmerksam machen."[339] Anders als ein Ratenkredit mit Restschuldversicherung, der kontinuierlich getilgt wird, vermindert sich der Darlehensbetrag nicht und ist über die gesamte Laufzeit in voller Höhe zu verzinsen.
Nach neuerer Rechtsprechung[340] ist das Kreditinstitut ebenso wie der Vermittler[341] nach Treu und Glauben gehalten, von sich aus den Kunden über die Vor- und Nachteile dieser Vertragskombination gegenüber einem marktüblichen Standardkonsumentenratenkredit aufzuklären.[342] Besonders schwer wiegt, daß die sich aus der Kombination ergebende, effektive Gesamtbelastung nicht zu erkennen ist. Bezüglich Kapitallebensversicherungskrediten wird ebenfalls wirtschaftlich ein Vergleich zu der Kreditform des Ratenkredits gezogen[343] und eine Aufklärungspflicht des Kreditinstituts angenommen.[344]
Der BGH sieht den Sinn und Zweck dieser Aufklärungspflicht in der Undurchschaubarkeit der Belastungen. Die vertragsspezifischen **Risiken, die sich aus der Kombination ergeben**, seien für den durchschnittlichen Kreditinteressenten nicht durchschaubar. Der Kunde solle durch geeignete Hinweise in die Lage versetzt werden, selber sachgerecht darüber zu entscheiden, ob der Abschluß dieser Kombination seinen wirtschaftlichen Verhältnissen und Vorstellungen entspricht.[345] **Ausgeglichen werden solle nur ein strukturelles Informationsdefizit des durchschnittlichen Kunden, um so die Parteiautonomie wiederherzustellen.**[346]

Offen ist, ob dieser Gedanke der Rechtsprechung auf andere Formen von Kombinationsmodellen übertragbar ist.
In einem neuen Fall[347] beteiligten sich die Kunden an einem Immobilienfonds. Der Anteil wurde zur Erhöhung der steuerlich absetzbaren Werbungskosten durch ein Darlehen fremdfinanziert. Statt annuitätischer Tilgung wurde eine langfristige Tilgungsaussetzung vorgesehen und parallel eine Lebensversicherung abgeschlossen, die zur Sicherheit für das langfristige Darlehen und dessen endfälliger Tilgung dienen sollte.
Das Gericht führt hier aus, daß die Bank in aller Regel nicht gehalten ist, den Kreditnehmer von sich aus auf mögliche Bedenken hinsichtlich der Zweckmäßigkeit der gewählten Kre-

---

338 OLG Hamburg WM 86,14313,1432
339 OLG Celle WM 93,2082,2085
340 BGH WM 1991,179-182; zur Entwicklung der Rechtsprechung hinsichtlich dieser Finanzierungsform vgl. Böckstiegel
341 Daß auch der Vermittler selbst haftet, ergibt sich aus BGH ZIP 90, 854 (856)
342 Zu den Vor-und Nachteilen dieser Kreditform vgl. ausführlich die Studie von Tobias S. 70-72
343 BGH WM 90,918-920; BGH WM 89,665
344 Zu den Nachteilen dieser Kreditform: Schneider, Die rechtlichen Rahmenbedingungen der Allfinanz S. 310; vgl. Böckstiegel S.88
345 BGH ZIP 89, 560
346 Früh WM 98, 2176 erklärt dies damit, daß die gewählte Konstruktion zum damaligen Zeitpunkt eine gänzlich neue Kreditform darstellte und dem Kunden daher die Einholung von Informationen hierüber auf dem freien Markt kaum möglich war.
347 LG Bremen WM 99, 847 Beklagter war hier allerdings die Bank und nicht der Vermittler

ditart hinzuweisen.[348]
„Der möglicherweise anders zu beurteilende Ausnahmefall der Kombination eines schlichten Konsumentenkredits mit einer Kapitallebensversicherung liegt hier nicht vor."[349]
Dies zeigt, daß die Rechtsprechung die Aufklärungspflicht hinsichtlich der Kreditform als Ausnahmetatbestand verstanden wissen und nicht etwa auf alle Kombinationsprodukte übertragen wissen will.

In einer noch neueren Entscheidung[350] wird den Klägern zur Finanzierung zweier Eigentumswohnungen kein üblicher grundschuldlich gesicherter Kredit mit Zins- und Tilgungszahlungen gewährt, sondern ein tilgungsfreier Kredit mit Rückzahlung aus einer Lebensversicherung bzw. einem Bausparvertrag. Das Gericht ließ es auch hier dahinstehen, ob ein Aufklärungsbedürfnis über die spezifischen Nachteile bzw. Besonderheiten einer solchen Vertragskombination im Vergleich zu einer üblichen Kreditierung nicht nur in der Ratenkreditsituation, sondern auch hier bestehe.

### 3. Kombinationsmodell außen-fremdfinanzierter Anteil an geschlossenem Immobilienfonds mit Kapitallebensversicherung

Bei einem fremdfinanzierten Immobilienfonds schließt der Kunde – neben dem Beteiligungsvertrag - durch Vermittlung des Finanzdienstleisters mit der Bank einen Darlehensvertrag ab, in dem von dem damit finanzierten Fondsanteil keine Rede ist. Besichert wird der Kredit nicht mit dem Fondsanteil, sondern mit der freien Kreditlinie des Anlegers (reiner Personalkredit).[351] Die Zinsen und Tilgung sind grundsätzlich vom Anleger aufzubringen. In manchen Fällen schließt der Kunde zusätzlich mit einer Versicherungsgesellschaft einen Versicherungsvertrag über eine Kapitallebensversicherung ab, die dann zwar an die Bank zur zusätzlichen Absicherung abgetreten wird, deren Beitragszahlungen aber in keiner Weise an den Fondsanteil und die daraus resultierenden, eventuellen Ausschüttungen gekoppelt sind. Die Lebensversicherungsbeiträge sind auf jeden Fall durch den Anleger zu entrichten, egal, wie der Fondsanteil sich entwickelt. Im Falle des Scheiterns des Projekts wird sich die Bank üblicherweise aus der Lebensversicherung befriedigen, deren Rückkaufswert erst nach ca. 12 Jahren Gewinne abwirft, während er vorher aufgrund der hohen Abschlußprovision verlustbringend ist.
Unabhängig vom Ergebnis der Anlage müssen Zins und Tilgung bedient werden können. Entwickelt sich die Anlage dabei negativ, kann der Anleger dadurch in eine schwierige Situation geraten. Bei der Vollfinanzierung der Beteiligung fällt zusätzlich zum Kapitalverlust die weitergehende Verzinsung des kreditierten Kapitals an. Damit sind die drohenden Verluste deutlich höher, als wenn nur der Beteiligungsvertrag abgeschlossen worden wäre. Dadurch, daß der Kunde zur Tilgung des Darlehens, der Zinsen bzw. der Versicherungsraten gezwungen ist, setzen sie sich auch in der Zukunft fort.

---

[348] LG Bremen WM 99, 849 mit Verweis auf BGH WM 89,665 offengelassen wird, ob hinsichtlich der Vermittlerhaftung anders zu entscheiden ist.
[349] LG Bremen WM 99, 847(849)
[350] OLG Hamm WM 99,1056(1057). Beklagter war auch hier die Bank und nicht der Vermittler; ungeklärt ist, ob hinsichtlich der Vermittlerhaftung anders zu entscheiden ist.
[351] In den Augen vieler Banken sind Fondsanteile kaum werthaltig, und die mangelnde Fungibilität läßt sie als Sicherheit für Kredite ungeeignet erscheinen(Gerlach Report 35/98). Zwar lassen sich die Banken die Fondsanteile aus formellen Gründen abtreten, akzeptieren sie jedoch allenfalls zu einem kleinen Bruchteil des Nominalwertes als Sicherheit.

Der Vermittler sollte den Anleger daher in ausreichender Form auf dieses zusätzliche Risikopotential hinweisen.[352]
Das LG Paderborn[353] hat in einer neuen Entscheidung eine solche Aufklärungspflicht statuiert, die sich gerade aus der Kombination der Produkte ergibt.
Dem Kunden wurde eine 100% fremdfinanzierte Beteiligung an einer Publikums-KG vermittelt. Das Gericht statuierte eine Unterrichtungspflicht hinsichtlich der Möglichkeit eines Totalverlusts der Anlage, wenn der wirtschaftliche Erfolg der Gesellschaft ausblieb. Weiterhin wird ausgeführt: „Dies gilt umso mehr bei einer Vollfinanzierung der Beteiligung, da bei dieser zusätzlich zum Kapitalverlust die weitergehende Verzinsung des kreditierten Kapitals anfällt, also die drohenden Verluste deutlich höher sind und sich in Zukunft fortsetzen."

Damit erkennt das Gericht an, daß sich bei Kombinationsmodellen die Risiken potenzieren, so daß in vielen Fällen die Schwelle zur Risikostufe „hochspekulativ" überschritten wird. Eine Aufklärungspflicht bei solchen Modellen fordern Verbraucherschützer schon seit langem.[354]
Die Branche fordert dies bei Kombinationsmodellen aller Art.

**4. Kombinationsmodell teilweise kreditfinanziertes Zinsdifferenzgeschäft mit Kapitallebensversicherung**

Bei einem teilweise kreditfinanzierten Zinsdifferenzgeschäft, bei dem die Tilgung des Kredits durch die Ablaufleistung einer Kapitallebensversicherung erfolgen soll und der Bestand eines Wertpapierdepots als Kreditsicherheit dient, stellt die „Nachschußpflicht" im Falle von Wechselkursschwankungen ein aufklärungsbedürftiges Wesensmerkmal der Anlagekombi-

---

[352] Vgl. auch Gerlach-Report Nr. 33 95, Verbraucherschützer fordern die Aufklärung des Vermittlers an den Zeichner eines Geschlossenen Immobilienfonds, wenn er ihm eine Fremdfinanzierung anbietet:(Gerlach-Report 34/95)

1. Daß und wie sich das wirtschaftliche Risiko der Anlage über die im Prospekt enthaltenen Angaben hinaus erhöht.
2. Inwieweit die steuerlichen Angaben im Prospekt eventuell nicht mehr zutreffen.
3. Daß die Bank/Vers. den Fondsanteil in aller Regel nicht beleiht, und daß deshalb die Fremdfinanzierung die persönliche Kreditlinie des Anlegers einschränkt. Daß außerdem aus der Kreditgewährung durch die Bank/Vers. nicht geschlossen werden kann, daß die Bank oder die Versicherung den Fonds selbst oder die Sinnhaftigkeit der gewählten Fremdfinanzierung geprüft hätten.
4. Daß Kreditaufnahme u. Zeichnung des Fondsanteils voneinander unabhängig erfolgen und deshalb die Folgen de Kreditvertrag (Zins-u. Tilgungsleistung) unabhängig davon eintreten, ob die prospektierte Entwicklung der Fondsbeteiligung eintritt oder nicht.
5. Daß die Schadenshöhe im Fallle eines Crashs der Fondsbeteiligung durch die Fremdfinanzierung erheblich anschwillt und daß der Schaden eventuell vollständig inklusive eventueller Nachversteuerung aus eigenen Mitteln getragen werden muß und daß dafür beim Anleger Vorsorge zu treffen ist.

„Argumente gegen Außen(fremd)finanzierung geschlossener Immobilienfonds:
Rechnen Sie dem Kunden aus, was es kostet, wenn die Ausschüttungen ausbleiben oder der Wertverlauf schlechter als prognostiziert ausfällt mit und ohne Fremdfinanzierung.
Zeigen Sie, daß die Fremdfinanzierung seines Fondsanteils zu Lasten seiner persönlichen Kreditlinie geht. Die meisten Tilgungsaussetzungsmodelle sind mit erheblichen Ablaufrisiken behaftet. Darstellung für den Kunden. Zeigen Sie, was passiert, wenn die Finanzverwaltung wegen der Außenfinanzierung das Steuerkonzept nicht anerkennt."

[353] LG Paderborn 3 O 383/95

[354] Gerlach-report Nr. 47/89 S. 2

nation dar.[355] Sollte ihm nicht klar gewesen sein, in welcher Weise sich das Zusammenspiel der verschiedenen Anlageelemente auf die Möglichkeit der Gewinnerzielung auswirken konnte, so hätte er sich über diese zentrale Frage des von ihm vermittelten Geschäfts vorher informieren müssen.[356] Der BGH ging vorliegend von einer schuldhaften Aufklärungspflichtverletzung des Anlagevermittlers aus.[357]

Zwar sei die Nachschußpflicht für einen Fachmann erkennbar, jedoch könne nicht davon ausgegangen werden, daß auch der in Anlagedingen unerfahrene Laie die entsprechende Schlußfolgerung zieht. Der BGH legt dar,[358] daß der Kunde aus den Angaben des Vermittlers über die mögliche künftige Zinsentwicklung und deren Einfluß auf die weitere Durchführbarkeit der Verträge nicht den Schluß zu ziehen braucht, daß die Kapitalanlage schon bei Fortbestand des derzeitigen Zinssatzes zum Scheitern verurteilt war.
Abgestellt wird also auf den Laien, der ohne Sachverstand für wirtschaftliche Zusammenhänge ist. Entsprechend den Grundsätzen des Transparenzgebots wird vom Kunden nicht gefordert, daß er eine eigene Prüfung vornimmt und das Modell selbst durchdenkt oder eigene Rechenoperationen vornimmt.[359]

### 5. Aufklärungspflicht bei vorzeitiger Kündigung einer Lebensversicherung, die ein Darlehen sichert

Das OLG Karlsruhe hat in einem neuen Urteil die Verpflichtung der Bank statuiert, wegen der besonderen Risiken bei vorzeitiger Kündigung der Lebensversicherung und der übermäßig langen faktischen Bindung an das Darlehen über die besonderen Risiken der Absicherung durch Abtretung der Lebensversicherung mit zwanzigjähriger Laufzeit als Sicherung des Darlehens zu belehren.[360] Gleiches muß auch für den Vermittler gelten.[361] Bereits 1987 hatte der BGH[362] klargestellt, daß die Koppelung von Darlehensverträgen mit Kapitallebensversicherungsverträgen Auswirkungen auf das Kündigungsrecht des Darlehensgebers haben kann.
Der Darlehensgeber habe bei der Ausübung des Darlehenskündigungsrechts in erhöhtem Maße Rücksicht auf die Interessen des Darlehensnehmers/Versicherungsnehmers zu neh-

---

[355] Im vorliegenden Fall kaufte der Kläger für DM 100.000 auf kanadische Dollar lautende Anleihen mit einer Verzinsung zwischen 11 und 13 %, wobei er DM 60.000 über eine Schweizer Bank finanzierte. Die Wertpapiere dienten als Sicherheit, der Kredit selbst wurde zur Tilgung ausgesetzt und sollte mit der Ablaufleistung einer gleichzeitig abgeschlossenen Lebensversicherung einer deutschen Versicherung in schweizer Franken nach 12 Jahren getilgt werden. Die Prämien für die Lebensversicherung und die laufenden Zinsen des Kredits sollten aus den in kanadischen Dollar erfolgenden Ausschüttungen auf die Wertpapiere erfolgen. Daraufhin sank der Wert des kanadischen Dollar und die Bank vollstreckte in das Depot und kündigte die Lebensversicherung.

[356] BGH Urteil vom 09.07.1998, III ZR 158/97; VuR 98,415

[357] Er stellte fest, daß der Vermittler pflichtwidrig handelte, indem er es unterließ, den Kunden über das besondere Risiko aufzuklären. Als Untervermittlerin der früheren Streithelferin, die den Vertrieb der Kapitalanlage als Vermittlerin übernomen hatte, war der Zeuge zu richtiger und vollständiger Information über diejenigen Umstände verpflichtet, die für den Anlageentschluß des Kunden von besonderer Bedeutung waren, BGH NJW 98,2899.

[358] BGH Urteil vom 9.7.98, III ZR 158/97; VuR 98,415 (416) Beklagte war auch hier die hinter dem Vermittler stehende Produktgeberin Versicherung. Gleiches muß jedoch auch für den Vermittler selbst gelten.

[359] Schwintowski; Anmerkung VuR 98,417(418)

[360] Als Pflicht der Bank entschieden in OLG Karlsruhe NJW-RR 99,124(125)

[361] So auch DFI-gerlach-report 40/98 S. 3

[362] BGH, WM 87,921= EwiR § 609 BGB 1/87, 871 (v.Stebut) Entschieden wurde dies für die hinter dem Vermittler stehende Bank.

men.[363] Der BGH führt aus „Es widerspricht Treu und Glauben, wenn der Versicherer dem Kunden ohne hinreichenden Grund den Vorteil eines zinsgünstigen Darlehens entzieht, selbst aber die Vorteile des langfristigen Lebensversicherungsvertrages behalten kann“ [364], weil ein Rückkauf desselben für den Kunden völlig unwirtschaftlich wäre.[365]

Im vorliegenden Fall war der Kredit in einen bestimmten, wirtschaftlichen Funktionszusammenhang eingebunden und funktional zu einem bestimmten Finanzierungszweck vergeben. In der Literatur wird dies dahingehend verstanden, daß der Allfinanzvermittler zu Aufklärungs- und Rücksichtnahme verpflichtet ist, wenn durch eine Koppelung vertragsspezifische Nachteile für den Verbraucher entstehen.[366]

**Beweislast**

Stehen Verhaltenspflichtverletzung und Schaden fest, müssen Anlageberater[367] und Versicherungsmakler[368] darlegen und beweisen, daß der Kunde den Schaden auch bei pflichtgemäßem Verhalten erlitten hätte. Diese Umkehr der Beweislast führt im Ergebnis häufig zu einer Garantiehaftung des Maklers.[369] Ist ein schuldhafter Beratungsfehler des Maklers und ein hieraus resultierender Schaden festgestellt worden, kann sich der Makler seiner Ersatzverpflichtung nur mit dem Nachweis entziehen, daß der Versicherungsnehmer trotz korrekter Beratung seinem Rat nicht gefolgt wäre, wobei von der Vermutung einer letztlich vernünftigen Reaktion des Versicherungsnehmers auszugehen ist.[370] In der Praxis behelfen sich die Makler mit der sorgfältigen Dokumentation ihrer auf Beratung und sachgerechte Überzeugung des Kunden angelegten Bemühungen.[371]
Diese Beweislastumkehr gilt weder für Versicherungsvertreter noch für Anlagevermittler. Die Einführung eines Beratungsprotokolls, in dem die wesentlichen Aussagen des Beratungsgesprächs schriftlich festgehalten werden, wird von der Branche auch für die Vertreter daher seit längerem gefordert.[372]

**X. Gesetzentwurf**

Der oben[373] beschriebene Gesetzentwurf enthält zusätzlich zivilrechtliche Verhaltenspflich-

---

[363] Im konkreten Fall entschied der Senat, daß allein die Weigerung des Darlehensnehmers, einer langfristigen Zinsfestschreibung zuzustimmen, keinen hinreichenden Grund zu einer Änderungskündigung bot.

[364] BGH WM 87,921f

[365] M.E. zeigt die Entscheidung, daß der BGH einen 'Funktionszusammenhang' zweier rechtlich von einander unabhängiger Verträge anerkennt. Das Bestehen des einen Vertrags hat Auswirkung auf die Kündigungsmöglichkeit des davon unabhängigen Vertrages. In der Vertragsabwicklung werden also beide gerade nicht isoliert behandelt.

[366] Schneider, Die rechtlichen Rahmenbedingungen der Allfinanz, S. 314

[367] Grundlegend BGHZ 61, 118= NJW 73,1688

[368] BGHZ 94,356ff.=NJW 85,2595

[369] Hasse/Zimmermann Phi 2/98 S. 49

[370] BGH VersR 95,930

[371] Werber, VersR 92, 917 (922) er weist darauf hin, daß Dokumentationspflichten generell eine große Bedeutung im Haftpflichtrecht (z.B. Arzthaftpflichtrecht) erlangt haben.

[372] Frehrking/Schöffski, ZfB 64 (1994) S. 586

[373] Gesetzesinitiative zur Regelung des Finanzdienstleistungs- und Versicherungsvermittlers, BR-Drucksache 517/97 vom 09.07.1997

ten wie Informations-[374], Aufklärungs- und Beratungspflichten.[375]
Die Verhaltenspflichten beinhalten für registrierungspflichtige und nicht registrierungspflichtige Vermittler die gleichen Verhaltenspflichten. Beide sollen zu einer umfassenden anleger- und anlagegerechten Beratung verpflichtet sein. In Anlehnung an die Regelung in § 31 WpHG sollen die Vermittler ihre Kunden mit der erforderlichen Sachkenntnis und Sorgfalt beraten, ihnen alle zweckdienlichen Informationen über das beabsichtigte Geschäft mitteilen und die Kunden auf Eigenschaften und Risiken des Geschäfts hinweisen.
Die Beratung soll die Kenntnisse, Erfahrungen, geschäftlichen Ziele und finanziellen Verhältnisse des Kunden berücksichtigen.
Die vorgesehenen Verhaltenspflichten sollen auch den Vertreter i.S.d. § 84 HGB treffen, der als Interessensvertreter des Unternehmens gilt. Damit geht der Entwurf über die bisherige Rechtsprechung hinaus.[376] Die Pflichten werden nicht öffentlich-rechtlich kontrolliert.[377]

Der Gesetzentwurf sieht eine Beweislastumkehr bezüglich des Kausalzusammenhangs zwischen Beratungspflichtverletzung und Schaden vor.

---

[374] Kieninger, VersR 98, 11
[375] Vgl. insoweit Art. 4 des Entwurfs, nach dem in das Versicherungsvertragsgesetz §48 a VVG zur Regelung der Verhaltenspflichten eingefügt werden soll.
[376] Ebenso Brandt, ZRP 98,179 (181)
[377] Die rein zivilrechtliche Sanktionierung wird allerdings als nicht ausreichend angesehen vgl. hierzu Brandt, ZRP 98, 179(182)

## C. Schutz vor dem Vermittler an der Haustür

### I. Gewerberechtliches Verbot der Haustürvermittlung

Im folgenden wird untersucht, ob die Rechtsprechung/Literatur nicht bereits die Geschäfte eines multifunktionell tätig werdenden Vermittlers im materiellen Recht als 'Kombinationsmodell' anerkennt, oder ob sie die rechtliche Selbständigkeit aller gleichzeitig vermittlelter Verträge postuliert und damit die Funktion des multifunktionellen Vermittlers negiert. Untersucht wird die gleichzeitige Vermittlung mehrerer Verträge durch einen Vermittler an der Haustür. Dabei wird das Kombinationsmodell finanzierter Abzahlungskauf/Mitarbeiterkauf mit dem Kombinationsmodell finanziertes Steuersparmodell und dem Kombinationsmodell finanzierter Immobilienkauf verglichen. Bei allen drei Modellen wird jeweils ein Vermittler tätig, der den Kunden an der Haustür das jeweilige, aufeinander abgestimmte Kombinationsmodell vermittelt.
Bis zur Entscheidung des BGH vom 17.01.1978[378] galt § 56 Abs.1 Nr. 6 GewO lediglich als rein öffentlich-rechtliche Ordnungsvorschrift.[379] Daraufhin entschied der BGH, daß ein Verstoß gegen § 56 Abs.1 Nr. 6 GewO gem. § 134 BGB zur Nichtigkeit des Vertrags führt.[380] Es komme nicht darauf an, daß die Bank als Kreditgeber den Vermittler beauftragt und von der Art der Darlehensanbahnung im Reisegewerbe wußte.[381] Im Ergebnis bedeutet die Erstreckung der Nichtigkeitsfolge auf den Darlehensvertrag für das Kreditinstitut, daß es die Kreditvermittler in ihrer Tätigkeit überwachen muß.[382] Bei der Organisation des Absatzes über externe Vermittler muß deren Tätigwerden mit in die Überlegungen einbezogen werden.[383]

**Ergebnis**

Der BGH erkennt ausdrücklich an, daß Vermittler irreführende, unrichtige Angaben tätigen können, die die Kunden zum Vertragsabschluß verleiten. Er geht hier soweit, diese 'Verleitung zum Vertragssschluß durch unrichtige Angaben' als Schutzzweck innerhalb des § 56 GewO anzuerkennen. Allerdings muß der Kunde nicht die unrichtigen Angaben beweisen. Vielmehr wird die Situation typisiert und nur innerhalb der Geschäfte im Reisegewerbe anerkannt. Dennoch bleibt festzuhalten, daß der BGH ein Schutzbedürfnis des Verbrauchers konstatiert. Das Verhalten des Vermittlers – im Reisegewerbe- wird der Bank ohne Entlastungsmöglichkeit zugerechnet.

---

[378] BGH WM 78, 875 (876)

[379] Der Verstoß gegen § 56 Abs.1 war eine Ordnungswidrigkeit nach § 145 Abs.2 Nr.2-7 GewO. Bei gravierenden Verstößen konnte die Reisegewerbekarte nach § 58 GewO entzogen werden bzw. die Ausübung des Gewerbes untersagt werden. § 56 Abs.1 GewO war ferner Schutzgesetz i.S.d. § 823 Abs. 2 BGB vgl.Fröhler/Kormann, Kommentar zur Gewerbeordnung, 1978, § 56 Rn.2 S.414

[380] Ständige Rechtsprechung seit BGHZ 71, 358, wo dies sogar dann gelten soll, wenn in der Sphäre des Kunden nur vorbereitende Tätigkeiten abgewickelt worden waren, der Vertragsschluß selbst jedoch in den Geschäftsräumen des Gewerbetreibenden vorgenommen worden war, BGH, WM 78, 1154; WM 79, 429, 450, 1035, 1180; WM 80, 620, 860; WM 82, 919, 1429; WM 83, 1262, WM 86, 6, (7)

[381] BGH, NJW 78, 2030; BGH 79, 2092; 1985, 730 (731); OLG Köln WM 84, 401(404)

[382] Krohn Sparkasse 78,290(291)

[383] Mackenthun, Kreditvermittlung, S. 113

### 1. Auswirkung auf den gleichzeitig vermittelten finanzierten Vertrag (Kapitalanlagen- und Grundstückskaufvertrag) an der Haustür

§ 56 GewO erstreckt die Nichtigkeit nur auf den Darlehensvertrag. Der gleichzeitig vermittelte finanzierte Vertrag wird davon nicht berührt.

#### a. Kombinationsmodell finanzierter Kauf

Der Vermittler konnte Waren, die fremdfinanziert wurden, wirksam im Reisegewerbe vertreiben (§ 56 Abs. 1 Nr. 6, 2.HS GewO). Grund für die Ausnahmeregelung war, daß bei der Finanzierung eines Warengeschäfts der Verbraucherschutz durch das Abzahlungsgesetz gewährleistet wurde. Nach der Neueinfügung des Widerrufsrechtes[384] in das Abzahlungsgesetz unter § 1b mit Wirkung ab dem 1.10.1974 bezog der BGH dieses Recht über § 6 AbzG auch auf den finanzierten Abzahlungskauf insgesamt. Die Rechtsfolge des Widerrufs führt zur Unwirksamkeit sowohl des Kauf- als auch des Darlehensvertrags.[385] Begründet wurde dies mit dem Schlechterstellungsverbot."[386]

#### aa. Rückabwicklung nach dem AbzG

Nach erfolgtem Widerruf sollte der Käufer/Kreditnehmer grundsätzlich nicht in die Rückabwicklung miteinbezogen werden. Es bestanden keine Ansprüche der Bank gegen den Käufer, da sonst der Schutzzweck des § 1d AbzG unterlaufen würde. Es sollte verhindert werden, den Käufer durch übermäßige Belastung mit Rückzahlungspflichten von der Ausübung seines Widerrufsrechts abzuhalten.[387] Auch sollte er sich nur mit einer Person, nämlich dem Kreditgeber auseinandersetzen. Er war nicht gemäß § 1 d Abs. 1 S. 1 AbzG[388] zur Herausgabe der Valuta an den Kreditgeber verpflichtet, sondern mußte diesem allenfalls die finanzierte Sache gem. § 1 d Abs. 1 Satz 1 AbzG herausgeben.[389]

---

[384] Mangels Belehrung wird die Widerrufsfrist gemäß § 1 b Abs. 2 Satz 2 AbzG nicht in Lauf gesetzt. Das Widerrufsrecht erlischt gemäß § 1 b Abs. 2 Satz 5 AbzG erst mit Lieferung der Kaufsache und vollständiger Zahlung des Kaufpreises. Die Widerrufsfrist beginnt nur zu laufen, wenn (kumulativ) Kauf- und Darlehensvertrag wirksam geschlossen wurden, dem Käufer/Darlehensnehmer eine Abschrift mit allen in § 1a Abs. 1 AbzG vorgeschriebenen Angaben ausgehändigt (BGH NJW 84, 2292) und die Belehrung nach § 1b Abs. 2 S. 2 AbzG erteilt wurde (BGH WM 84, 1045): zu den Anforderungen an eine ordnungsgemäße Belehrung BGH NJW 87, 125.

[385] In der Rechtsprechung des BGH wird nicht ganz klar, ob lediglich der Kaufvertrag widerufen wird und sich daraus dann kraft Gesetzes auch die Unwirksamkeit des Darlehensvertrags ergibt (so wohl BGH WM 83, 786) oder ob der Darlehensvertrag selbst auch widerrufbar ist (so BGH WM 84, 1045) zum Streitstand vgl. Staudinger-Hopt/Mülbert, Vorbem zu §§ 607ff. Rn. 473.

[386] Erstmals BGH WM 80, 159, 161; BGH WM 81, 677, 678; BGH WM 83, 786, 788; BGH WM 84, 649 (650); BGH WM 84,1046; WM 87, 365, 367; in der Literatur war umstritten, ob das Widerrufsrecht des Kaufvertrages sich auch auf den Darlehensvertrag erstreckt vgl. zum Streitstand mit Nachweisen: Ma, Einwendungsdurchgriff, S. 126 ff.

[387] Emmerich, in: Hadding/Hopt, Das neue Verbraucherkreditgesetz, S. 67, 75

[388] Die ganz h.M. nahm die Rückabwicklung nur nach § 1 d AbzG analog vor (BGH WM 84, 649, 650; Canaris Bankvertragsrecht Rn. 1412; Soergel-Hönn Anh § 6 AbzG Rn. 20,27; Mü/Ko Westermann § 6 AbzG Rn. 39. Die Heranziehung von § 2 AbzG bzw. §346 wurde abgelehnt (BGH WM 83, 317) ebensowie Ansprüche aus § 812 (Canaris Rn. 1412; Soergel-Hönn, Rn. 27; Mü/ Ko Westermann Rn. 39 offengelassen von BGH WM 84, 649, 651, BGH WM 84, 1045).

[389] BGH WM 84,649, 651; BGH WM 84, 1045; OLG Köln NJW-RR 93, 428. Die ganz h. M. sah dabei die Rückabwicklungsregeln des § 1 d AbzG hinsichtlich anderer möglicher Anspruchsgrundlagen wie §§ 812ff. 987ff, 2 AbzG als abschließende Sonderregelung an.

Der Kreditgeber war gemäß § 1 d Abs. 1 S. 1 AbzG verpflichtet, den Kreditnehmern die bereits geleisteten Raten in voller Höhe zurückzuerstatten. Entgegen den Grundsätzen der Trennungstheorie, wonach bei zwei selbständigen Verträgen der Kreditgeber mit der Auszahlung der Valuta an den Verkäufer eine Leistung an den Käufer/Kreditnehmer und der Kunde an den Verkäufer erbringt, gewährte der BGH[390] wegen des Schutzzwecks des Abzahlungsgesetzes eine Direktkondiktion des Kreditgebers gegen den Verkäufer bezüglich der Valuta.[391]
Verkäufer und Kreditgeber hätten es in der Hand, durch ordnungsgemäße Belehrung des Käufers dessen Überlegungsfrist auf eine Woche zu begrenzen. Bleibe der Vollzug beider Verträge bis zum Ablauf dieser Frist ausgesetzt, seien finanzielle Nachteile für keinen Beteiligten zu befürchten. Setzten die Vertragspartner hingegen vor Beendigung des Schwebezustands bereits die Verträge in Vollzug, so dürfe das Risiko finanzieller Einbußen nicht dem Kunden aufgebürdet werden. Geschützt werde die freie Willensentschließung des Kunden bis zum Erlöschen seines Widerrufsrechts.[392]

### b. Kombinationsmodell finanzierter Kauf und Mitarbeitervertrag

Vermittelte der Gewerbetreibende nicht nur Waren, sondern darüber hinaus „Organisationsleiter"- bzw. „Heimarbeiter"- oder „Mitarbeiter"-Verträge, so wurde das im Reisegewerbe vermittelte Darlehen gemäß § 56 I Nr. 6 GewO als nichtig angesehen.[393]

### aa. Rückabwicklung

Die Rückabwicklung des nichtigen Darlehensvertrages erfolgte gemäß § 812 BGB nach den Grundsätzen der ungerechtfertigten Bereicherung. Danach konnte der Kreditgeber die ausgezahlten Darlehensvaluta gem. § 812 BGB zurückfordern. Der zusätzlich vermittelte Vertrag blieb von der Nichtigkeit des Darlehensvertrages unberührt. Auf die Nichtigkeit des Darlehensvertrages berief sich der Kunde immer dann, wenn das finanzierte Geschäft aus irgendeinem Grund scheiterte und der Kreditnehmer sich von seiner Darlehensrückzahlungspflicht befreien wollte. Letztlich ging es um die Frage, ob das Risiko vermittelter, unseriöser Geschäfte vom Kunden auf die Kreditinstitute übergewälzt werden kann.[394]

*In BGH NJW 78,1970 hatte eine Reinigungsmittel herstellende Firma Mitglieder für ihren Betrieb geworden, indem sie ihnen hohe Gewinnchancen vorspiegelte. Der Kunde, der die Waren als selbständiger Gewerbetreibender weiter veräußern sollte, hatte den Warenbezug über ein (nichtiges) Darlehen vorfinanziert. Der finanzierte Vertrag war wegen Sittenwidrigkeit nichtig. Der BGH nahm an, daß der Kreditnehmer nicht bereichert sei, weil er die Valuta nicht erhalten habe und weil er von einer Schuld, da der finanzierte Vertrag nichtig war, nicht befreit worden sei. Der BGH führte aus,[395] daß im übrigen die Vermögenslage, wie sie sich als Ergebnis der verbotenen Kreditvermittlung darstelle, berücksichtigt werden*

---

[390] BGH WM 80,159, 161: dort hatte der Kunde den Kaufgegenstand noch nicht erhalten und nur eine erste Rate an den Kreditgeber geleistet, die er sofort zurückerstattet bekam.
[391] BGHZ 91, 9 (18 )
[392] BGHZ 91, 9 (18); vgl. zur Rechtslage unter Geltung des AbzG auch Franz, Einwendungsdurchgriff, S. 238; umstritten war die Rückabwicklung zwischen Kreditgeber und Verkäufer vgl. die Ansicht des BGH in BGH WM 93,1236 sowie die Darstellung des Meinungsstreits in der Literatur v. Rottenburg WuB IV C. § 1b AbzG 4.93 d S. 1089ff.
[393] BGH WM 79, 550, 551; BGH WM 79, 429, 430
[394] Hübner, ZIP 84, 1175 (1181)
[395] BGH NJW 78, 1970

*müsse. Ein Rückzahlungsanspruch, der den Kläger mit dem Schaden belaste, den § 56 Abs. I Nr. 6 GewO verhindern wolle, sei zu verneinen.*

*In BGH NJW 79,1597 finanzierte die Bank den Kauf eines Folienschweißgeräts. Im Produktionsvertrag hatte sich die Firma verpflichtet, vom Kunden mit dem Gerät angefertigte Ware zu festgelegten Preisen und Mengen zu beziehen. Da die Firma in Konkurs geriet, wurde der Produktionsvertrag nicht weiter durchgeführt.*

Das Darlehen war hier an den Kunden ausbezahlt worden, der es wiederum selbst zur Tilgung seiner Schulden aus den beiden gleichzeitig geschlossenen Verträgen verwendete. Der BGH führte aus, daß der Kunde entreichert sei, da das Schweißgerät mangels Einsatzmöglichkeit wertlos sei. Die getilgte Kaufpreisverpflichtung könne nicht isoliert betrachtet werden, sondern im Rahmen des gesamten Vertragswerkes. Das Darlehen habe nicht allein dem Erwerb der Maschine gedient, sondern mit ihr sollten Gewinne erzielt werden. Da dies unmöglich geworden sei, müsse das Entwertungsrisiko entsprechend dem Schutzzweck der Verbotsnorm des § 56 Abs. 1 Nr. 6 GewO der Darlehensgeber tragen. Würde dieses Risiko auf den Darlehensnehmer überbürdet, wäre er gerade mit dem Risiko belastet, vor dem ihn § 56 I Nr. 6 GewO bewahren soll.[396]

**bb. Ergebnis**

Das Risiko des finanzierten Vertrages trug letztlich die Bank.
Beide Verträge werden durch den Vermittler gleichzeitig dem Kunden als einheitliches Vertragswerk verkauft. Die Bank trägt das wirtschaftliche Risiko des zu finanzierenden Geschäfts nur deshalb, weil der Vermittler dem Kunden ein Vertragsbündel anbietet. Die Bank muß sich folglich das Verhalten des Vermittlers, das sich auf einen anderen Vertrag bezieht – nämlich den gleichzeitigen Abschluß eines dubiosen Vertrages - zurechnen lassen. Grund ist, daß nur so dem Schutzzweck des § 56 GewO Rechnung getragen werden kann. Die Fallkonstellation zeigt, daß die Bank für das Verhalten des multifunktionalen Vermittlers, das dieser in Bezug auf einen anderen Vertrag vornimmt, einstehen muß. Sie kann sich nicht darauf berufen, dieses Verhalten des Vermittlers gehe sie nichts an. Die Verträge werden als wirtschaftliche Einheit behandelt.
Entscheidend ist, ob im Einzelfall ein zu schützendes Interesse höher bewertet wird. Hat der Kreditvermittler dem Kunden den Verwendungszweck der Valuta im Rahmen des an der Haustür vermittelten Geschäfts vorgeschlagen, so läuft es dem Schutzzweck des § 56 zuwider, das Verwendungsrisiko zu Lasten des übervorteilten Verbrauchers gehen zu lassen.

**cc. Kritik**

In beiden Entscheidungen resultierte der Schaden nicht aus der Aufnahme des Darlehens, für dessen Konditionen keine Unkorrektheit ersichtlich war. Der Schaden ergab sich vielmehr aus den Verträgen mit den nachfolgend in Vermögensverfall geratenen Firmen. Er war streng genommen nicht die Folge der verbotenen Kreditvermittlung, sondern des unseriösen „Organisationsleiter"-Vertrages bzw. der Insolvenz der Folienherstellerin.[397] Hübner kritisiert, daß im Wege eines dogmatischen Kunstgriffes die Schutzzwecke substituiert wür-

[396] BGH NJW 79, 1597, 1598
[397] Hübner, ZIP 84, 1175 (1181)

den:[398] § 56 GewO schütze vor den Risiken unüberlegter Darlehensaufnahme, nicht vor unüberlegten Beteiligungen an Gesellschaften.

Hopt/Mülbert[399] führen an, daß die spezifisch den Darlehensnehmer schützende Nichtigkeitsnorm des § 56 I Nr. 6 GewO auch zur Nichtigkeit der Anweisung führen würde, so daß der Käufer/Darlehensnehmer trotz Auszahlung der Valuta an den Verkäufer nichts erlangt habe, insbesondere keine Befreiung von der Verbindlichkeit aus dem Kaufvertrag.

**c. Kombinationsmodell fremdfinanzierter Immobilienkauf/ Bauherrenmodell bis 1985**

Bis 1985 folgte die Judikatur den Grundsätzen, daß ein im Reisegewerbe vermitteltes Darlehen, das zur Finanzierung von Immobilien und Bauherrenmodellen dient, gem. § 56 GewO nichtig ist.[400]
Leider gibt es – soweit ersichtlich – keine Entscheidung, in der sich der BGH mit der Rückabwicklung bei gescheiterten, finanzierten Immobilienkäufen bei Nichtigkeit des Darlehens wegen § 56 GewO auseinandersetzen mußte.[401]
In BGH BB 83,1177 erwarb der Kunde eine Eigentumswohnung im Bauherrenmodell, die er fremdfinanzieren ließ. Der BGH hielt es für möglich, daß der Darlehensvertrag wegen § 56 GewO nichtig ist und verwies zur weiteren Klärung zurück. In seinem Urteil deutete er an, daß der Kunde im Falle der bereicherungsrechtlichen Rückabwicklung nicht Wertersatz für die Nutzungen der Eigentumswohnung leisten müsse. Die Entscheidung deutet an, daß der BGH auch hier beide Verträge bei der Rückabwicklung als Einheit betrachten und den Schutzzweck des § 56 I Nr. 6 GewO auf beide Verträge erstreckt. Nicht entschieden wurde, wer das Risiko des Scheiterns des finanzierten Geschäfts zu tragen hat.

**Ergebnis**

Es wurde keine Einschränkung gemacht mit der Begründung, daß das finanzierte Geschäft ein Immobilienkauf ist.

**d. Kombinationsmodell finanzierter steuersparenden Beteiligungsvertrag bis 1985**

Bis 1985 folgte die oberinstanzliche Rechtsprechung den Grundsätzen, daß das an der Haustür vermittelte Darlehen nichtig ist, auch wenn damit die Beteiligung an einer Abschreibungsgesellschaft finanziert werden sollte. In WM 84,401 vermittelte der Anlageberater dem Kunden eine Beteiligung an einer Publikums-KG sowie die entsprechende Finanzierung in der Wohnung des Kunden.
Das OLG Köln[402] nahm hier Nichtigkeit des Darlehensvertrages an. Es könne nicht davon ausgegangen werden, daß die Erwerber von Kommanditanteilen hinreichend Gelegenheit hatten, sich darüber klar zu werden, ob der Abschluß des Darlehensvertrages tatsächlich für

---

[398] Hübner, ZIP 84, 1175 (1181)
[399] Hopt/Mülberg in Staudinger Vorbem zu §§ 607ff. Rn. 558
[400] BGH Urt. v. 18.11.1982 BB 83, 1177= WM 82, 1429= NJW 83, 868 ; BGH NJW 84, 229f. (der BGH hielt hier die Nichtigkeit des Darlehensvertrages gem. § 56 I GewO generell für möglich, hielt jedoch das Tatbestandsmerkmal ohne vorherige Bestellung für nicht gegeben); OLG Stuttgart ZIP 84, 694, 695; OLG Köln ZIP 84, 297, 301.
[401] BGH BB 83, 1178
[402] OLG Köln ZIP 84, 297

sie sinnvoll sei. Das OLG wies darauf hin, daß die Nichtigkeitsfolge des Verstoßes gegen § 56 GewO nach ständiger Rechtsprechung des BGH unabhängig von einer Schutzbedürftigkeit im Einzelfall sei. [403]
Das OLG Stuttgart[404] begründete seine Ansicht mit der Entscheidung des BGH hinsichtlich Bauherrenmodelle.

**aa. Rückabwicklung**

Das OLG Stuttgart lehnte eine Bereicherung ab, weil der Darlehensnehmer die Valuta nicht erhalten habe. Selbst wenn der Darlehensnehmer durch die Auszahlung der Darlehensvaluta an die KG von seiner Einlageverpflichtung befreit worden sei, liege eine Bereicherung nicht vor, da der KG-Anteil wertlos sei. Schließlich verwies das Gericht im Rahmen einer bereicherungsrechtlichen Gesamtschau darauf, daß der Darlehensnehmer sonst mit dem Schaden belastet wird, vor dem ihn § 56 GewO bewahren will.

**bb. Kritik**

Diese bereicherungsrechtliche Gesamtschau ist aus denselben Gründen kritisiert worden, die bereits beim finanzierten Kauf- und Mitarbeitervertrag dargestellt worden sind.[405] Zusätzlich wird angeführt, daß keine Rechtfertigung dafür ersichtlich sei, weshalb derjenige, der seine Beteiligung über einen Kredit finanziert, besser stehen soll als derjenige, der die Einlage aus eigenen Mitteln leistet.[406] § 56 Abs. 1 Nr. 6 GewO schütze nur vor unüberlegter Darlehensaufnahme, sie besage nichts über die Überwälzung des Risikos aus dem finanzierten Geschäft. Es ließen sich materiell kaum Gründe für eine Unterscheidung der Fälle finden, in denen der Anlageberater nur den später wirksam drittfinanzierten KG-Anteil vermittelt hat, und denen, in welchen er zugleich das Darlehen mitvermittelt. Andernfalls stünde der Kunde besser, dem zu Hause nicht nur die (eigentlich riskante) Beteiligung, sondern (bequemerweise) auch das Darlehen vermittelt wird. Dies alles spreche für Identität der bei beiden Anspruchsnormen auf § 242 BGB zurückzuführenden Kriterien.[407] Die Kriterien der Schutzbedürftigkeit, die für den Einwendungsdurchgriff entwickelt worden seien, müßten konsequenterweise auch im Rahmen der bereicherungsrechtlichen Rückabwicklung beachtlich sein.

**e. Änderung der Rechtsprechung zu den Kombinationsmodellen finanziertes Immobilienmodell und finanziertes Steuersparmodell nach 1985**

Der Senat hatte sich von Anfang an Wertungsspielräume offengehalten. So hatte es schon in der in BGH WM 1982,1430 veröffentlichten Entscheidung geheißen, daß vermieden werden müsse, daß Kreditverhandlungsformen, die weder mit Haustürgeschäften vergleichbar seien noch typische Gefahren für den Kunden in sich bergen, sondern sogar im Interesse des Kreditnehmers liegen könnten, unter Berufung auf § 56 I Nr. 6 GewO generell unterbunden würden.

---

403 BGH WM 84, 401 (404)
404 OLG Stuttgart ZIP 84, 694
405 Vgl. die Kritik von Hübner, ZIP 84, 694 ff.
406 Hübner, ZIP 84, 1175 (1182)
407 Hübner, ZIP 84, 1183

Im Urteil vom 17.01.1985[408] schränkte der BGH den Schutzbereich der GewO für finanzierte Abschreibungsmodelle ein.[409] Gleiches wurde kurz darauf für Finanzierungen einer zum Zweck der Kapitalanlage erworbenen Immobilie entschieden.[410]

Hintergrund der Entscheidung vom 17.01.1985 ist, daß die Treuhänderin in wirtschaftliche Schwierigkeiten geriet und das Grundstück zwangsversteigert wurde.
Hätte der BGH wie in den früheren Entscheidungen die Nichtigkeit des Darlehens angenommen, dann hätte er hier entscheiden müssen, wer das Risiko des finanzierten Geschäfts zu tragen hat. Somit hätte der BGH – wie in den obigen Entscheidungen zum finanzierten Abzahlungskauf – einen Anspruch der Bank gegen den Kunden auf Rückzahlung der Valuta aus § 818 II BGB mit der Begründung ablehnen müssen, daß der Kunde nichts erlangt habe. Folge wäre gewesen, daß die Bank – ebenso wie bei den finanzierten Kauf- und Mitarbeiterverträgen - das Risiko der wirtschaftlichen Entreicherung des Kunden hätte tragen müssen.Vergleicht man das Ergebnis mit der Judikatur zum Einwendungsdurchgriff bei steuersparenden Abschreibungsmodellen, so wäre über § 56 I GewO – zumindest für Haustürgeschäfte - erreicht worden, was mit der Ablehnung des Durchgriffs gerade verhindert werden sollte: nämlich, daß die Bank das Risiko der Störung des finanzierten Geschäfts trägt. Der BGH begründet dies mit dem Gleichlauf der Argumentation zur Ablehnung des Einwendungsdurchgriffs bei Abschreibungsgesellschaften. [411]

Ein Kapitalanleger sei typischerweise weniger schutzbedürftig als ein Konsument, der z.B. einen Ratenkreditvertrag abschließt. Entweder verfüge er selbst über hinreichende wirtschaftliche und rechtliche Erfahrungen, oder er habe zumindest die finanziellen Möglichkeiten, sich der zu seinem Schutz erforderlichen Hilfe von Fachleuten zu bedienen.[412]
Die Gefährdung liege nicht im Bereich der Darlehensverhandlungen, sondern in dem zeitlich und sachlich vorrangigen Angebot der Beteiligung an einer Abschreibungsgesellschaft, namentlich, daß der ihnen vorgelegte Prospekt die bestehenden steuer- und zivilrechtlichen

[408] WM 85, 221 = WuB I E 1.- 7.85 Wolff = NJW 85,1020;
Der Kunde beteiligte sich an einem Bauherrenmodelle durch eine Einlage von 100.000 sfr., die er fremdfinanzieren ließ. Die Zeichner bildeten eine GbR, die als reine Innengesellschaft kein eigenes Vermögen erwerben sollte, sondern die Treuhänderin TOM beauftragte, im eigenen Namen, aber für Rechnung der GbR ein Kongreßzentrum zu errichten und zu nutzen. Die TOM geriet in wirtschaftliche Schwierigkeiten und konnte das Bauvorhaben nicht fertigstellen. Das Grundstück wurde schließlich zwangsversteigert. Löwe Anm. zum BGH-Urteil BGH EwiR § 134 BGB 1/85, 39.

[409] Seitdem ständige Rechtsprechung: BGH WM 85, 993; WM 86, 8; WM 86, 700. In NJW 85,1020 beteiligte sich der Kunde mit einer finanzierten Einlage an einer BGB-Innengesellschaft, die wiederum eine Treuhänderin beauftragte, im eigenen Namen und für Rechnung des Treugebers ein Grundstück in der Schweiz zu erwerben, darauf ein Kongreßzentrum zu errichten und dieses zu nutzen. (Es liegt nicht der typische Fall einer fremdfinanzierten Immobilie vor). In WM 86,700 beteiligte sich der Kunde über einen Treuhandkommanditisten mit einer Einlage an einer KG, die ein Grundstück erwarb. In WM 85,993 beteiligte sich der Kunde mit einer Kommanditeinlage an einer KG zwecks Erwerbs eines Grundstücks, WM 86, 6 Einlage an der W-Eigenheim und Geschäftshaus KG.

[410] BGH NJW 85, 1020; BGH WM 86, 700 und 735

[411] BGH NJW 85, 1020 (1021);BGH WM 86, 700 und 735; dies soll nicht für Umschuldungsdarlehen für Landwirte gelten, die – wie sich aus den Materialien zur GewO ergibt – unbestellten Kreditvermittlern besonders hilflos gegenüberstehen (BGH NJW 92 , 425 (426))

[412] LG Braunschweig WM 97, 11 1 (114); BGH WM 86, 995

Risiken verschweigt.[413] Die Betroffenen vor den steuer- und zivilrechtlichen Risiken eines solchen Geschäfts zu schützen, sei nicht die Aufgabe des § 56 Abs.1 Nr.6 GewO.[414] Diesen Gefahren könne mit den Mitteln des Gesellschaftsrechts und der Prospekthaftung begegnet werden.[415] Die Rechtsfolge der Nichtigkeit erscheine aber nur in den Fällen gerechtfertigt, „... in denen sich der Verstoß gegen § 56 I Nr.6 GewO beim Zustandekommen des Vertrages typischerweise auch auf dessen Inhalt auswirkt, also zu Vertragsbedingungen führt, die den Kunden benachteiligen, ... in den bisher vom Senat entschiedenen Fällen war, das zu bejahen, weil in der Regel die Darlehensnehmer auf die Darlehensbewilligung zur Durchführung des finanzieren Geschäfts angewiesen, in der Beurteilung der Vertragsbedingungen aber unerfahren waren und diese Unterlegenheit von den Verhandlungspartnern auch bei der inhaltlichen Ausgestaltung der Verträge ausgenutzt wurde... Im Regelfall sind die Darlehensnehmer hier nicht auf die Darlehensgewährung angewiesen...“[416] In einem Obiter dictum kündigte der BGH an, daß die Anwendung des § 134 BGB bei Haustürdarlehen entfallen könne, wenn es zur gesetzlichen Einräumung eines Widerrufsrechts komme.[417]

**aa. Ansicht der Literatur**

Die Entscheidung wurde in der Literatur kontrovers beurteilt. Durch das Abstellen auf die konkrete Schutzbedürftigkeit des Kunden im Einzelfall ist § 56 GewO als schwer berechenbare und konturlose Vorschrift bezeichnet worden.[418]

Den typischen Bauherrenmodell-Interessenten, der stets und ausnahmslos so versiert und beraten ist, daß er eines gesetzlichen Schutzes nicht bedarf, gäbe es nicht, da die Gestaltungsformen dieser auf die Erzielung von Steuervorteilen angelegten Kapitalanlage viel zu zahlreich seien.[419]

Es wird kritisiert, ob § 56 I Nr.6 GewO als gewerberechtliches Verbot mit Ordnungsfunktion i.V.mit § 134 BGB die Wertungsparalle zum Einwendungsdurchgriff rechtfertigt.[420]

Andere Teile der Literatur begrüßten das Urteil.[421] Die Differenzierung nach Fallgruppen (Geschäftstyp der finanzierten Beteiligung zum Zweck des Immobilienerwerbs oder der Steuerersparnis) potenziere die Reagibilität und Feinsteuerung der Rechtsprechung.[422]

**bb. Stellungnahme**

Dagegen ist aber einzuwenden, daß der Kunde nicht geltend macht, das Geschäft sei steuerlich doch nicht so ertragreich, sondern daß es im Reisegewerbe abgeschlossen sei. Daß die Nichtigkeit aufgrund der Situation im Reisegewerbe die Folge hat, daß er auch von den

---

[413] BGH NJW 85, 1020 (1021)

[414] BGH WM 86, 995

[415] BGH NJW 85, 1020 (1021); BGH NJW 81, 389

[416] BGH NJW 85, 1020 (1021

[417] BGH NJW 85, 1020 (1021) „...solange der Gesetzgeber bei Verträgen, die unter Verstoß gegen § 56 I Nr. 6 GewO zustande gekommen sind, dem Kreditnehmer keine vergleichbare Rechtsstellung (wie Widerruf § 1b AbzG oder Anfechtung ) einräumt, kann auf die Anwendung des § 134 BGB... nicht verzichtet werden."

[418] Eckert, WuB I E 1.-13.92., S. 1245

[419] Westphal, BB 85, 752 (753) unter Verweis auf die umfassende Darstellung von Müller, Praxis des Bauherrenmodells, in Deckert: Die Eigentumswohnung, S. 1ff.

[420] zu weiteren Kritikpunkten vgl. Dauner-Lieb, DB 85,1062 81065); Staudinger/Sack, a.a.O., § 134 Rn. 236; Koziol AcP 188 81988), 183 (227)

[421] Hübner, ZIP 84, 1175; Jehler NJW 85,1010(1012) mit der Einschränkung, daß der Kunde im Einzelfall die generelle Vermutung mangelnder Schutzbedürftigkeit widerlegen können müsse. Westphal mit der Möglichkeit, sich über § 823 Abas. 2 BGB i.V.m. § 56 Gewo vom Vertrag zu lösen.

[422] Hopt, NJW 85, 1665 (1668)

nachteiligen steuerrechtlichen Wirkungen des Geschäfts loskommt, ist ein bloßer Nebeneffekt. Dieses Kombimodell wird gegenüber dem Kombimodell finanzierter Kauf- und Mitarbeitervertrag ungleich behandelt. Obwohl alle Modelle in gleicher Weise durch den multifunktionalen Vermittler vertrieben werden, werden sie unterschiedlich behandelt.
Die Frage, ob der Kunde vom nachteiligen Steuergeschäft loskommt, hätte im Rahmen des § 818 III BGB geklärt werden müssen.
Nichtigkeit über § 56 Abs.I Nr.6 GewO i.V.m. § 134 GewO wird nur noch bei Darlehensaufnahme unerfahrener und minderbemittelter Personen angenommen.[423] Im Widerspruch dazu steht, daß bei Darlehen zur Beteiligung an Optionsgeschäften ein Verstoß gegen § 56 Abs.1 Nr. 6 GewO angenommen wurde. [424] Dogmatisch setzt das Urteil an der Rechtsfolgenseite an und differenziert zwischen Verstößen gegen § 56 I Nr. 6 GewO, die zur Nichtigkeit führen, und anderen, die nur mit verwaltungsrechtlichen Sanktionen oder als Ordnungsvorschriften nach § 145 II Nr. 6 GewO zu ahnden sind.[425]
Der BGH entschied seitdem in gleicher Weise für Immobilienanlagen[426] und Abschreibungsgesellschaften.

**f. Behandlung anderer fremdfinanzierter Steuersparmodelle (finanzierte Spekulation mit Aktienindexoptionen)**

*In einem Null-Einsatz-Vorsorge-Programm wurde den Kunden eine Beteiligung an einer AnlageGbR vermittelt, das durch die Aufnahme eines Kredites fremdfinanziert wurde. Gleichzeitig wurde zur Tilgung des Kredits eine Kapitallebensversicherung abgeschlossen. Das angelegte Darlehen wurde für die Anlage in Zerobonds sowie zur Spekulation mit Aktienindexoptionen an amerikanischen Börsen verwendet. Das angelegte Geld wurde veruntreut. Der BGH hielt den Darlehensvertrag gemäß § 56 Abs. 1 Nr. 6 GewO für nichtig.*
*Der BGH rechtfertigte dies mit dem Personenkreis der Anleger. Anders als bei Anlegern, die Steuervorteile erstrebten, könne hier nicht davon ausgegangen werden, daß sie über ein höheres Einkommen verfügen.*[427]

Es wird kritisiert, daß diese Judikatur im Hinblick auf Spekulationsmodelle im Widerspruch zu steuersparenden Modellen stehe. Andere sehen mit diesem Urteil ihre Auffassung bestätigt, daß letztlich entscheidend die konkrete Schutzbedürftigkeit des Anlegers im Einzelfall ist und wollen dies zum allgemeinen Beurteilungsmaßstab erheben.[428]

---

[423] Kesser in Westphalen/Emmerich/Kessler/VerbrKrG, § 56 GewO Rn. 16 S.480
[424] WM 92, 1356
[425] So Hopt NJW 85, 1665 (1667)
[426] Vgl. die Nachweise bei v.Heymann, Bankenhaftung bei Immobilienanlagen, S. 91
[427] BGH WM 92,1356 (1357)
[428] Fuellmich/Rieger ZIP 99, 465 (470)

### III. Rechtslage nach Erlaß des Haustürwiderrufsgesetzes und vor Inkrafttreten des Verbraucherkreditgesetzes

Am 16.01.1986 wurde das Haustürwiderrufsgesetz (HwiG) verkündet. Zeitgleich zum HwiG-Gesetzgebungsverfahren wurde auf europäischer Ebene eine entsprechende Haustürwiderrufs-Richtlinie vorbereitet[429], die am 20.12.1985 beschlossen wurde. Angesichts des Gleichlaufes der Entstehungsgeschichte wurde das deutsche HwiG als vorweggenommene Anpassung an das Europäische Recht angesehen.[430]

**Inhalt und Ziel**

Das HwiG erfaßt Fälle, in denen typischerweise die rechtsgeschäftliche Entscheidungsfreiheit des Kunden aufgrund der besonderen Vertragsanbahnungssituation und des fehlenden Marktvergleichs beeinträchtigt ist. Der Kunde hat i.d.R. keine Möglichkeit, das (unterbreitete) Angebot durch einen Preis- und Qualitätsvergleich einer angemessenen Prüfung zu unterziehen.[431] Da er in diesen 'Verhandlungssituationen' häufig zu einem (sofortigen) Vertragsabschluß gedrängt wird, fehlt es ihm an einer hinreichenden Überlegungsfrist, die frei von unsachgemäßer Beeinflussung ist; es fehlt die für Ladengeschäfte typische Umkehrmöglichkeit.[432] Oftmals kann sich der Kunde den Verkaufsbemühungen der anderen Vertragspartei nur schwer entziehen und schließt daher den Vertrag häufig nur aus dem Grund ab, um dieser Verhandlungssituation zu entgehen.[433] Durch die Gewährung eines befristeten Widerrufsrechts soll das situationsbedingte Übergewicht des Vertragspartners ausgeglichen werden.[434]

**c. Rückabwicklung bei einzelnen Verträgen**

§ 3 HwiG bestimmt: „Im Fall des Widerrufs ist jeder Teil verpflichtet, dem anderen Teil die empfangenen Leistungen zurückzugewähren. Hat der Kunde die Verschlechterung, den Untergang oder die anderweitige Unmöglichkeit zu vertreten, so hat er der anderen Vertragspartei die Wertminderung oder den Wert zu ersetzen."
Die Rückabwickung des Kreditvertrags wird abschließend geregelt[435] und ist lex specialis zu §§ 812ff.BGB.[436] Der Widerrufende kann sich nicht auf den Wegfall der Bereicherung infolge Untergangs der Darlehensvaluta berufen, denn er weiß, daß er das ihm zur zeitweiligen Nutzung überlassene Kapital nicht auf Dauer behalten darf und steht infolgedessen dem Empfänger einer Leistung gleich, der den Mangel des Rechtsgrunds kennt und deshalb nach § 819 BGB verschärft haftet. § 3 Abs. 1 S.3 HwiG bürdet allein die Gefahr des zufälligen Untergangs und der nicht zu vertretenden Verschlechterung einer Sachleistung, die zum endgültigen Verbleib im Vermögen des Kunden erbracht wurde, dem Geschäftspartner auf. Hierzu gehört nicht das Risiko der Darlehensverwendung.

---

[429] Richtlinie betreffend den Verbraucherschutz im Fall von außerhalb von Geschäftsräumen geschlossenen Verträgen Abl-EG Nr. L. 372/31 vom 31.12.1985 – abgedruckt in MünchKomm, HwiG-Anhang S. 979ff.
[430] Bruchner WM 99, 825 (835); MünchKomm/Ulmer Vor § 1 HwiG Rn. 6 m.w.N.
[431] Vgl. die Ausführungen von Zerres, Die situativen Voraussetzungen des Haustürwiderrufsgesetzes, S. 62
[432] BT-Drs. 10/2876, S. 6
[433] BT-Drs. 1072876, S. 6
[434] BT-Drs. 10/2876, S. 7; ebenso BR-Drs. 337/84, S. 12
[435] BGH NJW 96, 926
[436] BGH WM 96, 2102; BGH WM 99, 724; Wichard JuS 98, 112 (115)

**1. Kombinationsmodell finanzierter Kauf**

Soweit ein finanzierter Kauf unter das Abzahlungsgesetz fiel, blieb dieses weiterhin gemäß § 5 II HwiG vorrangig anwendbar. Die Rückabwicklung erfolgte wie oben dargestellt.[437] Dies beruht darauf, daß der Anwendungsbereich des Widerrufsrechts bei diesem Gesetz insofern weiter ist, als er auch andere Geschäfte als Haustürgeschäfte umfaßt.[438]

Für den weiteren Verlauf der Arbeit wird vorliegend betont, daß die herrschende Meinung nicht dem Grundsatz der Meistbegünstigung folgt, wonach der Kunde sich immer auf den Schutz der Vorschriften berufen darf, die ihm letztlich mehr Schutz bringen. Dennoch wird darauf hingewiesen, daß mit dem HwiG nach dem ausdrücklichen Willen des Gesetzgebers mit Erlaß des Haustürwiderrufsgesetzes der Schutz des Kunden erweitert, nicht eingeengt werden sollte.[439]

**2. Finanzierter Kauf- und Mitarbeitervertrag/ Finanzierter Kauf, der nicht unter das AbzG fällt**

Der BGH hat höchstrichterlich die Fallgestaltung der Vermittlung eines verbundenen Darlehensvertrags, der nicht der Finanzierung des Erwerbs einer beweglichen Sache i.S.d. § 1 AbzG dient, entschieden.[440] Allerdings ging es hierbei nicht um einen Kauf- und Mitarbeitervertrag, sondern um eine gesellschaftsrechtliche Beteiligung als Steuersparmodell. Die ratio der Entscheidung muß aber auch für diese Fallgruppe Anwendung finden.[441]
Der BGH verweist darauf, daß ein Kreditnehmer, dem § 1 HwiG ein Widerrufsrecht gibt, nicht weniger schutzwürdig erscheine als derjenige, dem die Rechtsprechung gemäß § 6 AbzG ein Widerrufsrecht nach § 1 AbzG zubillige.[442]

Wird hiernach ein Vertrag widerrufen, so ergebe sich aus der wirtschaftlichen Einheit zwischen Kreditvertrag und finanziertem Geschäft die Notwendigkeit, die Unwirksamkeit als Rechtsfolge des Widerrufs auf beide Geschäfte zu erstrecken. Schutzzweck der Widerrufsregelung sei, den Käufer/Darlehensnehmer innerhalb einer angemessenen Überlegungsfrist frei und ohne Furcht vor finanziellen Nachteilen entscheiden zu lassen, ob er an seiner Verpflichtungserklärung festhalten wolle oder nicht. Dieser Schutzzweck wäre gefährdet, wenn der Widerrufende dem Darlehensgeber den - dem Verkäufer zugeflossenen – Kreditbetrag erstatten müßte.[443]

---

[437] § 5 II HwiG lautete: „Erfüllt ein Geschäft im Sinne des § 1 Ab.1 zugleich die Voraussetzungen eines Geschäfts nach dem Gesetz betreffend die Abzahlungsgeschäfte..., so sind nur die Vorschriften dieser Geesetze anzuwenden."
[438] Begründung zum Entwurf BT-Drs. 10/2876 S. 14
[439] BT-Drucks. 10/2876,7 dies zeigt sich auch darin, daß allgemeine, zivilrechtliche Rechtsbehelfe wie Anfechtung, Gewährleistung neben den Vorschriften des HwiG anwendbar bleiben.
[440] BGH WM 96, 2100; BGH 96, 2103; ebenso OLG Stuttgart WM 99, 2306 (2308)
[441] so auch Pfeiffer LM (Nr. 27) HwiG Bl.31
[442] BGH WM 96,2100(2102)
[443] BGH WM 96,2102

### 3. Finanzierte Steuersparmodelle nach Erlaß des HWiGs

Durch die Einführung des HwiGs wurden auch die Personen vom Schutzbereich umfaßt, die mit dem Kreditvertrag den Beitritt zu einer Abschreibungsgesellschaft finanzieren wollten. Unter den Begriff des „Vertrages über eine entgeltliche Leistung“ in § 1 I 1 HwiG fällt auch der Beitritt als stiller Gesellschafter, da die Beteiligung gezahlt wird, um als „ Entgelt“ die Gewinnbeteiligung zu erlangen.[444] Das HwiG läßt eine Schlechterstellung dessen, der bei der Vertragsabwicklung steuerliche Vergünstigungen in Anspruch nehmen will, nicht zu. Auch wenn ein Darlehen zur Finanzierung des Beitritts zu einer Abschreibungsgesellschaft aufgenommen wird und es dem Kunden maßgeblich darum geht, durch das finanzierte Geschäft auch steuerliche Vorteile zu erlangen, findet das HwiG uneingeschränkt Anwendung.[445] Gleiches gilt für Immobilienfonds.[446]
Die Rechtsprechung hat dies in drei neueren Entscheidungen ausdrücklich bestätigt.[447]

#### a. Rückabwicklung verbundener Geschäfte bei Widerruf nur eines Vertrags

##### aa. BGH WM 96, 2100

*Hier wurde dem Kunden an der Haustür ein Gesellschaftsanteil sowie das darauf bezogene Darlehen vermittelt, wobei der Kunde nur über die Möglichkeit des Widerrufs des Kaufs des Gesellschaftsanteils, nicht aber über das Darlehen belehrt wurde. Der BGH nahm an, daß der Widerruf des Darlehensvertrags durch den Kunden zur Unwirksamkeit auch des finanzierten Geschäfts führe.*[448]

Der BGH unterscheidet die Rückabwicklung bei Darlehen, die der Darlehensgeber ohne Rücksicht auf den – vom Darlehensnehmer frei zu bestimmenden – Verwendungszweck gewährt und bei zu einer wirtschaftlichen Einheit verbundenen Geschäfte. Vorliegend diente das Darlehen nach dem von der Bank und der Beteiligungsgesellschaft gemeinsam entwickelten Konzept ausschließlich der Finanzierung der Gesellschaftsbeteiligung und jeder der beiden Verträge wäre ohne den anderen nicht abgeschlossen worden. Hier erfasse die Unwirksamkeit des Darlehensvertrags wegen Widerrufs auch das finanzierte Geschäft.
Anders als § 9 VerbrKrG kennt das HwiG keine Sonderregelung für verbundene Geschäfte.[449] Nach Ansicht des BGH könne beim finanzierten Haustürgeschäft der Schutzzweck der Widerrufsregelung, d. h. der Schutz der Entscheidungsfreiheit innerhalb einer angemessenen Überlegungsfrist, nur erreicht werden, wenn der Darlehensnehmer nicht befürchten müsse, nach dem Widerruf dem Rückzahlungsanspruch des Darlehensgebers ausgesetzt zu sein.[450]
Die Rückabwicklung erfolgt im Wege der Durchgriffskondiktion unmittelbar zwischen der kreditgebenden Bank und dem Partner des finanzierten Geschäfts als Zahlungsempfänger. Der Verkäufer habe keinen unmittelbaren Rückforderungsanspruch gegen den Kunden.

---

[444] LG Rottweil, NJW-RR 89,373, Wichard, JuS 98,112(114); für die BGB-Gesellschaft OLG Köln WM 89, 1601
[445] Erman/B.Klingsporn, § 1 HwiG Rn. 5e für das HwiG; OLG Köln ZIP 89,1267(1269)
[446] OLG Stuttgart WM 99,2306 (2307)
[447] BGH NJW 96, 3414 = WM 96,2100, wo der Vermittler dem Kunden eine Gesellschaftsbeteiligung auf Kredit an der Haustür verkaufte; OLG Stuttgart WM 99, 2306 (2307); LG München WM 98,448
[448] BGH WM 96,2100(2103)ebenso BGH WM 96,2103(2104); ebenso OLG München WiB 97,146 für die drittfinanzierte GbR.
[449] Koller, EwiR § 1 HwiG 7/96 S. 1091
[450] Er verweist auf BT-Drucks. 10/2876, S. 13 „ daß der Kunde durch die Ausgestaltung der Rückgewährpflichten und seiner Haftung nicht **mittelbar** in seinem freien Entschluß, das Widerrufsrecht auszuüben oder davon abzusehen, behindert wird.“

Der BGH verweist auf die Rechtsprechung zum finanzierten Abzahlungskauf[451] sowie die Literatur zur Rückabwicklung verbundener Geschäfte beim VerbrKrG.[452]
Der BGH zieht bereits in die Prüfung, was der Darlehensnehmer als empfangene Leistung zurückzugewähren hat, den Schutzzweck der Widerrufsregelung ein und hält einen Rückzahlungsanspruch der Bank gegen den Kunden dem Grunde nach für nicht gegeben.[453] Auch sollen den Kunden bei Unwirksamkeit des Beteiligungsvertrags keine Ansprüche gegen den Treuhänder zustehen. Die Regelung des § 3 HwiG als Rückabwicklung im jeweiligen Rechtsverhältnis wird damit unterlaufen.[454]

### aaa. Ansicht der Literatur

Die Auffassung des BGH wird von der Literatur gebilligt.[455] Ebenso wie beim Verbraucherkreditgesetz soll die zu schützende Partei keine Nachteile dadurch erleiden, daß bei einer Mehrheit von jedoch als wirtschaftliche Einheit zu begreifenden Verträgen der Empfänger des Widerrufs und der Empfänger der Valuta personenverschieden sind.[456] Ein Widerruf dürfe keine erheblichen finanziellen Nachteile und Risiken mit sich bringen.

### bbb. Bewertung

Auffallend ist hier, daß der BGH die Unwirksamkeit auf den Beteiligungsvertrag erstreckt und auch ihn rückabwickelt. Diesbezüglich war ordnungsgemäß belehrt worden und kein rechtzeitiger Widerruf erklärt worden. Nach der Trennungstheorie ist jeder Vertrag für sich gesondert zu untersuchen. Läßt der Kunde die Frist des einen Vertrags verstreichen, so wird dieser Vertrag wirksam. Der Kunde konnte dann nicht mehr darauf vertrauen, von dieser Bindung loszukommen.
Die Unwirksamkeit des Beteiligungsvertrages resultierte aus der Unwirksamkeit des widerrufenen Darlehensvertrags. Der BGH ging also von einer wirtschaftlichen Verbindung beider Verträge aus.[457] Dies ergibt sich aufgrund folgender Betrachtung:

Nach § 3 I HwiG ist im Falle des Widerrufs jeder Teil verpflichtet, dem anderen Teil die empfangenen Leistungen zurückzugewähren. Hat der Kunde die Verschlechterung, den Untergang oder die anderweitige Unmöglichkeit zu vertreten, so hat er der anderen Vertragspartei die Wertminderung oder den Wert zu ersetzen.

---

[451] BGH WM 79, 159; BGH WM 84, 649; WM 93, 1236

[452] Nachweise v.Rottenburg WuB IV C § 1 b AbzG 4.93 zu 3 mit weiteren Nachweisen zum Streitstand.

[453] „... bei der Prüfung, was der Darlehensnehmer nach dem Widerruf als empfangene Leistung zurückzugewähren hat, kommt dem Schutzzweck der Widerrufsregelung entscheidende Bedeutung zu" WM 96, 2100 (2102)

[454] Anders Gallois, der vorschlägt, daß empfangene Leistung i.S.d. § 3 Abs. 1 S. 1 HwiG nicht die Darlehenssumme oder die Befreiung von der Verbindlichkeit ist, sondern die mit der Finanzierung gebaute oder erworbene Eigentumswohnung, die der Kunde der Bank übereignen müsse; BB 90, 2062 (2064) ; ebenso Spickhoff/Petershagen BB 99, 165 (171)

[455] Gallois DB 90,2062; Koller EwiR § 1 HwiG 7/96, 1091; Schrey WuB IV D. § 1 HwiG 1.98 S. 463; Stüsser NJW 99,1586(1590); Pfeiffer LM HwiG Nr. 27 S. 332

[456] Schrey Wub IV D. § 1 HwiG 1.98 S. 468; dieser Gedanke findet sich auch bei Bydlinski, DZWiR 96, 118

[457] Nach Pfeiffer liegt hier ein ´verbundenes Geschäft im abzahlungsrechtlichen Sinne´ vor. Pfeiffer LM HwiG Nr. 27 Bl. 5 S. 332; deutlich formuliert es OLG Stuttgart WM 99, 2306 (2308):"...davon abgesehen gebietet es der Schutzzweck des HwiG bei **wirtschaftlich einheitlichen Geschäften**...die Widerruflichkeit unabhängig davon, ob beide Vertragspartner des Kunden zum Entstehen der Haustürsituation beigetragen haben oder nicht, auf beide Geschäfte zu erstrecken."

Hätte der BGH den widerrufenen Darlehensvertrag getrennt betrachtet, dann hätte er jetzt klären müssen, ob der Kunde zur Herausgabe des gesamten Darlehensbetrages (inklusive des in den Beteiligungsvertrag investierten Betrages) verpflichtet ist. Da der Kunde seine eigenen fehlerhaften Investitionen zu vertreten hat, hätte er den vollen Darlehensbetrag geschuldet, da bei der Rückzahlungspflicht nach § 3 HwiG keine dem § 818 III entsprechende Schranke besteht.[458]
Eine solche Ausstrahlung der Unwirksamkeit auf der Grundlage der nach wie vor maßgeblichen Trennungstheorie könne nach Pfeiffer nur akzeptabel sein, wenn man eine nach § 242 BGB oder § 9 II, 1 VerbrKrG (analog) beachtliche wirtschaftliche Einheitlichkeit bejaht. Der Begriff der wirtschaftlichen Einheit werde daher im Lichte des § 9 I VerbrKrG partiell neubewertet.[459]

Hier handelt es sich um ein Steuersparmodell, bei dem der BGH das Vorliegen einer wirtschaftlichen Einheit (für die Frage des Einwendungsdurchgriffs) regelmäßig verneint, weil die Aufspaltung in zwei Geschäfte von einer regelmäßig steuerrechtlich beratenen Klientel selbst gewollt sei. Nach Pfeiffer[460] deutet sich hier ein Konzeptionswechsel an. Im Rahmen des HwiG fände die restriktive Rechtsprechung zum Einwendungsdurchgriff bei Steuersparmodellen bzw. beim Immobilienerwerb keine Anwendung.
Die gemeinsame Rückabwicklung beider Verträge will Pfeiffer auch auf die verbundenen fremdfinanzierten Immobilienenmodelle anwenden. [461]

Im Gegensatz hierzu steht folgender, erst kürzlich vom BGH entschiedener Fall:

**bb. Kombinationsmodell fremdfinanziertes Zinsdifferenzgeschäft BGH WM 99,724**

*In einem neuen Fall[462] im Jahre 1988, also vor Inkrafttreten des VerbrKrG, suchten zwei Vermittler den Kunden an der Haustür auf und rieten ihm zur Spekulation von Zinsdifferenzgeschäften. Der Kunde schloß daraufhin sofort ein Darlehen über 1 Mio DM zwecks Kauf von Wertpapieren in Fremdwährung ab. Mit diesem Darlehen kaufte der zweite Vermittler für den Kunden dann Wertpapiere in australischer Dollar-Währung. Kurz darauf verlor der Dollarkurs erheblich an Wert. Der Kunde widerrief den Darlehensvertrag. Aus der Verwertung der Wertpapiere konnten nur DM 620.000 erzielt werden. Die Bank verlangte die Rückzahlung der gesamten 1 Mio DM.*
Der BGH nahm an, daß der Kunde zur Rückzahlung des Darlehens in voller Höhe verpflichtet ist. Er wisse, daß er das ihm zur zeitweiligen Nutzung überlassene Kapital nicht auf Dauer behalten dürfe und stehe daher dem Empfänger einer Leistung gleich, der den Mangel des Rechtsgrundes kennt und daher nach § 819 BGB verschärft haftet.

Das Berufungsgericht hielt die Rückforderung der restlichen (bereits im Zinsdifferenzgeschäft verlustig gegangenen) Darlehensvaluta gem.§ 3 Abs. 1 HwiG für ausgeschlossen, weil der Kunde insoweit nicht mehr bereichert sei und es für einen Wertersatzanspruch nach § 3 Abs. 1 S.3 HwiG an einem Verschulden des Klägers fehle. Der BGH hielt den Kunden zur Rückzahlung der vollständigen Darlehenssumme verpflichtet, indem er den Anwen-

[458] So auch Pfeiffer LM HwiG Nr. 27
[459] Pfeiffer LM HwiG Nr. 27 Bl. 5 S. 332; derselbe ZBB 96, 304 (320)
[460] Pfeiffer LM HwiG Nr. 27 Bl. 5 S. 332
[461] Pfeiffer LM HwiG Nr. 27 S. 332
[462] BGH WM 99, 724

dungsbereich des § 3 Abs. 1 HwiG dahingehend einschränkte, daß diese dem Vertragspartner des Kunden nur das Untergangsrisiko für Sachleistungen aufbürdet, die auf Dauer im Vermögen des Kunden verbleiben. Davon sei das wirtschaftliche Verwendungsrisiko eines vereinbarungsgemäß zurückzugewährenden Gegenstandes zu unterscheiden, das allein der Kunde trage. Dem Empfänger eines Darlehens sei die Berufung auf den Wegfall der Bereicherung infolge Untergangs der Darlehensvaluta nach allgemeinen Grundsätzen versagt. Er wisse, daß er das Kapital nicht auf Dauer behalten darf und stehe dem Empfänger einer Leistung gleich, der den Mangel des Rechtsgrunds kennt und deshalb nach § 819 BGB verschärft haftet.
§ 3 HwiG wird als speziellere Norm nur für das Sachrisiko, nicht aber bei Darlehensgeschäften betrachtet.[463]

**aaa. Stellungnahme der Literatur**

Das Urteil ist begrüßt worden.[464] Schutzzweck des § 3 HwiG sei, daß der Kunde über die Ausübung seines Widerrufsrechts frei entscheiden könne, ohne daß ihm wirtschaftliche Nachteile aufgrund von Rückgewährpflichten oder einer Haftung drohen. Bei Darlehensgeschäften resultiert die Rückzahlungspflicht aber nicht erst aus dem Widerruf, sondern sei schon Inhalt des Darlehensgeschäfts als solchem. Der Kunde konnte niemals ernsthaft darauf vertrauen, die Valuta niemals zurückzahlen zu müssen.[465]

**bbb. Bewertung**

Der BGH grenzt diesen Fall nicht von den beiden oben entschiedenen Fällen ab. Er trifft keine Ausführungen zur Frage der wirtschaftlichen Einheit, obwohl die Verträge aufeinander bezogen sind, der eine nicht ohne den anderen geschlossen worden wäre und die Vorverhandlungen mit dem Kunden durch zwei Vermittler an der Haustür stattgefunden haben. Mit der Argumentation des BGH hätte man in den beiden obigen Beteiligungsfällen argumentieren können, daß über das Widerrufsrecht ordnungsgemäß belehrt worden ist, weshalb sich der Kunde nicht von diesem Vertrag lösen dürfe. Auch konnte der Kunde nicht ernsthaft darauf vertrauen, die Valuta nicht zurückzahlen zu müssen. Der BGH erstreckt die Unwirksamkeit des Darlehensvertrages nicht auf den finanzierten Vertrag.
Grund für die unterschiedlichen Ergebnisse könnte sein, daß der BGH sich auch hier[466] bereits an den Wertungen des Verbraucherkreditgesetzes orientiert. Gem.§ 3 Abs.2 Nr.4 findet § 9 VerbrKrG keine Anwendung auf Kreditverträge, die der Finanzierung des Erwerbs von Wertpapieren dienen, so daß bei verbundenen Kredit- und Wertpapierkaufverträgen gem. § 7 VerbrKrG nur das Darlehen unter Rückzahlung der Valuta widerrufen werde kann, während das Spekulationsgeschäft sofort und endgültig wirksam wird.[467]
Dagegen spricht, daß die Verträge zu einem Zeitpunkt abgeschlossen wurden, als das VerbrKrG noch gar nicht galt. Es ist systemwidrig, die Wertung eines späteren Gesetzes auf die Rechtslage vor Inkrafttreten dieses Gesetzes zu übertragen.

---

[463] Kind WuB IV D. § 3 HwiG 1.99 S. 870
[464] Kind WuB IV D. § 3 HwiG 1.99 S. 871
[465] Kind a.a.O. S. 872
[466] Vgl. BGH WM 96, 2100, BGH WM 96, 2103, wo auf die einheitliche Wertung zum VerbrKrG verwiesen wird.
[467] Vgl. Bülow VerbrKrG, 3.Aufl., 1994, § 3 VerbrKrG Rn.115; Soergel/Häuser, BGB, 12. Aufl.1997 § 3 VerbrKrG Rn. 34; Palandt/Putzo § 3 Rn. 10 und § 7 Rn. 5 wonach der Darlehensnehmer/Käufer sich vom Spekulationsgeschäft nur durch den Verkauf der Wertpapiere zum Tageskurs lösen kann.

**cc. Ergebnis**

Die Rechtslage bei der Rückabwicklung drittfinanzierter Modelle, die unter das HWiG fallen, ist nicht geklärt. Die Einheitlichkeit bejahen neben der oben zitierten Entscheidung noch zwei weitere Gerichte.[468] Insbesondere ist unklar, bei welchen gleichzeitig abgeschlossenen Verträgen sich die Unwirksamkeit des Darlehensvertrags auch auf den finanzierten Vertrag erstreckt.

Folgt man BGH WM 96,2100, so werden finanzierte Abzahlungskäufe und finanzierte Steuersparmodelle im Rahmen des HwiG gleich behandelt. Beiden Vertragsbündeln liegt die gleiche Wertung zugrunde, daß es sich um eine wirtschaftliche Einheit handelt.

**4. Kombinationsmodell finanzierter Immobilienkauf nach Inkrafttreten des HwiG und vor Inkrafttreten des VerbrKrG**

Die Haustürwiderrufsrichtlinie der EG vom 20.12.1985 (HausTW-RL) nimmt Verträge über Immobilien vom Anwendungsbereich der Richtlinie aus. Nach Art. 1 Abs. 1 HausTW-RL 'gilt diese Richtlinie für Verträge zwischen einem Gewerbetreibenden, der Waren liefert oder Dienstleistungen erbringt, und einem Verbraucher.' Gem. Art. 3 Abs. 2a sind Verträge über den Verkauf von Immobilien ausgenommen. Nach Art. 8 HausTW-RL sind die Mitgliedstaaten nicht daran gehindert, 'noch günstigere Verbraucherschutzbestimmungen auf dem Gebiet zu erlassen oder beizubehalten'.

Demgegenüber bestimmt § 1 Abs. II Nr. 3 HwiG, daß kein Recht zum Widerruf besteht, wenn die auf den Vertragsschluß gerichtete Willenserklärung des Kunden von einem Notar beurkundet worden ist. Dies gilt auch, wenn die Einigung über den wesentlichen Vertragsinhalt unter den Umständen des Abs.1 Nr. 1 bis 3 stattgefunden hat. Der Gesetzentwurf des Bundesrats begründet dies damit, daß es wegen der nachfolgenden notariellen Beurkundung an einer Überraschung oder Übervorteilung des Kunden fehlt.[469] Die in § 17 Abs.I BeurkG festgelegte Belehrungspflicht des Notars schütze den Kunden.[470] Der Entwurf nahm Bezug auf den SPD-Entwurf,[471] der nicht auf die notarielle Beurkundung abstellt, sondern nur darauf, ob der Kunde seine auf den Abschluß des Vertrags gerichtete Erklärung 'in engem zeitlichen Zusammenhang mit den Vertragsverhandlungen' abgegeben hat.[472] Diese Regelung wurde als mit zuviel Unsicherheiten und Beweisschwierigkeiten belastet angesehen.[473] Die notarielle Beurkundung bzw. das Tatbestandsmerkmal 'von Vertragsverhandlungen bestimmt' gelten als ausreichendes Korrektiv. Der Rechtsausschuß nahm insoweit keine Korrekturen vor.[474]

**a. Unterfallen Darlehensverträge zum Erwerb einer Immobilie dem HwiG ?**

In jüngster Zeit ist in die Diskussion geraten, ob die Vorschriften des HwiG auf den Darlehensvertrag Anwendung finden, wenn dieser grundpfandrechtlich gesichert wird (sogenannte Immobiliarkredite).

Nach § 1 Abs. 2 Nr. 3 HwiG besteht ein Recht auf Widerruf nicht, wenn die Willenserklärung von einem Notar beurkundet worden ist. Der Darlehensvertrag gemäß § 607 BGB ist

---

[468] WM 96, 2103; OLG Stuttgart WM 99, 2306; OLG Bamberg 6 U 73/96 bislang unveröffentlicht
[469] Begründung, BT-Drs. 10/2876, S. 12
[470] Begründung, BT-Drs. 10/2876, S. 12
[471] Entwurf eines Gesetzes zum Schutz der Verbraucher (Verbraucherschutzgesetz), BT-Drs. 9/2294, im 10.Bundestag erneut eingebracht als BT-Drucks. 10/584
[472] § 2 Ab.1 des SPD Entwurfs, BT-Drs. 10/584 S.2
[473] Begründung des Gesetzentwurfs BT-Drs. 10/2876, S. 12
[474] Beschlußempfehlung des Rechtsausschusses BT-Drs. 10/4210 vom 11.11.1985

formlos möglich. Lediglich die Bewilligung der Eintragung einer Hypothek bzw. Grundschuld wird regelmäßig – entsprechend der grundbuchrechtlichen Vorschrift des § 29 GBO – notariell beurkundet und fällt damit aus dem Anwendungsbereich des HwiG heraus.

### aa. Die Ansicht der Gerichte

Die oberinstanzliche Rechtsprechung[475] lehnt bei notariell beurkundeten Darlehensverträgen den Ausschlußtatbestand des § 1 Abs. 2 Nr. 3 HwiG ab.[476] Oftmals wird der Darlehensvertrag bereits vor Bewilligung der Grundschuld/Hypothek geschlossen. In diesen Fällen stellt sich die notarielle Beurkundung der Erklärung als reine Formalität dar, insbesondere dann, wenn dem Notar nicht bekannt ist, auf welche konkrete Art und Weise das Geschäft zustande gekommen ist. In diesen Fällen weist der Notar den Kunden nicht auf sein Widerrufsrecht hin. Würde man der obigen Ansicht folgen, so biete die notarielle Beurkundung die Möglichkeit, dem Verbraucher das Widerrufsrecht abzuschneiden, ohne daß der vom HwiG gewollte Schutz gegen Überrumpelung entfiele.[477]

Das Gericht weist auch darauf hin, daß die EG-Richtlinie die notarielle Beurkundung als Ausschlußtatbestand gerade nicht vorsieht.[478]
Die Regelung in § 3 Abs. 2 Ziff.2 des VerbrKrG sei im Geltungsbereich des HwiG nicht analog anwendbar. Die Gründe, die zum Ausschluß des Widerrufs nach dem HwiG führen, seien in § 1 Abs. 2 HwiG vom Gesetzgeber definiert.[479] Hätte der Gesetzgeber die Ausdehnung dieser Ausschlußgründe auf die in § 3 VerbrKrG genannten Umstände gewollt, hätte er entsprechende Regelungen schaffen können.[480] Das OLG Stuttgart[481] hat festgestellt, daß Immobiliarkredite nicht der Haustürwiderrufs-Richtlinie der EG unterfallen, so daß nach Europäischem Recht ein Widerruf ausscheidet.

### bb. Ansicht, daß Immobiliarkredite dem Anwendungsbereich des HwiGs unterfallen

Nach einer Ansicht findet auf den Abschluß des Darlehensvertrages das HwiG Anwendung.[482]

### cc. Neue Ansicht, die Immobiliarkredite aus dem Anwendungsbereich des HwiG ausnehmen will

Die Vertreter dieser Ansicht argumentieren,[483] daß, wenn mit dem Immobiliarkredit der Erwerb einer Immobilie finanziert werde, dies den Abschluß eines wirksamen notariellen Kaufvertrages oder eines notariellen Geschäftsbesorgungsvertrages mit dem Zweck des Erwerbs einer Immobilie voraussetze. Der Immobiliarkredit dient somit der Erfüllung einer

---

475 OLG Stuttgart WM 99, 2306 (2308)
476 Dies begründet es mit dem Umgehungsverbot des § 5 Abs. 1 HwiG, weil die Beurkundung dann nur den Zweck hätte, den Ausnahmetatbestand des § 1 Abs. 2 Nr. 3 HwiG zu schaffen.
477 OLG Stuttgart WM 99, 2306 (2308); OLG Stuttgart WM 99, 2310 (2314)
478 OLG Stuttgart WM 99, 2306 (2308)
479 OLG Stuttgart WM 99, 2310 (2312)
480 OLG Stuttgart WM 99, 2310 (2315)
481 WM 99, 74 (75)
482 Werner/Machunsky, Rechte und Ansprüche geschädigter Kapitalanleger, S. 244; Knauth WM 87, 517
483 Bruchner, WM 99, 825 (835)

bereits durch notariellen Vertrag begründeten Kaufpreiszahlungsverpflichtung.[484] Aber auch in den Fällen, in denen der Immobiliarkredit für andere Zwecke verwendet wird, ist die Einschaltung des Notars im Zusammenhang mit der den Immobiliarkredit sichernden Grundschuldbestellung erforderlich, so daß der Verbraucher durch die mit Immobiliarkrediten einhergehenden notariellen Formvorschriften nach der Wertung des Gesetzgebers des HwiG ausreichend geschützt und gewarnt sei.[485] Aus dem Sinnzusammenhang der Gesetzesbegründung zum HwiG lasse sich entnehmen, daß bei Immobiliarkrediten kein Widerrufsrecht bestehen soll.[486]

Schließlich sei die Ausgestaltung des Widerrufsrechts für Realkredite nicht sachgerecht. Nach § 2 Abs. 1 Satz 4 HwiG erlischt das Widerrufsrecht des Kunden im Falle unterbliebener Widerrufsbelehrung erst einen Monat nach beiderseitiger vollständiger Erbringung der Leistung, so daß – angesichts der jahrzehntelangen Laufzeit von Realkrediten - bei der Einräumung eines Widerrufsrechts nicht hinnehmbare Rechtsunsicherheiten im Grundstücksmarkt aufträten.

**dd. Eigene Ansicht**

Die Ansicht des OLG Stuttgart bedeutet eine teleologische Reduktion des eindeutigen Gesetzeswortlaut. Ihr ist zuzugeben, daß es nicht zu den Aufklärungspflichten des Notars gehört festzustellen, auf welche Weise der Kunde geworben worden ist. Angeregt wird hiermit, den Umfang der Nachforschungspflichten des Notars auszudehnen und ihn zu verpflichten zu überprüfen, in welcher Situation der Willensentschluß des Kunden hervorgerufen worden ist und den Kunden auf sein Widerrufsrecht hinzuweisen.

**b. Anwendbarkeit des HwiG auf Immobilienkäufe (Bauherren oder Erwerbermodelle)**

Immobilienkäufe werden regelmäßig notariell beurkundet und sind daher gemäß § 1 II Nr. 3 HwiG vom Anwendungsbereich des Haustürwiderrufsgesetz ausgeschlossen ist.

**aa. Ansicht der Literatur – Keine Anwendbarkeit des HwiGs auf notariell beurkundete Immobilienkäufe**

Nach herrschender Ansicht in der Literatur fehlt es bei notarieller Beurkundung grundsätzlich an einer Überrumpelungs- und Übervorteilungsgefahr.[487]

**bb. Ansicht der Literatur – Anwendbarkeit des HwiG auf Bauherren- und Erwerbermodelle**

Teile in der Literatur wollen die Ausnahmevorschrift des § 1 II Nr. 3 HwiG bei Bauherren- und Erwerbermodellen nicht anwenden.[488]

In § 1 II Nr. 3 HwiG unterliege der Gesetzgeber der Vorstellung, daß Verträge, die notariell beurkundet werden, zuvor ausgehandelt und diskutiert wurden und damit das Überraschungsmoment wegfalle.[489] Wegen des vorherigen Wissens um den Notartermin sei vom Gesetzeszweck des HwiG keine nachträgliche Überlegungsfrist mehr erforderlich.[490]

---

[484] Bruchner, WM 99, 825(835)
[485] Bruchner, WM 99, 825 (835)
[486] Hertel, WuB IV D. § 1.HwiG 4.98; Bruchner, WM 99, 835
[487] Werner/Machunsky, Kommentar zum Haustürwiderrufsgesetz, § 1 Rn.252
[488] Gallois, BB 90, 2062 (2063f.); Stüsser NJW 99,1589; so auch Gilles, NJW 86, 1131 (1143)
[489] BT-Drucks. 10/2876, Begründung, S. 12
[490] BT-Drucks. 10/2876,12

Gallois argumentiert, daß dem Kunden das dicke, vorgefertigte und vorformulierte Vertragswerk häufig erst beim Notartermin präsentiert wird, während beim Beratungsgespräch der Prospekt der Kapitalanlage sowie die Wirtschaftlichkeitsberechnung des Anlageberaters im Vordergrund steht. Daher sei der Kunde exakt in derjenigen Situation, vor der der Gesetzgeber aus Verbraucherschutzerwägungen schützen wollte.[491] Für den Vertrieb der Bauträgermodelle sei das Überraschungsmoment geradezu kennzeichnend. Die notarielle Belehrung durch den Notar stelle in diesen Fällen typischerweise nur eine Formalie dar, aufgrund derer der Kunde keinen ausreichenden Überblick über die rechtlichen und wirtschaftlichen Folgen seiner Willenserklärung bekommt.[492]
Der Notar sei oftmals nicht willens und in der Lage, einem Erwerber in vollem Umfang das oft nahezu undurchschaubare Vertragswerk verständlich zu machen und ihn über alle juristischen und tatsächlichen Fallstricke des jeweiligen Anlageobjektes umfassend aufzuklären. Die Anforderungen an die Belehrungspflicht der Notare wären weit überspannt, wenn man ihm zumuten würde, über alle Gefahren aufzuklären die ein Objekt zum Scheitern verurteilen könnten wie fehlende Baugenehmigung, Insolvenz des Mietgaranten, versteckte Mängel, überhöhte Preise und Kosten, „Luftgebühren" für Projektbeteiligte, verdeckte Bürgschaften u.s.w.
Nach Gallois sollte aber erst eine solche Aufklärung die Schutzbedürftigkeit des Kunden i.S.d. HwiG entfallen lassen.[493] § 1 Abs. 2 Nr. 3 HwiG sei als Ausschlußtatbestand eng auszulegen, was auch dem Willen des Gesetzgebers, der in § 5 HwiG ein Umgehungsverbot normiert hat, das auch für die Auslegung der Widerrufsausschlußgründe nach § 1 Abs. 2 gilt.[494]

**cc. Stellungnahme**

Zuzugeben ist der zweiten Ansicht, daß in der Praxis ein Notartermin oft am selben Tag vereinbart wird. Gegen diese spricht, daß für Auslegungs- und Zwecküberlegungen bei einem eindeutigen Gesetzeswortlaut kein Raum ist.[495]
De lege lata ist erster Ansicht zu folgen.

**dd. Ergebnis**

Notariell beurkundete Immobilienkaufverträge unterfallen nicht dem HwiG und können nicht widerrufen werden.

**c. Erstreckt sich die Rückabwicklung des Darlehensvertrags auc auf den Immobilienvertrag ?**

Vorliegend wird geprüft, ob finanzierte Immobilienkäufe nach dem HwiG als wirtschaftliche Einheit behandelt werden.

**aa. OLG Stuttgart WM 99, 2310**

*Dem Kunden wurde an der Haustür eine gebrauchte Eigentumswohnung angeboten, die fremdfinanziert und durch eine abzuschließende Kapitallebensversicherung getilgt werden sollte. Zwei Tage später ließ der Kunde auf Veranlassung des Vermittlers beim Notar eine*

[491] Gallois, BB 90, 2062 (2063)
[492] Stüsser, NJW 99, 1586 (1590)
[493] Gallois, BB 90, 2062 (2063)
[494] Gallois BB 90, 2062 (2064)
[495] Staudinger-Werner, a.a.O.§ 1 HwiG Rn. 150

*unwiderrufliche Vollmacht, ausgestellt auf die Notariatsangestellte, zum Erwerb der Eigentumswohnung beurkunden. Der Notar beglaubigte am gleichen Tag unter Verwendung eines Formulars der Bank die Bestellung einer Buchgrundschuld zugunsten der Klägerin. Zwei Wochen später unterzeichnete der Kunde in seiner Privatwohnung einen von der Bank bereits unterzeichneten Darlehensvertrag. Eine Widerrufsbelehrung erhielt der Kunde zu keinem Zeitpunkt. Nach Auffassung des Gerichts konnte der Kunde den Darlehensvertrag widerrufen, weil der Darlehensvertrag selbst nicht beurkundet war, so daß insoweit der Ausschlußtatbestand des § 1 Abs. 1 Nr. 3 HwiG nicht gegeben war.*
Das OLG Stuttgart verneinte Rückforderungsansprüche der Bank gegen den Darlehensnehmer. Sie müsse sich stattdessen darauf verweisen lassen, durch Übernahme und Verwertung der Wohnung vom Veräußerer Befriedigung ihrer Ansprüche zu erlangen.

Zur Rückabwicklung führt es aus: „Das Darlehen und der Erwerb der Eigentumswohnung sind jedoch verbundene Geschäfte. Beide Verträge sind als wirtschaftliche Einheit zu betrachten. Daher ist es gerechtfertigt, die vom BGH zur Rückabwicklung finanzierter Abzahlungsgeschäfte entwickelten Grundsätze anzuwenden....Wirtschaftliche Einheit in diesem
Sinne liegt vor, wenn beide Geschäfte über ein Zweck-Mittel-Verhältnis innerlich derart verbunden sind, daß keines ohne das andere geschlossen worden wäre, sie sich wechselseitig bedingen und sie ihren Sinn jeweils durch das andere Geschäft erhalten. “[496]
Die wirtschaftliche Einheit ergebe sich durch das Anlagekonzept, das von Anfang an eine Fremdfinanzierung des Erwerbs aus steuerlichen Gründen vorsehe. Die Darlehenssumme war zweckgebunden gegeben und wurde unmittelbar an die Verkäuferin überwiesen. Der Kunde hatte zur Klägerin keinerlei Kontakt. Aus seiner Sicht wurde sowohl der Grunderwerb als auch das Darlehen letztlich von dem Vermittler vermittelt. Diese Umstände verbänden beide Rechtsgeschäfte zu einer wirtschaftlichen Einheit.

Das Gericht begründet dies schließlich damit, daß es rechtlich keinen Unterschied machen kann, ob es sich um einen aus Gründen der Steuerersparnis motivierten Erwerb eines Immobilien-Fonds-Anteils oder einer zum selben Zweck erworbenen Eigentumswohnung geht.

**Bewertung**

Mit dieser Entscheidung gibt das Gericht für den Bereich des Haustürgeschäfts den Grundsatz auf, daß Immobilienerwerb und Darlehen nie ein verbundenes Geschäft darstellen.[497]

---

[496] OLG Stuttgart WM 99, 2310, (2315)
[497] In ständiger Rechtsprechung des BGH (BGH WM 79,1054; BGH WM 86,1561) heißt es, daß der Kauf einer Immobilie und deren Finanzierung kein wirtschaftlich einheitliches Geschäft ist, sondern beide Vertragsverhältnisse – auch aus der Sicht des Käufers – rechtlich und wirtschaftlich streng zu trennen sind. Dies gelte erst recht für die Finanzierung einer steuerbegünstigten Immobilienanlage, zumal der getrennte Abschluß der verschiedenen Verträge mit entsprechender Risikoverteilung im Interesse des Anlegers liegt (BGH WM 86,995; BGH WM 92,1355; vgl hierzu auch v. Heymann, in: Reithmann/Meichsner/v.Heymann, Kauf von Bauträger-/Bauherren-/Erwerbermodelle und Immobilienfonds, S. 454; Bruchner WM 99, 825 (826))

Die Entscheidung ist sehr überraschend, die Begründung zur wirtschaftlichen Einheit konträr zu allen vorgehenden Entscheidungen der Rechtsprechung. Dort heißt es immer, es fehle an einer wirtschaftlichen Einheit der Verträge, weil auch der rechtsunkundige Laie beim finanzierten Immobilienkauf genau wisse, daß ihm zwei Geschäftspartner gegenüberstehen.[498] Hier stellt das Gericht auf die Sicht des Kunden ab und kommt zum gegenteiligen Ergebnis. Die verbindenden Umstände waren in vorhergehenden Entscheidungen nie ausreichend. Mit dieser Entscheidung verlagert das Gericht bei Vertragsanbahnung mit den situativen Voraussetzungen des HwiG das Risiko des finanzierten Geschäfts auf die Bank. Anders als bei finanzierten Käufen beweglicher Sachen oder bei Steuersparmodellen ist beim finanzierten Immobilienkauf (gerade wenn dieser in Form eines Erwerber- oder Bauherrenmodell stattfindet) die Gefahr des Wertverlusts der Immobilie viel größer, selbst wenn die Immobilie unmittelbar nach dem Kaufvertrag rückabgewickelt wird. Die weichen Kosten, Vermittlungsgebühren, Beratungskosten etc. sind Gegenleistung für bereits erbrachte unkörperliche Leistungen, die nicht rückabgewickelt werden können. Demzufolge ist beim finanzierten Immobilienkauf mit der Rückabwicklung ein Wertverlust konzeptionell angelegt. Hier wird die Frage also viel bedeutender, wer diesen Wertverlust zu tragen hat.

Die Konsequenzen dieser Entscheidung lassen sich zum jetzigen Zeitpunkt noch nicht absehen. Setzt sich das OLG Stuttgart mit seiner Ansicht zum verbundenen Geschäft durch, dann ergeben sich Wertungswidersprüche zum Einwendungsdurchgriff (außerhalb des Verbraucherkreditgesetzes), der nach ständiger Rechtsprechung bei finanzierten Immobilienkäufen mit der Begründung abgelehnt wird, daß kein wirtschaftlich einheitliches Geschäft vorliegt. Konsequenz müßte sein, daß – mit der Begründung des Vorliegens einer wirtschaftlichen Einheit - der Durchgriff gemäß § 242 BGB Anwendung finden müßte. Mit dieser Entscheidung werden alle drei Kombimodelle einheitlich behandelt. Dies zeigt, daß die Rechtsprechung anerkennt, daß ihnen dieselben Wertungen zugrunde liegen.

### 5. Verhältnis des § 56 I Nr. 6 GewO zum HwiG

Der BGH hat diese Frage bis vor kurzem offengelassen.[499] In seiner Entscheidung 1996[500] führt der BGH aus, daß auf die Anwendung des § 134 BGB verzichtet werden könne . Zwar wird mit dem Inkrafttreten des HwiG der Schutz des Verbrauchers nicht in jeder Hinsicht verbessert.[501]

„Entscheidend ist, daß ein Widerrufsrecht des Kunden als Ausgleich dafür, daß seine Entscheidungsfreiheit bei Vertragsabschluß beeinträchtigt war, angemessener ist als die unabhängig vom Willen des Darlehensnehmers eintretende Rechtsfolge der Nichtigkeit."[502]

---

[498] Anders nur, wenn sich der Kreditgeber in einer über die Kreditgewährung als solche hinausgehenden Weise am finanzierten Geschäft beteiligt und seine Kreditgeberrolle überschreitet; BGH WM 86,1561,1562; BGH WM 92,901

[499] So ausdrücklich BGH NJW 92;425(426); NJW 92,2560 (2561)

[500] BGH NJW 96,926 Der Kundin war an ihrem Arbeitsplatz eine fremdfinanzierte Beteiligung an der BGB-Gesellschaft als Kapitalanlage vermittelt worden, als das HwiG schon galt, das VerbrKrG aber noch nicht. Bestätigt in BGH NJW 96, 3414

[501] Die Nichtigkeit des Vertrages kann ohne zeitliche Beschränkung geltend gemacht werden, während der Widerruf zeitlich beschränkt ist. Andererseits besitzt der Kunde durch die Neuregelung ein Wahlrecht.

[502] BGH NJW 96; 926, 928

**Ergebnis**

Der BGH favorisiert keine Lösung, die eine Multiplizierung des Verbraucherschutzes um jeden Preis beinhaltet. Er räumt ein, daß der Verbraucher nach Erlaß des HwiGs durch die Nichtanwendung des Verbots des § 134 BGB unter Umständen auch schlechter stehen kann als davor.

## 6. Vergleich der Rechtslage vor und nach Erlaß des HwiGs

### a. Kombinationsmodell finanzierte Kauf- (und Mitarbeiter)verträge

Die Rechtslage des Kunden eines an der Haustür vermittelten finanzierten Kauf- und Mitarbeitervertrages hat sich insoweit verschlechtert, als der Kunde hier an die Verträge gebunden bleibt, wenn der Kunde seine Widerrufsfrist versäumt hat. Übt er sein Widerrufsrecht jedoch rechtzeitig aus, dann erfolgt die Rückabwicklung nach den gleichen Wertungsgrundsätzen wie bereits bei der bereicherungsrechtlichen Rückabwicklung bei § 56 GewO. Der Schutzzweck des § 56 GewO bzw. § 1 HwiG führt in beiden Fällen dazu, daß der Kunde beide Verträge rückabwickeln kann und das Risiko des finanzierten Geschäfts auf das Kreditinstitut verlagert wird.

Verbessert worden sind Fallgestaltungen des finanzierten Kaufs beweglicher Sachen, die nicht unter das AbzG fallen (durch Kaufleute, die nicht in Ausübung einer selbständigen Erwerbstätigkeit handeln), weil auch ihnen – wenn der persönliche Anwendungsbereich des HwiG eingreift – nun ein Widerrufsrecht zusteht. Gleichgeblieben sind die Fallgestaltungen finanzierter Abzahlungskäufe, die sich nach wie vor nach dem Abzahlungsgesetz beurteilen, das dem HwiG vorgeht.

### b. Kombinationsmodell finanziertes Steuersparmodell

Mit der Einführung des HwiG wird auch der Personenkreis, den der BGH vorher für typischerweise weniger schutzbedürftig hält, begünstigt. Denn neben denjenigen, die mit dem Kredit ihren privaten Konsum finanzieren wollen, steht auch denjenigen das Widerrufsrecht zu, die mit dem Kredit den Beitritt zu einer Abschreibungsgesellschaft finanzieren wollen. Bei Widerruf sind beide Verträge rückabzuwickeln, selbst wenn bei einem Vertrag das Widerrufsrecht bereits verwirkt war.

Im Falle der Rückabwicklung trägt das Kreditinstitut das Risiko des fehlgeschlagenen finanzierten Geschäfts. Anders als unter Geltung des § 56 GewO werden die Geschäfte als wirtschaftliche Einheit behandelt.

### c. Kombinationsmodell finanziertes Immobilien/Bauherrenmodell

Mit der neuen Entscheidung des OLG Stuttgart[503] wird der Personenkreis der Immobilienkäufer, die der BGH vorher für typischerweise wenig schutzbedürftig hielt, begünstigt. Ihnen steht für an der Haustür geschlossene Verträge ein Widerrufsrecht in Bezug auf den Darlehensvertrag zu. Die Rückabwicklung erfaßt aber beide Verträge. Das Kreditinstitut trägt damit das Risiko des finanzierten Vertrags. Damit hat sich die Rechtslage für die Kunden ver-
bessert. Anders als unter Geltung des § 56 GewO werden die Geschäfte als wirtschaftliche Einheit behandelt.

---

[503] OLG Stuttgart WM 99, 2310

**Ergebnis**

Es besteht die Tendenz, Bündel, die der multifunktionale Vermittler vertreibt, einheitlich zu behandeln. Ursprüngliche Differenzierungen nach den Modelltypen werden eingeebnet.

## IV. Rechtslage nach Inkrafttreten des VerbrKrG

### 1. Verhältnis HwiG /GewO

Zusammen mit der Verabschiedung des VerbrKrG ist § 56 Abs.1 Nr. 6 GewO dahingehend geändert worden, daß nunmehr nur noch die entgeltliche Vermittlung von Darlehensgeschäften im Reisegewerbe verboten ist. [504] Begründet wurde dies damit, daß mit der Einführung eines befristeten Widerrufsrechts nach § 7 VerbrKrG den Interessen des Verbrauchers besser entsprochen werde als mit der schematischen Annahme der Nichtigkeit des Kreditvertrages[505] Dem VerbrKrG liegt eine ganz andere Sicht des Verbraucherbegriffs zugrunde als in der Judikatur des BGH zur Einschränkung des Kreises aufgrund Schutzbedürftigkeit im Einzelfall. Es kommt auf die Schutzbedürftigkeit im Einzelfall gerade nicht an.[506]
Die Aufhebung hat in der Literatur unterschiedliche Resonanz gefunden.[507]

### 2. Kombinationsmodell finanzierter Abzahlungskauf

Das Abzahlungsgesetz ist am 01.01.1991 außer Kraft getreten.[508]
Es bleibt jedoch auf Verträge, die vor dem 01.01.1991 geschlossen sind, - mit Ausnahme der §§ 6a und 6b - weiterhin anwendbar.[509] Finanzierte Kaufverträge werden vom Anwendungsbereich des VerbrKrG erfaßt. Sind beide Verträge an der Haustür vermittelt worden, so gilt der in § 5 Abs. 2 HwiG festgelegte Vorrang des Verbraucherkreditgesetzes vor dem Widerrufsrecht nach dem Haustürwiderrufsgesetz auch für verbundene Geschäfte i.S.d. § 9 VerbrKrG.[510]
Somit kommt kein Widerrufsrecht nach § 1 HwiG, sondern nur nach §§ 7, 9 VerbrKrG in Betracht. Die Widerrufsfrist des § 9 VerbrKrG ist gegenüber der Frist des HwiG nachteilig. Schließt der Verbraucher einen Kaufvertrag in einer von § 1 HwiG erfaßten Situation ab, so steht ihm bei fehlender Widerrufsbelehrung für unbegrenzte Zeit ein Widerrufsrecht zu, wenn er den Preis mit eigenen Mitteln vollständig bezahlt. Wird dagegen zur Finanzierung eine Darlehensverpflichtung eingegangen, reduziert der dann anwendbare § 7 Abs. 2 Satz 3 VerbrKrG den zeitlichen Rahmen für die Widerrufsmöglichkeit. Dies ist als Wertungswiderspruch kritisiert worden.[511]

---

[504] § 56 Abs. 1 Nr.6 lautet: (1) Im Reisegewerbe sind verboten:...6. der Abschluß sowie die Vermittlung von Rückkaufgeschäften(§ 34 Abs.4) und die für den Darlehensnehmer entgeltliche Vermittlung von Darlehensgeschäften.

[505] Bt-Drucks. 11/8274 S. 23

[506] Bülow, VerbrKrG, Anh. I.7 Rn. 2

[507] Kritisiert wurde die Aufhebung von Reifner VuR 91, 91; Gilles, ZRP 89, 299; Schmelz NJW 91, 1219; begrüßt wurde sie von denselben Autoren, die zuvor ihre Aufhebung gefordert hatten vgl. nur Scholz MDR 91,191.

[508] Gemäß Art. 10 Abs. 1 des Gesetzs über Verbraucherkredite, zur Änderung der Zivilprozeßordnung und anderer Gesetze vom 17. Dezember 1990 (BGBl. I S. 2840).

[509] Gemäß Art. 9 Abs. 1 des Gesetzes (BGBl. I, S. 2846)

[510] Schönfelder WM 99, 1495 (1496)

[511] Eckert, EwiR § 5 HwiG 1/99, 129 für den Fall des verbundenen Time-Sharing-Vertrags

Tritt zu der Überrumpelungssituation nach § 1 Abs. 1 HwiG durch den verbundenen Darlehensvertrag ein weiteres Risiko für den Verbraucher hinzu, so führt dies nicht etwa zu einer Erweiterung, sondern zu einer Reduzierung des Verbraucherschutzes. Der Gesetzgeber habe durch die Vorrangregelung in § 5 Abs. 2 HwiG dem jeweils spezielleren Gesetz zum Durchbruch verhelfen, nicht aber den Schutz verringern wollen, den das HwiG bietet.[512]

**a. Rückabwicklung**

Das VerbrKrG hat sich an die Grundsätze nach der alten Rechtslage unter dem AbzG angelehnt.[513] Die Rückabwicklung erfolgt im Wege der Durchgriffskondiktion unmittelbar zwischen der kreditgebenden Bank und dem Partner des finanzierten Geschäfts. [514] Gemäß § 9 II 4 VerbrKrG tritt nach Auszahlung der Valuta an den Verkäufer der Kreditgeber „... im Verhältnis zum Verbraucher hinsichtlich der Rechtsfolgen des Widerrufs (§ 7 Abs. 4) in die Rechte und Pflichten des Verkäufers aus dem Kaufvertrag ein."[515] Kredit- wie auch Kaufvertrag sind allein zwischen Kunde und Bank gemäß § 7 IV i.Vm. § 3 HwiG abzuwickeln.[516]

Danach schuldet der Kunde dem Kreditinstitut die Rückzahlung der Darlehensvaluta, die, auch wenn eine Direktauszahlung an den Verkäufer erfolgte, als Leistung an den Kunden behandelt wird.[517] Die Bank hat dem Kunden den Kaufpreis zurückzugewähren, wobei gemäß § 9 II 4 VerbrKrG eine Saldierung[518] des kreditierten Betrags erfolgt.

Der Kunde besitzt einen Anspruch auf die gezahlten Zinsen und Raten und kann Ersatz für Aufwendungen auf die Immobilie gem.§ 3 IV HwiG verlangen. Die Bank kann aufgrund der 'Verkäuferposition' vom Kunden Übertragung des Objekts verlangen nebst Vergütung für die Überlassung (§ 3 III HwiG).[519]

Nicht geklärt ist, ob und inwieweit die Parteien zur Zahlung einer Überlassungsvergütung für die Valuta verpflichtet sind.[520] Der BGH hat dies noch nicht entschieden, macht in einem obiter dictum deutlich, daß er sich der herrschenden Literaturmeinung anschließen würde.[521]

---

[512] Eckert BGH EwiR § 5 HwiG 1/99, 130 mit Verweis auf BT-Drucksache 10/2876, S. 14

[513] Franz, Der Einwendungsdurchgriff, S. 238

[514] Vgl. die ausführlichen Darstellung der Rückabwicklung und den Stand der Diskussion in Lebek Rückabwicklung und Regreß bei verbundenen Geschäften, S. 28-68; Franz, Der Einwendungsdurchgriff, S. 238-242; ebenso Dauner-Lieb, WM Sonderbeilage Nr. 6/91 S. 18ff, insb. S. 21; Emmerich in Hadding/Hopt S. 74ff.; Mü/Ko-Habersack § 9 VerbrKrG Rn. 67; Martis, Verbraucherschutz, S. 106.

[515] § 9 II 4 wird wie folgt begründet: „Da der Kreditgeber im Verhältnis zum Verbraucher grundsätzlich die Folgen von Leistungsstörungen grundsätzlich trägt, erscheint es angemessen, ihm und nicht dem Verkäufer in dem Abwicklungsverhältnis die beherrschende Rolle zu übertragen." BT-Drucksache 11/5462, S. 24.

[516] Die Mindermeinung sieht in § 9 Abs. 2 Satz 1 VerbrKrG einen gesetzlichen Schuldbeitritt des Kreditgebers zu den Pflichten des Verkäufers vgl. zum Streitstand BGH WM 95,1988 (1990).

[517] Coester, Jura 1992, 617 (621)

[518] Lebek, a.a.O., S. 28; Mü/Ko-Habersack, § 9 Rn. 65; derselbe ZHR 156(1992) S. 45ff.; Dauner-Lieb, WM-Sonderbeilage 6/91, S. 20; Seibert, Handbuch zum VerbrKrG, § 9 Rn. 7.

[519] Zur Bemessung der Höhe vgl. Dauner-Lieb WM-Sonderbeilage 6/91, S. 20 ; bei Untergang oder anderweitiger Unmöglichkeit der Herausgabe der Kaufsache ist der Kunde bei Verschulden aus §§ 9 II 4, 7 IV VerbrKrG, 3 I 3 HwiG verpflichtet, dem Kreditgeber den Wert bzw. die Wertminderung zu ersetzen; bei fehlender oder fehlerhafter Belehrung haftet er nur für eigenübliche Sorgfalt, § 3 II HwiG Martis, Verbraucherschutz, S. 104; Erman-Klingsporn/Rebmann § 9 Rn. 15 und § 7 VerbrKrG Rn. 69ff.

[520] Vgl. zum Streitstand Lebek, Rückabwicklung und Regreß bei verbundenen Geschäften S. 29ff.

[521] BGH NJW 96, 2100(2102)

### 3. Kombinationsmodell finanzierte Steuersparmodell

Für eine Einschränkung aus steuerlichen Motiven der §§ 7,9 VerbrKrG [522] läßt auch das VerbrKrG keinen Raum.
Die Rückabwicklung erfolgt entsprechend der Rückabwicklung beim Kauf fremdfinanzierter, beweglicher Sachen.

### 4. Vergleich der Rechtslage vor Erlaß des Verbraucherkreditgesetzes

Der Schutz bei finanzierten Abzahlungskäufen und bei Steuersparmodellen ist gleich geblieben. Die Ausübung des Widerrufsrecht ist jetzt durch § 7 Abs. 2 VerbrKrG zeitlich beschränkt. Die Rückabwicklung bei verbundenen Geschäften ist gleichgeblieben.

### 5. Kombinationsmodell finanzierter Immobilien(Erwerber)kauf

Die Entstehungsgeschichte wird im folgenden detailliert dargestellt, weil bei dem unten darzustellenden Streit, ob dem Immobilienkäufer ein Widerrufsrecht zusteht, auf die Entstehungsgeschichte zurückgegriffen wird.

#### a. Entstehungsgeschichte

Die EG-Verbraucherkredit-Richtlinie vom 22.12.1986[523] nimmt Verträge über den Bau, den Verkauf und die Miete von Immobilien sowie Verträge über andere Rechte an Immobilien vom Anwendungsbereich der Richtlinie aus.[524]
Soweit durch Grundpfandrechte gesicherte Kredite nicht schon nach Art. 2 Abs. 1 lit. A Verbracuherkredit-Richtlinie vom Anwendungsbereich des Richtlinie ausgeschlossen sind, erklärt Abs. 3 die Bestimmungen der Art. 4 und Art. 6 bis 12 Verbraucherkredit-Richtlinie im Hinblick auf diese für unanwendbar.
In Anlehnung an die Richtlinie nahm auch der von der Bundesregierung eingebrachte erste Entwurf eines Gesetzes über Verbraucherkredite Realkredite von der Anwendung des Gesetzes völlig aus. Begründet wurde dies damit, „...daß die meisten Vorschriften des Entwurfs auf grundpfandrechtlich gesicherte Darlehen nicht paßten, sofern diese zu den üblichen Bedingungen gewährt werden. Das Widerrufsrecht würde die taggenaue Refinanzierung vieler Realkredite, die eine Grundlage für deren günstige Verzinsung darstellt, erheblich gefährden. Die vorgesehene Verzugszinsregelung (§ 10 Abs. 1 )[525] wäre in vielen Fällen des Realkredits zu günstig. Die Voraussetzungen der Gesamtfälligstellung sind auf die meist langen Laufzeiten der Realkredite mit ihrer niedrigen Anfangstilgung nicht zugeschnitten. Die Sicherstellung durch einzutragende Pfandrechte wirkt zusätzlich warnend, so daß jeder Nachfragende zu besonderer Umsicht gemahnt ist. Zudem handelt es sich bei solchen Darlehen auch nicht um typische Konsumentenkredite...“[526]

---

[522] Dauner-Lieb, WM-Sonderbeilage 6/1991,S. 17; Seibert Hdb. zum VerbrKrG,§ 1 Rn.3; Ott, in : Bruchner/Ott/Wagner-Wieduwilt, VerbrKrG, § 9 Rn. 185-188; Emmerich, in: Graf v. Westphalen/Emmerich/Kessler, § 9 VerbrKrG Rn. 47,48 für das VerbrKrG.
[523] Richtlinie des Rates (87/192/EWG), Abl. Nr. L 42/48 vom 12.2. 1987
[524] Art. 2 Abs. 1 Buchstabe a bestimmte: Diese Richtlinie findet keine Anwendung:
a) auf Kreditverträge oder Kreditversprechen, die
- hauptsächlich zum Erwerb oder zur Beibehaltung von Eigentumsrechten an einem Grundstück oder einem vorhandenen oder noch zu errichtenden Gebäude,
- zur Renovierung oder Verbesserung eines Gebäudes bestimmt sind;

[525] jetzt § 11 Abs.1
[526] Gesetzentwurf der Bundesregierung vom 25.10.89 BT-Drs. 11/5462, S.18

**b. Auffassung des Bundesrates**

Der Bundesrat beschloß in seiner 604.Sitzung am 22.September 1989, gemäß Art. 76 Abs.2 GG zu dem Entwurf Stellung zu nehmen. Der umfassende Ausschluß von Realkrediten vom Anwendungsbereich des Entwurfs erscheint nicht gerechtfertigt. Angesichts des Umfangs, der regelmäßig weit über den Rahmen des eigentlichen Konsumentenkredits hinausgeht, sollen Realkredite nur hinsichtlich der für sie nicht passenden Vorschriften über den Widerruf, den Einwendungsdurchgriff, die Verzugszinsen sowie die Gesamtfälligstellung vom Geltungsbereich ausgeschlossen sein. Die Information des Verbrauchers beispielsweise über die Zinsbelastung ist nach dem Schutzgedanken des Gesetzes gerade hier besonders wichtig. Eine unzumutbare Belastung der Kreditgeber ist hiermit nicht verbunden.[527]

Die Gegenäußerung der Bundesregierung lautete schlicht: dem Vorschlag wird zugestimmt.[528]

Der Entwurf wurde am 6. Dezember 1989 in erster Lesung beraten und an den Rechtsausschuß federführend und den Ausschuß für Wirtschaft mitberatend überwiesen.

**c. Rechtsausschuß**

Der Rechtsausschuß beschloß am 25.10.1990, die geringfügig modifizierte Annahme des Gesetzesentwurfs zu empfehlen.[529] In seinem Bericht betonte er, daß ihm die im Regierungsentwurf vorgeschlagene völlige Herausnahme der Realkredite nicht interessengerecht erscheine. Er wiederholte, daß die Information des Verbrauchers beispielsweise über die Zinsbelastung nach dem Schutzgedanken des Gesetzes gerade hier besonders wichtig sei. Er betonte, daß die für Realkredite nicht passenden Vorschriften über den Widerruf etc. nicht angewendet werden sollten.[530]

**d. Weitere europarechtliche Vorstöße**

Die EU-Kommission plant, Grundstücks- und Baudarlehen entweder in die Verbraucherkreditrichtlinie einzubeziehen oder in einer eigenen Richtlinie für Hypothekarkredite zu regeln.[531] Bislang ist dies jedoch noch nicht erfolgt. Dies zeigt, daß ihre Ausklammerung allgemein als nicht interessengerecht angesehen wird.

**e. Regelung nach dem VerbrKrG**

§ 3 Abs. 2 Nr. 2 VerbrKrG bestimmt, daß § 7 des VerbrKrG auf Kredite, die von der Sicherung durch ein Grundpfandrecht abhängig gemacht und zu für grundpfandrechtlich abgesicherte Kredite und deren Zwischenfinanzierung üblichen Bedingungen gewährt werden, keine Anwendung findet.

---

[527] Stellungnahme des Bundesrates, BT-Drucksache11/5462 S. 35

[528] Gegenäußerung der Bundesregierung zur Stellungnahme des Bundesrates BT-Drucksache 11/5462 S.41

[529] Der Wirtschaftsausschuß hatte bereits in seiner 80.Sitzung am 6.Septemer 1990 mit den Stimmen der Fraktionen der CDU/CSU und SPD gegen die Stimme der FDP bei Enthaltung der Mitglieder der Fraktion DIE GRÜNEN/Bündnis 90 zugestimmt. Er schlug nur eine Modifikation betreffend kleinerer Unternehmen in der Phase der Existenzgründung vor. Im Rechtsausschuß stimmten die Fraktionen der CDU/CSU, FDP und SPD gegen die Fraktion DIE GRÜNEN/Bündnis 90 für den Entwurf. Bericht der Abgeordneten Hörster und Dr. Pick, Drs. 11/8274 S. 19

[530] Lediglich die Fraktion DIE GRÜNEN/Bündnis 90 schlugen vor, die Ausnahmevorschriften des § 2 VerbrKrGE der Bundesregierung (jetzt § 3 VerbrKrG) vollständig zu streichen. Die große Mehrheit des Ausschusses lehnte den Vorschlag ab. Bericht der Abgeordneten Hörster und Dr. Pick, BT-Drucksache 11/8274 S. 21

[531] Bericht über die Richtlinie 87/102 in der Fassung vom 27.01.1995, abgedruckt in ZIP 1995 A 39

**aa. Übliche Bedingungen**

Die Befreiung vom VerbrKrG soll nur dann eintreten, wenn das Darlehen zu Bedingungen vergeben wird, die für grundpfandrechtlich abgesicherte Kredite üblich sind.[532]

Nach Grimm[533] soll das VerbrKrG bei für den Verbraucher besonders ungünstigen Bedingungen in seiner Gesamtheit anwendbar bleiben. Dabei sollen Zinshöhe und Gesamtbelastung nicht allein entscheidend sein. Abzustellen sei vielmehr auf das gesamte Erscheinungsbild des Kredits[534], der in seinen konkreten Bedingungen den marktüblichen Konditionen entsprechen müsse.[535]

Nach Bülow kann der Marktzins für Realkredite den Monatsberichten der Bundesbank entnommen werden. Im Falle von höheren Zinsen soll das VerbrKrG uneingeschränkt Anwendung finden.[536] Die Zinshöhe liegt deutlich unter derjenigen von Personalkrediten. Nach Scholz[537] ist ein wichtiges Indiz neben den Zinskonditionen die Beleihungsgrenze von 60 % bei Realkreditinstituten und 80% des Beleihungswertes bei Bausparkassen, jenseits derer oftmals höhere Zinsen verlangt werden.

**Ergebnis**

Somit bleibt festzuhalten, daß bei überhöhten Zinsen das VerbrKrG anwendbar bleibt. Im Regelfall wird das Darlehen aber zu günstigen Bedingungen erteilt.

**bb. Gesetzliche Änderungen des HwiG mit dem Inkraftreten des VerbrKrG**

Gleichzeitig mit dem Erlaß des VerbrKrG wurde das HwiG redaktionell geändert. Die Worte 'Gesetz betreffend die Abzahlungsgeschäfte' wurde durch das Wort 'Verbraucherkredit-gesetz' ausgetauscht. § 5 II HausTWG lautet nun: „Erfüllt ein Geschäft im Sinne des § 1 Abs. 1 zugleich die Voraussetzungen eines Geschäfts nach dem VerbrKrG,...., so sind nur die Vorschriften dieser Gesetze anzuwenden."

In der Begründung des Entwurfes heißt es nur, daß es sich um eine notwendige Änderung des HwiG handelt. Der Bundesrat nahm hierzu keine Stellung.

Dies legt die Vermutung nahe, daß der Gesetzgeber die Unterschiede zwischen AbzG und VerbrKrG (hier eine partielle Anwendung ohne Widerrufsrecht, dort ein generelles Widerrufsrecht), nicht bedacht hat, sondern sie gleichgesetzt hat.[538]

**f. Prüfung der Anwendbarkeit des HwiG trotz Bestehen des VerbrKrG**

Findet das VerbrKrG nur eingeschränkt Anwendung, so erhebt sich die Frage, ob § 1 I Nr. 1 HwiG Anwendung finden könnte auf die Fälle, in denen der Vermittler in der Privatwohnung des Kunden mündlich verhandelt.

---

[532] Bülow, VerbrKrG, § 3 Rn. 88

[533] Grimm, Das neue Verbraucherkreditgesetz, S. 202

[534] Ebenso Emmerich/Münstermann/Wagner-Wieduwilt, S. 33; v.Heymann, WM 91,1285(1287)

[535] Ebenso Emmerich/Münstermann/Wagner-Wieduwilt, VerbrKrG,S. 33; v.Westphalen /Emmerich/ Kessler, VerbrKrG; § 3 Rn., 135; Münstermann/Hannes, § 3 VerbrKrG, Rn. 169

[536] Bülow, a.a.O., § 3 Rn. 89

[537] Scholz, Verbraucherkreditverträge, Rn. 147

[538] Ebenso Münstermann/Hannes, der allerdings daraus den Schluß zieht, daß der Gesetzgeber für diese Kredite kein Widerrufsrecht vorsieht, a.a.aO. Art. 3 Änderung des Gesetzes über den Widerruf von Haustürgeschäften und ähnlichen Geschäften Rn. 887

Im Schrifttum ist die Frage, ob und in welchem Umfang § 5 II HausTWG dann nicht eingreift, wenn von Gesetzes wegen das Verbraucherkreditgesetz überhaupt keine (§ 3 Abs. 1 VerbrKrG) Anwendung findet oder wenn die persönlichen Anwendungsvoraussetzungen des § 1 I VerbrKrG nicht erfüllt sind, umstritten.[539] Derselbe Streit entbrennt weiterhin bei der Frage, welche Rechtsfolge es mit sich bringt, wenn es an einer ordnungsgemäßen Belehrung fehlt, die Frist des § 7 VerbrKrG bereits abgelaufen ist, während ein Widerruf nach dem HwiG noch möglich wäre.[540]
Auch bei Realkreditverträgen ist die Anwendbarkeit des HwiGs umstritten. § 2 Abs. 1 Satz 4 2. HS HwiG räumt dem Verbraucher ein Widerrufsrecht hinsichtlich des Darlehensvertrages ein. In der Praxis ist dem Verbraucher regelmäßig keine Widerrufsbelehrung nach § 3 HwiG erteilt worden. Nach § 2 Abs. 1 Satz 4 2.HS erlischt das Widerrufsrecht erst einen Monat nach beiderseitiger vollständiger Erbringung der Leistung. Bei einem Realkredit, der über Jahrzehnte hinweg getilgt wird, bedeutet dies, daß der Darlehensvertrag jederzeit widerrufen werden kann und zurückabgewickelt werden muß.
Besondere Brisanz bekommt der Streit dadurch, daß höchstrichterlich nicht geklärt ist, ob die Unwirksamkeit des Darlehensvertrags auch den gleichzeitig abgeschlossenen Immobilienkauf mit erfaßt und ob das Kreditinstitut auch das Risiko der Fehlinvestition trägt.[541]

**aa. Die Auffassung der Rechtsprechung**

Nach überwiegender Ansicht steht den Realkreditnehmern überhaupt kein Widerrufsrecht zu.[542] Mit § 5 Abs. 2 HwiG bringe der Gesetzgeber zum Ausdruck, daß er die Rechte des Verbrauchers unabhängig von der Haustürsituation durch die speziellen Gesetze ausreichend gewahrt ansieht und die daneben bestehende Haustürsituation keinen Anlaß gibt, zusätzliche Schutzmechanismen einzuführen.[543]
Durch die Anwendung des HwiG würde die differenzierte Regelung des Gesetzgebers unterlaufen. Die taggenaue Refinanzierung vieler Realkredite, welche die Grundlage für deren günstigeren Zinssatz darstellt und damit letztlich im Interesse des Verbrauchers liegt, würde erheblich erschwert.[544] Überdies setze bei Realkreditverträgen ein effektiver Verbraucher-

---

[539] Die h.M. will hier mittels einer teleologischen Reduktion des § 5 II HwiG das HwiG anwenden; OLG Stuttgart WM 99,1419 in einem obiter dictum; ebenso Bülow, VerbrKrG, Art. 3 Änderung des Gesetzes über den Widerruf von Haustürgeschäften und ähnlichen Geschäften, Rn. 2; Münstermann/Hannes, VerbrKrG § 3 Rn. 145; Ulmer/Habersack, vor § 1 Rn. 41; Martis, Verbraucherschutz, S. 177; Mü/Ko- Ulmer, a.a.O.§ 3 d Rn. 4; Gaiser WuB IV D. § 1.99

[540] Nach § 7 Abs. 2 Satz 3 VerbrKrG erlischt das Widerrufsrecht nach dem VerbrKrG bei nicht ordnungsgemäßer Belehrung bereits mit der vollständigen Erbringung der Leistung, spätestens aber nach einem Jahr. Nach § 2 Abs. 1 Satz 4 HwiG erlöscht das Widerrufsrecht hingegen erst einen Monat nach beiderseits vollständiger Erbringung der Leistung. Gerade bei einem längerfristig angelegten Vertrag stellt das VerbrKrG daher den Kunden viel schlechter. Zu diesem Streitstand Anm. Gaiser, WuB IV D. § 1 HwiG 1.99 zu BGH WM 98, 2463

[541] Hier wird auf die Entscheidung des OLG Stuttgart WM 99, 2310 hingewiesen, die das Rückabwicklungsrisiko auch hinsichtlich der Immobilienanlage der Bank aufbürdete.

[542] OLG Stuttgart VuR 99,126 für den Fall einer fremdfinanzierten Eigentumswohnung, bei der der Kunde sogar über das Widerrufsrecht des § 7 VerbrKrG informiert worden war, dessen Widerruf aber verfristet war; jetzt auch OLG Köln WM 2000,2139 (2145); LG Berlin WM 99,76; OLG München WM 99,728; LG München WM 98,1723, das sich mit der Problematik nicht auseinandersetzt.

[543] OLG Stuttgart VuR 99, 126

[544] OLG München WM 99, 1418 (1419)

schutz das Widerrufsrecht nicht voraus.[545] Wegen des Erfordernisses der notariellen Bestellung des Grundpfandrechtes sei ein hinreichender Übereilungsschutz ohnehin gewährleistet.[546]
Auch die Richtlinie des Rates der Europäischen Gemeinschaften vom 20.12.1985 sowie die Verbraucherkreditrichtlinie zwängen nicht zu einer Korrektur des gewonnenen Ergebnisses, da diese Geschäfte auch nach europäischem Recht von dem Schutzbereich der Richtlinie ausgenommen seien.[547]

**bb. Ansicht der Literatur - Ablehnung der Anwendbarkeit des HausTWG für Realkredite, die unter das VerbrKrG fallen**

Nach einer Ansicht gilt wegen § 5 II HwiG ausschließlich das VerbrKrG. Danach ist für Realkredite ein Widerrufsrecht nach § 7 VerbrKrG nicht gegeben. Wegen des Vorrangs des VerbrKrG lebe auch das Widerrufsrecht nach dem HwiG nicht wieder auf.[548]
Infolge der wesentlich günstigeren Zinssituation im Rahmen von Realkrediten in Relation zu den im Anwendungsbereich des § 1 HwiG sonst üblichen Personalkrediten sowie den Formvorschriften könne die Situation des einen Realkredit abschließenden Darlehensnehmers mit den in § 1 HwiG typisierten Situationen nicht gleichgestellt werden.[549] Die geringere Schutzbedürftigkeit komme in der gesetzgeberischen Wertung sowohl in § 1 Abs. 2 Nr. 3 HwiG, als auch in § 3 Abs. 2 Nr. 2 VerbrKrG deutlich zum Ausdruck.[550]
Hierfür spricht, daß die Gründe, die gem. § 3 II Nr. 2 zur unterschiedslosen Nichtanwendung des § 7 bei Realkrediten geführt haben, auch für Realkredite 'im Reisegewerbe' zutreffend sind.
Die partiellen Ausnahmen des § 3 II VerbrKrG griffen – anders als die Bereichsausnahmen des § 3 I VerbrKrG - ohne Rücksicht auf die zum Vertragsabschluß führende Verhandlungssituation ein.[551]
Weiterhin wird argumentiert, daß es der erklärte Wille des Gesetzgebers gewesen sei, für grundpfandrechtlich gesicherte Kredite das Widerrufsrecht auszuschließen. Daher erscheine es auch nicht angängig, dieses wieder auf dem Umweg über § 5 II HwiG einzuführen.[552] § 5 II HwiG entfalte bei den Bereichsausnahmen eine Sperrwirkung.

**Wortlaut**

§ 5 Abs.2 HwiG verweist auf die vorrangige Geltung des VerbrKrG für solche Geschäfte, die 'zugleich die Voraussetzungen eines Geschäftes nach dem VerbrKrG' erfüllen. § 3 Abs. 2 Nr. 2 VerbrKrG legt nur fest, daß bestimmte Vorschriften des VerbrKrG keine Anwendung finden. Daraus ergebe sich im Umkehrschluß, daß Realkreditverträge an sich die Vor-

---

[545] OLG München WM 99, 728
[546] OLG München WM 99, 1418 (1419)
[547] OLG Stuttgart Urteil vom 25.08 6 U 52/98 ; OLG Stuttgart WM 99,1419
[548] Bülow, Art. 3 HwiG Rn.2 , VerbrKRG , Anhang 1.2 Rn. 2; Palandt/Putzo, § 5 HwiG Rn. 5
[549] Schönfelder WuB IV D. § 1 HwiG 3.99 S. 866
[550] Schönfelder WuB IV D. § 1 HwiG 3.99 S. 866
[551] Mü/Ko-Ulmer § 5 HwiG Rn 15 a.E.; Martis, Verbraucherschutz, S. 178
[552] Münstermann/Hannes, VerbrKrG, § 3 Rn. 887; Staudinger/Kessal-Wulf, Einleitung 1 zum VerbrKrG Rn.41; ebenso Bruchner/Ott/Wagner-Wieduwilt, VerbrKrG, § 3 Rn. 103; Drescher, Verbraucherkreditgesetz und Bankenpraxis, Rn. 212; Gößmann, in: Hellner/Steuer, Bankrecht und Bankpraxis, Teil 1, 6.97, Rn. 3 745;Mü/Ko-Ulmer, § 5 HwiG Rn. 15; v. Westfalen/Emmerich/v.Rottenburg, VerbrKrG, § 2 Rn. 6; Soergel/Wolf, BGB, 12.Aufl., § 5 HwiG Rn. 6; Schönfelder WM 99,1495 (1496)

aussetzungen eines Geschäfts nach dem VerbrKrG erfüllen.[553] Die Verwendung des terminologisch weiten Begriffs der 'Geschäfte' zeige, daß letztlich alle Geschäfte erfaßt sein sollen, die – in welchem Zusammenhang auch immer - unter das VerbrKrG fallen.
Rechtstechnisch wird in § 5 Abs. 2 HwiG keine Gesetzeskonkurrenzregel, sondern einen Fall der Anwendungskonkurrenz gesehen.[554]

**Teleologische Auslegung des § 3 Abs. 2 Nr. 2**
Die Ausnahmeregelung des § 3 Abs. 2 Nr. 2 VerbrKrG verfolge den bestimmten Zweck, daß es im Interesse der Rechtssicherheit bei den über viele Jahre laufenden Realkredites nicht hingegenommen werden könne, wenn insofern nach längerem Zeitablauf eine Widerrufsmöglichkeit eröffnet werden würde.[555] Während die Widerrufsmöglichkeit gemäß § 7 Abs. 2 Satz 3 VerbrKrG auf den Zeitraum von maximal einem Jahr nach Abgabe der auf den Abschluß des Kreditvertrages gerichteten Willenserklärung des Verbrauchers beschränkt sei, sieht das Widerrufsrecht des HwiG keine solche Beschränkung vor, so daß – folgt man der Gegenmeinung- bei Realkreditverträgen im Ergebnis ein weitreichenderes Widerrufsrecht eingeräumt wird, als dies im 'normalen' Anwendungsbereich des VerbrKrG der Fall wäre.[556]
Die Wertung des Gesetzgebers – geringeres Schutzbedürftnis des Verbrauchers bei Realkrediten – müsse für den Bereich der Realkreditverträge als abschließend betrachtet werden.[557]

Weiter wird mit der Absicht des Gesetzgebers argumentiert[558], der für grundpfandrechtlich abgesicherte Darlehen gerade kein Widerrufsrecht gewollt habe. Mit Rücksicht auf die oft taggenaue Refinanzierung der Kreditinstitute und den im Erfordernis der notariellen Bestellung des Grundpfandrechts liegenden Übereilungsschutz entsprach es dem Willen des Gesetzgebers, das in § 7 VerbrKrG geregelte Widerrufsrecht bei grundpfandrechtlich gesicherten Darlehen nicht vorzusehen. Hertel[559] sieht hierfür als weiteres Indiz den ursprünglichen Regierungsentwurf, der Immobiliarkredite vom Schutzbereich des Gesetzes ganz ausnehmen wollte.
Als weiteres Indiz sieht Hertel[560]an, daß die EG-Richtlinie Nr. 87/102 es dem nationalen Gesetzgeber anheim gestellt hatte, Kreditverträge zum Erwerb von Eigentumsrechten an einem Grundstück entgegen der Richtlinie dem VerbrKrG zu unterstellen. Daß der deutsche Gesetzgeber dies nur beschränkt getan habe, rechtfertige die Annahme des Umkehrschlusses, daß ein weitergehendes Recht nicht gewollt war. Auch die richtlinienkonforme Auslegung führe daher zu keinem anderen Ergebnis.[561]

---

553 Schönfelder WM 99, 1495 (1496)
554 Schönfelder WM 99, 1495 (1498)
555 Schönfelder WM 99, 1495 (1496)
556 Schönfelder WM 99, 1495 (1497)
557 Schönfelder WM 99, 1495 (1498)
558 Hertel, Anmerkung zum Urteil des LG München vom 26.05.1998 WM 98,1723, WuB IV D. § 1 HwiG 4.98 S. 1047(1049)
559 Hertel, a.a.O. S. 1049
560 Hertel, a.a.O. S. 1048
561 Ebenso Schönfelder WuB IV D. § 1 HwiG 3.99 S. 867 mit Verweis auf OLG Stuttgart WM 99, 74, 76

Auch die Auslegung der EG-Richtlinie[562] vom 20.12.1985 ergebe nichts anderes. Denn diese Richtlinie gelte nach Art. 3 Abs. 2 lit. a ausdrücklich nicht für Verträge, die den Verkauf oder andere Rechte von Immobilien betreffen.[563]

Schließlich argumentiert Hertel[564] mit dem Schutzzweck des HwiG. Das HwiG wolle der Gefahr einer Überforderung, Überrumpelung oder anderweitigen unsachgemäßen Beeinflussung des Kunden in seiner rechtsgeschäftlichen Entscheidungsfreiheit vorbeugen. Das grundpfandrechtlich gesicherte Darlehen komme regelmäßig erst dann zur Auszahlung, wenn das Grundpfandrecht für den Darlehensgeber im Grundbuch eingetragen ist. Da diese Eintragung eine notariell beglaubigte Bewilligungserklärung des Grundeigentümers voraussetzt (§§ 19,29 GBO) bestehe die Gefahr einer Überrumpelung bei Realkrediten nicht.[565] Vor diesem Hintergrund ließen sich die Motive des Gesetzgebers zum VerbrKrG gleichermaßen auf das HwiG übertragen. Daß einem Bankkunden für ein zugesagtes, aber noch nicht abgenommenes Darlehen Bereitstellungszinsen in Rechnung gestellt werden können, rechtfertige dabei keine andere Betrachtungsweise.
Auch ergibt sich ein geringeres Schutzbedürfnis des Kreditnehmers daraus, daß ihm wesentlich günstigere Zinsbedingungen eingeräumt werden, als dies beim typischen Konsumentenkredit als Personalkredit der Fall ist. Soweit der Verbraucher also von den günstigen Zinsbedingungen bei Realkrediten tatsächlich profitieren kann, besteht nach der gesetzgeberischen Wertung keine Veranlassung für die Einräumung eines rechtsgrundunabhängigen Widerrufsrechts.
Schönfelder[566] argumentiert, daß der Gesetzgeber es nicht unterlassen habe, das Konkurrenzverhältnis bei Realkrediten detailliert zu lösen und daß daher keine unbeabsichtigte 'Lücke' vorliegen würde. Im Gesetzgebungsverfahren sei die Möglichkeit rechtsgrundunabhängiger Widerrufsrechte bei den Realkrediten bewußt vermieden worden und ausdrücklich berücksichtigt worden, welche Bestimmungen des VerbrKrG auch hinsichtlich der Realkredite Sinn machten.
Schließlich wird noch auf die später eingefügte Vorschrift des § 5 Abs. 3 HwiG hingewiesen, die ausdrücklich bestimmt, daß, wenn die Voraussetzungen eines Geschäftes nach dem HwiG vorliegen, in bezug auf das Widerrufsrecht nur die Vorschriften des HwiG anzuwenden sind. Im Umkehrschluß ergebe sich hieraus, daß bei Geschäften i.S.d. VerbrKrG sich der Anwendungsvorrang auf alle Regelungen des HwiG erstreckt.[567]

**cc. Gegenansicht - Teleologische Reduktion des § 5 II HwiGs**

Nach der anderen Ansicht[568] soll für Konstellationen, in denen zum einen die Voraussetzungen eines Haustürgeschäftes erfüllt wären und gleichzeitig die Teilausnahmeregelung des § 3 Abs. 2 Nr. 2 VerbrKrG gilt, das Widerrufsrecht nach dem HwiG weiterhin Anwendung finden. § 5 II HwiG sei dahingehend zu reduzieren, daß dem VerbrKrG nur insoweit

---

[562] Richtlinie des Rates der Europäischen Gemeinschaften vom 20.12.1985 betreffend den Verbraucherschutz im Falle von außerhalb von Geschäftsräumen geschlossenen Verträgen, 87/577/EWG, Abl. EG Nr. L 372/31 vom 31.12.1985
[563] So Schönfelder WM 99, 1498
[564] Hertel, a.a.O. S. 1049
[565] Ähnlich auch Schönfelder WM 99,1495(1497)
[566] Schönfelder WuB IV D. § 1 HwiG 4.99 S. 1171
[567] Schönfelder WM 99,1495(1498)
[568] Erman/Klingsporn, § 5 HwiG Rn. 5; Fischer/Machunsky, HwiG, § 5 Rn. 85; Spickhoff/Petershagen, BB 1999, 165(170); Stüsser NJW 99, 1589; Staudinger/Werner, § 5 HwiG Rn. 27.

der Vorrang eingeräumt wird, als auch eine Widerrufsbelehrung nach dem VerbrKrG zu erteilen ist.

**Wortlaut**

Hierfür wird zum einen der Wortlaut des § 5 Abs. 2 HwiG angeführt: „ *Erfüllt ein Geschäft im Sinne des § 1 Abs.1 zugleich die Voraussetzungen eines Geschäftes nach dem Verbraucherkreditgesetz,... so sind nicht die Vorschriften dieser Gesetze anzuwenden.* "
Stillner[569] argumentiert, daß ein Geschäft 'nach dem VerbrKrG' ein solches ist, auf das eigentlich sowohl das Verbraucherkreditgesetz, oder doch zumindest der wichtigste Teil davon, als auch die entsprechende Norm des Haustürwiderrufsgesetzes anzuwenden sei.
Die zentrale Schutzvorschrift des Verbraucherkreditgesetzes, nämlich § 7 über das Widerrufsrecht des Kunden, finde in den Fällen des § 3 Abs. 2 VerbrKrG von vornherein keine Anwendung, so daß es in diesen Fällen nie eine Kollision zwischen Verbraucherkreditgesetz und Haustürwiderrufsgesetz gebe.
§ 3 Abs.2 Nr. 2 VerbrKrG stelle eine (Teil)ausnahme dar und falle teilweise aus dem Anwendungsbereich des VerbrKrG heraus.[570] Derartige Kredite sind daher nur eingeschränkt dem Anwendungsbereich des VerbrKrG unterworfen.

Der Gesetzgeber wollte dem Richter die filigrane Suche nach der günstigsten Norm ersparen und habe sich von daher für den Vorrang des Verbraucherkreditgesetzes entschieden. Wenn aber von vornherein feststehe, daß das Widerrufsrecht des VerbrKrG auf einen bestimmten Vertrag nicht anwendbar ist, dann sei kein vernünftiger Grund ersichtlich, die situative Gefahr des Haustürgeschäfts unter den Tisch fallen zu lassen.

**Teleologische Auslegung**

Sinn und Zweck des § 5 II HwiG sei es, zwei nebeneinander beizuziehende Widerrufsbelehrungen zu vermeiden. Die Funktion des § 5 II HwiG bestand darin, Klarheit darüber zu schaffen, welche Widerrufsregelung Anwendung findet. Dieser Klarheit bedurfte es insbesondere wegen der unterschiedlichen gesetzlichen Anforderungen an die Widerrufsbelehrung (vgl. § 2 I 3 HwiG und § 7 II 2 VerbrKrG mitVerweis auf § 7 III VerbrKrG).[571] Nach dem damaligen AbzG war entweder eine Belehrungspflicht nach dem HwiG oder nach dem AbzG gegeben. Das AbzG galt nur für den Verkauf beweglicher Sachen. Bei an der Haustür abgeschlossenen Finanzierungen von Immobilien schied es regelmäßig aus. Mithin war dann eine Belehrungspflicht nach dem HwiG gegebe.[572] Erst durch die Einführung des VerbrKrG mit seiner Anwendung auf grundpfandrechtlich gesicherte Kredite sei eine Überschneidung entstanden. Die Einführung des VerbrKrG dürfe daher nicht dazu führen, daß diese Geschäfte überhaupt keiner Widerrufsbelehrung bedürften.
Durch das VerbrKrG sei eine Aufrechterhaltung/Ausweitung und nicht eine Verkürzung des Verbraucherschutzes angestrebt worden. Um diesem Zweck Rechnung zu tragen, müsse daher eine Widerrufsbelehrung gemäß dem HwiG verlangt werden.[573]

---

[569] Stillner VuR 99 S.127
[570] Peters, Anm. zu OLG Karlsruhe, WM 93, 1130, WuB I E 2b.-6.93 S. 1243; Lwowski/Peters/Gößmann, Verbraucherkreditgesetz, S. 173ff.
[571] Stüsser, NJW 99. 1589
[572] Peters, DZWiR 94,353(357)
[573] Peters, WuB I E 2b.-6.93 S. 1245 ; derselbe DZWiR 94, 353 (357)ebenso im Ergebnis Palandt/Putzo,§ 5 Rn.5 HWiG ; Spickhoff/Petershagen, BB 99, 165(170); Stüsser NJW 99, 1589

Spickhoff/Petershagen[574] argumentieren, daß die Schutzbedürftigkeit der Betroffenen der Immobilienerwerbermodelle, die teilweise drastisch praktizierten Überrumpelungsmethoden und die oft existenzbedrohenden Folgen eine empfindliche Schutzlücke im System des Verbraucherschutzes entstehen lassen. Nicht zuletzt legen die in einer Vielzahl von Fällen in 'Nacht-und-Nebelaktionen' durchgeführten Beurkundungen eine planmäßige und unzulässige Umgehung des HwiG nahe.[575] Das typische strukturelle Ungleichgewicht zwischen dem Kunden und seinem Vertragspartner könne grundsätzlich auch bei Abschluß oder Vermittlung eines Realkreditvertrages nach § 3 Abs. 2 Nr. 2 VerbrKrG gegeben sein.
Schließlich wird argumentiert, daß es widersprüchlich sei, dem zweiten Absatz des § 3 VerbrKrG eine weitergehende Ausschlußwirkung in Bezug auf das HwiG zuzubilligen als dem ersten, obwohl der zweite Absatz die Verbraucherrechte doch weit weniger einschränken will als der erste.[576]

**dd. Eigene Ansicht**

**Systematik**

Der Gegenauffassung ist zuzugeben, daß grundpfandrechtlich gesicherte Kredite gesetzessystematisch in den persönlichen und sachlichen Anwendungsbereich des VerbrKrG einbezogen sind. Das VerbrKrG ist von seiner Systematik dergestalt aufgebaut, daß § 1-3 VerbrKrG den Anwendungsbereich regeln, davon §§ 1-2 VerbrKrG den positiven Anwendungsbereich, § 3 Abs. 1 den negativen Anwendungsbereich. Realkredite unterfallen danach grundsätzlich dem in § 1-2 VerbrKrG definierten Anwendungsbereich und sind nicht vom negativen Bereich des § 3 Abs.1 VerbrKrG erfaßt. Die Negationsform des Gesetzeswortlauts des § 3 Abs. 2 Nr. 2 VerbrKrG „Keine Anwendung finden die Vorschriften des § 4 Abs. 1 S.4 Nr. 1 Buchstabe b und die §§ 7, 9 und 11 bis 13“ zeigt, daß der Anwendungsbereich eigentlich eröffnet ist, lediglich im Rahmen des Anwendungsbereichs teilweise Sonderregelungen gelten. Wenn der Anwendungsbereich nur teilweise eröffnet ist, so wird regelmäßig die affirmative Sprachform gewählt, beispielsweise 'Anwendung finden die folgenden Vorschriften'. Gegen die Auffassung, der Anwendungsbereich sei nur teilweise eröffnet, spricht daher der Aufbau des Gesetzes sowie der gewählte Wortlaut des § 3 Abs. 2 VerbrKrG. Dieser Wille des Gesetzgebers läßt sich auch den Gesetzesmaterialien entnehmen.[577]

**Wortlaut**

Für die Gegenauffassung spricht weiterhin der Wortlaut des § 5 Abs.2 HwiG. „ Erfüllt ein Geschäft im Sinne des § 1 Abs. 1 HwiG zugleich die Voraussetzungen eines Geschäfts nach dem Verbraucherkreditgesetz...“ Nach seinem Wortlaut muß also nur ein **Geschäft nach dem Verbraucherkreditgesetz vorliegen**. Nach dem Wortlaut wird gerade nicht verlangt, daß das Verbraucherkreditgesetz mit allen seinen Regelungen vollständig zur Anwendung gelangt. Verwiesen wird nur auf ein Geschäft nach dem VerbrKrG und damit auf den sachli-

---

574 Spickhoff/Petershagen, BB 99, 165(170)
575 Verwiesen wird insoweit auf Gallois, BB 90,2063f.
576 Fischer/Machunsky, HwiG, V 4. Rn.84; Spickhoff/Petershagen, BB 99,165(170)
577 Bericht der Abgeordneten Hörster und Dr. Pick BT-Drs. 11/8274 S. 20 Begründung der Beschlussempfehlung: „Die auf die Stellungnahme des Bundesrates zurückgehenden Änderungen betreffen in erster Linie den persönlichen und sachlichen Anwendungsbereich (Einbeziehung... der grundpfandrechtlich gesicherten Kredite, soweit die Vorschriften des VerbrKrGs auf diese Kreditverträge passen.“

chen Anwendungsbereich des Gesetzes. Der Einwand der Gegenseite, der Wortlaut des § 5 II HwiG rechtfertige auch die Auslegungsvariante, daß für Teilausnahmen § 5 II HwiG keine Anordung trifft, geht daher fehl.
M.E. ist der Wortlaut des § 5 II HwiG eindeutig und läßt keine andere Auslegungsvariante zu.
M.E. handelt sich um eine 'verdeckte' Lücke. Eine 'verdeckte' Lücke liegt vor, ***wenn das Gesetz eine auf Fälle solcher Art anwendbare Regel enthält, diese aber ihrem Sinn und Zweck nach hier nicht paßt, weil sie die für die Wertung gerade dieser Fälle relevante Besonderheit derselben außer acht läßt.***[578]

**Lücke**

Die Lücke besteht hier in dem Fehlen einer Einschränkung. Das Gesetz hält die Regelung des § 5 II HwiG bereit, wonach das VerbrKrG vorrangig ist. Die Regel dürfte nach ihrem Sinn und Zweck nicht passen.
Sinn und Zweck des § 5 II HwiG ist es, einen kontinuierlichen Verbraucherschutz zu gewährleisten.[579] In der Begründung heißt es, daß die gesetzlichen Regelungen über ein Widerrufsrecht im Abzahlungsgesetz unberührt bleiben sollen. Dies beruht darauf, daß der Anwendungsbereich des Widerrufsrechts bei diesem Gesetz insofern weiter ist, als er auch andere Geschäfte als Haustürgeschäfte umfaßt.[580] Mit dem HwiG sollte nach dem ausdrücklichen Willen des Gesetzgebers der Schutz des Kunden erweitert, nicht eingeengt werden.[581]
Nach dem AbzG bestand ein generelles Widerrufsrecht. § 5 II HwiG regelte die Kollision, wenn zwei Widerrufsrechte gegeben sind. Diese Regel paßt nach ihrem Sinn und Zweck nicht auf Geschäfte nach dem VerbrKrG, bei denen kein Widerrufsrecht besteht. Das HwiG umfaßt nur neun Paragraphen und regelt nur das Widerrufsrecht bzw. die Rückabwicklung nach Ausübung des Widerrufs. Bei einem Geschäft nach dem VerbrKrG, das nur hinsichtlich der Formvorschriften nach § 4 VerbrKrG dem Gesetz unterfällt, stellt sich gar nicht die Frage der Kollision. Die Regel des § 5 II HwiG paßt nach ihrem Sinn und Zweck nicht in den Fällen, wo keine Kollision des Widerrufs gegeben ist.

**Verdeckte Lücke**

Die Lücke ist 'verdeckt', weil es wenigstens für den ersten Blick an einer hier anwendbaren Regel nicht fehlt.[582] Die ist unbewußt, weil der Gesetzgeber die der Regelung bedürftige Frage, was passiert, wenn zwar ein Geschäft nach dem VerbrKrG vorliegt, die Schutznormen des Gesetzes aber nicht greifen, übersehen hat.[583]
Nachträgliche Lücken können dadurch entstehen, daß infolge der technischen oder der wirtschaftlichen Entwicklung neue Fragen auftauchen, die im Rahmen des Regelungszwecks, des von der Grundabsicht des Gesetzes erfaßten Regelungsbereichs, nunmehr der Regelung bedürfen, die aber der Gesetzgeber noch nicht gesehen hat.[584]
Hier ist eine neue Entwicklung in Form eines neuen Gesetzes, des VerbrKrG, entstanden mit der Neuerung, daß auf einige Geschäfte des VerbrKrG nicht alle Paragraphen des VerbrKrG Anwendung finden. Zwar wurde gleichzeitig mit dem Erlaß des VerbrKrG § 5 II HwiG

[578] Larenz, Methodenlehre der Rechtswissenschaft, 2.Aufl. 1992, S. 265
[579] BT-Drucksache 10/2876, 25.10.1989, S. 16f.
[580] Begründung zum Entwurf BT-Drucksache 10/2876 S. 14
[581] BT-Drucksache 10/287 S. 7
[582] Larenz, a.a.O. S. 265
[583] Larenz, a.a.O. S. 267
[584] Larenz, a.a.O. S. 267

ebenfalls geändert, so daß eigentlich das Zeitverhältnis nicht nach, - sondern gleichzeitig ist. Die Änderung des § 5 II HwiG wurde aber nur als redaktionelle Änderung verstanden ohne Änderung des Regelungszwecks des § 5 II HwiG. Daher muß auf den Zeitpunkt des Inkrafttreten des ursprünglichen § 5 II HwiG abgestellt werden. Hierzu ist das VerbrKrG nachzeitig.

Nach Schönfelder liegt keine unbeabsichtigte Lücke vor, da im Gesetzgebungsverfahren die Möglichkeit eines Widerrufsrechts nach dem VerbrKrG diskutiert und abgelehnt worden ist.[585]

M.E. geht es bei der Frage, ob eine Lücke vorliegt, um das Konkurrenzverhältnis zwischen HwiG und VerbrKrG. Im Gesetzgebungsverfahren wurde nicht diskutiert, ob mit der teilweisen Unterstellung unter das VerbrKrG und der Nichtanwendung der Vorschriften des Widerrufsrechts nach dem VerbrKrG auch das Widerrufsrecht nach dem HwiG aufgehoben werden sollte.

**Rechtsfolge von verdeckten Lücken**

*Verdeckte Lücken sind teleologisch zu reduzieren.*

Die teleologische Reduktion stellt sich als Korrektur des zu weiten Gesetzeswortlauts gemäß der ratio legis, der dem Gesetz eigenen Teleologie, und somit als eine 'gesetzesimmanente Rechtsfortbildung' dar.[586] Voraussetzung ist, daß der Gesetzeszweck eindeutig ermittelt ist und ohne die Korrektur der Zweck in einem Teil der Fälle verfehlt würde, ein schwerwiegender Wertungswiderspruch oder eine offenbare Ungerechtigkeit nicht zu vermeiden wären.[587]

**Ermittlung des Gesetzeszweck**

Die Entstehungsgeschichte des Gesetzes ist anerkanntes Auskunftskriterium zur Ermittlung der Normvorstellungen des Gesetzgebers.[588]

M.E. ergibt sich aus der Entstehungsgeschichte des VerbrKrG eine von Hertel abweichende[589] Schlußfolgerung. Nach dem ursprünglichen Gesetzentwurf sollten Realkredite dem Anwendungsbereich des VerbrKrG gar nicht unterfallen. Erst später zog sie der Gesetzgeber auf Vorschlag des Bundesrates mit herein, weil ihm die Auslassung nicht interessensgerecht erschien.[590]

Verwiesen wurde ausdrücklich darauf, daß die Information der Zinsbelastung für den Verbraucher wichtig sei. Die Bemühungen, den Realkredit noch unter das VerbrKrG zu fassen, wurden einzig mit der Zielrichtung vorgenommen, den Verbraucher günstiger zu stellen, in der Diskussion war also nur ein Mehr an Schutzrechten des Verbrauchers. Diskutiert wurde die Anwendbarkeit des § 4 VerbrKrG auf Realkredite. Zu keinem Zeitpunkt wurde die Diskussion dahingehend geführt, dem Realkreditnehmer Rechte zu nehmen. Die unmittelbar nach Erlaß des VerbrKrG erschienenen Aufsätze zu den Realkrediten nehmen daher auch nur zu der neuen Regelung der Zinsausweisung Stellung. Dies zeigt m.E., daß die Folge der Einbeziehung des Realkredites in den Anwendungsbereich des VerbrKrG und damit

---

585 Vgl. Schönfelder WuB IV D. § 1 HwiG 4.99 S. 1171

586 Larenz, a.a.O., S. 285

587 Larenz, a.a.O.S. 288

588 Die höchstrichterliche Rechtsprechung hat die Entstehungsgeschichte immer wieder dann maßgeblich herangezogen, wenn aus ihr Wesentliches für die Auslegung einer Gesetzesvorschrift zu entnehmen war; so BGHZ 46,80; Larenz, a.a.O.S. 218

589 Hertel, oben

590 Vgl. zur Entstehungsgeschichte bereits oben

gemäß § 5II sein Ausschluß aus dem Anwendungsbereich des HwiG nur ein nicht gewollter Nebeneffekt war. Wäre man dem ursprünglichen, nicht so verbraucherfreundlichem Vorschlag gefolgt, würde nach wie vor das Widerrufsrecht nach dem HwiG Anwendung finden. Nach Münstermann/Hannes[591] beruhe die beschränkte Einbeziehung der Realkredite in den Schutz des
VerbrKrG letztlich auf der erheblich zugenommenen Zahl von Zwangsversteigerungen.[592] Auch dies spricht dafür, daß es nicht der Intention des Gesetzgebers entsprach, die Rechtsstellung des Verbraucher zu verschlechtern.
Ohne Korrektur des zu weiten Wortlauts des § 5 II HwiG würde der Zweck, den Verbraucherschutz zu verbessern, verfehlt.
Als Erkenntnisquellen für die Normvorstellungen der an der Vorbereitung und Abfassung des Gesetzs beteiligten Personen kommen die verschiedenen Entwürfe, die Beratungsprotkolle und die den Entwürfen beigegebenen Begründungen in Betracht.[593] Der Gegenauffassung ist zuzugeben, daß sich aus den Beratungsprotokollen ergibt, daß der Gesetzgeber für Realkredite kein Widerrufsrecht wollte.
Diese Aussage kann jedoch nicht herausgelöst und als der Verallgemeinerung fähiger Rechtssatz ansehen werden, der auch für das HwiG anzuwenden ist, sondern muß im Zusammenhang mit dem Gesamtzweck des VerbrKrG gesehen werden.

Die Gegenansicht greift zu kurz, wenn sie die Gestattung/Nichtgestattung zu widerrufen als verselbständigte Ratio begreift.[594] Das Widerrufsrecht ist nur Mittel zur Erreichung des hinter dem Verbraucherkredit stehenden Zwecks, dem Verbraucher zusammen mit allen notwendigen Informationen nach Ausgleichung des strukturellen Defizits eine Überlegungsfrist von 10 Tagen einzuräumen. Diese Überlegungsfrist löst der Gesestzgeber rechtstechnisch mit der Figur des Widerrufsrechts.

Mit der Ablehnung des Gesetzgebers, dem Kunden für Realkredite ein Widerrufsrecht nach dem VerbrKrG einzuräumen, hat der Gesetzgeber gerade keine Aussage darüber getroffen, ob dies auch gelten soll, wenn dem Kunden ein weiterer Widerrufsgrund dadurch zusteht, daß der Vertrag in einer der Verhandlungssituationen des § 1 Abs. 1 HwiG angebahnt worden ist.[595]
Der Schutzbereich von AbzG und VerbrKrG sind unterschiedlich.[596] Während das HwiG die besondere Vertragsanbahnungssituation berücksichtigt, stellt das VerbrKrG auf den Vertragsinhalt ab.

Gegen Hertel spricht, daß es unerheblich ist, wann das Darlehen ausgezahlt wird. Rechtlich an das Darlehen gebunden ist der Darlehensnehmer bereits mit Abschluß des Vertrages. Regelmäßig wird die Bewilligungserklärung erst dann erteilt, wenn der Darlehensvertrag be-

---

[591] Münstermann/Hannes, a.a.O., Rn. 159
[592] ZIP aktuell 1989 A 103 Nr. 376
[593] Larenz, Methodenlehre der Rechtswissenschaft, S. 218
[594] Der Gesetzgeber führt zum Widerrufsrecht nämlich weiter aus, daß bei § 7 VerbrKrG das Anliegen im Vordergrund stehe, angesichts der wirtschaftlichen Bedeutung und Tragweite sowie der schwierigen Vertragsmaterie dem Verbraucher eine Überlegungsfrist einzuräumen, innerhalb derer er auf der Grundlage der Angaben gemäß den Erfordernissen des VerbrKrG den Kreditvertrag noch einmal überdenken kann, BT-Drs. 11/5462, S. 21
[595] Vgl. die ähnliche Argumentation von Fischer/Machunsky, HwiG, vor § 1 Rn. 83 zur Frage der Widerrufsfrist
[596] Vgl. BT-Drucksache, 10/2876, S. 10

reits abgeschlossen ist. Tatbestandsvoraussetzung für die Hypothek ist ja auch das Bestehen der Darlehensforderung. In diesem Fall ist es denklogisch für den Kunden gar nicht mehr möglich, sich nach § 17 BeurkG belehren zu lassen.
Der Schutz notarieller Beurkundung besteht in den Fällen nicht, in denen der Verbraucher aufgrund anbieterinitiierter vorangegangener Verhandlungen bereits zum Vertragsschluß bestimmt worden ist und die notarielle Beurkundung der Erklärung sich für den Kunden als reine Formalität darstellt. [597] Das gilt insbesondere dann, wenn dem Notar nicht bekannt ist, auf welche konkrete Art und Weise das Geschäft zustande gekommen ist und daher ein Hinweis auf ein ansonsten gegebenes Widerrufsrecht nicht stattfindet. Die notarielle Beurkundung bietet damit die Möglichkeit, dem Verbraucher das Widerrufsrecht abzuschneiden, ohne daß der vom HwiG gewollte Schutz gegen Überrumpelung entfiele.

Hertel ist weiterhin entgegenzuhalten, daß die EG-Richtlinie selbst gar kein Widerrufsrecht vorsieht. Der deutsche Gesetzgeber hat es auf eigene Initiative in das deutsche Verbraucherkreditgesetz miteinbezogen. Der EG-Gesetzgeber trifft daher überhaupt keine Aussage, ob diese zwei Widerrufsrechte nebeneinander bestehen oder sich ausschließen. Der Gedanke der gemeinschaftskonformen Auslegung geht daher ins Leere.

Bei standardisierten Ratenkrediten mit festen Konditionen für die gesamte Laufzeit bis zur Endtilgung ist es relativ einfach, die taggenaue Refinanzierung zu ermitteln. [598] M.E. kann dem Argument, daß das Widerrufsrecht die taggeanaue Refinanzierung der Realkredite als Grundlage für deren günstige Verzinsung gefährden würde, kein Gewicht zukommen. Dasselbe Problem betrifft auch Fälle der Rückabwicklung unter Geltung des HwiG vor Inkrafttreten des VerbrKrG. Die Anwendung des HWiG wird auch hier nicht mit der Begründung abgelehnt, das Widerrufsrecht dürfe keine Anwendung finden, weil die komplexe Berechnungsweise den Kredit verteuere.

**ee. Zusammenfassung und Ergebnis**

Nach h.M. in Rechtsprechung und Literatur finden die Vorschriften des HwiG auf grundpfandrechtlich gesicherte Kredite, die auch unter die zeitliche Geltung des VerbrKrG fallen, keine Anwendung.
Nach der zu folgenden Mindermeinung findet das HwiG Anwendung, so daß auch hier eine Widerrufsbelehrung nach dem HwiG notwendig ist. Fehlt es hieran, erlischt das Widerrufsrecht gem. § 2 I S. 4 HwiG erst einen Monat nach beiderseits vollständiger Erbringung der Leistung.
Nach Einreichung der Arbeit hat sich der BGH nunmehr der ersten Ansicht angeschlossen.[599] Er hat jedoch an den Gerichtshof der Europäischen Gemeinschaften in Luxemburg die Frage gestellt, ob die Haustürgeschäfterichtlinie auch Realkreditverträge erfaßt und ob ihr in bezug auf das in Art. 5 vorgesehene Widerrufsrecht Vorrang vor der Verbraucherkreditrichtlinie zukommt, und ob der nationale Gesetzgeber durch die Haustürgeschäftsrichtlinie gehindert ist, die in § 7 Abs. 2 S. 3 VerbrKrG geregelte Befristung des Widerrufsrechts

[597] Die nun folgende Gedankenführung verwendet auch OLG Stuttgart WM 99, 2306(2308) in einem anderen Zusammenhang.
[598] V. Heymann, BB 91, 1721(1722)
[599] BGH WM 2000, 26

auch in Fällen anzuwenden, in denen ein Haust6ürgeschäft die Gewährung eines Realkredcits i.S.d. § 3 Abs. 2 Nr. 2 VerbrKrG zum Gegenstand hat und die in Art. 4 der Richtlinie vorgesehene Belehrung unterblieben ist.

**ff. Rückabwicklung**

Gleichzeitig neben einem Realkredit vermittelter Vertrag ist der Verkauf und die Übereignung eines Grundstücks. Wegen der notariellen Beurkundung fallen diese Verträge nicht unter das HwiG. Folgt man der Mindermeinung, die das Widerrufsrecht bei Realkrediten zuläßt, so schließt sich die Frage an, ob das Kreditinstitut den gesamten, ausgezahlten Darlehensbetrag zurückverlangen kann, wenn der Kunde den Betrag in einem (preislich überzogenem) Grundstück angelegt hat. Letztlich wird der Kunde den Darlehensvertrag nur dann rückabwickeln, wenn der Darlehenszweck nicht wie geplant erreicht werden konnte. Entscheidende

Frage ist auch hier, wer das Verwendungsrisiko trägt. Der BGH hat in einem aktuellen Fall[600] ausgeführt, daß § 819 BGB subsidiär zu § 3 HwiG angewendet werden darf, so daß sich der Kunde nicht auf Entreicherung berufen darf, wenn er wußte, daß er das Darlehen zurückzahlen muß. Dies bedeutet, daß auch ein Widerruf dem Kunden keinen wirklichen Vorteil verschafft, weil er das Risiko der Verwendung nicht auf das Kreditinstitut überwälzen kann.

Das OLG Stuttgart in seiner neuesten Entscheidung[601] geht demgegenüber von einer wirtschaftlichen Einheit auch zwischen Darlehen und Immobilie aus.[602]Folgt man dem OLG Stuttgart, kann die Bank den Darlehensbetrag nur vom Immobilienverkäufer zurückverlangen. Ist dieser zahlungsunfähig, muß sie die Zwangsversteigerung in die Immobilie einleiten.

**aaa. Prüfung, was der Kunde als empfangene Leistung erlangt hat**

In der Literatur wird vertreten, daß der Kunde den mit Darlehensmitteln erworbenen Gegenstand als empfangene Leistung erhalten hat und Übereignung an die Bank schuldet.[603] Als Vorzug sieht die Ansicht an, daß die Bank so die Möglichkeit zum freihändigen Verkauf besäße, während bei einer Befriedigung aus den Grundpfandrechten im Wege eines Zwangsversteigerungsverfahrens womöglich ein geringerer Erlös erzielt würde.[604]

**bbb. Eigene Ansicht**

Letztere Ansicht ist als systemwidrig abzulehenen. Ein freihändiger Verkauf gemäß § 1235 BGB findet nicht bei Immobilien statt.

Sofern mit dem freihändigen Verkauf gemeint ist, daß die Bank selbst als Makler versucht, einen neuen Käufer zu finden, so ist dem entgegenzuhalten, daß bei der Rückabwicklung

---

[600] BGH ZIP 99, 653 (betreffend eines finanzierten Wertpapierkaufs, bei dem nur der Darlehensvertrag widerrufen worden war).

[601] OLG Stuttgart WM 99, 2310

[602] Für die wirtschaftliche Einheit im Rahmen des HwiG auch Spickhoff/Petershagen BB 99, 165(170) und Pfeiffer LM HwiG Bl. 29

[603] Gallois, BB 90, 2064; Spickhoff/Petershagen BB 99, 165 (170)

[604] Spickhoff/Petershagen BB 99, 165 (170) Fn. 95

beweglicher Sachen nach § 9 II S. 2 VerbrKrG Einigkeit herrscht, daß die Bank das Kaufobjekt nie selbst behalten darf, sondern im Verhältnis zum Verkäufer eine weitergehende Rückabwicklung stattfindet.[605] Danach soll der Verkäufer immer die Kaufsache erhalten, die Bank nicht anderweitig darüber verfügen.[606] Gleiches muß für die Rückabwicklung nach dem HwiG gelten.

**6. Vergleichende Betrachtung des finanzierten Immobilienkaufs unter Geltung des HwiG und unter Geltung des VerbrKrG**

Folgt man der h.M. in Rechtsprechung und Literatur hat sich die Rechtslage für finanzierte Immobilien mit Inkrafttreten des VerbrKrG verschlechtert. Der Kunde kann die Verträge nicht widerrufen und rückabwickeln.
Folgt man der vorzuziehenden Mindermeinung, ist der Schutz des Kunden gleichgeblieben.

**Ergebnis**

Die Kombinationsmodelle werden nach h.M. nunmehr wieder ungleich behandelt. Folgt man der vorzuziehenden Mindermeinung, werden die Modelle zwar nicht identisch behandelt, da beim finanzierten Kauf beweglicher Sachen und bei Steuersparmodellen ein Widerrufsrecht nach dem VerbrKrG zusteht und beim finanzierten Immobilienkauf ein Widerrufsrecht nach dem HwiG. Nach allen Modellen besteht aber ein Widerspruchsrecht. Somit ist die Behandlung ähnlich.
Die Darlegung der Rechtslage hat überdies gezeigt, dass die Rechtsprechung/Literatur Kombinationsmodelle, die von einem multifunktionalen Vermittler gleichzeitig vertrieben werden, - mit den oben beschriebenen Einschränkungen bei finanzierten Immobilienkäufen - als Einheit ansieht. Damit erkennt sie im materiellen Recht die besondere Funktion des multifunktionalen Vermittlers an, selbst wenn die juristische Anerkennung des Berufsbilds des Allfinanzvermittlers noch aussteht.

## V. Kombinationsmodell mit dem Produktteil (Kapitallebens)Versicherung

### I. Anwendung des HwiGs auf Versicherungsverträge?

Das Kreditgewerbe einerseits und das Versicherungsgewerbe andererseits stehen im intensiven Wettbewerb miteinander. Die Produkte beider Gewerbezweige sind teilweise identisch; zum Teil stehen sie in einem Substitutionsverhältnis.[607]
Das HWiG findet gem. § 6 Nr.2 HaustürWG keine Anwendung auf den Abschluß von Versicherungsverträgen.[608]

---

[605] Umstritten ist dabei der Umfang der Rückabwicklung sowie die einschlägige Rechtsgrundlage vgl. zum Streitstand Lebek, Rückabwicklung und Regreß bei verbundenen Geschäften, S. 32ff.
[606] BOW-Ott, § 9 Rn. 94ff.; Bülow, § 9Rn. 52ff.; Coester, Jura 92,617(622); Hadding/Hopt, S. 67(76); Dauner-Lieb, WM –Sonderbeilage 6/1991, S. 21
[607] Schlaus, ZHR 151 (1987) S. 180 S. 191 Versicherungen geben Baufinanzierungsdarlehen und vertreiben Anteilsscheine an eigenen Fonds. Die Vermögensbildung durch Sparverträge einerseits und durch Lebensversicherungsverträge andererseits wird vom Verbraucher weitgehend als gleichwertig empfunden.
[608] Dies gilt jedoch nicht für gemischte Verträge, bei denen der Versicherungszweck nicht überwiegt. Dies wird kompensiert durch § 8 IV VVG, indem im nichtkaufmännischen Bereich ein spezielles, etwas anders ausgestaltetes Widerrufsrecht mit 15 Tage-Frist besteht, wenn die Laufzeit des Vertrages mehr als ein Jahr beträgt.

Im Unterschied zu § 6 Abs. 1 Satz 2 GewO werden nicht die Geschäfte der Versicherungsunternehmen, sondern lediglich deren Abschlüsse für Versicherungsverträge vom HwiG ausgenommen. Das direkte und vermittelte Kreditgeschäft der Versicherungsunternehmen und ihrer Vertreter, insbesondere auch ihre eigenen über das Kapitallebensversicherungsgeschäft abgewickelten Hypothekenkredite, fallen unter das HwiG.[609]
In dem ursprünglichen Gesetzentwurf des Bundesrates waren Versicherungsverträge gem. § 6 Nr. 2 HwiGE ausgenommen, wenn auf Wunsch des Kunden sofort Versicherungsschutz gewährt wird und die Laufzeit des Vertrags ein Jahr nicht übersteigt oder der Kunden den Vertrag innerhalb eines Jahres mit angemessener Frist kündigen kann.[610]
Die vollständige Herausnahme von Versicherungen wurde damit begründet[611], daß die dem Gesetz zugrundeliegende EG-Richtlinie ebenfalls eine Ausnahme für Versicherungen vorsehe. Die EG-Kommission prüfe gerade, ob für die Versicherungswirtschaft besondere Bestimmungen ausgearbeitet werden sollen. Es sei daher zweckmäßig, sich an die Vorgaben der EG zu halten.[612] Im Versicherungswesen gebe es die Bestrebung, dem Kunden freiwillig ein befristetes Rücktrittsrecht einzuräumen. Hinzu kommt, daß für den Kunden 'bereits ein gewisser Schutz durch das Bundesaufsichtsamt für das Versicherungswesen bestehe.' [613]
Gegen diese Ausnahmeregelung ist Kritik geäußert worden.[614]Der Versicherungsvertreter habe hierdurch einen faktischen Vorteil[615] und könne während seiner Hausbesuche, um Versicherungsverträge abzuschließen, auf weitere Angebote seines Unternehmens (Darlehen, Investmentzertifikate) hinweisen und durchaus gesetzeskonform eine 'Bestellung' (nämlich seiner selbst oder eines Kollegen) provozieren. Die sich anbahnende Entwicklung zum 'Allfinanzdienst' verschärfe die Wettbewerbssituation zwischen Kreditinstituten und Versicherungsunternehmen.
Für den Wettbewerbsvorteil der Versicherungswirtschaft gebe es keine sachliche Rechtfertigung. Für den Kunden seien Risiko und Verpflichtungsumfang von den angebotenen Produkten her nicht unterschiedlich.[616]

---

[609] Reifner, VuR 89, 63 (68)
[610] BT-Drs. 10/4210 S.5. Die Privilegierung der Versicherungsunternehmen wurde damit begründet, daß sie andernfalls bei Anwendung des HaustürWG bei Vereinbarung eines sofortigen Versicherungsschutzes während der Schwebezeit das volle Schadensrisiko zu tragen hätte. Der Wert dieser Leistung ließe sich nach einem Widerruf nicht in sinnvoller Weise ermitteln und vergüten. Die bisherige Praxis sogenannter Blockpolicen bsp. bei der Reisegepäck-, Reiseunfall und Reisekrankenversicherung ließe sich damit wegen der offensichtlich gegebenen Mißbrauchsmöglichkeit nicht aufrechterhalten. Ähnlich lägen die Verhältnisse bei einer vorläufigen Deckungszusage bei der Kraftfahrzeughaftpflichtversicherung. Die Einstellung dieser Angebote läge letztlich nicht im Interesse des Kunden, deren finanzielle Belastung bei den in Betracht kommenden Versicherungen ohnehin kaum ins Gewicht fällt. BT-Drucksache 10/2876 S. 15
[611] Beschlußempfehlung und Bericht des Rechtsausschusses BT-Dr 10/4210 S. 10
[612] Ausführlich BT-Drucksache 10/4210 S. 10 ff.
[613] Bericht der Abgeordneten Dr. Schwenk und Dr. Stark, BT-Drs. 10/4210S.10; auch der Zentrale Kreditausschuß wandte sich – vergeblich - mit einer Eingabe an den Rechtsausschuß, auch für Kreditinstitute im Hinblick auf die Fachaufsicht durch das Bundesaufsichtsamt für das Kreditwesen eine generelle Ausnahmeregelung zu beschließen. Löwe, BB 86,821(829); Teske ZRP 90,412(413)
[614] Vgl. z.B. Palandt-Putzo, BGB 49.Aufl. (1990), § 6 HwiG Anm. 2; Ulmer in: Mü/Ko, 2.Aufl.(1988), § 6 HwiG Rn. 16ff; Bennemann, JR 86, 358 (360); Löwe ZIP 85,1363; derselbe BB 86, 821 (829ff.); Gilles, NJW 86, 1131 (1147); Teske ZRP 90 (1990),730 Fn. 2; v.Hippel, JZ 90, 730 (733).
[615] Schlaus, ZHR 151 (1987), 180 (191)
[616] Schlaus, ZHR 151 (1987). S. 191

Daß auch die EG-Richtlinie eine Ausnahme vorsieht, stelle für die innerstaatliche Gesetzgebung keinen sachlichen Rechtfertigungsgrund dar, da die Richtlinie eine gegenteilige Regelung nicht sperren würde.[617] Nach Art. 8 der EG-Richtlinie sind die Mitgliedstaaten nicht gehindert, noch günstigere Verbraucherschutzbestimungen auf dem Gebiet der Richtlinie zu erlassen oder beizubehalten.

Der Hinweis auf freiwillig eingeräumte Rücktrittsrechte gehe fehl, da solche bislang nur in der kapitalbildenden Lebensversicherung als bloße Empfehlung der Branche ohne Verpflichtung vorhanden seien und rechtfertige daher nicht die Ausnahme einer ganzen Branche. [618] Dies spreche eher für die Einführung eines gesetzlichen Widerrufsrechts für sämtliche Versicherungszweige.[619]
Überdies gewährten Veranstalter, die im Bundesverband Deutscher Vertriebsfirmen organisiert sind, seit Jahren nachweislich Lösungsrechte, die nun ebenfalls ohne Gewährung einer Ausnahmeregelung von dem Anwendungsbereich des HwiG erfaßt werden.[620]

Die Versicherungsaufsicht habe eine andere Funktion.[621] Überrumpelungen bei der Vertragsanbahnung bzw. beim Vertragsabschluß könnten, wenn sie nicht ausgesprochen wettbewerbswidrige oder sonst rechtswidrige Methoden darstellen, von der Aufsichtsbehörde legalerweise nicht beanstandet und sanktioniert werden.[622] Erforderlich für ein Eingreifen der Aufsicht ist ein Mißstand, d.h. ein Verstoß gegen gesetzliche Vorschriften.[623] Zudem seien Existenz und Anrufungsmöglichkeiten in der Öffentlichkeit viel zu wenig bekannt.[624]

Widerruft der Kunde ( bei Nichtauftreten eines Schadensfalles ) seine Willenserklärung, erfolgt gemäß § 3 HaustürWG die Rückabwicklung, ohne daß die Versicherung über den bürokratischen Aufwand hinausgehende Nachteile hinnehmen muß. Die zwangsläufig mit der Rückabwicklung auftretenden Nachteile wie Zeitverlust und verschwendete Papierarbeiten fallen aber auch bei jedem anderen rückabzuwickelnden Vertrag an, der unter das HwiG fällt. Insoweit verwirklicht sich hier nur das vom Gesetz in Kauf genommene Risiko.
Diese Vorschrift ist von der Literatur als Verstoß gegen den allgemeinen Gleichheitsgrundsatz des Art. 3 GG kritisiert worden.[625] Insbesondere wurde auf die bundesverfassungsgerichtliche Entscheidung von 1985 verwiesen,[626] wo das Gericht die Ausnahme der Versiche-

[617] Löwe, BB 86, 821 (830); Huhs VuR 87, 74 (75)
[618] Löwe, BB 86, 821 (831); Gilles NJW 86, 1147; Huhs VuR 87, 74 (75)
[619] BR-Drucksache 33771/84, 14
[620] Löwe, BB 86, 821 (830)
[621] Ulmer in Mü/Ko § 6 HwiG Rn. 16; Huhs, VuR 87,74 (75) verweist auf die Praxis des Bundesaufsichtsamts, die sich bei Verbraucherbeschwerden 'auf nichtssagende Briefe an den Versicherungsnehmer' beschränke (Abdruck eines solchen Standardschreibens bei Huhs VuR 87,74 (76)
[622] Vgl. Prölss, Versicherungsaufsichtsgesetz, Anmerkung 12ff. zu § 81
[623] Löwe, BB 86, 821 (830)
[624] M.E. ist das Argument jedoch nicht überzeugend: verwirklicht sich während der Schwebezeit das abgesicherte Risiko, dann wird der Kunde den Vertrag sicherlich nicht widerrufen. Denn § 1 Abs.1 HaustürWG bestimmt, daß die Willenserklärung erst dann wirksam wird, wenn der Kunde sie nicht binnen einer Frist von einer Woche schriftlich widerruft. Andernfalls wird die Erklärung also gar nicht erst wirksam. Der Kunde hätte dann also gar keinen wirksamen Versicherungsvertrag, durch den der eingetretene Schaden abgedeckt wird. Er wird sich also nicht von dem Vertrag lösen, der von der Versicherung zu tragende Schaden stellt aber nur den Eintritt des Risikos dar, das durch den Versicherungsvertrag ohnehin abgedeckt werden soll, und mithin kein atypisches Risiko.
[625] Selbst der Wirtschaftsausschuß bat bereits in seiner Stellungnahme zu dem Gesetzentwurf den Rechtsausschuß um Prüfung, ob durch die Ausnahmeregel für Versicherungen eine Wettbewerbs-

rung von den AGBs nur deshalb als verfassungsgemäß ansah, weil eine Kontrolle am Maßstab des § 9 AGBG stattfindet.[627]
Ein solches Korrektiv – vergleichbar dem § 9 AGBG - gäbe es hier nicht. Die Differenzierung wurde von Verbraucherverbänden und Presse stark kritisiert.[628]

Ein Entwurf des Bundesrates aufgrund einer Gesetzesinitiative des Landes Nordrhein-Westphalen,[629] nach der die Privilegierung der Versicherungsunternehmen aufgehoben werden sollten, ist jedoch nie umgesetzt worden.
Die Bundesregierung stimmte der Zielsetzung des Entwurfs zwar im Grundsatz zu, verwies jedoch auf den 'Entwurf eines Gesetzes zur Durchführung versicherungsrechtlicher Richtlinien des Rates der Europäischen Gemeinschaften'[630] und die Arbeiten an der Zweiten Lebensversicherungs-Richtlinie und an der Dritten Schadensregulierungs-Richtlinie auf EG-Ebene, die dieselbe Zielsetzung erfüllen würden.
Das HwiG wurde nicht geändert. Im VVG ist nunmehr ein eigenständiges, versicherungsrechtliches Widerrufsrecht eingefügt worden.

### 1. Widerrufsrecht des Versicherungsvertrags

Unterschiedliche Vertragslösungsrechte bestehen, wenn der Kunde einen Versicherungsvertrag oder einen Verbraucherkreditvertrag abschließt.[631] Jeder Vertrag richtet sich nach seinen eigenen Regeln, selbst dann, wenn beide Verträge als Kombination abgeschlossen werden. In der Literatur wird gefordert, daß die Wertungswidersprüche, die Rechtszersplitterung und die Unübersichtlichkeit der Rechtsordnung abgebaut werden sollten.[632] Dies wäre auch im Interesse des Allfinanzdienstleisters. Gerade bei der Produktkombination ist es für seine Tätigkeit sehr hinderlich, zusätzlich zu den Aufklärungspflichten, die sich aus der jeweiligen Kombination ergeben, unterschiedliche Belehrungspflichten je nach Art des Vertrages einhalten zu müssen.

---

verzerrung zu Lasten der Kreditinstitute entstehe BT-Drucks. 10/4210 Bericht S. 10 Vgl. dazu ausf. Teske, ZRP 90,412ff; ebenso: Ulmer, in MünchKomm, § 6 HWiG Rn.17; Erman-Weitnauer-Klingsporn, Vorb. § 1 HwiG Rn. 28ff., § 6 Rn. 9 f.; Brox, BGB AT, 13. Aufl. (1990),Rn. 203e; Löwe, BB 86, 821 (829ff.); Gilles, NJW 86, 1131 (1132,1147); Huhs, VuR 87, 74; Wassermann, JuS 1990, 548 (554f.); v.Hippel, JZ 1990, 730 (733); Teske, ZRP 90, 412 (414) hält dies für verfassungswidrig, da es am sachlichen Grund fehlt.

[626] Löwe a.a.O. S. 831; Huhs, VuR 87, 74

[627] Beschluß des Bundesverfassungsgericht vom 04.06.1985 1 BvL 12/84 abgedruckt in: BB 85, 1820

[628] Bericht: „Versicherungen: Lohn der Lobby", in Frankfurter Rundschau N r. 269 v. 19.11.1985

[629] Entwurf eines Gesetzes zur Verbesserung der Rechtsstellung des Kunden beim Abschluß von Versicherungsverträgen BR-Drucks. 61/90 (Beschluß)= BR-Dr 11/7475, wonach das Widerrufsrecht künftig nur ausgeschlossen sein soll, wenn auf Wunsch des Kunde sofort Versicherungsschutz gewährt wird und der Vertrag nicht für längere Zeit als ein Jahr geschlossen wird oder vom Kunden spätestens für den Ablauf eines Jahres mit angemessener Frist gekündigt werden kann. Gedacht war dabei an vorläufige Deckungszusagen, wie sie insbesondere in der Kraftfahrzeug-Haftpflichtversicherung vom Versicherungsnehmer gewünschst und allgemein üblich sind, aber auch an die Praxis der kurzfristigen Risikoabdeckung bei Reisegepäck-, Reiseunfall- und Reisekrankenversicherungen.

[630] BT-Drucksache 11/6341

[631] Zu den Unterschieden vgl. die ausführliche Darstellung von Teske NJW 91,2793

[632] Teske, NJW 91, 2793 (2804)

**2. Neubewertung im Lichte des Urteils des SchlHOLG MDR 98, 892**

Im Fall des SchlHOLG[633] kaufte der Kunde– als das VerbrKrG bereits in Kraft war- ein Pferd, dessen Kaufpreis von einer Versicherung kreditiert und durch eine gleichzeitig abzuschließende Kapitallebensversicherung finanziert werden sollte.
Das Gericht hielt das VerbrKrG auch auf den Versicherungsvertrag für anwendbar, auch wenn die Versicherung als Kreditgeber kein „Kreditinstitut" im engeren Sinne ist. Es begründete dies damit, daß aus der Sicht des Kreditnehmers wirtschaftlich kein Unterschied
bestehe zwischen einem marktüblichen Ratenkredit und einem Kredit mit Kapitallebensversicherung, da der Kunde in beiden Fällen als Ausgleich für die Auszahlung der Nettokreditsumme in der vereinbarten Laufzeit monatliche Leistungen zu erbringen habe.[634] Kaufvertrag und Versicherungsvertrag bildeten eine wirtschaftliche Einheit.

Aus diesem Urteil ergibt sich eine neue Fragestellung in Bezug auf Kombinationsmodelle, bei denen ein Produktteil unter das HwiG fällt und die als weiteren Produktteil einen Versicherungsvertrag enthalten.

**a. Kombinationsmodelle mit Kapitallebensversicherung, die zeitlich unter das HwiG, nicht aber unter das VerbrKrG fallen**

Widerruft der Kunde bei einem an der Haustür abgeschlossenen Vertrag beispielsweise den Darlehensvertrag, so ist zu klären, ob die Unwirksamkeit des widerrufenen Vertrages sich auch auf den gleichzeitig abgeschlossenen Versicherungsvertrag erstreckt.
Zusammen mit Festkrediten wird oftmals ein – aus steuerlichen Gründen 12-jähriger - Lebensversicherungsvertrag abgeschlossen, dessen Versicherungssumme den Kredit tilgen soll. Während der Laufzeit werden lediglich die Zinsen an den Kreditgeber sowie die Versicherungsbeiträge an den Versicherer bezahlt.[635] Zwar können Versicherungen jederzeit ex nunc gekündigt werden. Aufgrund der ungezillmerten Tarife werden die hohen Vermittlerprovisionen von oftmals 5% der Gesamtversicherungssumme bereits bei Vertragsschluß fällig, so daß eine Kündigung der Versicherung in den Anfangsjahren mit Verlusten verbunden ist.
Dies ist bei einer Rückabwicklung wegen Widerruf nicht der Fall.

Hiergegen könnte sprechen, daß der Gesetzgeber Versicherungsverträge aus dem Anwendungsbereich des HwiG gerade ausnimmt.
Hierfür spricht, daß eine Neubewertung vorgenommen werden muß, wenn der Versicherungsvertrag Teil einer wirtschaftlichen Einheit ist.[636] Der Kunde kann nur dann wirksam von seinem Widerrufsrecht Gebrauch machen, wenn sich die Rückabwicklung auf alle wirtschaftlich verbundenen Verträge bezieht. Schließlich spricht hierfür auch die jüngste Entscheidung des OLG Stuttgart[637], das die Rückabwicklung auch auf den Immobilienkaufvertrag erstreckt, obwohl jener wegen § 1 Abs. 2 Nr. 3 HwiG vom Anwendungsbereich des HwiGs nicht erfaßt wird. Entsprechend muß für gekoppelte Versicherungsverträge entschie-

---

633 SchlOLG MDR 98, 892
634 Das Gericht verweist insoweit auf die Rechtsprechung Tilgung eines Kredites durch eine Lebensversicherung statt durch einen bloßen Ratenkredit BGH WM 90, 918.
635 Vgl. im einzelnen: Reifner, NJW 88, 817
636 So auch die Gedankenführung des OLG SchlH MDR 98, 892
637 OLG Stuttgart WM 99,2310

den werden.

**b. Kombinationsmodelle mit Kapitallebensversicherung unter Geltung des VerbrKrG**

Zu untersuchen ist, ob bei Modellen, die auch eine Lebensversicherung beeinhalten, bei Widerruf des Darlehensvertrages auch die Versicherung rückabgewickelt werden darf. M.E. ist auch hier entscheidend, ob eine wirtschaftliche Einheit vorliegt.

Folgt man dem SchlHOLG[638], dann befindet sich der Verbraucher hier in einer ähnlichen Lage, wie sie § 9 II VerbrKrG für die übrigen Sachverhalte vermeiden will.

Wenn das Widerrufsrecht des § 8 IV VVG wegen des sofortigen Versicherungsschutzes ausgeschlossen ist, dann bliebe der Verbraucher an den Versicherungsvertrag gebunden. Daher scheint es gerechtfertigt, für diese Fälle das Widerrufsrecht nach § 9 II VerbrKrG auch auf den Versicherungsvertrag auszudehnen.[639]

**c. Ergebnis**

Bündelt der Allfinanzvermittler Produkte mit einer Kapitallebensversicherung, so führt der Widerruf des Darlehens nach dem HwiG oder dem VerbrKrG auch zur Rückabwicklung des Produktteils Versicherung. Durch die Bündelung erhält der Kunde neben dem Widerruf nach § 8 IV VVG eine zusätzliche Möglichkeit der Rückabwicklung, wenn der Produktteil Darlehen nach dem HwiG bzw. VerbrKrG widerrufen wird.

---

638 SchlHOLG MDR 98, 892

639 Ebenso Scholz, Verbraucherkreditverträge, Rn. 347

## D. Täuschungen des mulitifunktionalen Vermittlers beim finanzierten Abzahlungskauf

Im folgenden wird untersucht, wie es sich auswirkt, wenn der Vermittler über einen Umstand täuscht, der sich unmittelbar auf einen Bestandteil des Produktbündels bezieht (also beispielsweise die Täuschung über einen Umstand des Kaufvertrages) in Bezug auf die gleichzeitig abgeschlossenen übrigen Verträge des Produktbündels (beispielsweise den Darlehensvertrag, bei dem alle essentialia negotii richtig wiedergegeben worden sind.) Hierfür wird auf die Rechtsfigur der arglistigen Täuschung und die Zurechnung von Drittverhalten eingegangen. Dargestellt wird die Auffassung des Reichsgerichts, aus der heraus sich die Entwicklung des Begriffs des Dritten in seiner heutigen Ausprägung erklären läßt.

### I. Der Begriff der arglistigen Täuschung

§ 123 I BGB sichert die rechtsgeschäftliche Entscheidungsfreiheit gegen unerlaubte Mittel der Willensbeeinflussung.[640] Dem BGB liegt ein formaler Selbstbestimmungsbegriff zugrunde.[641]

Grundsätzlich braucht sich der Geschäftspartner um die Motive der Entscheidungsbildung seines Gegenüber nicht zu kümmern. Die für die Willensbildung maßgebenden Motive fallen vielmehr in den Risiko- und Verantwortungsbereich jedes Einzelnen. Es kennzeichnet den typischen Sinn eines Versprechens, daß es grundsätzlich ohne Rücksicht auf die Erfüllung weiterer Zwecke oder Motive erfüllt werden soll.[642] Grund hierfür ist zum einen der Gesichtspunkt des Verkehrsschutzes.

Die rückhaltlose Anerkennung persönlicher Fehlvorstellungen über die Zweckdienlichkeit eines Rechtsgeschäfts würde zu einer nicht vertretbaren Einschränkung rechtsgeschäftlicher Bindungen führen[643] und darf nicht auf dem Weg über die Ungültigkeit der Willenserklärung auf den Partner abgewälzt werden.[644]

Die persönliche Verantwortung wird aber in Frage gestellt, wenn der Irrtum nicht oder nicht ausschließlich der eigenen Risikosphäre zugerechnet werden kann, sondern zumindest auch auf Fremdverantwortung beruht.[645] Solange von den Vertragsparteien nicht gegen freiheitssichernde Verhaltensregeln verstoßen wird, solange also Zwangsausübung, Täuschung und Betrug den freien Willen der Vertragsparteien nicht beeinträchtigen und solange durch Vertragsergebnisse die Freiheitsrechte anderer nicht tangiert werden, obliegt es den Individuen, den Inhalt von Verträgen zu bestimmen.[646] Korrelat für die grundsätzliche Gültigkeit rechtsgeschäftlicher Erklärungen ist daher der Schutz gegenüber allen möglichen Arten von Beeinträchtigungen der Freiheit der Willensentschließung. Dies ist die Funktion des § 123 BGB.[647] § 123 BGB schützt vor widerrechtlichen Eingriffen in die Entschließungsfreiheit.[648]

---

640 H.M. zuletzt BGH NJW 98, 302(304); BGHZ 141,147; Wolf, Rechtsgeschäftliche Entscheidungsfreiheit und vertraglicher Interessenausgleich, S. 111ff.

641 Singer, Selbstbestimmung, S.39ff Jedem einzelnen ist die Entscheidungsfreiheit formal zugewiesen. Formale Gleichheit kennzeichnet das Gerechtigkeitsprinzip des Vertragsrechts

642 Diesselhorst, Zum Irrtum beim Vertragsschluß, S. 180

643 Schmidt-Rimpler AcP 147,191 (1941); Westermann JuS 64,171

644 Flume, Das Rechtsgeschäft, § 21.8; derselbe Festschrift DJT S. 203; Enneccerus-Nipperdey, A.T. § 177 I; Wolf, Rechtsgeschäftliche Entscheidungsfreiheit und vertraglicher Interessenausgleich, S. 145

645 Singer S. 237

646 Vgl. Grunsky, Vertragsfreiheit und liberale Wirtschaftsordnung, S. 237

647 Singer, a.a.O.S. 237

648 Motive I, 204, 206 (Mugdan I 465,466) ; von Lübtow FS Bartholomeyczik, S. 255; BGH NJW 67,1222; Soergel/Hefermehl § 123 Rn.1, zuletzt BGH NJW 98,898

Die Vorschrift beruht auf dem Gedanken, daß sich eine rechtsgeschäftliche Selbstbestimmung, die von der Privatautonomie vorausgesetzt wird, nur verwirklichen läßt, wenn sich die Willensbildung frei von Täuschung vollziehen kann.[649] § 123 BGB schützt auch vor Störungen der Willensbildung, also Fehlern, die nicht dem Inhalt der Erklärung anhaften, sondern die Bewertungsgrundlage betreffen.[650] Auf dieser Bewertungsgrundlage baut der Geschäftswille auf. § 123 BGB betrifft zum überwiegenden Teil die arglistige Täuschung über solche Umstände, die nicht den Inhalt der Willenserklärung, sondern Motive[651] für die Abgabe der Willenserklärung sind.
Für die nachfolgende Untersuchung bedeutsam ist es, nochmals darauf hinzuweisen, daß keine Einschränkung dahingehend vorgenommen wird, daß nur bestimmte unwahre Tatsachen Täuschungsgegenstand i.S.d. § 123 BGB sein können. Unerheblich ist, welchen Inhalt die unwahren Tatsache besitzen. Es wird nicht verlangt, daß die unwahren Tatsachen die essentialia negotii des jeweiligen Rechtsgeschäfts betreffen müssen. Gleichgültig ist, in welcher Beziehung die vorgetäuschten Umstände zum Inhalt der Willenserklärung stehen.[652]

Es kommt anders als beim Irrtum des § 119 BGB nicht darauf an, worauf sich der Irrtum erstreckt, ob er objektiv erheblich ist oder nicht.[653] Die Erheblichkeit des Irrtums ist nicht nach der objektiven Anschauung des Verkehrs und des Durchschnittsmenschen zu bestimmen, sondern ganz nach dem persönlichen, subjektiven Denken der getäuschten Person.[654] § 123 BGB betrifft die besonders schwerwiegende Beeinträchtigung der materiellen Entscheidungsfreiheit und gibt dem Opfer die Möglichkeit zur Aufhebung der formal einwandfreien Bindung. Ein Motivirrtum bedeutet daher stets eine Störung der materiellen Selbstbestimmung.[655] Es reicht aus, wenn der fragliche Irrtum nach der persönlichen Anschauung des Irrenden als erheblich anzusehen ist.[656] Der Erfolg der Täuschung besteht in der Ausnutzung eines fremden Willens zu Handlungen, die der Betreffende unter anderen Umständen nicht vorgenommen hätte.[657] Der Getäuschte muß durch den Irrtum zur Abgabe einer Willenserklärung bestimmt worden sein.[658]

---

[649] Erman/Brox, 9. Aufl. §123 Rn.1
[650] Singer, Selbstbestimmung S.40
[651] Es genügt jeder Motivirrtum, auf den Gegenstand des Irrtums kommt es nicht an. Von Tuhr, Der Allgemeine Teil des Deutschen Bürgerlichen Rechts II 1, S. 604f; Jung, Bürgerliches Recht, S. 596; Lehmann-Hübner, Allgemeiner Teil, S. 272; von Lübtow FS Bartholomeyczik S. 255; BGH NJW 67,1222; Larenz, A.T. § 20 Ia; Flume 27/1; Mü-Ko Kramer § 123 Rn. 10
[652] Soergel- Hefermehl, Bürgerliches Gesetzbuch, 13.Aufl., 1999, § 123 Rn.4
[653] RGE v. 4.II.03 J.W. 1903,Beil. S. 40; von Tuhr, Der Allgemeine Teil des Deutschen Bürgerlichen Rechts II 1; 1914,604f.; Jung, Bürgerliches Recht, 1931, 596; Lehmann-Hübner, Allgemeiner Teil, 1966, 272
[654] Bauer, Täuschung, S. 21; Eck, Vorträge, S. 149; RGZ 81,13; BGH NJW 67,1223
[655] Singer, Selbstbestimmung, § 12 S. 208
[656] Bauer, Täuschung, S. 21
[657] Bank, Begriff und zivilrechtliche Bedeutung der arglistigen Täuschung, S. 54; Imle, Vorsatz, Arglist und Hinterlist im BGB, S.37 S. 273 Fn.177; v.Lübtow FS Bartholomeyczik S. 273
[658] Münchner Kommentar a.a.O. Rn.9

### 3. Täuschung durch Dritte

Bei der Täuschung durch Dritte nimmt der Getäuschte freiwillig und bewußt am Rechtsverkehr teil, so daß es für gerechtfertigt gehalten wird[659], den Teilnehmer auch für die Risiken aus seinem potentiell gefährlichen Verhalten einstehen zu lassen. Zu den Risiken des Geschäftsverkehrs gehöre es nun einmal, daß man sich irrt, sei es, daß einem selbst Fehler unterlaufen, sei es, daß man das Opfer einer Täuschung durch andere Verkehrsteilnehmer wird. Es bestehe die Möglichkeit zumutbaren Selbstschutzes, da niemand gezwungen ist, sich dem Urteil eines Dritten anzuvertrauen. Der Getäuschte handelt deshalb typischerweise 'auf eigene Gefahr', wenn er sich auf Tatsachenbehauptungen Dritter verläßt.[660] Anders jedoch, wenn die Verantwortung für den Irrtum nicht oder nicht allein in den Risikobereich des Anfechtungsberechtigten fällt.

Die Motive[661] führen zum Begriff des Dritten aus: „Ist die Freiheit der Willensentscheidung Voraussetzung der Gültigkeit der Willenserklärung, so kann es an sich keinen Unterschied machen, ob die rechtswidrige Beeinflussung von einem bei dem Rechtsgeschäfte Beteiligten oder Unbeteiligten ausgeübt worden ist. Die strenge Durchführung dieses Grundsatzes führt indessen zu Härten, wenn bei einer Willenserklärung, welche gegenüber einer Person abgegeben werden mußte und abgegeben ist, die Beeinflussung von einem Dritten ausging, während der Empfänger der Willenserklärung bei der Beeinflussung nicht beteiligt war, auch dieselbe weder kannte noch kennen mußte."

Bei der Frage, welche Personen Dritte i.S.d. § 123 sind, geht es darum, wann der Erklärungsempfänger für das Verhalten einer anderen Person einstehen muß. Im folgenden wird diese Frage erörtert.

## II. Die Auffassung des Reichsgerichts

Das Reichsgericht unterscheidet drei Personengruppen:

- Vertragsgehilfe mit Abschlußvollmacht **(Stellvertreter)**
- Vertragsgehilfen, die betraut sind, Gelegenheiten zu Vertragsabschlüssen nachzuweisen **(Vertragsvermittler)**
- Vertragsgehilfen, die Vertragsverhandlungen ohne Abschlußvollmacht führen **(Vertragsergänzungsvollmacht)**

### 1.Täuschungen durch den Vertreter

#### a. Auffassung des Reichsgerichts im Zivilrecht und Versicherungsrecht

Das Reichsgericht geht von dem Wortlaut des Gesetzes aus, daß Dritter jeder andere als Erklärender und Erklärungsempfänger ist.[662] Nach Ansicht des Reichsgerichts ist der Vertreter des Erklärungsgegners kein 'Dritter' i.S.d. § 123 II BGB.[663] Denn der Vertreter hat 'die Vertragserklärung entgegengenommen' und ist demzufolge ein bei der 'Vertragserklärung Beteiligter'.[664]

---

[659] Singer, Selbstbestimmung, S.211

[660] Singer, a.a.O. S.211

[661] Singer, a.a.O.S. 206

[662] Altmann S.24 hat plausibel begründet, daß der täuschende Abschlußvertreter, selbst wenn er Empfangsvollmacht besitzt, nicht bereits deshalb als derjenige gilt 'demgegenüber die Erklärung abzugeben ist'. Denn in seiner Eigenschaft als Täuschender wird er von den Stellvertretungsvorschriften nicht mehr erfaßt.

[663] JW 09,718; Warneyer 1911,405; HRR 35 Nr.324; der BGH übernimmt die Rechtsprechung des RG kommentarlos BGHZ 20,36(39); BGH WM 74,866; BGH WM 80,1452; RGZ 61,207(212);

Das Reichsgericht stützt seine Ansicht vor allem auf die Motive zum BGB.
Die Täuschung des Vertreters wird dem Erklärenden zugerechnet und zwar auch dann, wenn er ohne Vertretungsmacht gehandelt hat, das Geschäft jedoch vom Vertretenen genehmigt wurde.[665]
Zeitweise begründete das Reichsgericht dies mit der Analogie zu § 166 I BGB.[666] Das Reichsgericht ist der Ansicht[667], daß es unerheblich ist, daß der Geschäftsherr keine Vollmacht zur arglistigen Täuschung erteilt hat.
Denn es handelt sich bei der Übernahme von Vertragspflichten um rechtsgeschäftliche, durch die Vollmacht gedeckte Willenserklärungen, auf die § 166 BGB Anwendung findet. Um zu einer billigen Entscheidung zu gelangen, beschränkt das Reichsgericht den Begriff der 'Vertretung' nicht auf das rechtsgeschäftliche Handeln, sondern bezieht das rein tatsächliche Mitteilungsverhalten darin ein.[668]

Diese Ausführungen betreffen aber m.E. nur die Frage, auf wessen Person bei der Täuschung abzustellen ist, geben aber keine Erklärung, warum der Vertreter haftet.

**b. Kritik des Schrifttums an der Auffassung des Reichsgerichts**

Es wird kritisiert, daß es sich bei der aktiven arglistigen Täuschung nicht um die Beeinflussung von Rechtswirkungen nach § 164, sondern letztlich um ein Verhalten außerhalb des Rahmens rechtsgeschäftlicher Vertretung handle. Die Täuschung selbst habe mit der Abschlußvollmacht nichts zu tun.[669] Es wird nicht ein rechtsgeschäftlicher Wille erklärt, sondern die rechtserhebliche Kenntnis ( ein Wissen also ) von Tatsachen erklärt bzw. verschwiegen. Teilweise wird hieraus konsequent der Schluß gezogen, daß der Tatbestand der arglistigen Täuschung von den Stellvertretungsvorschriften nicht erfaßt werde.[670]
Andere argumentieren, daß § 166 dem Vertretenen nicht nur volitive, sondern auch kognitive Verhaltensweisen seines Vertreters zurechnen wolle.[671]

**c. Umfang des Anfechtungsgegenstandes bei der arglistigen Täuschung durch den Vertreter**

Der Vertreter ist in der Lage, eine arglistige Täuschung in doppelter Weise zu verüben, einmal durch die Vorspiegelung von Umständen, die zugleich eine Vertragsbestimmung darstellen, aber auch schon durch Vorspiegelungen von nicht den Vertrag betreffende Umstände.

---

72,133(135); RG 81 Nr.94 S.436; Warn 10 Nr.405; ebenso die Literatur: Kraus Anm. 440; Enneccerus-Nipperdey § 174 II
[664] RGZ 72,133,136f.
[665] RGZ 76;107,109; 101,97; analog deshalb, weil § 166 BGB unmittelbar nur die Seelenzustände eines auf der passiven Seite handelnden Vertreters betrifft.
[666] RGZ 76,107(109); 58,342(347); 101,97(98); RG JW 21,623; RGZ 83,244.
[667] RGZ 58,347; 83,244
[668] Altmann, a.a.O., S. 26
[669] Schmidt-Rimpler, Hdwb. d. ges. Handelsrechts 5. Bd. 1.Abt. 1. Hälfte, S. 251; Kiehl, Gruchot Beiträge Bd. 63, 259,260; Altmann S. 25; JW 21,623
[670] Vgl. Enneccerus/Nipperdey a.a.O. § 182 II 1 a, S. 1117; Hübner, A.T. Rn. 638 S. 479; Schubert AcP 168,473 und 477
[671] Schmidt, Die Obliegenheiten, S. 285ff.

In RGZ 61, 207[672] wird der Frage nachgegangen, ob das BGB eine allgemeine Haftung des Vertretenen wegen arglistiger Handlungen des Stellvertreters kennt, die dieser bei Gelegenheit des Vertragsschlusses begangen hat. Der Begriff „bei Gelegenheit“ wird dabei benutzt, um nichtvertragsmäßige Angaben abzugrenzen. Es sind solche bloße Angaben, 'für die eine Haftung durch den Vertrag selbst nicht übernommen ist,'[673] also Umstände, die nicht wirksam als Vertragsbestandteil vereinbart worden sind.[674] Der 5. Zivilsenat stellt fest, daß weder § 164 BGB noch § 166 BGB Anwendung finden auf nicht vertragsgemäße, sondern nur bei Gelegenheit eines Vertragsabschlusses gemachte Angaben.
Solche Angaben könnten nicht als Willenserklärungen nach dem gewöhnlichen Sprachgebrauch erachtet werden. Sie stellen nur gewisse **tatsächliche Behauptungen auf, seien Wissenserklärungen** und haben mit dem auf den Vertrag selbst und seine Einzelbestimmungen gerichteten Willen des Erklärenden nichts zu tun.[675] Das Reichsgericht bejaht dennoch die unbeschränkte Haftung des Vertretenen für die auch nur bei Gelegenheit des Vertragsschlusses abgegebenen Erklärungen. Dies habe bereits für das gemeine Recht gegolten, daß der Geschäftsherr für den Betrug des Vertreters so einzustehen hat, als hätte er ihn selbst begangen.[676] Dies ergebe sich auch aus den Motiven zu §§ 117,118 (jetzt § 164).[677] Daß nur von Fahrlässigkeit und nicht von arglistigem Verhalten bei dieser Gelegenheit, das doch Erwähnung in höherem Maße verdient, die Rede ist, weise ausdrücklich darauf hin, daß, wenn ein Stellvertreter beim Zustandekommen eines Rechtsgeschäfts sich eines Betruges schuldig gemacht hat, das Geschäft ohne Rücksicht darauf, ob der Vertretene davon Kenntnis gehabt habe, anfechtbar sei. Eine entsprechende gesetzliche Regelung hat man nicht für erforderlich gehalten.
Für das Versicherungsrecht wird in gleicher Weise entschieden. Entscheidend ist lediglich, ob der Anfechtende durch die Vorspiegelung bestimmt worden ist, den Vertrag abzuschließen, es ist gleichgültig, ob der Umstand zugleich eine Vertragsbestimmung darstellt oder ganz außerhalb des Vertragsinhalts liegt.[678] Eine dogmatische Begründung unterbleibt.

---

[672] Dem liegt folgender Sachverhalt zugrunde: der Vater als gesetzlicher Vertreter seines Sohnes verkaufte ein Grundstück mit Genehmigung des Vormundschaftsgerichts. Er machte dabei arglistig unrichtige Angaben über die Ertragsaufstellung.
[673] RGZ 61,210
[674] Müller-Erzbach, Iherings Jahrbücher Bd.73, S.135(140) begrüßt die Rechtsprechung.
[675] RGZ 61,207
[676] RGZ 61,207(211) liegt folgender Sachverhalt zugrunde: ein Prokurist täuschte den Geschäftspartner über das zu verkaufende Rosteisen, indem er vorgab, es sei auf dem Hüttenwerk des Geschäftsherrn fabriziertes reines Holzkohleeisen. Es zitiert die Entscheidungen ROHG 6,403; 15,26), die als Ansatzpunkt die Erweiterung des Wirkungskreises des Geschäftsherrn und den Gedanken des 'venire contra factum proprium' liefert. Man darf sich nicht nur einseitig auf die Vorteile berufen und sich bei den Nachteilen in Unschuld wiegen. Der Geschäftsherr habe für seinen Vertreter so einzustehen, als hätte er die Täuschung selbst begangen, die Handlung wird ihm so zugerechnet, als sei sie seine eigene. Vgl. weiterhin die Nachweise für das gemeine Recht zitiert von RGZ 61,207(211)
[677] Die Motive Bd. 1 S. 228 sagen wörtlich: " Für den Schaden, den der Vertreter durch eine in Ausübung seiner Vertretungsmacht begangene widerrechtliche Handlung Dritten zufügt, ist der Vertretene – von den für juristische Personen gegebenen besonderen Vorschriften abgesehen- nur innerhalb der aus §§711,712 (jetzt § 831BGB) ersichtlichen Schranken haftbar. Ob und inwieweit der Vertretene für eine vom Vertreter bei Eingehung eines Rechtsgeschäfts begangene Fahrlässigkeit (culpa in contrahendo) einzustehen hat, hängt davon ab, ob in der Begehung eine unerlaubte Handlung, oder lediglich eine Verletzung rechtsgeschäftlicher Pflichten zu erblicken ist – eine Frage, die schon oben (S. 195) als der Wissenschaft angehörig bezeichnet ist."
[678] OLG Rspr. OLG Kassel, Urteil vom 20.02.1908 17,45

### d. Ergebnis

Das Reichsgericht geht von dem Gedanken eines weiten Begriffs der Vollmacht aus. Der Geschäftsherr ermächtigt nicht nur zum rechtsgeschäftlichen Handeln, sondern bezieht das rein tatsächliche Mitteilungsverhalten darin ein. All diese Fälle betreffen aber immer nur den Abschluß eines Vertrages. In allen Entscheidungen hat der Vertreter unrichtige Angaben unterbreitet, aufgrund derer ein Vertrag abgeschlossen wurde. Da nur über diesen einen Vertrag verhandelt wurde, läßt sich die Kausalität leicht begründen. Es gibt- soweit ersichtlich- keine Entscheidung hinsichtlich eines Vertragsbündels. Bemerkenswert ist, daß bereits hier der Begriff 'bei Gelegenheit' verwendet wird.
Es wird keine dogmatische Begründung gegeben, warum der Geschäftsherr für diese vereinbarungswidrige Täuschung des Vertreters einstehen muß.

### 2. Ansicht des Reichsgerichts hinsichtlich des Vermittlers im allgemeinen Zivilrecht und Versicherungsrecht

Der bloße Vermittler von Verträgen wurde vom Reichsgericht sowohl im Versicherungsrecht (sogenannter Versicherungsmakler)[679] als auch im allgemeinen Zivilrecht[680] als Dritter i.S.d. § 123 II BGB angesehen. Begründet wurde dies damit[681], daß die Tätigkeit des Maklers sich darauf beschränke, anderen Personen Vertragsinteressenten zuzuführen. Der Makler habe nicht die Aufgabe, mit Wirkung für den Erklärungsgegner ein vorvertragliches Pflichtenverhältnis zu begründen. In diesem Stadium der reinen Vertragsvermittlung wolle sich der Erklärungsgegner nicht mit den Angaben des Dritten identifizieren und diesen zu seinem Verhandlungsgehilfen i.S.d. § 278 BGB machen; vielmehr sollen die eigentlichen Verhandlungen erst später stattfinden. Die Partei, mit der er aufgrund des erteilten Auftrages verhandelt, wisse, müsse wenigstens wissen, daß der Auftraggeber selbst die entscheidende Rolle bei dem ganzen Geschäft spielt, daß der Vermittler nur die Aufgabe hat, die beiden Parteien in unmittelbare Beziehungen zueinander zu bringen. **Der Makler soll nicht auf die Willensbildung einer Partei einwirken.**[682]

### 3. Täuschung durch den Verhandlungsgehilfen ohne Abschlußvollmacht

Einem Wandel unterworfen ist die Stellung des Verhandlungsgehilfen ohne Abschlußvollmacht. Diese wird im allgemeinen Zivilrecht und Versicherungsrecht unterschiedlich beurteilt. Daher ist im folgenden nach dem Rechtsgebiet zu trennen.

#### a. Allgemeines Zivilrecht - Die Ansicht des Reichsgerichts

Das Reichsgericht sah den Verhandlungsgehilfen ohne Abschlußvollmacht als Dritten an.
1. Es unterscheidet zwischen einem bloßen Auftragsverhältnis ohne Abschlußvollmacht und dem Vertreterverhältnis. Nur wer einen andern bevollmächtigt, ihn zu vertreten, gebe damit nach außen kund, daß er dem Vertreter sein volles Vertrauen geschenkt habe und es sich gefallen lassen wolle, mit ihm identifiziert zu werden. Dies gelte aber nicht, wenn der Geschäftsherr ihn nur zu beschränktem Handeln beauftragt und sich selbst die entscheidende Tätigkeit vorbehalten habe.

---

[679] Bruck-Möller Rn. 53 zu Vor §43-48 VVG; Honsell, VVG, § 22 Rn.25
[680] RGZ 101,97,99
[681] RGZ 101, 97; JW 1921,392; Warn Rspr. 1909 Nr.178; Flume Rechtsgeschäft § 29,3; BGH WM 64,853; LG Mannheim MDR 64,232; Schubert AcP 168,492
[682] Müller-Laube, Teilzahlungskredit und Umsatzgeschäft, S. 172

2. Das Reichsgericht macht jedoch eine Einschränkung, wenn der Vermittlungsagent den Auftrag hat, den Vertragsinhalt unmittelbar zu beeinflussen, den Vertrag so weit fertig zu stellen und vorbehaltlich der Genehmigung die Verkaufsbedingungen dergestalt zu vereinbaren, daß die Bindung des Geschäftsherrn nur noch von dessen Genehmigung abhängt, er also nicht nur zu beschränktem Handeln, etwa zu bloß einleitender Vorbereitungstätigkeit bestellt ist und sich der Geschäftsherr die entscheidende Tätigkeit vorbehält. In diesen Fällen müsse der Vermittler alle Abmachungen des Vermittlers gegen sich gelten lassen, gleichgültig, ob er Kenntnis davon erhalten hat oder nicht.[683] In diesen Fällen habe der Geschäftsherr eine sogenannte **Verhandlungsvollmacht**'[684] erteilt. Die Stellung dieser Gruppe von Verhandlungsgehilfen sei hinsichtlich ihrer Vertretungsbefugnisse stärker als die der bloßen Vermittler, aber schwächer als die der mit voller Vertretungsmacht ausgestatteten Abschlußbevollmächtigten.[685] Das Reichsgericht geht nicht mehr von § 166 BGB analog aus. Es führt aus, daß die Bestimmungen des BGB §§ 164, 278, 831 nicht unmittelbar paßten.[686] Es entstände aber ein unerwünschtes Resultat, wenn der Geschäftsherr die Vorteile eines für ihn durch den Geschäftsführer vorbereiteten Geschäfts genieße, dagegen die durch ihn verschuldeten Nachteile von sich weisen dürfe. Es liege eine stillschweigende Abmachung der Vertragsparteien vor, daß der Geschäftsherr für etwaiges Verschulden des Vermittlers bei seiner Tätigkeit aufzukommen habe.[687]

**Ergebnis**

Das Reichsgericht argumentiert also mit Billigkeitserwägungen und wirtschaftlichem Interesse, bleibt aber den Merkmalen der Stellvertretung[688], wie auch schon der Begriff „Verhandlungsvollmacht" zeigt, verhaftet. Die Rechtsprechung des Reichsgerichts läßt klare Abgrenzungskriterien vermissen. Insbesondere wird teilweise die Zurechnung der Täuschung in Fällen abgelehnt, in denen der Verhandlungsgehilfe Verhandlungen geführt hat[689], teilweise wird sie, wo er die Verhandlungen maßgeblich leitet[690], bejaht. Nach Ansicht des RG entscheidend ist, inwieweit die Verhandlungsgehilfen den Vertragsschluß vorbereitet haben und eine dem Stellvertreter angenäherte Stellung besitzen. Dies führt zu schwierigen Abgrenzungsproblemen[691] und ist aus Gründen der Rechtssicherheit bedenklich.

---

[683] RGZ 72,133(136); RGZ 63,146 (150f); R.G.R.K. § 123 Anm.4; JW 09, 77;RG Seuff. Arch. 91 Nr. 40; RG JW 21,623; HRR 29 Nr. 595

[684] Dieser Begriff ist von der Praxis geprägt, zum erstenmal bei R.G. Warn. Rspr. 1912 Nr. 198; Riehl, Die Arglist bei Vertragsschluß, S. 90, hält den Ausdruck als sehr unglücklich gewählt, weil das Merkmal, das den Verhandlungsbevollmächtigten" über den gewöhnlichen Vermittler hinaushebt, nämlich die ihm erteilte beschränkte Vertretungsmacht, nicht herauskommt. Denn **zu verhandeln** ist jeder Vermittler beauftragt, denn er soll ja durch seine Verhandlungen den Vertrag in die Wege leiten. Riehl wählt daher den Ausdruck " **Vertragsergänzungsvollmacht**", weil die Abmachungen des Vertragsgehilfen die Kraft haben, den Vertrag des Geschäftsherrn durch Nebenabreden zu ergänzen. Diese Bezeichnung hat sich allerdings nicht durchgesetzt. Altmann hält auch die Verwendung des Wortes 'Vollmacht' für verfehlt; Altmann, a.a.O., S. 33

[685] Anders noch Entscheidung des 2. Zivilsenats vom 26.01.1909, Rep II 33//08, wo der täuschende Verhandlungsführer als Dritter angesehen wurde mit der Begründung, daß er lediglich vorbereitende Verhandlungen geführt habe und der Vertrag vom Geschäftsherrn selbst geschlossen worden sei.

[686] RGZ 63,146

[687] RGZ 63,146 (150f.)

[688] so auch schon Schubert AcP 168 (1968) S. 470(473)

[689] Urteil des 2. Zivilsenats vom 26.01.1909 II 337/08

[690] Urteil vom 27.10.1908 JW 09/77

[691] So auch schon Schubert AcP 168(1968) S. 474

**b. Die Auffassung der Literatur zu Zeiten des Reichsgerichts**

Die Literatur kritisiert die Anwendung der Vorschriften der Stellvertretung für die Zurechnungsproblematik.[692]

Die Täuschung habe nicht den Charakter einer Willenserklärung und werde nicht von der Vollmacht umfaßt, da eine Vollmacht zur Begehung einer Täuschung nicht erteilt wird. Grund der Zurechnung wird vielmehr allgemein darin gesehen, daß der Vertreter von der Partei mit den Vertragsverhandlungen betraut worden ist und die Täuschung in Ausübung einer Tätigkeit begangen hat, die er im Interesse und Auftrag der Partei entfaltet hat.[693]

Nach einer anderen Ansicht[694] ist Dritter nur ein am Zustandekommen des Vertrages Unbeteiligter.[695] Angelehnt an die Entscheidungen des Versicherungsagenten[696] sei Nichtdritter, wer im Interesse der Partei und mit ihrer Billigung an den Geschäftsverhandlungen teil nimmt[697] und dabei Angaben macht, die mit den gepflogenen Verhandlungen in inhaltlichem Zusammenhang stehen.

**c. Täuschungen des Versicherungsagenten ohne Abschlußvollmacht**

Anders wird die Stellung des **Versicherungsagenten ohne Abschlußvollmacht** beurteilt. Beim Versicherungsrecht handelt es sich um ein gegenüber dem allgemeinen Zivilrecht stark abweichenden Spezialgebiet mit zum Teil eigenen Regeln. Hier treten auch die ersten Fallgestaltungen von Kombinationsmodellen auf.

**aa. Auffassung des Reichsgerichts**

In Abweichung vom bürgerlichen Recht wird der Versicherungsagent nicht als Dritter i.S.d. § 123 II BGB angesehen.[698]

Der Versicherungsagent gelte als bevollmächtigt für die in § 43 VVG genannten Handlungen.[699]

---

692 Riehl JW 14,500(504), Ballerstedt AcP 151,511; Altmann S. 25 ; Titze JW 21, 623

693 Titze JW 21, 624; Siebert-Hefermehl, BGB, Auflage 1962 § 123 Nr. 28,29; Ennercerus-Nipperdey A.T. des Bürgerlichen Rechts, 15.Aufl. § 174 II Note 18; Ostwald JW 22,795; ebenso die unterinstanzliche Rechtsprechung OLG Hamburg LZ 1901,844; OLG Kassel OLGE 17,45; OLG Hamburg OLGE 22 Nr. 133

694 Titze, JW 21, 623; ebenso Riehl aaO S. 76; Ryba aaO S. 16; Lenz aaO S.51; Krause S. 22

695 v.Tuhr Bd. 2 1.Halbband S. 616 f.; Nipperdey BGB AT Bd. 2 § 174 II; dagegen Altmann: dies führe zu einem übertriebenen Interessensschutz des Vertragspartners, denn der Geschäftsherr habe es im Einzelfall nicht in der Hand, die Täuschungshandlung des Gehilfen zu vereiteln, während der Gegner sich durch Rückfrage gegen Gefahren sichern könne.

696 Vgl. hierzu unten: C II 2 a

697 Ebenso Siebert-Hefermehl BGB, § 123 Nr. 28,29

698 RGZ 43,142(147)

699 § 43 VVG lautet: Ein Versicherungsagent gilt, auch wenn er nur mit der Vermittlung von Versicherungsgeschäften betraut ist, als bevollmächtigt, in dem Versicherungszweig, für den er bestellt ist,

1.Anträge auf Schließung, Verlängerung oder Änderung eines Versicherungsvertrags sowie den Widerruf solcher Anträge entgegen zu nehmen

2. die Anzeigen, welche während der Versicherung zu machen sind, sowie Kündigungs- und Rücktrittserklärungen oder sonstige das Versicherungsverhältnis betreffende Erklärungen von dem Versicherungsnehmer entgegenzunehmen;

3. die von dem Versicherer ausgefertigten Versicherungsscheine oder Verlängerungsscheine auszuhändigen;

4. Prämien nebst Zinsen und Kosten anzunehmen, sofern er sich im Besitz einer vom Versicherer unterzeichneten Prämienrechnung befindet; zur Unterzeichnung genügt eine Nachbildung der eigenhändigen Unterschrift

Eine Beschränkung Dritten gegenüber sei nicht möglich (§ 47 VVG). Das Versicherungsunternehmen gebe dem Versicherungsnehmer gegenüber kund, daß der Agent mit seiner Geschäftspraxis und seinen Versicherungsbedingungen vertraut sei und –soweit er Vereinbarungen treffe- in ihrem Auftrag handle. Der Versicherungsagent hat die Aufgabe, den Versicherungsnehmer umfassend zu beraten und über den Inhalt und die Bedeutung der Versicherungsbedingungen aufzuklären.[700] Anders als der Beauftragte, der lediglich Vorverhandlungen führt, hat er von seiner Funktion her Einfluß auf die Gestaltung des Versicherungsverhältnisses auszuüben. Er gelte daher zwar nicht als rechtlicher Vertreter, aber Vertreter der Interessen der Gesellschaftsvertreter, also Teil ihrer Organisation und damit Vertrauensmann des Versicherers.[701] Dies rechtfertige es, das Versicherungsunternehmen alle ihm nachteiligen Rechtsfolgen aus dieser Stellung des Agenten tragen zu lassen. Daraus ergebe sich, daß der Versicherungsagent gleichfalls nicht Dritter ist. [702]
Der Versicherungsagent habe im Versicherungsgewerbe auf das Zustandekommen und die Abwicklung des Vertragsverhältnisses deshalb einen größeren Einfluß als der Warenagent, weil beim Warenkauf der Kunde in der Regel die Leistung seines Gegenkontrahenten genau kennt und daher weiß, was er von ihm zu fordern hat. Der Versicherungsnehmer dagegen sei im Durchschnitt über den Umfang der Leistung seines Vertragspartners schlecht informiert und erwarte Aufklärung. Er habe selten Zeit und Lust, die meist stark verklausulierten Versicherungsbedingungen zu studieren.
Unerheblich sei, ob der Verhandlungsgehilfe maßgebend auf den Vertragsschluß Einfluß genommen hat.[703]
Die Ansicht des Reichsgerichts wird in der Literatur fast einmütig gebilligt.[704] Es ist nicht zu untersuchen, ob es sich um einen Abschluß- oder Vermittlungsvertreter handelt, da die Vertrauensstellung für beide gilt.

**Ergebnis: Hier wird die Vertrauensstellung nicht anhand der konkreten Umstände des Einzelfalls festgestellt, sondern verobjektiviert anknüpfend an das Berufsbild des Agenten.**

### bb. Umfang des Anfechtungsgegenstandes

Es werden auch Täuschungen, die nicht unmittelbar den Vertragsgegenstand betreffen, sondern Gegenstand eines anderen Vertrages sind, zugerechnet, wie beispielsweise die Täuschung über eine vermeintliche Rechtsfolge.[705]

[700] ständige Rechtsprechung RGZ 46,184; Gruchot Beiträge Bd. 54,426; RGZ 73,302(303); JW 1913,542 Nr.5; RGZ 120;277; JW 39,1932
[701] RGZ 46,184; RGZ 66,275; JW 04,232 Nr. 33; VA Anh. 1908,47Nr. 318; VA Anh. 1909, 30 Nr. 441;LZ 1,844 (abweichend aber ohne Begründung OLG Hamburg LZ 1, 684); RGRK 22,133; OLG Kassel 17,45
[702] Prölss/Martin/Kollhosser, VVG, § 43 Rn. 41; § 44 Rn. 5; Honsell/Gruber, VVG, § 43 Rn. 41
[703] BGH VersR 89, 465,466 mit zust. Anm. Littbarski EwiR 89, 823f.; Prölss/Martin/Prölss § 22 Rn. 1; anders scheinbar Honsell, a.a.O. § 22 Rn. 19, der aber letztlich auch fordert, daß die Person in den Vertragsschluß bei der Erklärung und ihrer Vorbereitung eingeschaltet sein muß.
[704] Jacusiel, Das Recht der Verhandlungsagenten, S.97;Nachweise bei Altmann S.42; Graupe, Agentenrecht, S. 62ff.; noch weitergehend v. Gierke, Die Anfechtung des Versicherungsvertrages, S.9, der auf die Beteiligung an der Willensbildung abstellt und mit der Begründung auch den Makler als Nichtdritten ansehen will.
[705] In VerBAV 69,27 täuschte der Vertreter, daß durch den Abschluß einer Lebensversicherung der Kunde von der Pflichtversicherung bei der gesetzlichen Rentenversicherung freigestellt würde.

Lediglich in einer Entscheidung[706] führt das Gericht aus, daß die Versicherung betrügerische Handlungen eines Agenten bei Eingehung eines Versicherungsvertrags nur insoweit wie ihre eigenen gegen sich gelten lassen muß, als es sich um Erklärungen des Agenten bezüglich des Versicherungsantrags handelt. Das Gericht ließ aber die Anfechtung bereits aus anderen Gründen zu, so daß die Ausführungen nur obiter erfolgten.[707]

**cc. Die Ansicht der Literatur hinsichtlich des Umfangs der Zurechnung der Täuschung des Versicherungsagenten**

Schneider[708] kritisiert, daß der Vermittlungsagent weder 'Vertreter' im Rechtssinn noch 'Interessenvertreter' im wirtschaftlichen Sinn sei. Er sieht den Versicherungsagenten als Dritten an, sofern er außerhalb der ihm von § 43 VVG zugemessenen Funktionen tätig wird. Seit der Geltung des VVG könne der Agent, der zum Abschluß nicht zuständig sei, auch nicht als „Interessen-Vertreter" i.S.d. § 123 BGB gelten. Daher bleibe im Fall einer Täuschung durch den Agenten dem Versicherungsnehmer im wesentlichen nur die Anfechtung nach § 123 Abs. 2 BGB. Diese Ansicht ist jedoch vereinzelt geblieben.

Josef[709] billigt das Ergebnis, bezeichnet aber ihre Begründung als unzulänglich, weil die Bezeichnungen Vertrauensmann oder Interessensvertreter unjuristischer Natur seien. Er argumentiert, daß der Agent gemäß § 43 Ziff.1 VVG zur Entgegennahme des Antrags bevollmächtigt sei. Dazu gehört die der Unterschrift vorhergehende Beratung, bei der er die näheren Maßgaben der beabsichtigten Versicherung vereinbart. Die hierbei durch den Agenten verübte Täuschung des Antragstellers gelte daher als solche des Versicherers.

**dd. Behandlung von versicherungsrechtlichen Kombinationsmodellen bis 1951**

Bis heute nicht entschieden ist, was gilt, wenn die Täuschung nicht das Versicherungsverhältnis an sich betrifft, sondern sich auf ein anderes, von der Versicherung rechtlich unabhängiges Geschäft bezieht und beide Verträge zeitgleich als Einheit abgeschlossen werden.

In der Versicherungssparte wird dieses Problem bereits sehr früh bei Versicherungsverträgen im Zusammenhang mit dem Abschluß eines Darlehensvertrags diskutiert. Denn bereits sehr früh suchte der Versicherungsaußendienst die Verbindung zwischen Darlehensgeschäft und Lebensversicherungsabschlüssen, um einen ständig wachsenden Einfluß im Wettbewerb zu gewinnen. Er bot oftmals neben dem Abschluß von Versicherungen Darlehensgewährungen (meist desselben Versicherungsunternehmens) an. Dieser Agent ist ein Vorläufer des Allfinanzdienstleistungsvermittlers.

In RG JW 28,1740 vermittelte der Versicherungsagent ohne Abschlußvollmacht dem Kunden einen Versicherungsvertrag. Er sicherte ihm wahrheitswidrig zu, daß ihm nur so ein Hypothekendarlehen gewährt werden könne.

---

[706] RG VA 31, 18-19 Nr. 2247

[707] Der Entscheidung liegt folgender Sachverhalt zugrunde: der Angestellte eines Versicherungsagenten ohne Abschlußvollmacht hatte bei der Vermittlung einer Lebensversicherung einen Arzt zum 'Vertrauensarzt' der Gesellschaft bestellt. Das Gericht ließ offen, ob die Bestelllung zum Vertrauensarzt hierzu gehört.

[708] RG LZ 1910,54; LZ 04,53

[709] Josef, Zeitschrift für Handelsrecht und Konkursrecht 67, 173 (175,177)

Das Reichsgericht gelangt zu dem Ergebnis, daß sich die Täuschung auch auf den Inhalt des Versicherungsvertrags beziehe. Es konstruiert eine aufschiebende Bedingung, daß der Wille des Versicherungsnehmers dahin gegangen sei, den Versicherungsvertrag nur unter der aufschiebenden Bedingung der Darlehensgewährung abzuschließen.[710]

In dieser Konstellation betrifft die Täuschung den Darlehensvertrag. Über den Versicherungsvertrag selbst wurde nicht getäuscht. Trotzdem konnte der Kunde den Versicherungsvertrag wegen arglistiger Täuschung anfechten.
In drei ähnlichen Fällen[711] war zwischen dem Kunden und dem Versicherungsagenten vereinbart worden, daß mit dem Abschluß des Versicherungsvertrages auch ein Darlehen gewährt werden sollte. Der Versicherungsagent täuschte den Kunden darüber, daß er nicht beabsichtige, diese Vereinbarung der Versicherung zu übermitteln. Das Gericht stellt fest, daß es dem Kunden darauf ankam, sich durch die Vorlage der Versicherungspolice ohne weitere Unterlagen Kredit zu verschaffen. Hier bezog sich die Täuschung auf einen unmittelbar darlehensvertragsbezogenen Umstand. Das Gericht argumentiert, daß die Auszahlung als gültiger Bestandteil des Versicherungsvertrags ausbedungen sei.

Damit bezöge sich die Täuschung letztlich auf eine Bedingung des Versicherungsvertrags. Mit der Argumentation der aufschiebenden Bedingung des Vertrages vermied das Gericht, sich mit dem Umfang des Anfechtungsgegenstandes bei der Täuschung durch Agenten auseinanderzusetzen.
Die soweit ersichtlich letzte Entscheidung stammt vom LG Köln.[712] Dort hatte der Vermittler im Zusammenhang und im Hinblick auf den Vertragsabschluß vorgespiegelt, die Versicherungsgesellschaft arbeite bei der Kreditgewährung mit Kreditunternehmen zusammen und die Kreditgewährung sei gesichert. Das Gericht stellte fest, daß die in Aussicht gestellte Kreditgewährung Beweggrund für den Abschluß der Lebensversicherung war.[713] Hier war jedoch eindeutig keine Bedingung vereinbart worden. Das Gericht bejahte dennoch die Voraussetzungen der arglistigen Täuschung, ohne den Anfechtungsgegenstand zu problematisieren.

**Eigene Meinung**

Auffallend ist, daß die Judikatur bei einer Täuschung über auf das Darlehen bezogene Umstände auch die Anfechtung des Versicherungsvertrages zuläßt. Es wird nicht nach dem Anfechtungsgegenstand differenziert.

---

[710] Das Gericht prüft danach einen Anspruch aus c.i.c. Es macht im folgenden Ausführungen darüber, ob der Agent seine Vollmacht überschritten habe oder ob der Geschäftsherr sich zur Erfüllung der durch die Verhandlung entstandenen Verpflichtungen des Agenten bedient habe. Es bestimmt den Umfang des Einstehens nach dem Umfang der Vollmacht, ob der Agent ohne jede Einschränkung zum Vertragsschluß ermächtigt gewesen sei oder ob diese dem Gegner erkennbar bereits beschränkt gewesen sei. Denn der Agent sei nur zu solchen Erklärungen ermächtigt anzusehen, die in dem jeweiligen Versicherungszweig üblich sind und daher als vom Willen des Versicherers bei den Vorverhandlungen zu dem bestimmten Versicherungsvertrags gedeckt angesehen werden könnten. Die Zusicherung eines Hypothkendarlehens steht nicht mit den zu jener Zeit bei Abschluß von Versicherungsverträgen bestehenden Geschäftssitten im Einklang. Dies lehnt es dann ab und verneint somit einen Anspruch aus cic.

[711] VA 08,47-48 Nr.380; VA 29,15 Nr.1928; LZ 26,324

[712] LG Köln VersR 51,294-295

[713] LG Köln VersR 51, S.295

Eine Besonderheit in den Fällen dieser Koppelung könnte darin liegen, daß es zu dieser Zeit vielfach üblich war – so schon das Urteil des königlich preußischen Kammergerichts[714], - daß Versicherungsgesellschaften den Kunden gegen Verpfändung der Police über die bei ihnen genommene Versicherung Kredit gewähren.
Weiterhin ist zu beachten, daß die Rechtsprechung schon sehr alt ist. Es ist sehr fraglich, ob eine solche Fallgestaltung nunmehr ähnlich entschieden werden würde. Denn durch das Kombinationsprodukt des finanzierten Abzahlungskaufs (Darlehensvertrag/Kaufvertrag) ist die Möglichkeit einer Verknüpfung zweier rechtlich selbständiger Verträge breit diskutiert worden.
Die Auffassung der Konstruktion einer aufschiebenden Bedingung wird nach wie vor von einem Teil der Literatur für den Fall des Nichtzustandekommens eines Vertrages[715] angenommen, was von der Judikatur aber abgelehnt wird. Die Rechtsprechung des RG vermag daher kaum einen Hinweis zu geben, wie heutzutage Kombinationsmodelle zu lösen sind.

**ee Kritik der Literatur hinsichtlich der Behandlung der versicherungsrechtlichen Kombinationsmodelle**

**aaa.** Kritik hinsichtlich dieser 'frühen Kombinationsmodelle' ist mehrfach geäußert worden. Ehrenberg[716] sieht den Versicherungsagenten hinsichtlich der ganz selbständigen, aus dem Rahmen eines Versicherungsvertrags herausfallenden Tätigkeit als Dritten i.S.d. § 123 II BGB an. Auch daß die Gewährung des Darlehens als 'Bedingung' in einem engen Zusammenhang mit dem Versicherungsvertrag gedacht war, könne hieran nichts ändern. Er begründet dies mit der für ihn negativen Konsequenz, daß der Versicherer sonst von jeder Vereinbarung mit dem Agenten, die gänzlich außerhalb des Bereichs von dessen Vollmacht liegt, in Mitleidenschaft gezogen werden könne. Die Aufgabe des Versicherungsagenten bestehe darin, mit dem Kunden die Versicherungsbedingungen auszuhandeln, und insoweit müsse die Versicherung für die Erklärung des Agenten einstehen. Die Versicherung müsse aber unstreitig nicht für die Gewährung des Darlehens einstehen. Die Versicherungsgesellschaften seien nicht vollumfänglich für ihre Vermittlungsagenten verantwortlich, wie es vor Erlaß des VVG der Fall gewesen sei.

**bbb.** Kritik äußert auch von Thüsen.[717] § 43 VVG sei auf bestimmte, genau abgegrenzte Rechtshandlungen beschränkt und dürfe als Ausnahmevorschrift nicht ausdehnend ausgelegt werden. Die Haftung des Versicherers für das Verhalten seiner Agenten beziehe sich nur auf Erklärungen über den Umfang des Versicherungsschutzes und den Inhalt der Versicherungsbedingungen. Die Zusage eines Hypothekarkredits sei seiner Tätigkeit wesensfremd, denn der Versicherungsagent könne die Kreditwürdigkeit des Kunden und die Beleihbarkeit des Pfandobjekts meist nicht beurteilen. Es sei bekannt, daß die Versicherer ihrem Außendienst immer verbieten, Kreditzusagen abzugeben, zumal die Unternehmen diese

---

[714] VA 08 Nr. 380 S.48 Das RG gelangt zur Auffassung, daß auch dann, wenn dem Vertrag AGBs zugrunde liegen, wonach mündliche Zusagen des Agenten neben dem schriftlichen Vertrag keine verbindliche Kraft haben, dies unerheblich ist.
[715] Siehe zur alten Rechtslage Staudinger Hopt/Mülbert, Vorbemerkung zu §§ 607ff.BGB Rn. 477-483; RGRK-Kessler § 6 AbzG Rn. 15; Reinicke/Tiedke, Kaufrecht, S. 390f.;Ostler/Weidner, § 6 AbzG Rn. 92 Rn. 156; Esser FS Kern S.87 (104); Rühl, S.281; OLG Stuttgart DB 61,1451; Möllers Handbuch S. 470ff,491,509; zur neuen Rechtslage MüKo-Habersack, § 9 VerbrKrG Rn. 81; Tempel Materielles Recht im Zivilprozeß S. 116 und Reinking/Eggert Der Autokauf Rn. 270f. (S. 82 allerdings nur für den finanzierten Abzahlungskauf außerhalb des VerbrKrG).
[716] Ehrenberg, JW 28,1741 Anm. zum Urteil JW 28,1740
[717] Von Thüsen, VersR 52,69

schon aus Mangel an bereiten Mitteln nicht erfüllen könnten, selbst wenn sie wollten. Jeder Kunde wisse überdies, daß es allein Aufgabe der Versicherung sei, ihn über den Versicherungsschutz richtig zu belehren und eine Versicherung zu vermitteln.
Das Versicherungsunternehmen bedürfe eines Schutzes dagegen, daß der Versicherungsvertrag wegen subjektiv enttäuschter Erwartungen des Versicherungssparers auf Kreditgewährung auch noch nach ca. einem Jahr oder länger aufgelöst werden könne. Der Versicherungsnehmer sei durch diesen Schwebezustand unzulässigerweise bevorzugt. Wenn der Versicherungsfall dann wirklich eintrete, würde der Bezugsberechtigte oftmals gar nicht mehr auf sein Anfechtungsrecht zurückkommen.
Der Kunde habe letztlich die Wahl zwischen Rückforderung der Prämie aufgrund des § 123 BGB oder der Versicherungsleistung.

Dem letzten Argument ist jedoch entgegenzuhalten, daß der Kunde mit der monatlichen Prämienleistung trotz Kenntnis der anzufechtenden Umstände den Vertrag i.S.d. § 144 BGB bestätigt. Diese Zahlung enthält die konkludente Erklärung, daß der Kunde seinen Versicherungsvertrag weiterführen will.[718]

**Zusammenfassung**

Die Literatur nimmt als Ausgangspunkt ihrer Kritik die Vorschrift des § 43 VVG, die wesentliche Aufgaben des Versicherungsagenten kodifiziert. Die Literatur will eine Einschränkung der Haftung der Versicherung bei Täuschung ihres Versicherungsvertreter dahingehend vornehmen, daß nach dem Inhalt der Täuschung differenziert wird. Aus § 43 VVG ergebe sich der Tätigkeitsumfang des Agenten und bestimme den Umfang der Haftung.
Die Argumentation ist streng versicherungsspezifisch und läßt sich nicht auf Kombinationsmodelle mit anderen Produkten übertragen.

---

[718] Ähnlich auch Bronisch, VersR 51,295

## III. Entwicklung der Rechtsprechung des BGH zum Begriff des Nichtdritten anhand des finanzierten Abzahlungskaufs

### 1. Fragestellung

Im weiteren ist zu untersuchen, wie sich die Rechtsprechung im Hinblick auf Kombinationsprodukte verändert hat. Im Mittelpunkt der Untersuchung steht die Frage, wie es sich auswirkt, wenn über einen Umstand getäuscht wird, der sich unmittelbar auf einen Bestandteil des Produktbündels bezieht in Bezug auf die gleichzeitig abgeschlossenen übrigen Verträge des Produktbündels. Dies wird im folgenden als Frage des **'Anfechtungsgegenstandes'** in jedem einzelnen Fall geprüft.
Bei der Untersuchung ist der Begriff des Dritten maßgeblich. Dieser Begriff hat im Laufe der Jahre eine Erweiterung erfahren. Daher ist auch auf wichtige Entscheidungen einzugehen, die für die Fortentwicklung des Begriffs des Dritten relevant sind, jedoch keinen 'Produktbündelsachverhalt' betreffen.

Frühes zu untersuchendes 'Produktbündel' ist der finanzierte Abzahlungskauf. Hier schließt der Kunde mit dem Händler einen Kaufvertrag ab, dessen Leistung durch den gleichzeitig abgeschlossenen Darlehensvertrag finanziert wird. Die Darlehenssumme entspricht regelmäßig der Höhe des Kaufpreises, der Darlehensvertrag wird durch den Verkäufer vermittelt, es liegt ein sogenannter wirtschaftlicher Zusammenhang vor.[719] Der Verkäufer wird multifunktional tätig, nämlich als Vermittler für die Bank sowie als Vertragspartei des Kaufvertrags.
Zwar hat der Verkäufer auf die Gestaltung des Darlehensvertrages keinen Einfluß, soweit es sich um die vorgedruckten und formularmäßig festgelegten Darlehensbedingungen handelt.[720] Die Mehrzahl der Käufer läßt sich vom Verkäufer über die Bedingungen des Darlehensvertrages informieren. Die zahlreichen, oft kleingedruckten Bedingungen der Bank werden in der Regel nicht gelesen. In vielen Fällen füllt der Verkäufer die Antragsformulare aus und läßt sie vom Käufer unterschreiben. Er nimmt der Bank also einen wesentlichen Teil der zum Vertragsschluß notwendigen Handlungen ab. Das kommt insbesondere nach außen hin deutlich zum Ausdruck.
Der Allfinanzvermittler übt auch mehrere Funktionen aus, so daß sich aus der Behandlung des Verkäufers Rückschlüsse auf die Behandlung des Allfinanzvermittlers ziehen lassen.

Der BGH beschäftigte sich mit der Frage, wer Dritter i.S.d. § 123 II BGB ist, zuallererst in den Fallgestaltungen des finanzierten Abzahlungskaufs. Die Rechtsprechung hatte anfangs, ohne sich dogmatisch zur Abgrenzung des Dritten festzulegen, eine einzelfallorientierte, eher pragmatische Lösung gesucht.[721]

Der Kreis der Personen, die nach Auffassung des BGH als Nichtdritte anzusehen sind, ist im Laufe der Zeit vergrößert worden.

---

[719] BGH, Urt. v. 7.2.1980, NJW 80,1156; Die wirtschaftliche Einheit der Geschäfte wird auch nicht dadurch zerstört, daß der Verkäufer, der dem Kunden den Darlehensantrag überläßt und den Darlehensvertrag anbahnt, den Darlehensantrag über einen Kreditvermittler bei der Bank einreicht.
[720] Vgl. insoweit Walther, B-Geschäft, S: 54
[721] In BGH NJW 56,705 erklärte der BGH, daß der Verkäufer nicht Dritter zu sein braucht, daß also nur unter besonderen Umständen der Kreditgeber sich das anfechtbare Verhalten des Verkäufers zurechnen lassen muß.

Das Ergebnis dieser Entwicklung beim finanzierten Abzahlungskauf soll vorweggenommen werden. Nach Ansicht des BGH ist Nichtdritter[722]
° der gesetzliche bzw. rechtsgeschäftliche Vertreter und
° als zivilrechtlicher Verhandlungsgehilfe ohne Abschlußvollmacht, d.h.
- wer wegen seiner engen Beziehung zum Erklärungsempfänger als dessen Vertrauensperson erscheint (Fallgruppe I)
- der Verhandlungsführer bzw. –gehilfe (Fallgruppe II)
- wer nach Billigkeitsgesichtspunkten unter Berücksichtigung der Interessenlage aufgrund besonderer Umstände kein Dritter ist (Fallgruppe III)

Die Person des Verhandlungsgehilfen ohne Abschlußvollmacht sowie die des Vermittlers erfahren unter dem BGH eine Weiterentwicklung.

**2. Täuschung durch den Vertreter**

Auch der BGH beruft sich bis heute[723] in allen Rechtsgebieten ohne weitere Begründung darauf, daß der Vertreter seit jeher nicht Dritter i.S.d. § 123 und seine arglistige Täuschung anfechtbar sei.[724]

**3. Täuschung durch den zivilrechtlichen Verhandlungsgehilfen ohne Abschlußvollmacht**

**a. Verkäufer ist Vertrauensperson und damit Nichtdritter (Fallgruppe I)**

**aa. BGH NJW 56,705**

*In NJW 56,705 täuschte der Händler, der den Kunden auch zum Abschluß des Darlehensvertrags mit dem Kreditinstitut bewog, darin, daß er von vornherein nicht die Absicht habe, den Kaufgegenstand zu liefern.*

Sich stützend auf die Rechtsprechung des Reichsgericht entwickelt er einen neuen Weg[725], der sich anfangs auf den besonders gelagerten Einzelfall des finanzierten Abzahlungskaufs beschränkt. Derjenige, der einen anderen bevollmächtigt, ihn zu vertreten, gebe zu erkennen, daß er dem Vertreter sein volles Vertrauen schenkt und mit ihm identifiziert werden will. Der gleiche Grundsatz gelte auch dann, wenn der Geschäftsherr ihn zwar nicht ausdrücklich zur Vertretung bevollmächtige, ihm aber ermögliche, nach außen so aufzutreten, daß beim

[722] Zuletzt BGH JZ 90,340,341; siehe auch die Aufzählung bei Jüttner, arglistige Täuschung, S. 85
[723] Teilweise zieht er den Gedanken des § 166 I BGB analog heran BGHZ 40, 45, teilweise verweist er nur auf die ständige Rechtsprechung.
[724] Nur ganz vereinzelt wird sich in der Literatur mit der Frage beschäftigt, ob der Vertreter immer Nichtdritter i.S.d. § 123 II BGB ist. Immenga (BB 84,5) schränkt den BGH ein, indem er argumentiert, daß auch der Stellvertreter nur insoweit als Nichtdritter anzusehen ist, wie seine Verhandlungsbefugnis reicht. Er führt diesen Gedanken jedoch nicht weiter aus und geht von dem Vertretungsrecht als dogmatische Grundlage aus. Er sieht die Stellvertreter als eine Gruppe an, die gesondert zu behandeln ist. Die Einschränkung 'bei Gelegenheit' solle auf die Regeln des Vertretungsrechts lediglich entsprechend angewendet werden; ebenso Schubert AcP 168 (1968), 471 (485).
[725] Wendt MDR 56,662

Käufer - der seiner sozialen Stellung nach meist nicht in der Lage ist, Kaufvertrag und Darlehen klar zu unterscheiden – „ der Eindruck entstehen mußte und auch entstanden ist, die Klägerin (das Finanzierungsinstitut) habe diesen Personen (Verkäufern) ihr Vertrauen geschenkt und werde für deren Verhalten bei Abschluß des Darlehensvertrages voll eintreten.“[726]
Dies sei hier nicht durch eine **Abschlußvollmacht** geschehen, sondern durch eine Art **Anscheinsvollmacht**, die aber nur auf § 123 BGB beschränkt sein soll.[727] Diese ergebe sich unter anderem dadurch, daß das Finanzierungsinstitut mit dem Händler in so erheblichem Maße zusammenarbeite, daß dieser bei ihr über ein Kreditkontingent von DM 300.000 verfügte. Im Rahmen **einer auf Dauer angelegten Geschäftsverbindung** ist dem Händler gestattet, die Formulare auszufüllen und einzureichen.

**aaa. Zusätzliches Kritierium der wirtschaftlichen Einheit**

Der BGH begründet seine Entscheidung noch mit weiteren Erwägungen, die jedoch in die Konstruktion der Anfechtung wegen arglistiger Täuschung nicht hineinpassen.[728] Zwischen Kauf- und Darlehensvertrag bestehe ein enger wirtschaftlicher Zusammenhang, der die Verträge als Einheit erscheinen lasse. Die rechtliche Selbständigkeit der Verträge sei dann im Rahmen des § 123 BGB bedeutungslos, wenn es die Bank dem Verkäufer überlasse, die Anträge auszufüllen, da Händler und Darlehensgeber dem Käufer gegenüber nicht deutlich genug als zwei selbständige, voneinander rechtlich unabhängige Geschäftspartner in Erscheinung treten. Im Hinblick darauf, daß bei diesen Geschäften unerfahrene Käuferschichten beteiligt sind, und daß beide Verträge demselben Zweck dienen, erfordere das Schutzbedürfnis, den Verkäufer nicht als Dritten anzusehen.[729]

**bbb. Untersuchung der weiteren Kriterien**

Mit diesem Urteil wird in die Rechtsprechung zu § 123 der Vertrauensgedanke eingeführt. Er tritt aus seiner die Begründung stützenden Funktion heraus und wird selbständiges Abgrenzungskriterium.Es wird nicht allein auf die subjektive Sicht des Vertragspartners abgestellt, sondern auf das objektive Kriterium der tatsächlich bestehenden, dauernden Geschäftsverbindung und die Handhabung beim Abschluß des Darlehensvertrags (Verwendung der Vordrucke). Es kommt also nicht darauf an, ob der Vermittler tatsächlich das Vertrauen der Bank genießt, wenn nur objektive Umstände vorliegen, aus denen auf Vertrauen geschlossen wird.

---

[726] Wirtschaftlich sagt dazu der BGH, daß für den Kunden gerade die Zusammenarbeit mit dem Institut ein Anzeichen dafür ist, daß er dem Verkäufer vertrauen dürfe, während er die wirtschaftliche Lage des Verkäufers selbst nicht prüfen kann und daß es auch unbillig wäre, den Verkäufer als Dritten zu behandeln, obwohl er für den Käufer als Vertrauensperson des Kreditgebers gelten muß - auf diese Interessenswertung wird sich auch später berufen.

[727] Wendt, MDR 56/662 (663) Für die Anscheinsvollmacht waren hier folgende Voraussetzungen gegeben:
1. Kaufvertrag und Darlehensvertrag waren in einer Urkunde enthalten.
2. Das Formular, in dem der Kaufvertrag enthalten ist, trug den Kopf des Finanzierungsinstituts, so daß hierdurch der Eindruck verstärkt würde, Vertragspartner für den Abzahlungskauf sei das Finanzierungsinstitut
3. Das Finanzierungsinstitut hat dem Händler diese Formulare blockweise überlassen und ihm für die Einreichung solcher Anträge ein Kontingent eingeräumt.

[728] so bereits Walther, B-Geschäft, S. 53; Immenga, BB 84,.5; Schubert, AcP 168 (1968),470 (490)

[729] BGH, NJW 56, 705 (706)

**ccc. Ergebnis**

Der BGH ordnet den Verkäufer nicht in die umstrittenen Kategorien der Judikatur des Reichsgerichts 'Vertreter – Verhandlungsführer –Verhandlungsgehilfe' ein, sondern schafft für die ausschließlich vorbereitende[730] Stellung des Verkäufers die eigenständige Fallgruppe „Vertrauensperson". Er umgeht damit die Streitentscheidung zwischen Reichsgericht und Schrifttum zur Zeit der Reichsgerichtsentscheidungen.[731]

Im weiteren Verlauf wird sich zeigen, daß die Vertrauensperson in Wahrheit nichts anderes als ein Verhandlungsführer/gehilfe ist.

**ddd. Anfechtungsgegenstand**

Neben der Person des Dritten prüft das Gericht lediglich, ob die sachlichen Voraussetzungen der Täuschung vorliegen.

Die Täuschung bezog sich auf die Vornahme der gesetzlichen Verschaffungspflicht des § 433 I BGB, also auf den Kaufgegenstand.[732] Die Fehlvorstellungen betrafen unmittelbar nur Elemente des Kaufvertrages. Die Umstände, die dem Darlehensvertrag zugrunde liegen – Kreditgewährung auf Zeit zu einem bestimmten Zinssatz – entsprachen der Wahrheit. Es wurde nicht problematisiert, daß sich die Fehlvorstellung unmittelbar nur auf den Kaufvertrag bezieht. Dies läßt nur die Schlußfolgerung zu, daß für das Gericht klar war, daß die Fehlvorstellung letztlich für beide Vertragsabschlüsse kausal war: der Händler führt alle Verhandlungen, er erweckt den Entschluß zu den Vertragsabschlüssen, jede unrichtige Fehlvorstellung wirkt sich auf die Willensbildung aus, deren Endergebnis die Abgabe zweier Willenserklärungen ist.

**bb. BGHZ 33,302**

Die Ansicht von der Stellung des Händlers als Vertrauter kraft Rechtsscheins wird auch in den weiteren Entscheidungen des BGH bestätigt und präzisiert.

In BGHZ 33,302(308)[733] sieht der BGH als Abgrenzungsmerkmal die auf Dauer angelegte Geschäftsbeziehung zwischen Bank und Händler an, aufgrund derer der Kunde diesen als Vertrauensperson angesehen habe.[734]

Der BGH verweist in seiner Argumentation zusätzlich auf die seit langem bestehende Rechtsprechung des Reichsgerichts zum Vermittlungsagenten im Versicherungsrecht. Auch dort sei der Vermittler nie als Dritter angesehen worden.[735]

**aaa. Bewertung**

Wie oben festgestellt, hat der Versicherungsvermittler eine Sonderrolle gegenüber der Reichsgerichtsrechtsprechung zum allgemeinen Zivilrechts eingenommen. Der BGH ver-

---

730 Crisolli/Ostler, § 6 Anm. 165; Möllers NJW 56,1741

731 Jüttner, arglistige Täuschung, S.87 erklärt dies damit, daß der BGH durch die Schaffung einer eigenständigen Fallgruppe den Schein der Übereinstimmung mit dem RG aufrechthielt.

732 Die Täuschung bezog sich auch auf die abredewidrige Blankettausfüllung. Der BGH differenzierte aber gerade nicht und hielt beide Täuschungen für je kausal für beide Verträge.

733 BGHZ 33,302(308) Der Käufer, ein aus der Sowjetzone geflüchteter Arzt, erwarb eine Praxiseinrichtung und medizinisches Gerät auf Abzahlung. Der Händler täuschte den Kläger über seine fehlende Lieferbereitschaft sowie den Inhalt des ihm zur Unterschrift vorgelegten Formulars.

734 Denn andernfalls könnte sich die Bank dadurch der Anfechtung entziehen, daß sie die Beschaffung der Formulare dem Verkäufer überläßt. Auch der hohe Bildungsstand ist unerheblich. Denn er führt zwar dazu, daß der Kunde die Trennung der Geschäfte erkennt, schließt aber nicht aus, den Vermittler als Vertrauensperson anzusehen.

735 RG JW 28,1740

sucht, den Eindruck der Übereinstimmung mit der älteren Rechtsprechung zu schaffen, während sich in Wirklichkeit der Bruch mit der alten Rechtsprechung gerade vollzieht.
Der Blickwinkel bei der Beurteilung, wer Dritter ist, verschiebt sich auf die Sicht des Erklärenden. Es wird auf das Erscheinungsbild der Vertrauensperson abgestellt, was aber - die Geschäftsverbindung war dem Kunden gar nicht bekannt - fiktiv anmutet. Allerdings wird die Bestimmung des Dritten nicht nur am subjektiven Eindruck des Vertragspartners festgemacht. Der BGH betont, daß die Geschäftsverbindung tatsächlich dauerhaft besteht. Dies ist ein objektives Kriterium.

**bbb. Anfechtungsgegenstand**

Die Täuschung bezieht sich nur darauf, daß der Händler von Anfang an vorhatte, den Kunden nur zu einem kleinen Teil zu beliefern.[736]
Also betrifft die Täuschung wiederum nur den Kaufvertrag, daß die unrichtige Vorstellung letztlich auch für den Darlehensabschluß maßgeblich war, wird als nicht erörterungsbedürftig angesehen.

**cc. BGH WM 62,1263**

*Hier kaufte der Kunde Musikautomaten auf Teilzahlung. Dabei täuschte der Händler darüber, daß er nicht, wie vereinbart, neue, sondern gebrauchte Geräte liefern werde.*[737] Der BGH ließ die Anfechtung auch des Darlehensvertrages zu.

**dd. BGH NJW 64,36**

*Der Verkäufer täuschte über das Baujahr des Autos sowie die Anzahl der Zwischeneigentümer.* Der BGH ließ auch die Anfechtung des Darlehensvertrags zu. Der BGH zitiert zwar BGHZ 33,293, verwendet aber statt des Begriffs der Vertrauensperson den des Verhandlungsgehilfen. Er stellte maßgeblich darauf ab, daß „der Verkäufer ( Gedanke des § 278 BGB) Gehilfe der Bank bei den Vertragsverhandlungen über den Darlehensvertrag gewesen sei.“ Die Bank stand in einer auf Dauer angelegten Geschäftsverbindung und war betraut, Finanzierungsanträge der Kundschaft beizubringen, die Darlehensgesuche entgegenzunehmen und weiterzuleiten.

**Bewertung**

Die Indizien, die die Stellung als Verhandlungsgehilfe ausmachen, sind die gleichen, die in den vorherigen Entscheidungen die Eigenschaft als Vertrauensperson begründen. Dies zeigt, daß die Grenzen zwischen diesen Fallgruppen fließend sind. Die wirtschaftliche Einheit wird nicht als Kriterium herangezogen. Die Entscheidung ist wenig beachtet worden. Stattdessen betonen die folgenden Entscheidungen jeweils die wirtschaftliche Einheit.

**ee. BGHZ 47,224**

**a.a.a. Darstellung**

*Bei dem Kauf eines Porsche Schlepper, dessen Kaufpreis finanziert werden sollte, täuschte*

---

[736] WM 62,761 liegt derselbe Sachverhalt zugrunde. Der BGH bestätigt seine Rechtsprechung zum Begriff des Dritten.
[737] daneben füllte der Händler auch den Darlehensantrag abredewidrig aus und täuschte somit über die Bedeutung des Darlehensantrages. Auch hier differenzierte der BGH nicht hinsichtlich der Gegenstands und hielt beide Täuschungen für kausal.

*der Verkäufer darüber, dass die Unterschrift unter den Darlehensvertrag eine reine Formsache sei, die den Kunden zu nichts verpflichte.*
Die Berufungsinstanz betont die besondere Rechtslage des finanzierten Abzahlungskaufs. Das Schutzbedürfnis des Käufers erfordere es daher, trotz des Vorliegens zweier rechtlich selbständiger Verträge, aber im Hinblick darauf, daß beide dem gleichen Zweck dienen, nämlich dem Ziel, ein Abzahlungsgeschäft zu erreichen, den Verkäufer, soweit er auch für den Darlehensgeber tätig wird, nicht als Dritten i.S.d. § 123 II BGB anzusehen."
Der BGH fügte zusätzlich folgende Ausführungen hinzu:
Unerheblich sei, daß hier keine dauernde Geschäftsverbindung vorliege, da dies zu Zufallsergebnissen führen würde, da der Kunde oftmals gar nicht die Möglichkeit habe, die Geschäftsbeziehungen zu erkennen. Entscheidend sei vielmehr einzig, daß die Bank dem Verkäufer die Gelegenheit verschafft habe, **die Vertragsverhandlungen für sie zu führen (Gedanke des § 278 BGB) und damit dem Käufer Veranlassung gegeben hat, in dem Verkäufer eine Vertrauensperson des Darlehensgebers zu sehen,** dadurch den Kunden einem etwaigen unrechten Verhalten des Verkäufers aussetze und gefährde, andererseits aber selbst von der Arbeitsleistung profitiert.[738]
Das Gericht macht daraufhin Ausführungen, die die Entscheidung in die Fallgruppe III (Verhandlungsgehilfe) einordnen. Das Gericht beruft sich zur Begründung auf BGH NJW 62, 2194 – erster Fall des Verhandlungsgehilfen – und rückt den dort entwickelten Gedanken in den Vordergrund.
„Durch den Eintritt in Vertragsverhandlungen entstehe ein vertragsähnliches Vertrauensverhältnis, das die Parteien zur Beachtung der im Verkehr erforderlichen Sorgfalt anhalte."[739]

**b.b.b. Bewertung**

Es wird zwar auf die Sicht des Käufers abgestellt. Der BGH fordert aber, daß der Verkäufer Veranlassung zu dieser Sichtweise gegeben haben muß. Erforderlich ist ein tatsächliches Verhalten der Bank. Das eigenmächtige Tätigwerden des Vermittlers ohne Veranlassung des Kreditinstituts reicht nicht aus. Indiz für das Vorliegen des Vertrauens ist hier, daß die Bank dem Händler ihre Darlehensantragsformulare übergeben hat, es ihm überlassen hat, das Formular dem Käufer vorzulegen, die Verhandlungen zu führen, auszufüllen und die Unterschrift herbeizuführen. Indem der BGH das Merkmal der dauernden Geschäftsverbindung als konstitutives Merkmal aufgibt, wird die Abgrenzung zum Makler unklar.
Insgesamt ist festzustellen, daß der BGH sehr bemüht ist, immer den Einklang mit seinen früheren Entscheidungen herzustellen. Er verwendet den Begriff der Vertrauensperson, begründet gleichzeitig die neue Fallgruppe des Verhandlungsgehilfen und betont schließlich den Gedanken der wirtschaftlichen Einheit.

**bbb. Anfechtungsgegenstand**

Die Täuschung bezog sich also auf den Gegenstand des Darlehensvertrages, so daß diesbezüglich keine Weiterentwicklung erfolgte.

---

[738] Das Gericht zitiert insoweit Leonardy NJW 66,1816(1817); Danach ist der Grundgedanke des § 278 BGB der der 'Gefährdungshaftung': durch die Ersetzung seiner eigenen Person durch eine andere werden die Interessen des Geschäftspartners gefährdet und er selbst entlastet.
[739] BGH WM 67,451(453); dies erfolgte nur dadurch, daß die Bank dem Verkäufer ihr mit ihrem Firmennamen versehenes Antragsformular übergeben und es ihm überlassen hatte, dem Kunden das Formular vorzulegen, die Verhandlungen zu führen, das Formular auszufüllen und die Unterschrift herbeizuführen. Die Bank mußte den Antrag nur noch annehmen.

### ff. Auffassung der unteren Gerichte

Auch die unterinstanzliche Rechtsprechung differenziert nicht nach dem Gegenstand der Täuschung und bejaht die Anfechtbarkeit beider Verträge, auch wenn der Umstand im Verhältnis zwischen Verkäufer und Käufer seinen Ursprung hat.[740] Lediglich eine Entscheidung des OLG Karlsruhe[741] aus dem Jahre 1957 und somit vor der ersten Entscheidung des BGH argumentiert, daß bei Täuschung über die Lieferbereitschaft des Verkäufers nur der Kaufvertrag angefochten werden könne.

### Ergebnis

Um eine Vertrauensperson handelt es sich bereits, wenn aus der Sicht des Käufers Kauf und Darlehen ein einheitliches Geschäft darstellen. Ursprünglich[742] beruhte die Wertung der Vertrauensperson des einheitlichen Geschäfts auf drei Tatsachen: der Unerfahrenheit des Käufers, dem Umstand, daß die Bank dem Verkäufer die Antragsformulare zur Ausfüllung und Einreichung überlassen hatte und der ständigen Geschäftsverbindung.
Im Laufe der Zeit werden diese Merkmale nicht mehr kumulativ verlangt, jeder Umstand alleine kann bereits ausreichen. Nie wird geprüft, ob die Bank den Vermittler tatsächlich zum Vertrauensmann bestellt hat, ihm tatsächlich ihr Vertrauen gegeben hat. Ausreichend sind die vorgenannten Indizien eines Vertrauens. Die Vertrauensposition muß sich aber immer auf einen objektiven Veranlassungsbeitrag der Bank gründen. wie z.B. „Übergabe der Darlehensformulare der Bank an den Verkäufer und die Erlaubnis, diese dem Kunden vorzulegen“[743], „Verhandlungsführung, Herbeiführung der Unterschriftsleistung durch den Kunden“[744], „Einreichung der Kreditanträge bei der Bank durch den Vermittler“[745], „Benutzung von blockweisen Vordrucken mit dem Kopf der Bank“[746], durch die der Darlehensgeber das Vertrauen des Käufers geweckt hat. Weiteres Indiz, das aber nicht zwingend vorliegen muß, ist die „dauernde Geschäftsverbindung“. Erforderlich ist also zumindest ein fahrlässiges Verhalten der Bank.[747]
In subjektiver Hinsicht kann der Käufer regelmäßig Kauf und Darlehensvertrag nicht klar unterscheiden, sondern erblickt darin einen abgewandelten Abzahlungskauf. Selbst wenn ihm bewußt ist, daß es sich um zwei Verträge handelt, wird er 'in dem Verkäufer zugleich einen Vertreter oder doch Beauftragten des Darlehensgebers, jedenfalls eine Person seines Vertrauens sehen. [748]
Es wird nicht auf die jeweilige Sicht des Kunden abgestellt, sondern verobjektiviert, welche Sicht Kunden allgemein haben.
Die Abgrenzung zum bloßen Vermittler verschwimmt. Während in der vorherigen Entscheidung die ständige Geschäftsverbindung noch das Abgrenzungskriterium zum reinen Makler war, wird durch seine Aufgabe die Trennung beider Personengruppen wieder unklar.

---

[740] OLG Karlsruhe MDR 58,96; LG Stuttgart NJW 66, 1078 (1079), wo die Täuschung über die Angemessenheit des Kaufpreises auch zur Anfechtung des Darlehensvertrages berechtigen soll.
[741] OLG Karlsruhe MDR 57,161
[742] BGH NJW 56,706
[743] BGH NJW 67,451(453)
[744] BGH NJW 67, 451 S.453; BGH NJW 56,705(706)
[745] BGH NJW 56,706
[746] BGH NJW 56,706
[747] Leonardy NJW 66,1816
[748] BGHZ 20, 36,41

In allen Entscheidungen zum finanzierten Abzahlungskauf [749] betont der BGH die wirtschaftliche Einheit und die besondere Konstellation des Abzahlungsgeschäfts. Dennoch begründet er die Eigenschaft des Verkäufers als Nichtdritter nicht nur mit der wirtschaftlichen Einheit, sondern entwickelt zusätzlich Fallgruppen, wann jemand Nichtdritter i.S.d. § 123 II BGB ist.

**Ansicht der Literatur zum Kriterium des wirtschaftlichen Zusammenhangs**
Immenga[750] arbeitete heraus, daß die Kriterien für das Vorliegen des Nichtdritten (Verhandlungs- oder Erfüllungsgehilfe bzw. Billigkeit) genau die gleichen sind, die die Rechtsprechung auch für das Vorliegen einer wirtschaftlichen Einheit und zur Begründung des Einwendungsdurchgriffs verwendet.[751] Auch dort ist nicht erforderlich, daß der Kreditgeber dem Verkäufer die Darlehensformulare überläßt, daß der Verkäufer die Kreditverhandlungen mit dem Kreditgeber führt und daß eine auf Dauer angelegte Geschäftsverbindung zwischen Verkäufer und Kreditgeber besteht. Solche Umstände weisen als Verbindungselemente mehr oder weniger deutlich auf das Bestehen eines wirtschaftlich einheitlichen Vorganges hin, sie sind jedoch nicht obligatorisch. Für den Einwendungsdurchgriff sind die objektiven Elemente nicht zwingend. Einzelne Elemente können fehlen, wenn sich die wirtschaftliche Einheit aus anderen Umständen ergibt.[752]

Immenga[753] kritisiert, daß die Argumentation, die für den Durchgriff entwickelt wurde, zur Bestimmung des Dritten i.S.d. § 123 Abs. 2 BGB verwendet wird. Dies sei undogmatisch. Stattdessen soll auch hier darauf abgestellt werden, ob er Verhandlungsgehilfe und damit Erfüllungsgehilfe der Bank i.S.d. § 278 BGB war.

Kritisiert wird weiterhin, daß der BGH bei dieser Argumentation der wirtschaftlichen Einheit übersehe, daß die Frage, ob Kauf und Darlehen rechtlich selbständige Verträge sind, die Stellung des Verkäufers als Abschlußgehilfen des Darlehensvertrages nicht berührt.[754] Wirtschaftliche Einheit und Begriff des Nichtdritten stimmen weitgehend, aber nicht vollständig überein.[755]

**b. Billigkeit (Fallgruppe II)**

Auch außerhalb des finanzierten Abzahlungskaufs weicht der BGH die restriktive Ansicht des Reichsgerichts zum Begriff des Dritten auf. Nichtdritter i.S.d. § 123 II BGB ist auch,

---

[749] BGH NJW 61,164(165); BGH NJW 61,166; NJW 78,2145; BGH WM 67, 450(452)
[750] Immenga, BB 84, 5 (7)
[751] Ebenso Hopt, FS Stimpel, S. 265 (272)
[752] Ständige Rechtsprechung vgl. die ausführliche Darstellung von Schmitz Der finanzierte Abzahlungskauf, S. 20ff.; zur detaillierten Auflistung der objektiven Verbindungselemente vgl. auch Franz, Einwendungsdurchgriff, S. 73-75
[753] Immenga, BB 84,5(7)
[754] Ebenso Walther, B-Geschäft, S.53
[755] Jüttner weist darauf hin, daß der BGH in ZIP 88,1578 die Stellung als Vertrauensperson bejaht, obwohl die Voraussetzungen des Einwendungsdurchgriffs nicht vorliegen; liegen umgekehrt die Voraussetzungen einer wirtschaftlichen Einheit von Darlehen und drittfinanziertem Geschäft vor, so begründet dies nicht zwingend die Erfüllungsgehilfeneigenschaft des Partners des drittfinanzierten Geschäfts bzw. des eingeschalteten Kreditvermittlers; so ausdrücklich BGH NJW 71, 2303 (eine wirtschaftliche Einheit kann nämlich bereits dann vorliegen, wenn der Dritte den Darlehensnehmer lediglich auf die Person des Darlehensgebers hingewiesen hat, ohne im übrigen bei den eigentlichen Darlehensverhandlungen beteiligt zu sein oder z. B. durch den Besitz der Darlehensformulare als Vertrauensperson ausgewiesen zu sein Staudinger, Vorbem zu § 607ff. Rn. 447 f.

wenn dies 'Billigkeitsgesichtspunkte unter Berücksichtigung der Interessenlage fordern. Die Fallgruppe Billigkeit[756] wurde für Bürgschaftsfälle entwickelt.
Seitdem wird die Billigkeit in der Rechtsprechung mit relativer Regelmäßigkeit als eigene Fallgruppe zitiert. [757] Für den finanzierten Abzahlungskauf hat sich der BGH bislang noch nicht nur auf diese Fallgruppe berufen. In späteren Entscheidungen[758] zitiert der BGH als Fundstelle für die Billigkeitsgruppe die zwei Folienschweißgeräte-Entscheidungen[759], die die Eigenschaft des Nichtdritten aber nicht nur auf Billigkeitserwägungen stützen.

**Ergebnis: Billigkeit hat bei Kombinationamodellen keine Bedeutung**

**c. Verhandlungsgehilfe (Fallgruppe III)**

Als letzte Gruppe bildete der BGH 1962[760] auf dem Gebiet des Bürgschaftsrechts die Fallgruppe Verhandlungsgehilfe. Danach ist die Mittelsperson dann nicht Dritter, wenn sie tatsächlich mit Willen des Erklärungsgegners in die Verhandlungen eingeschaltet ist, wobei die Art der rechtsgeschäftlichen Beziehungen zwischen diesen Abschluß- oder Verhandlungsgehilfen und dem Erklärungsgegner grundsätzlich unerheblich sein soll.
Der BGH bezweifelt, daß eine allgemeingültige Formulierung des Dritten möglich ist. [761] Er macht deutlich, daß es letztlich immer darauf ankommt, ob die Beziehungen des Täuschenden zum Erklärungsempfänger so eng sind, daß er die Täuschung wie eine eigene zu vertreten hat, was der Fall ist, wenn er - auch ohne Abschlußvollmacht - mit der Führung von Vertragsverhandlungen beauftragt ist.
Für den zu entscheidenden Fall sieht er als entscheidend an, daß der Gehilfe mit der Führung der Vertragsverhandlungen beauftragt war und sie für ihn- wenn auch ohne Abschlußvollmacht führt. Durch den Eintritt in Vertragsverhandlungen entstehe ein gesetzliches Schuldverhältnis zwischen den Beteiligten, in dessen Rahmen sich die Parteien das Verschulden eines Gehilfen nach § 278 BGB zurechnen lassen müssen. [762]

**Bewertung:** Es ist also nicht entscheidend, daß der Gehilfe die **maßgeblichen** Verhandlungen geführt hat. Es wird also nicht mehr auf den Grad der Mitwirkung abgestellt, wie es noch das Reichsgericht es tut. Sobald Verhandlungen aufgenommen werden, ist das Schuldverhältnis bereits entstanden, unabhängig davon, ob sie noch zu Ende geführt werden. Mit der Schaffung dieser Fallgruppe wird der erste Versuch einer dogmatischen Grundlage unternommen.

---

[756] Vgl. hierzu die ausführliche Darstellung von Jüttner, arglistige Täuschung, S. 91-97.
[757] BGH WM 62,1194(1195); BGH WM 86,1032; BGH WM 86,1669(1672); BGH NJW 89,2879; BGH WM 89,1364(66); BGH NJW 90,1661; BGH NJW-RR 90,399 zitierten sie; BGH MDR 65,653; BGH WM 62,250; BGH WM 92,1016 erwähnen sie nicht.
[758] BGH WM 80,1452; BGH WM 83,1156
[759] vgl. hierzu unten: C IV 2, 3
[760] BGH NJW 62,2195; wo ein Tankstellenpächter den Beklagten durch Täuschung zur Abgabe einer Bürgschaftserklärung zugunsten des Verpächters veranlaßte.
[761] BGH NJW 62, 2195
[762] BGH WM 62,1194(1195); ebenso WM 63, 250; bestätigt in MDR 65,653

**aa. BGHZ 47,224**

Für den finanzierten Abzahlungskauf hat der BGH in BGHZ 47, 224[763] die Anwendung dieser Fallgruppe erstmals bejaht. Allerdings betont er die Position des Verkäufers als Vertrauensperson, wodurch die Entscheidung weiterhin auch Fallgruppe I (Vertrauensperson) zugeordnet bleibt.[764] Das Vertrauen ist hier hervorgerufen durch die Übergabe des mit dem Firmennamen versehenen Darlehensantragsformulars, der Überlassung (Gestattung), dieses Formular auszufüllen, die Unterschriftsleistung herbeizuführen, vorzulegen und dabei die Vertragsverhandlungen zu führen. Dieselben Indizien hält der BGH für maßgebend für die Begründung der Einschaltung in die Verhandlungen.[765]

**Anfechtungsgegenstand**

Auch in der Fallgruppe des Verhandlungsgehilfen bejaht der BGH die Anfechtung bei Täuschungen über einen nicht unmittelbar auf den Darlehensvertrag bezogenen Umstand.[766]

**d. Vergleich der Fallgruppe Verhandlungsgehilfe und der Fallgruppe Vertrauensperson**

Die Fallgruppe Vertrauensperson schützt das Vertrauen des Kunden, der Darlehensgeber werde für das Verhalten des Vermittlers beim Abschluß des Darlehensvertrages einstehen. Das Vertrauen als subjektives Element aus der Sicht des Dritten wird aber nicht per se geschützt. Es muß immer durch irgendein Verhalten der Bank –also ein objektives Kriterium - hervorgerufen sein.

Vergleicht man diese Kriterien mit den Kriterien, die die Verhandlungsperson begründen, so ergibt sich folgendes:
Nach ständiger Rechtsprechung ist Verhandlungsgehilfe und damit Erfüllungsgehilfe, wer nach den rein tatsächlichen Verhältnissen des gegebenen Falles mit dem Willen des Schuldners bei der Erfüllung der diesem obliegenden Verbindlichkeit als Hilfsperson tätig wird.[767]

Die Existenz eines Rechtsverhältnisses zwischen dem Schuldner und der Hilfsperson ist nicht erforderlich, solange sich nur die Tätigkeit des Dritten objektiv-faktisch auf die Erfüllung bezieht und vom Willen des Schuldners gedeckt ist.[768] Der Wille muß nicht ausdrücklich geäußert worden sein.
Ausreichend ist ein objektives Verhalten, aus dem auf eine willentliche Einsetzung eines Dritten als Erfüllungsgehilfen geschlossen werden kann, sofern nach der Art der geschulde-

---

763 siehe bereits oben unter Fallgruppe Vertrauensperson C III 3 a.
764 Der BGH ordnet die Entscheidung später unter die dritte Fallgruppe in NJW 78,2144(2145)
765 Ebenso Leonardy NJW 66,1817; wer einem anderen bewußt ermöglicht, nach außen zwar nicht als Abschlußbevollmächtigter, aber doch als Vertrauter aufzutreten, der mache ihn zu seinem Erfüllungsgehilfen. Auch der Anscheinsvertraute ist Erfüllungsgehilfe. Möllers NJW 66,1078 versucht, ein abstraktes Kriterium für den Begriff des Nichtdritten zu finden; er will es darin sehen, daß Verkäufer und Darlehensgeber dem Käufer gegenüber nicht deutlich genug als zwei selbständige, voneinander- jedenfalls rechtlich - unabhängige Geschäftspartner in Erscheinung treten.
766 In BGH WM 73,750 täuschte der Verkäufer den Kunden, daß er nicht nur einen Kaufvertrag, sondern auch einen Kreditvertrag abschließen würde. Der BGH sah den Verkäufer als Nichtdritten an, weil er beim Zustandekommen des Darlehensvertrags mitgewirkt hatte und ließ die Anfechtung auch des Darlehensvertrags zu; BGH NJW 78, 2144
767 BGHZ 13,111; 50,32(35); 62,119(124); 98,330(334); so auch die Rechtslehre Jauernig/Vollkommer § 278 Anm. 2 a aa; MüKo-Hanau § 278 Rn. 12; Staudinger-Löwisch § 278 Rn.13
768 Kupisch, JuS 83,817 (820)

ten Leistung der Einsatz von Hilfspersonen in Betracht kommt und sich aus vom Schuldner zu vertretenden Umständen nach Treu und Glauben die berechtigte Verkehrserwartung ergibt, er bediene sich bestimmter Personen als Erfüllungsgehilfe.[769] Eine allgemeine Rechtsscheinhaftung besteht jedoch nicht.[770] Irgendein objektiver Veranlassungsbeitrag des Schuldners ist erforderlich.[771]
Das subjektive, nicht geäußerte Element wird also durch objektiv vorliegende Merkmale ersetzt, mit deren Hilfe man den Willen rekonstruiert. Er muß also in zurechenbarer Weise den Rechtsschein setzen, seine Vertragspflichten durch Hilfspersonen wahrnehmen lassen zu wollen.[772] Das eigenmächtige Tätigwerden eines Anlagevermittlers in der Interessensphäre der Bank genügt nicht.[773]
Weil die Anforderungen an den Veranlassungsbeitrag so gering sind, ist das objektive Element in beiden Fallgruppen dasselbe. Die Fallgruppe Vertrauensperson ist damit in der Fallgruppe Verhandlungsgehilfe vollständig enthalten.[774] Die Fallgruppe Vertrauensperson stellt mit dem Vertrauensschutzgedanken zusätzlich auf die Sicht des Vertragspartners ab.

Dennoch werden immer wieder diese drei Fallgruppen zitiert und als geltende Rechtsprechung angesehen.[775]

**Ergebnis**

Die Rechtsprechung geht für die Finanzierungsfälle nach wie vor regelmäßig von den drei Fallgruppen aus[776] und überträgt sie auf die anderen Rechtsgebiete.[777]

**Ergebnis in Bezug auf den Anfechtungsgegenstand**

Für den finanzierten Abzahlungskauf[778] wurde der Kreditnehmer geschützt über die erwei-

---

[769] BGH NJW-RR 89,723,725; Frotz, Verkehrsschutz im Vertretungsrecht, S. 88; Staudinger-Löwisch Rn. 10; Soergel-Wolf § 278 Rn. 23
[770] BGH, NJW-RR 89,723
[771] Soergel-Wolf § 278 Rn.23
[772] Immenga, BB 84,8; Staudinger-Löwisch § 278 Rn. 10
[773] Vgl. Esser/Schmidt, Schuldrecht, Bd.I, Allg. Teil, 6.Aufl.1984 § 27 I 3 b, S. 396; Westermann, JuS 1961, 334, 338
[774] So auch Jüttner, arglistige Täuschung, S. 90
[775] Z.B.BGH NJW 90, 1661; BGH WM 86, 1032; BGH WM 88, 1669
[776] Anders BGH WM 89,1364: dort geht der BGH nicht von den drei üblichen Fallgruppen aus. Er erwähnt zwar die Gruppe des Verhandlungsgehilfen. Als zweite Gruppe nennt er,'wenn sein Verhalten dem Erklärungsempfänger wegen der engen Beziehung beider oder aufgrund sonstiger besonderer Umstände billigerweise zugerechnet werden muß.' Die Formulierung 'enge Beziehung beider'wiederholt die Formulierung in BGH WM 62,2195, wurde dort aber nur zur Begründung der Gruppe Verhandlungsgehilfe verwendet. Letztlich ordnet der BGH diese Entscheidung wohl der Billigkeit unter. Dem Fall liegt folgender Sachverhalt zugrunde: der Täuschende hatte den Kunden in einer Sondervereinbarung verpflichtet, seinem Bruder als Treuhänder Vollmacht zu erteilen. Diese Verpflichtung begründete die Billigkeit.
Die Abgrenzung 'enge Beziehung beider' ist als Kriterium konturlos und führt zu Rechtsunsicherheit. Verwendbar ist das Kriterium 'enge Beziehung' höchstens innerhalb der Gruppe Billigkeit. Die Formulierung taucht auch in späteren Entscheidungen nicht mehr auf und ist als eigenständige Fallgruppe abzulehnen.
[777] KG Urt.v. 7.3.1989 NJW-RR 90,399 erwähnt die Gruppe Billigkeit
[778] BGH WM 56,358ff. (betrügerische Nichtauslieferung der Kaufsache); BGH WM 60,1351(Teilauslieferung der Kaufsache); BGH WM 62,761,762; BGH WM 67,450; BGH WM 78,1154,1155 und BGH WM 79,429.

terte Arglistanfechtung gemäß § 123 Abs. 2 BGB.[779]
In allen Fällen wurde nicht problematisiert, daß sich die Täuschung auf kaufvertragliche oder darlehensvertragliche Elemente[780] bezog.

### 4. Die Ansicht der Literatur

Otto[781] kritisiert, daß die Konturen des gesetzlichen Normtextes durch Billigkeitserwägungen verwischt würden. Gefragt würde, ob die Rechtsfolge nach den Gesamtumständen des Einzelfalles zu einem interessengerechten Ergebnis führe und dem Schutzbedürfnis der jeweils streitbeteiligten Interessenten entspreche.[782] Das klassische Privatrecht enthalte keine verallgemeinerungsfähigen Ansätze für eine Differenzierung nach besonderer Schutzbedürftigkeit. Statt dessen gelte das Rechtsprinzip der formalen Gleichheit und Freiheit aller Rechtsgenossen, das auf der liberal-marktwirtschaftlichen Vorstellung fuße, daß jedermann in der Lage ist, seine eigenen Belange und Interessen vernünftig und selbstverantwortlich zu regeln. Feste Abgrenzungsmaßstäbe führen meist zu sachgerechteren Entscheidungen als eine im Einzelfall immer wieder neu vorgenommene Abwägung nach der Interessenlage und Schutzbedürftigkeit. Hier bestehe die immerwährende Gefahr, daß wesentliche Gesichtspunkte übersehen oder falsch gewichtet werden, so daß das Urteil im Ergebnis unbillig ausfalle. Im Interesse der Rechtssicherheit dürfe das Bemühen um Einzelfallgerechtigkeit die Auslegung von unbestimmten Rechtsbegriffen nicht in eine Frage des persönlichen Geschmacks verkehren.

Immenga[783] kritisiert die Auffassung der Rechtsprechung der I. Fallgruppe (Vertrauensperson) und der III. Fallgruppe (Billigkeit) aus dogmatischen Gründen. Es könne nicht ausreichen, daß jemand wegen seiner engen Beziehung zum Erklärungsempfänger aus der Sicht des Getäuschten als dessen Vertrauensperson erscheine. Er stellt allein auf die Wertung des § 278 BGB ab. Die Tatasche, daß jemand das Vertrauen genießt, sage noch nichts darüber aus, ob er sich auch dieser Person zur Erfüllung einer Verbindlichkeit bediene. Entscheidend sei, ob der täuschende Dritte tatsächlich für die Vertragsverhandlungen in einem Gehilfenverhältnis zum Erklärungsempfänger stehe oder ob die Voraussetzungen der für die Duldungs- oder Anscheinsvollmacht maßgebenden Prinzipien vorlägen. Letzteres soll dann der Fall sein, wenn dem Erklärungsempfänger dessen Tätigwerden im Rahmen von Vertragsverhandlungen bekannt war, und er das geduldet hat oder ihm das Tätigwerden zurechenbarerweise unbekannt blieb. Die Vorstellungen des Getäuschten alleine sind jedoch nicht maßgebend.
Immenga schließt also die Fälle aus, in denen der Erklärungsempfänger nicht den Anschein hervorgerufen hat und in irgendeiner Weise zu erkennen gegeben hat, daß er die Einschaltung der dritten Person in die Verhandlungen billigt.
Immenga differenziert, ob der Gehilfe in die Vertragsverhandlungen eingeschaltet war oder den Vertrag bloß vermittelt hat. Dies sei nach den Kriterien des Einzelfalls zu bestimmen.

[779] In WM 79,429,431 nahm der BGH die erweiterte Anfechtungsmöglichkeit nicht nur dann an, wenn Kauf- und Kreditvertrag zu einem finanzierten Abzahlungskauf verbunden sind, sondern bejahte dies auch für die Fallgestaltung des freien Personalkredites, der im konkreten Fall jedoch nicht vorlag. Hierfür gibt es jedoch keine höchstrichterliche Entscheidung.
[780] So BGH WM 73,750(751)
[781] Otto, Stellung der Bank bei der Finanzierung von Immobilienanlagen, S. 88
[782] Otto hält das Kriterium der Schutzbedürftigkeit auch für maßgebend für die Abgrenzung des § 56 I Nr. 6 GewO und die Frage des Einwendungsdurchgriffs. a.a.O. S. 88
[783] Immenga BB 84, 5 (8)

Objektive Indizien sind, ob das Kreditformular der Bank bereits vom Kunden unterschrieben vorgelegt wird und bereits über die Darlehensbedingungen gesprochen wurde. Der Gehilfe muß mit Willen des Geschäftsherrn tatsächlich eingeschaltet sein. Auf die Sicht des Getäuschten komme es nicht an, da die Gutgläubigkeit im Hinblick auf die Erfüllungsgehilfeneigenschaft nicht geschützt wird. Er hält es für möglich, im Einzelfall dann auf die Sicht des Getäuschten abzustellen, wenn die Grundsätze der Duldungs- und Anscheinsvollmacht vorlägen. In einem zweiten Schritt differenziert er nach dem Inhalt der Erklärung, ob sie noch in dem Pflichtenkreis liegen.

Allerdings werden die Vorstellungen des Empfängers immer an objektiven Indizien festgemacht. Es gibt keine Entscheidung, in der der BGH rein auf die subjektive Sicht des Empfängers abstellt, ohne daß das Vertrauen aufgrund objektiver Umstände vom Vertragspartner hervorgerufen worden ist und damit zurechenbar ist. Gegen Immenga spricht, daß die Anforderungen an die Einschaltung des Vermittlers sehr niedrig sind. Die Kriterien, die das Vertrauen begründen, stellen gleichzeitig auch ein Indiz dafür dar, daß der Geschäftsherr die Mitwirkung billigt.

Nach Müller-Laube ist der Begriff des Dritten objektiv und dogmatisch herzuleiten. Auf das Vertrauen und den Schutz des Käufers als rein subjektives Kriterium könne es nicht ankommen. Entscheidend sei daher nicht, ob die Bank einen Rechtsschein gesetzt habe, sondern ob sie den Verkäufer tatsächlich willentlich in die zum Vertragsabschluß führenden Vorgänge eingeschaltet habe.[784] Daher ist es auch gleichgültig, wieviel Spielraum dem Verkäufer hinsichtlich der Vorbereitung und Entgegennahme bindender Angebote der Käufer eingeräumt ist, solange er mit der Aufgabe betraut ist, ein Vertragsangebot vorzubereiten.[785]

Hopt[786] will die Frage, wer Dritter i.S.d. § 123 Abs. 2 BGB ist, aufgrund einer umfassenden Beurteilung des Rechtsverhältnisses der Beteiligung unter besonderer Akzentuierung des Schutzbedürfnisses des Erklärenden bzw. Schuldners lösen. Der Begriff des Dritten müsse nach der arbeitsteiligen Übernahme von Verantwortung am Markt bestimmt werden. Die Arbeitsteilung und Spezialisierung führe dazu, daß jeder nur für seine selbstgewählte Spezialistenrolle hafte. Im Einzelfall kann das Haftungs- und Berufsrisiko erweitert sein, wenn besondere rechtliche Schutzzwecke dies fordern. Die Rechtsordnung könnte in Verfolgung eigener Schutzzwecke die Übernahme bestimmter Tätigkeiten oder Funktionen am Markt rechtlich mit der Übernahme von Verantwortung koppeln.

Für die finanzierten Geschäfte hält Hopt[787] die Erwägungen zur Bejahung bzw. Ablehnung des Einwendungsdurchgriffs auch zur Bestimmung des Dritten für maßgeblich.
Für den finanzierten Kauf beweglicher Sachen wird der Einwendungsdurchgriff bejaht. Die Rechtsmaterie sei dogmatisch entscheidend von Schuldnerschutzgesichtspunkten geprägt. Daher sei auch der Begriff des Nichtdritten weit auszulegen. Für jedes Rechtsgebiet sei unter Prüfung der beteiligten Interessen und insbesondere der Schutzwürdigkeit des Darlehensnehmers zu prüfen, ob der Vertragspartner des Darlehensnehmers als Vertrauensperson der Bank erscheint bzw. ihrer Verhandlungs- und Risikosphäre zuzurechnen sei.

---

[784] Müller-Laube, Teilzahlungskredit und Umsatzgeschäft, S. 176
[785] Müller-Laube, a.a.O., S. 174
[786] Hopt, FS Stimpel, S. 271
[787] Hopt, a.a.O., S. 272

Schubert hat überzeugend dargestellt, daß sich die Zurechnung arglistiger Täuschungen durch Hilfspersonen nach § 278 BGB richtet. Der Begriff des Erfüllungsgehilfen ist mit dem des Nichtdritten i.S.d. § 123 Abs. 2 identisch.[788]
§ 278 BGB setzt voraus, daß ein Schuldner Dritte zur Erfüllung ihm obliegender Verbindlichkeiten heranzieht.[789] § 278 BGB gelte auch für § 123 II 1 BGB. Schubert entwickelt den Gedanken, daß § 123 II BGB eine im Schuldrecht wurzelnde Verbindlichkeit enthält, den Vertragsgegner nicht zu täuschen und nicht nur eine allgemeine Verhaltenspflicht i.S. des Rechts der unerlaubten Handlungen zugrunde liegt[790].
Denn die Voraussetzungen des § 123 BGB sind nur dann erfüllt, wenn ein bestimmtes Verhalten die Folge der Anfechtbarkeit nach sich zieht, das Gesetz dieses Verhalten mißbilligt und als rechtswidrig ansieht. Also besteht die Verbindlichkeit darin, den Vertragsgegner nicht durch unwahre Angaben zu einem Vertragsschluß zu verleiten oder ihn bei Täuschung durch Dritte vor Vertragsschluß entsprechend aufzuklären.

Weiterhin entwickelt er den Gedanken, daß § 123 BGB eine Sonderregelung der c.i.c. darstellt.
Die Anfechtung wegen arglistiger Täuschung und der Anspruch wegen c.i.c. haben gleiche Voraussetzungen, da beide ein rechtswidriges und zurechenbares Verhalten des Erklärungsgegners voraussetzen und Schadensersatznormen darstellten. Auch 123 BGB weise die Struktur eines Schadensersatzanspruchs auf. Die Norm knüpfe an die Täuschung als ein rechtswidriges und zurechenbares Verhalten des Erklärungsempfängers an. Diese ereignet sich regelmäßig erst zu einem Zeitpunkt, wenn zwischen den Parteien ein vorvertragliches Schuldverhältnis i.S. der Haftung für c.i.c. bereits besteht. Der Schaden bestehe in der Beeinträchtigung der freien Willensentscheidung. Überläßt der Erklärungsgegner die auf den Abschluß des Vertrages abzielenden Verhandlungen Dritten, bedient er sich also dieser Personen zur Erfüllung der ihm nach § 123 BGB obliegenden Verbindlichkeiten, so muß er sich nach § 278 BGB eine Täuschung dieser Personen, die für ihn die Verhandlungen führen, zurechnen lassen. Die Zurechnung arglistiger Täuschung durch Hilfspersonen müsse sich daher nach § 278 BGB richten. Der Begriff des Erfüllungsgehilfen sei mit dem des Nichtdritten i.S.d. § 123 Abs. 2 identisch. [791]

**Eigene Ansicht**
Der Ansicht Schuberts ist zu folgen. Der Begriff des Nichtdritten und der des Verhandlungs- bzw. Erfüllungsgehilfen ist identisch.

---

[788] Schubert, AcP 168 (1968), S. 476, S.481
[789] Schubert, AcP 168 (1968), S. 470 (478)
[790] Vgl. Esser, Lehrbuch des Schuldrechts, 1968, Bd. 1, § 39 II 1 (S.256), der in diesem Zusammenhang von der allgemeinen Unterlassungspflicht des ' neminem laedere' spricht, die noch keine Verbindlichkeit begründe.
[791] Schubert, a.a.O., S. 476 ff. insbesondere S. 481

## IV. Neuer Ansatz: Einwendungsdurchgriff auch für Täuschungen

### 1. BGH WM 67, 455

Erstmals in einem Urteil vom 20.02.1967 wendete der III. Zivilsenat[792] die in BGH WM 62, 574 zur Berufung auf Sachmängel entwickelten Grundsätze des Einwendungsdurchgriffs gemäß § 242 BGB[793] auch auf einen Fall an, in dem der Käufer sich auf Nichtlieferung der Kaufsache berufen und den Kaufvertrag nach § 123 BGB angefochten hatte. Zu diesem Zeitpunkt hatte der BGH bereits zweimal den Einwendungsdurchgriff bei mangelhafter Lieferung bejaht.[794] Wenn der Käufer bei mangelhafter Lieferung durch die Aufspaltung in zwei Verträge nicht schlechter gestellt werden dürfe als ohne sie, müsse dies erst recht gelten, wenn der Kaufvertrag nichtig, die Ware nicht geliefert und jede Möglichkeit ausgeschlossen sei, den Verkäufer heranzuziehen, da dieser verschwunden war (argumentum a maiore ad minus). Der BGH ließ es dahinstehen,[795] ob neben der begründete und wirksame Anfechtung des Kaufvertrages wegen der engen Zweckbindung beider Verträge unmittelbar auch der Darlehensvertrag angefochten werden konnte. Hintergrund der Entscheidung war, daß der Kaufvertrag zwar innerhalb der Jahresfrist des § 124 BGB angefochten worden war, nicht jedoch der Darlehensvertrag.[796]
Die höchstrichterliche Rechtsprechung folgte der Auffassung, ohne die Möglichkeit der erweiterten Anfechtung zu diskutieren.[797]

Die BGH-Pressestelle ließ kurz nach dem Urteil verlauten, daß die erweiterte Anfechtung weiterhin Geltung beansprucht.[798]

---

[792] BGHZ 47,233,240 (III ZR 128/65) = WM 1967,455

[793] Bis dahin hatte der BGH den Einwendungsdurchgriff bei Mängeln erst in zwei Fällen entschieden, BGHZ 22,90; 37,94

[794] BGHZ 22,90; 37,94

[795] BGH WM aaO S.457; so auch nochmals Pagendarm WM 67,434(440)

[796] K hatte sogar noch **nach** der erklärten Anfechtung des Kaufvertrags ein Jahr lang Raten an die Bank gezahlt und erst dann seine Zahlungen eingestellt. Die Anfechtung erfolgte nach Rückgabe des gekauften Kraftfahrzeuges zur Nachbesserung, so daß vermutet wird, daß der dem Bereich der Sachmängel zugeordnete Hinweis auf § 242 BGB deshalb in diesen Zusammenhang geraten ist, Gernhuber, FS Larenz S. 480. In der Literatur hat die Entscheidung überwiegend Zustimmung gefunden (Möller NJW 67,1784; Schönle NJW 68,475 r.Sp.) Die Gegenmeinung kritisierte die Lösung aus systematischen Erwägungen (Ostler, AbzG, § 6 AbzG Anm. 156); Esser, FS Kern, S. 97,99; Weitnauer JZ 68,201. § 242 müsse ultima ratio bleiben. Es hätte vorab § 139 BGB (bejaht von LG Bremen Fam RZ 57,161; Marshall v. Bieberstein S. 133 Anm. 514; ) oder Wegfall der Geschäftsgrundlage (so Ostler § 6.6 Anm. 156; Donau NJW 55,1660; Meyer MDR 58,79; LG Hamburg MDR 56,292; Hörter, Der finanzierte Abzahlungskauf, S.224) geprüft werden müssen. Der Haftungsdurchgriff ist nicht von Subsidiaritätsvoraussetzungen abhängig BGH NJW 86,43; NJW 80, 1155,1158

[797] OLG Stuttgart WM 77,1338ff (= NJW 77,1926)

[798] MDR 67, 373:" Auch durch eine deutliche Aufklärung und Warnung des Kunden wird die innere Beziehung von Kauf- und Darlehensvertrag nicht völlig gelöst. Der Käufer, der beim Kauf vom Verkäufer - sei es **über die Kaufsache** oder über die Finanzierungsbedingungen - **getäuscht worden ist, kann auch den Darlehensvertrag anfechten**, sofern er das Darlehen nicht 'auf eigene Faust'beschafft, sondern der Verkäufer hierbei im Interesse des Kreditgebers mitgewirkt hat." Und weiter:"Besteht aber zwischen beiden eine auf Dauer angelegte Geschäftsverbindung, dann darf der Käufer (Darlehensnehmer) die Erfüllung des Darlehensanspruchs der Bank verweigern, wenn ...der Kaufvertrag angefochten und der Verkäufer sich der Erfüllung seiner Vertragsverpflichten entzogen hat."

In der Tat werden daraufhin anfangs die erweiterte Anfechtung und der Einwendungsdurchgriff nebeneinander verwendet. Die Frage, ob die Anfechtung eines Vertrages sich auch auf den anderen beziehe, wird nur am Rande behandelt.
Teilweise löste der BGH in der Folgezeit Täuschungen über kaufvertragliche Umstände mit dem Einwendungsdurchgriff:[799]
In einer Entscheidung aus dem Jahre 1971[800] arbeitete der BGH heraus, daß sich die arglistige Täuschung nur auf kaufvertragliche Elemente beziehe. Der BGH läßt es dahinstehen, ob der Darlehensvertrag selbst angefochten werden könne.[801] Der Einwand der Anfechtung könne jedoch nach Treu und Glauben gemäß § 242 dem Kreditgeber entgegengehalten werden.[802]
Teilweise löste der BGH Täuschungen über kaufvertragliche Umstände mit der erweiterten Anfechtung:

## 2. BGH NJW 78,2144

Hier ließ der BGH für die Gruppe III des Verhandlungsgehilfen die erweiterte Anfechtung zu.[803] Der BGH[804] führt aus, „der Vertreter der Verkäuferfirma war durch den Besitz der Formulare zugleich als Verhandlungsvertreter, jedenfalls als Person ihres Vertrauens ausgewiesen. Die Klägerin rief gegenüber den Beklagten zumindest den Anschein hervor, sie billige in Kenntnis der objektiven Sachlage das durch die Person des gemeinsamen Verhandlungsvertreters vermittelte Zusammenwirken mit der Firma M bei der Anbahnung des Produktions-, des Kauf- und des Kreditvertrages. Sie ließ es zu oder verhinderte es nicht, daß diese sich ihrer Vertragsformulare bedienen konnten, um in ihrem Namen einen Kreditvertrag des geworbenen Kunden vorzubereiten.“

[799] so auch BGH WM 71, 1265ff (der BGH ließ es offen, ob die Täuschung über kaufvertragliche Elemente zur Anfechtung auch des Darlehensvertrages berechtigt, da bereits die Erwägung des Einwendungsdurchgriffs eingreife; in diesem Fall kam sogar noch hinzu, daß der Käufer/Kreditnehmer beide Verträge selbständig mit Anwaltsschreiben angefochten hatte) und BGH WM 71, 1297ff., (auch hier ließ der BGH es dahinstehen, ob die Täuschung hinsichtlich kaufvertraglicher Elemente auch zur Anfechtung des Darlehensvertrags berechtigt, da die Verbraucher den Kreditvertrag nicht angefochten hatten.) In DB 80,298 kaufte der Beklagte durch finanzierten Abzahlungskauf einen Münzautomaten für Kaffee. Der Verkäufer täuschte ihn über die Funktionsfähigkeit des Automaten. Der BGH erklärte, daß hier das Darlehen nicht mehr angefochten worden konnte, da die Anfechtungsfrist abgelaufen sei, ließ aber die Einrede der Arglist §§ 823II, 263 StGB zu. Er problematisierte nicht, daß die Täuschung nur Umstände hinsichtlich des Kaufvertrages betraf.
[800] BGH NJW 71, 2303
[801] Ebenso BGH WM 67, 455ff; BGH WM 71,1297ff.
[802] In einem anderen Urteil bejahte er einen Anspruch aus c.i.c. wegen Verletzung von Aufklärungspflichten. Ob die Täuschung hinsichtlich kaufvertraglicher Umstände zur Anfechtung des Darlehensvertrags berechtige, ließ er dahinstehen BGH JZ 72, 53
[803] Dem Fall liegt folgender Sachverhalt zugrunde: der Vertreter einer Heimarbeiterfirma hatte den Kunden zum Abschluß eines Heimarbeitervertrages, eines Kaufvertrages über die dazu benötigten Folienschweißgeräte sowie eines Darlehensvertrags veranlaßt. Der Verkäufer täuschte dabei darüber, daß die Folienschweißgeräte zu teuer und zur wirtschaftlichen und gewinnbringenden Herstellung von Kunststoffbeuteln nicht geeignet waren. Der BGH erklärte die Täuschung über die Wirtschaftlichkeit des Folienschweißgeräts und damit über die Höhe des Nebenverdienstes in Heimarbeit auch für den Kreditvertrag für relevant und kam so zur Nichtigkeit des Kreditvertrages selbst. Der Vertreter des Heimarbeitsvertrages hatte vom Finanzierungsinstitut Kreditantragsformulare zur Verfügung gestellt bekommen. Das Institut beruft sich darauf, daß es den Vermittler ausdrücklich nicht mit den Kreditverhandlungen beauftragt habe. Das Institut habe gerade keinen Willen zur Beauftragung besessen.
[804] BGH WM 78,1154; ebenso BGH WM 79,429;

Der BGH verweist auf Schubert[805], der den Begriff des Nichtdritten mit dem des Erfüllungsgehilfen gem. § 278 BGB für identisch hält.

Er läßt die fehlende ausdrückliche Beauftragung nicht gelten.
Die Täuschung bezog sich auf den Heimarbeiter- und Kaufvertrag. Der BGH macht keinerlei Ausführungen hinsichtlich des Anfechtungsgegenstands. Er führt aus: „ Ohne die Erwartung des ihnen vorgespiegelten Verdienstes hätten sich die Beklagten nach den Feststellungen des Berufungsgerichts nicht entschlossen, Plastikbeutel in Heimarbeit herzustellen und zu diesem Zweck ein für sie teures Folienschweißgerät zu kaufen. Sie hätten dann das Darlehen für die Anschaffung des Geräts nicht aufgenommen." Der BGH arbeitete nicht mit der Rechtsfigur des Einwendungsdurchgriffs. Somit zeigt sich, daß die erweiterte Arglistanfechtung nicht überholt ist.[806]

In der Literatur ist die Entscheidung als zu weitgehend kritisiert worden.[807] Der BGH argumentiere einseitig aus der Sicht des Getäuschten. Für den Begriff des Nichtdritten sei erforderlich, daß die Bank durch ihr Verhalten das Vertrauen des Kunden in die Gehilfeneigenschaft durch ihr Verhalten wecke. Der gute Glaube an die Erfüllungsgehilfeneigenschaft werde nur dort geschützt, wo ein Vertragspartner in zurechenbarer Weise den Rechtsschein setze. Anders als in den vorherigen Entscheidungen habe die Bank durch keinen objektiven Veranlassungsbeitrag das Vertrauen des Anlegers in die Gehilfeneigenschaft geweckt.[808]

Otto ist jedoch entgegenzuhalten, daß sehr wohl ein objektiver Veranlassungsbeitrag des Kreditinstituts vorliegt. Sie hat es nämlich geduldet und zugelassen, daß der Verkäufer sich ihrer Vertragsformulare oder ihrer Werbematerialien bedient. Hierin liegt zumindest ein fahrlässiges Verhalten der Bank. Zumindest hat sie durch die Annahme des Darlehensantrags das Verhandlungsergebnis gebilligt.

Fraglich ist aber, was gilt, wenn sich der Schuldner darauf beruft, daß er die tätigende Person gar nicht als Erfüllungsgehilfe wollte und damit kein entsprechender Wille des Schuldners vorliege. Gilt nun der konstruierte Wille oder der tatsächliche Wille?
Im vorliegenden Fall hat der BGH diese Kollision zu Lasten des tatsächlichen Willens gelöst.

### 3. BGH WM 79, 429

In einer weiteren Entscheidung 1979[809] stützt der BGH sich ebenfalls auf erweiterte Anfechtung und nicht auf die Rechtsfigur des Einwendungsdurchgriffs. Bei dieser Entscheidung wählt der BGH eine neue dogmatische Begründung.

In diesem gleichgelagerten Fall nur ein Jahr später[810] trifft der BGH die gleichen Ausführungen zur Frage des Erfüllungsgehilfen. Unerheblich sei, daß die Bank sie nicht mit den

---

[805] Schubert AcP 168(1968), 481
[806] Anders Möller NjW 67, 1784, der die erweiterte Anfechtung für überholt hält
[807] Otto, Stellung der Bank bei der Finanzierung von Immobilienanlagen, S. 97; Mackenthun, Kreditvermittler, S. 125
[808] So auch Otto, a.a.O.,S. 97
[809] BGH WM 79 429 Die Entscheidung wird weiter unten ausführlich diskutiert werden
[810] BGH WM 79,429

Kreditverhandlungen ausdrücklich beauftragt habe. „Sie ließ es zu oder verhinderte es jedenfalls nicht, daß diese (Vermittler) sich ihrer Vertragsformulare bedienen konnten... Durch die Annahme des Darlehensantrags übernahm und billigte sie unkontrolliert, ohne eigene Prüfung und Rückfrage das zwischen den Vermittlern und der Beklagten erzielte Verhandlungsergebnis über die Bedingungen des Kredits und zog so aus der Tätigkeit der Vermittler einen konkreten Nutzen. Dabei ist es unerheblich, ob die Vermittler die Vertragsformulare unmittelbar von der Klägerin oder von der Finanzierungsfirma erhielten."

Hier klingt schon das Kriterium an, das der BGH später in den neuesten Entscheidungen finanzierter Geschäfte bei der Frage der Erfüllungsgehilfen regelmäßig anwenden wird: kein persönlicher Kontakt, keine Prüfung, keine Rückfragen.

Entscheidend sei auch hier, daß der Beteiligte als Verhandlungsgehilfe der Bank gezielt den Abschluß des Kreditvertrags vorbereitet habe und sich der Vertragsformulare des Kreditinstituts bedienen konnte. Dies habe gerade den Anschein hervorgerufen, daß die Bank die Anbahnung des Kreditvertrages billige. Es liegt aber zumindest ein objektives Element, ein fahrlässiges Verhalten des Kreditgebers vor, das den Anschein setzte. Zusätzlich sichert sich der BGH noch ab, indem er auf diese 'Verhandlungsvollmacht' die Grundsätze des für die Stellvertretung entwickelten § 184 BGB – rückwirkende Genehmigung – anwendet. Der Auftraggeber hat die Verhandlungsführung jedoch genehmigt.[811]
Ausdrücklich nimmt der BGH dazu Stellung, auf welchen Umstand sich die Täuschung bezieht. Er gibt zwar zu, daß die Täuschung sich auf kaufvertraglich relevante Umstände bezieht und vom damaligen Vertreter bewirkt worden ist. Die Kreditvermittler verwirklichte in Kenntnis
der Täuschung dieses Vertreters durch die vorsätzliche Ausnutzung der durch diese Täuschung geschaffenen Fehlvorstellung einen neuen, selbständigen Täuschungstatbestand, der zum Abschluß des Darlehensvertrags führte.[812] Es liegt also dogmatisch gesehen ein Fall der Täuschung durch Unterlassen vor.[813]

---

Die Kunden schlossen mit der Firma P einen Heimarbeitsvertrag über die Herstellung von Plastikbeuteln und den Kauf eines Folienschweißgeräts. Dabei täuschte der Vertreter der P die Kunden darüber, den Heimarbeitsvertrag einzuhalten und durch Heimarbeit einen einträglichen Nebenverdienst erzielen zu können. Ihm ging es vielmehr nur um den Absatz des Folienschweißgeräts zu einem überhöhten Preis. Der Darlehensvertrag wurde mit dem Kreditvermittler O abgeschlossen, der über die Umstände des Kaufvertragsabschlusses informiert war.

[811] Der BGH weist darauf hin, daß selbst eine Klausel im Darlehensvertrag „Beauftragen die Darlehensnehmer dritte Personen mit der Beschaffung eines Darlehens, haftet die Bank nicht für schuldhaftes Handeln dieser Personen aus dem Auftragsverhältnis" diese Risiko nicht ausschießen könne. Diese Bestimmung erfasse nicht das Verhältnis der Kunden zum Darlehensvermittler.WM 79,429 (431)

[812] BGH NJW 79,1593(1594)

[813] Hintergrund der Entscheidung ist der ähnliche Sachverhalt wie BGH NJW 78,2144, bei dem der BGH eine Anfechtung auch des Darlehensvertrags bejaht, da beide Verträge aus der Sicht des Käufers/DN ein einheitliches Vertragswerk bildeten. Durch die Einschaltung einer zusätzlichen Person des Kreditvermittlers wird zwar die Personenidentität der Verhandlungsführers für Darlehensvertrag und Kaufvertrag aufgehoben. Dadurch wird die Einheit beider Verträge jedoch nicht beseitigt. Denn die wirtschaftliche Zweckbezogenheit beider Verträge besteht ja nach wie vor. In diesem Sinne ist auch die Begründung des Urteils zu verstehen. Allerdings wird das Argument der Schutzbedürftigkeit des Kunden doch entwertet - der Kunde hat hier die tatsächliche Trennung der Personen, die verschiedene Verträge vermitteln.

Diese beiden Entscheidungen demonstrieren, daß die erweiterte Anfechtung vom BGH weiterhin zugelassen wird. Auch der Richter am Bundesgerichtshof Eckard Wolf[814] erklärte rückblickend andere Entscheidungen für unvereinbar mit jenen beiden. Die Entscheidungen selbst sind jedoch zu keinem Zeitpunkt als Fehlurteil kritisiert worden, deren Tenor sich heute nicht mehr vertreten lasse.
Hinzuweisen ist, daß der BGH die Verbundenheit nicht nur dann annimmt, wenn der Händler beide Verträge vermittelt, sondern auch dann, wenn zusätzlich ein Kreditvermittler eingeschaltet ist.[815]

**Ergebnis**

Der BGH verwendet hier den neuen Ansatz der Täuschung durch Unterlassen. Die Garantenpflicht ergibt sich aus Ingerenz – als pflichtwidrigem Vorverhalten, das der Vermittler gerade deshalb auszuüben vermag, weil er eine Doppelfunktion innehat.
Nach der Folienschweißgeräte-Entscheidung 1979 löst der BGH nunmehr alle Fälle der arglistigen Täuschung über kaufvertragliche Umstände über den Einwendungsdurchgriff. Entsprechend dieser Entscheidung wird nunmehr ständig entschieden. Dies erübrigte eine Auseinandersetzung mit dem Begriff des Dritten.[816]

**Zusammenfassende Darstellung der Ansicht des BGH**

**Zum Begriff des Nichtdritten**

Die Rechtsprechung des BGH ist nicht einheitlich. In den frühen Entscheidungen konzentriert sich der BGH auf die Weiterentwicklung des Begriffs des Nichtdritten. Oftmals macht er überhaupt keine Ausführungen zum Anfechtungsgegenstand.
Teilweise erwähnt er zwar, daß es sich hier bei der Fehlvorstellung um einen Umstand handelt, der sich nur auf den anderen Vertrag bezieht, läßt jedoch trotzdem die erweiterte Anfechtung ohne Problematisierung auch weiterhin zu. Lediglich in seiner Entscheidung aus dem Jahre 1979 wählt er den ganz neuen Ansatzpunkt, daß die unrichtige Fehlvorstellung fortwirkt. Im Rahmen des finanzierten Abzahlungsgeschäfts handelt es sich insoweit um eine Einzelentscheidung, deren Gedanke aber bei den finanzierten Immobilienmodellen wiederaufgegriffen wird. In BGH WM 79,429 nahm der BGH nahm die erweiterte Anfechtungsmöglichkeit nicht nur dann an, wenn Kaufvertrag und Kreditvertrag zu einem finanzierten Abzahlungskauf verbunden sind, sondern bejahte sie ausdrücklich auch für die Fallgestaltung des freien Personalkredites.[817]

Im Wege der Einzelfallentscheidung dehnte der BGH - anfangs nur bei Sachverhalten des finanzierten Abzahlungskaufs - den Begriff des Nichtdritten aus. Es entstanden die drei oben genannten Fallgruppen. Zusätzlich – sozusagen systemfremd – begründete der BGH seine Entscheidungen immer mit dem Begriff der wirtschaftlichen Einheit und der geschäftlichen Unerfahrenheit der Betroffenen.
Der BGH übertrug dann die drei entwickelten Fallgruppen auf andere Zivilrechtsgebiete.

---

[814] Wolf WM 80,998 (1004)
[815] so auch BGH NJW 79, 2092 (2094)
[816] so auch Immenga, BB 84, 5(7)
[817] BGH WM 79,429 (431)

Seit der Entscheidung BGH WM 67,455 erklärte er für finanzierte Abzahlungskäufe die Rechtsfigur des Einwendungsdurchgriffs –ursprünglich begründet für Kaufmängel- auch auf die Anfechtungsfälle für anwendbar und löste die Fälle der arglistigen Täuschung mit der Rechtsfigur des Einwendungsdurchgriffs. Dennoch findet sich kein Urteil, in dem der BGH zu seiner früheren Judikatur Stellung nimmt und ausdrücklich die erweiterte Anfechtung für veraltet erklärt. Statt dessen nimmt er vielfach Bezug hierauf und läßt dahin stehen, ob auch die Voraussetzungen der Anfechtung vorlagen. Aus seiner Formulierung ergibt sich, daß er den Durchgriff als den umfassenderen Rechtsbehelf ansieht.
Durch die Lösung über den Einwendungsdurchgriff wird die anfängliche Diskussion im Schrifttum, auf welche Umstände sich die Täuschung bei mehreren, funktional aufeinander abgestimmten, gleichzeitig abgeschlossenen Verträgen beziehen muß, für den finanzierten Abzahlungskauf nicht mehr weiter geführt.

**Zum Umfang des Anfechtungsgegenstands**

Neu entbrannt ist die Diskussion der erweiterten Anfechtung bei finanzierten Immobilienkapitalanlagen, bei denen der Einwendungsdurchgriff keine Anwendung findet. Im folgenden wird der Stand des Schrifttums zur Frage der erweiterten Anfechtung beim finanzierten Abzahlungskauf dargestellt. Hieraus können sich Wertungen ergeben, die auf die neuen Immobilienmodelle zu übertragen sind.

## V. Ansicht der Literatur hinsichtlich des Umfangs der Anfechtung beim finanzierten Abzahlungskauf vor Inkrafttreten des VerbrKrG

### 1. Ansicht – Keine Abgrenzung nach Rechtsgeschäftsbereichen

Die überwiegende Ansicht billigt die Rechtsprechung des BGH ohne Begründung und differenziert nicht nach dem Anfechtungsgegenstand.[818]

**a.** Meyer-Ladewig[819] stimmt dem BGH zu. Es gehe um die Frage, ob der Verkäufer in den Risikobereich des Finanzierungsinstituts gehöre oder außenstehender Dritter sei. Objektiv gehöre der Verkäufer zum Wirtschaftskreis des Finanzierungsinstituts. Beide seien durch wirtschaftliche Interessen vereint und beide wollten an demselben Käufer verdienen. Im Rahmen von § 123 Abs. 2 S.1 BGB käme es einzig auf eine objektive Bewertung der Beziehungen zwischen dem Finanzierungsinstitut und dem Verkäufer an.

[818] Emmerich JuS 71,275; Köpfer, JA 74,10; Weger ZRP 82,306; LG Stuttgart NJW 66,1078; LG Hamburg MDR 1959,299,300; OLG Karlsruhe MDR 58,96; OLG Frankfurt BB 58,680; Canaris, Bankvertragsrecht Rn.1433; Ohne nähere Begründung: Petermann, DRPfl 58/76,79,80; Enneccerus-Nipperdey, Lehrbuch des Bürgerlichen Rechts, I.Bd., 1. Und 2. Halbband, 15.Aufl, 1960, S. 1069, Fn. 18, Soergel-Hefermehl, 11.Aufl., § 123 Rn. 33 Rietschel Anm. zu LM Nr. 15 zu § 276 (Cc); Canaris, Bankvertragsrecht Rn. 1433; wohl auch MüKo-Westermann, 2.Aufl.1988; § 6 AbzG, Rn. 52 verweist darauf, daß der BGH Klauseln in den AGBs der Kreditinstitute , daß die Anfechtung des Kaufvertrags keine unmittelbare Wirkung hat, nicht für wirksam hält. Solange der Einwendungsdurchgriff zugelassen wird, könne die erweiterte Anfechtung offenbleiben, ist jedoch aus praktischen Erwägungen zu begrüßen.

[819] Meyer-Ladewig MDR 67, 447

**b.** Nach Krauss[820] ist allein entscheidend, ob der Täuschende vom Anfechtungsgegner beim Abschluß des Vertrages bewußt verwendet werde. § 123 II BGB beruhe auf der Billigkeitserwägung, daß jedermann für das Verschulden der von ihm bewußt verwendeten Personen einzustehen habe. Eine weitergehende Differenzierung nach dem Anfechtungsgegenstand lehnt er ab.

**c.** Nach Ose[821] ist es entsprechend der Rechtsprechung des BGH unerheblich, ob sich die Täuschungshandlung des Verkäufers auf den Darlehensvertrag oder den Kaufvertrag bezieht. Wie sich aus den zitierten Entscheidungen[822] ergebe, rechne der BGH auch Angaben über den Kaufgegenstand zu den Vertragsverhandlungen über das Darlehen. Aus seinen weiteren Ausführungen ergibt sich jedoch, daß Ose in seiner Begründung einen anderen Ansatz verfolgt.
Nach Ose handelt ein Kreditgeber, der selbst Kenntnis davon hat, daß sein Darlehen dem Verkäufer ermöglicht, dem Käufer eine mangelhafte Ware zu verkaufen, arglistig, wenn er durch seine Darlehenszusage das Geschäft ermöglicht. Bediene er sich des Verkufers als Verhandlungsgehilfen, müsse er sich dessen Kenntnis nach §§ 166 Abs. 1, 278,123 Abs. 2 BGB zurechnen lassen, auch wenn der Gehilfe keine Abschlußvollmacht besitzt. Ose verweist auf Entscheidungen[823], wo die Kenntnis hinsichtlich des Vorliegens eines verbundenes Geschäft der Bank durch den Verkäufer vermittelt wird.
Der Verkäufer sei zwar regelmäßig nicht Vertreter des Finanzierungsinstituts. Die enge Verbindung zwischen Kauf und Darlehen rechtfertige aber die entsprechende Anwendung des § 166 Abs. 1 BGB, 278, 123 Abs. 2 BGB, auch wenn der Gehilfe keine Abschlußvollmacht besitze. [824]

Der Täuschende hat automatisch immer auch Kenntnis von seiner Täuschung. Handelt er als Verhandlungsgehilfe der Bank, so besteht diese Kenntnis, die in dem anderen Rechtsverhältnis des Kaufes entstanden ist, fort. Nach Ose wird sie bei der Darlehensvertragsanbahnung der Bank vermittelt, so daß die Bank Kenntnis von der Täuschung i.S.d. § 123 II BGB besitzt. Nach Ose[825] ist es letztlich entscheidend, daß Personenidentität zwischen der in einem Rechtsverhältnis täuschenden Person und der in die Darlehensvertragsanbahnung eingeschalteten Person besteht.
Demzufolge gilt nach Ose gleiches, wenn nicht der Verkäufer selbst, sondern sein Gehilfe die Verhandlungen führt und dabei Täuschungshandlungen begeht.

## 2. Abgrenzung nach Rechtsgeschäftsbereichen

Nach einer weiteren Ansicht kann der Kreditnehmer nur dann den Darlehensvertrag anfechten, wenn die Täuschung des Verkäufers sich auf Umstände des Darlehensvertrages bezieht.[826]

---

[820] Krauss, Das Rechtsverhältnis von Kaufvertrag und Darlehensvertrag beim sogenannten B-Geschäft, S. 95,96
[821] Klauss/Ose Verbraucherkreditgeschäfte, Rn. 975,1030
[822] BGHZ 20,36; 33,302; BGH 47,224; BGH NJW64,36
[823] LG Essen BB 78,886
[824] RGRK Kessler, § 6 AbzG Rn. 20; Klauss/Ose a.a.O. Rn. 1030
[825] Klauss/Ose, a.a.O. Rn. 1030
[826] Soergel, 11.Aufl., 1986, Rn.51 Schubert AcP 168(1968), 471,490f. mit Fußnote 74,502; Reiss, S. 84f.; Müller-Laube, Teilzahlungskredit, S.176f.

Es sei danach zu unterscheiden[827], welchem Funktionsbereich der Inhalt der Täuschung selbst zugehört: soweit der Verkäufer über einen Punkt täuscht, der dem Kaufaspekt zuzurechnen ist, ist nur der Kaufvertrag anfechtbar, andernfalls bei Täuschung bezüglich des Darlehensvertrages, nur der Darlehensvertrag. Die Verantwortlichkeit müsse auf den Bereich beschränkt bleiben, in dem der Verkäufer für das Finanzierungsinstitut in dessen Geschäftskreis tätig wird. Der Verkäufer hat insoweit eine Doppelrolle.[828] Andernfalls könne nur der Kaufvertrag angefochten werden.
Die Rechtsprechung wird als unzulässiger Versuch angesehen, unter Ausnutzung der Rechtsgrundsätze des § 123 BGB einen Einbruch in die Selbständigkeit von Kaufvertrag und Darlehensvertrag vorzunehmen.[829] Der Begriff des „Nichtdritten" sei einschränkend dahin auszulegen, daß nicht nur auf die Funktion des Täuschenden im Geschäftsablauf abzustellen sei, sondern weiter danach zu unterscheiden sei, welchem Funktionsbereich der Inhalt der Täuschung selbst zugehört.[830]
Dabei ist unter den Anhängern dieser Ansicht wiederum streitig, welche Auswirkung die Anfechtung nur des Kaufvertrages auf den Darlehensvertrag hat:

**a.** Nach Westermann[831] trage der Einwendungsdurchgriff den praktischen Bedürfnissen Rechnung.[832] BGH NJW 71, 2301 zeige, daß die erweiterte Anfechtung nicht mehr möglich ist.[833]

**b.** Andere Teile der Literatur wollen bei Anfechtung nur des Kaufvertrages den Darlehensvertrag über den Wegfall der Geschäftsgrundlage entfallen lassen.[834] Dies wird damit begründet, daß der Kaufvertrag als erster Vertrag vereinbart werde. Der Darlehensvertrag beruht auf einer gültig kontrahierten Kaufpreisschuld des Käufers, die folglich Grundlage und Voraussetzung für den Bestand des Finanzierungsgeschäftes sei. Wenn schon diese Kaufpreisschuld ungültig sei, dann fehle auch dem Finanzierungsgeschäft eine wesentliche Voraussetzung.[835] Falle der Kaufvertrag weg, so verfehle der Darlehensvertrag seinen Zweck, die Kaufpreisrestschuld des Käufers zu finanzieren.[836]

**c.**Teilweise wurde die erweiterte Anfechtung ohne Erklärung eingeschränkt.[837]

---

[827] Reiss, Das Rechtsverhältnis von Kaufvertrag und Darlehensvertrag beim sogenannten B-Geschäft, S. 84; ähnlich Daum, NJW 68,372(374)
[828] so bereits Möllers NJW 58,207(209); Möllers, Teilzahlungsfinanzierung, S. 15
[829] Reiss, a.a.O., S. 85
[830] Reiss, a.a.O., S. 84
[831] Münchner Kommentar/Westermann,Schuldrecht Bes.Teil, 2.Aufl.1988, §6 AbzG Rn.52
[832] ebenso Daum, a.a.O., S. 374
[833] ebenso Soergel/Hönn, BGB Kommentar, 11.Aufl. 1986, § 6 Anh AbzG Rn. 51
[834] Meyer, MDR 58,79; Möllers, Teilzahlungsfinanzierung, S. 64
[835] Meyer, MDR 58, 79
[836] Möllers, a.a.O., S. 67
[837] OLG Köln MDR 60,580f. läßt aus rechtspolitischen Gründen die erweiterte Anfechtung nur zu, wenn der Kunde ahnungslos und geschäftsungewandt ist und gutgläubig den betrügerischen Machenschaften unterliegt und damit der Schutz des Kunden vorrangig im Verhältnis zum Schutz der Bank ist; OLG Köln MDR 61,597, nur wenn Bank in ständiger Geschäftsbeziehung mit dem Vermittler steht und die Formulare 'en bloc' überläßt; in LG Freiburg MDR 62,51 kann die Bank den Rechtsschein einer dem Verkäufer erteilten Vertretungsmacht durch besonders deutlichen Hinweis ausschließen; LG Dortmund MDR 62,402.

### 3. Die Ansicht Müller-Laubes

Nach Müller-Laube beruht die Zurechnung nicht auf personeller Einstandspflicht, sondern auf funktionsbedingter Aufgabenzuweisung zwecks Bewältigung eigener Angelegenheiten. Eine Täuschung des Verkäufers macht das Kreditgeschäft nur dann anfechtbar, wenn es in Wahrnehmung der Vertragsvorbereitungen verübt wurde und zum Bankgeschäft unmittelbaren Bezug hat. Ist die Täuschungshandlung eindeutig auf das Umsatzgeschäft bezogen, besteht kein unmittelbarer Zusammenhang zur zurechnungsbegründenden Einschaltung als Verhandlungsgehilfe.
Zwar ist der Rechtsprechung des BGH zuzugeben, daß der Willensmangel des arglistig zum Kaufabschluß bestimmten Käufers bei seiner Verpflichtungserklärung gegenüber der Bank fortwirke, denn ohne den Kauf hätte er auch das Zweitgeschäft nie abgeschlossen. Müller-Laube[838] sieht darin jedoch eine reine Kausalität, wie sie auch bei Täuschungen durch Dritte vorkommen. Der Kausalitätsaspekt alleine sei jedoch kein relevantes Abgrenzungskriterium. Die Verhandlungen zum Kauf seien trotz der zeitlichen und räumlichen Zusammenhänge mit den Kreditvorbereitungen voneinander trennbare Vorgänge.

### 4. Die Ansicht Mackenthuns

Mackenthun[839] will die Grenze der Verhandlungsführung wie bei § 278 BGB weit ziehen und nur die bei „Gelegenheit" vorgenommenen Täuschungen ausscheiden. § 123 BGB kenne keine Unterscheidung nach dem Ansatzpunkt der arglistigen Täuschung und erfasse auch Motivirrtümer. Eine Differenzierung nach dem Bezugspunkt der Täuschung liefe dem zuwider. Die Täuschung über Umstände aus dem Bereich des Kaufvertrages oder auch über solche, die im Zusammenhang mit dem Abschluß des Maklervertrages stehen, seien regelmäßig mitbestimmend für die Eingehung des Darlehensvertrages, so daß der Vermittler den Irrtum als Verhandlungsgehilfe des Kreditinstituts ausnutze. Grenze der Anfechtungsmöglichkeit sei allein die Kausalität, denn wo die Irrtumserregung nicht mehr kausal für den Abschluß des Darlehensvertrages sei, sei auch keine Anfechtung mehr möglich.

### 5. Ergebnis

Auffallend ist, daß die Diskussion nur hinsichtlich der möglichen Abgrenzung von Verantwortungsbereichen geführt wird. Die Argumentation bezieht sich nicht auf die spezifische Konstellation des finanzierten Abzahlungskaufs oder der Schutzbedürftigkeit des Personenkreises des Kunden. Der finanzierte Abzahlungskauf als Produktbündel ist kein Begründungsargument. Hieraus ergibt sich, daß es sich hierbei um eine allgemeingültige Fragestellung handelt, die für alle Produktbündel in gleicher Weise entschieden werden muß. Im Rahmen der Diskussion zur Anfechtung bei betrügerischen Immobilienkapitalanlagen stehen sich widerstreitende Auffassungen gegenüber, die dieselben Argument verwenden.[840]

Im folgenden wird die Rückabwicklung beim finanzierten Abzahlungskauf dargestellt, da sich hieraus Wertungen für die Rückabwicklung bei finanzierten Immobilienkapitalanlagen ableiten lassen.

---

838 Müller-Laube, a.a.O., S. 177
839 Mackenthun, Kreditvermittler, S.126
840 vgl. hierzu unten F

## VI. Rückabwicklung nach Anfechtung beider Verträge

Sind beide Verträge angefochten, so ist die Rückabwicklung zweifelhaft. Hier geht es um die Fallgestaltung des sogenannten Doppelmangels, bei der jeder Vertrag eigenständig von einer Störung betroffen ist. Die Rückabwicklung bei Unwirksamkeit beider Verträge richtet sich nach Bereicherungsrecht.

Beim Bereicherungsausgleich im Mehrpersonenverhältnis werden zwei verschiedene Fragen diskutiert. Fraglich ist zum einen, ob die Bank das ausgezahlte Darlehen vom Verkäufer (aufgrund einer Direktkondiktion oder eines vom Verbraucher zedierten Anpruchs) oder vom Verbraucher kondizieren kann. Ein weiterer Streitpunkt ist, ob der Verbraucher von der Bank seine möglicherweise bereits teilweise beglichenen Raten zurückfordern kann oder ob sein Anspruch mit dem Rückforderungsanspruch der Bank saldiert wird.

### 1. Ansicht des BGH

#### a. Rückforderungsanspruch des Verbrauchers

Der BGH hatte für die Fälle der erweiterten Anfechtung über einen Rückforderungsanspruch des Kunden nie entschieden. Teilweise hatte der Käufer/Kreditnehmer an den Kreditgeber noch keine einzige Rate gezahlt und sofort die Anfechtung des Kreditvertrages erklärt,[841] teilweise waren solche Ansprüche nicht Streitgegenstand.[842] Daher ist es reine Spekulation, ob der BGH den Kunden Rückzahlungsansprüche zuerkannt hätte.[843]

#### b. Rückforderungsanspruch der Bank

Bei der Rückabwicklung bei Doppelmangel wegen erweiterter Anfechtung hat der BGH in den zwei Folienschweißgeräte-Entscheidungen[844] dem Darlehensnehmer das Verwendungsrisiko abgenommen.

In diesen Fällen waren die Valuta zunächst an den Verbraucher gelangt und von diesem an den Verkäufer weitergeleitet worden. Der BGH ließ mangels entsprechenden Klagebegehrens die Kondiktion der Kondiktion offen. Er gestattete dem Kunden die Berufung auf den Wegfall der Bereicherung ohne Einschränkung.

Er führt aus:[845] „Die Beklagten (Kunden) schulden keinen Wertersatz nach § 818 Abs. 2 BGB für die Weitergabe des Verrechnungsschecks. Sie tragen im bereicherungsrechtlichen Verhältnis zur Klägerin (Bank) nicht das mit der Weitergabe des Schecks verbundene Risiko des Verlustes der Darlehensvaluta. Die arglistige Täuschung ... bestimmte die Beklagten sowohl zur Aufnahme des Kredites als auch zur Weitergabe der Valuta an die Verkäuferfirma... Besondere für eine Risikoverteilung zu ihren Lasten sprechende Umstände bestehen nicht." Obiter ergibt sich, daß der BGH den Anspruch des Kunden gegen den Verkäufer als

---

[841] BGH WM 56, 358; BGH WM 78, 1154 und BGH WM 79, 429, 430. In BGH WM 67,450,451 hatten die Kunden versehentlich Raten an den Verkäufer geleistet.

[842] BGH WM 60,1351. In BGH WM 62,761 ging es um ein C-Geschäft, bei dem der Kunde die von ihm noch nicht eingelösten Wechsel vom Kreditgeber herausverlangte, nicht aber Rückzahlung wegen des bereits eingelösten Wechsels.

[843] Franz, Einwendungsdurchgriff, S. 380

[844] BGH, NJW 78,2144(2145); BGH WM 79,429

[845] BGH, WM 79, 429 (432)

erlangtes Etwas ansieht.[846] In der Chinor Manook Manor Entscheidung[847] führt er aus: „Das Risiko der Durchsetzung des Rückgewähranspruchs muß billigerweise jedenfalls nicht der arglistige Getäuschte tragen.“ Im übrigen weist der BGH darauf hin, daß die bereicherungsrechtliche Rückabwicklung im Dreipersonenverhältnis jede schematische Lösung verbietet. Ein interessengerechter Ausgleich aufgrund der Besonderheiten des Einzelfalls sei zu erstreben.[848]

Die Rechtsprechung läßt sich dahin zusammenfassen, daß sich der Getäuschte bei der bereicherungsrechtlichen Rückabwicklung auf Entreicherung berufen kann.

**2. Ansicht der Literatur - Abwicklung übers Dreieck**

Drittfinanzierte Verträge werden überwiegend als sogenannte Anweisungsfälle angesehen: der Käufer weist die Finanzierungsbank an, den Darlehensbetrag unmittelbar an den Verkäufer zur Tilgung der Kaufpreisforderung auszuzahlen. Die Auszahlung der Bank ist Leistung der Bank an den Käufer und Leistung (Erfüllung seiner Verpflichtung aus dem Kaufvertrag) des Käufers an den Verkäufer. Im Falle des Doppelmangels kann die Bank daher vom Käufer kondizieren.[849]

In den 'gewöhnlichen' Anweisungsfällen muß der Anweisende dem Angewiesenen seinen erlangten Kondiktionsanspruch gegen den Leistungsempfänger abtreten. Er haftet gemäß § 818 II BGB auf Wertersatz, wenn dieser Anspruch durch Unauffindbarkeit oder Konkurs des Dritten entwertet ist.[850] Er kann sich diesbezüglich regelmäßig nicht auf § 818 III BGB berufen und trägt damit das Insolvenzrisiko des Leistungsempfängers (Verkäufers). Dies wird zum einen mit der Risikozurechnung[851] - jeder soll die Risiken hinsichtlich des Vertragspartners tragen, mit dem ihn das mangelhafte Kausalverhältnis verbindet, dessen Risikozuordnung er also selbst geschaffen hat – zum anderen mit dem Abstraktionsprinzip und dem ihm zugrunde liegenden Gedanken des Verkehrs- und Vertrauensschutzes begründet.[852]

---

[846] Der BGH führt in BGH NJW 78, 2145 aus: „Sie (die beklagten Verbraucher) sind allenfalls noch um einen Anspruch gegen die Verkäuferfirma bereichert, dessen Abtretung der Kläger nicht begehrt." Ebenso BGH WM 79,429(430); ebenso für die Fälle der Nichtigkeit beider Verträge wegen § 138 BGB; hier konnte die Bank die Zahlung der Darlehensvaluta an den Verkäufer nicht als Wegfall der Bereicherung in Anrechnung bringen. Das Risiko der Auszahlung muß sie nach dem Zweck der zur Nichtigkeit des Kaufvertrages führenden Norm und nach dem Schutzzweck des Abzahlungsgesetzes selbst tragen.: NJW 80,1155; NJW 79,1593,1595 wegen Verstoßes gegen § 56 Abs. 1 Nr. 6 GewO; NJW-RR 90,750 (751); anders nur NJW 80,938 (940), der für den Fall des Widerrufs die Direktkondiktion zugelassen hat.

[847] BGH NJW 89, 2879, 2881

[848] BGH NJW 89, 2879, 2881

[849] So auch Canaris, FS Larenz,S. 838ff, Esser, FS Kern, 87ff.; Larenz, FS Michaelis, S. 193ff. Vollkommer, FS Larenz, S. 703;

[850] Canaris, FS Larenz a.a.O. S. 799(819) nach a.A. wird auf den Leistungsgegenstand gehaftet, für den auch dann Wertersatz zu leisten ist, wenn er ihn von dem Leistungsempfänger nicht zurückerhalten kann. Vgl. insoweit nur v.Caemmerer, JZ 62,386, Larenz § 68 III b

[851] Canaris, FS Larenz S. 814

[852] Canaris, FS Larenz S. 817.; der Leistungsempfänger darf darauf vertrauen, von Mängeln eines Kausalverhältnisses, an dem er nicht beteiligt ist, unberührt zu bleiben. Er ist geschützt vor Gefahren aus dem Rechtsverhältnis mit dem jeweiligen Dritten. Der Wertungsgehalt des § 818 III BGB kann nur schwerlich herangezogen werden, da der Darlehensnehmer das Geld für seine Zwecke regelmäßig in dem Bewußtsein eingesetzt hat, daß er es auch dann zurückzahlen muß, wenn er keinen vermögenswirksamen Erfolg erzielen würde, so daß wertungsmäßig § 819 I BGB einschlägig ist. (Larenz/Canaris, Sch II/2 § 73 I 5 g)

Ist gleichzeitig mit dem Darlehensvertrag der finanzierte Vertrag als wirtschaftliche Einheit abgeschlossen, so wird diese Risikotragung des Verbrauchers abgelehnt.

**a. Rückforderungsanspruch der Bank gegen den Kunden gemäß § 812 BGB**

Nach einer Ansicht hat die Bank gegen den Kunden einen bereicherungsrechtlichen Rückforderungsanspruch.
Streitig ist, was als das vom Käufer Erlangte anzusehen ist.

**aa. Darlehensvaluta als Erlangtes i.S.d. § 812 BGB**

Nach einer Ansicht[853] hat der Verbraucher die Darlehensvaluta erlangt. Für den Inhalt des Bereicherungsanspruchs desjenigen, der durch Zahlung eine Geldleistung erbracht hat, kann es nicht darauf ankommen, in welcher Gestalt das Vermögen des Leistungsempfängers dadurch vermehrt worden ist – ob in Gestalt des Freiwerdens von einer Schuld oder des Erwerbs einer Darlehens- oder einer Bereicherungsforderung. Wer an seinen Gläubiger einen Geldbetrag geleistet habe, könne von diesem mit der Leistungskondiktion die entsprechende Geldsumme, nicht nur die Abtretung der Kondiktionsforderung verlangen.
Hieran schließt sich die Frage an, ob der Käufer sich gegenüber dem Verkäufer auf § 818 III BGB berufen kann, wenn er etwa seinen Kaufpreisrückzahlungsanspruch gegenüber dem Verkäufer nicht mehr durchsetzen kann. Insbesondere geht es dabei um die Frage, wer das Verwendungsrisiko der Valuta bzw. das Prozeß- und Insolvenzrisiko des Verkäufers zu tragen hat.
Lieb[854] weist darauf hin, daß § 818 II BGB normativ ausgelegt werden muß, so daß spezielle Risikoverteilungskriterien berücksichtigt werden können. Grundsätzlich trägt der Verbraucher das Verwendungsrisiko bezüglich der Darlehensvaluta selbst. Dies könne jedoch nur dann gelten, wenn dieses Risiko durch freien und unbeeinflußten Abschluß der betreffenden Rechtsgeschäfte zurechenbar übernommen wurde. Daran fehle es im Falle einer der Bank zuzurechnenden arglistigen Täuschung durch den Verkäufer. Der Verbraucher ist jedoch um einen Kondiktionsanspruch gegen den Verkäufer sowie um die Sache bereichert, die die Bank herausverlangen kann. Pietzker[855] zieht für die neue Rechtslage der Geltung des VerbrKrG das Wertungskriterium des verbundenen Geschäfts heran. Aus § 9 Abs. 3 VerbrKrG geht hervor, daß das Risiko einer Verkäuferinsolvenz von Beginn der Widerrufsfrist bis zum Abschluß der Rückabwicklung auf den Kreditgeber übergeht. Dise Risikoverteilung müsse auch bei der Rückabwicklung berücksichtigt werden.

**bb. Kondiktionsanspruch als Erlangtes i.S.d. § 812 BGB**

Nach anderer Ansicht[856] hat der Verbraucher nur einen gegen den Verkäufer gerichteten Kondiktionsanspruch erlangt; es erfolgt die Kondiktion übers Dreieck, d.h. die Kondiktion der Kondiktion. Es sei unerheblich, ob das Darlehen unmittelbar an den Kreditnehmer oder

---

[853] Münchner Kommentar/Lieb, 2. Aufl. 1986, § 812 Rn. 133ff.; Pietzker, Die Rückabwicklung der verbundenen Geschäfte, S. 122; Larenz, FS Michaelis, S. 193 (S. 207); Reiss, S. 57f.

[854] Lieb a.a.O. § 812 Rn. 133,134

[855] Pietzker, a.a.O., S. 124

[856] Münchner Kommentar/Westermann § 6 AbzG Rn. 60; Canaris Bankvertragsrecht Rn. 1454, Ostler/Weidner § 6 Rn. 156; Esser FS Kern, S. 87, 89ff.; Larenz FS Michaelis, S. 193, 205ff.; Esser, FS Kern, S, 87ff,; Reinking/Eggert Der Autokauf, Rn. 278; Ulmer/Habersack VerbrKrG § 9 Rn. 86 vgl. die Nachweise bei Lebek, a.a.O. S. 87 Fn. 99; Canaris, FS Larenz, S. 838ff.; Esser, FS Kern, S. 87ff. Canaris, Bankvertragsrecht Rn. 1454,1458; Münchner Kommentar/Westermann, 2. Aufl., 1988, § 6 AbzG Rn. 65; Esser, FS Kern S 87 (109); Esser/Weyers, Schuldrecht Band II Bes. Teil, § 9 III 3 S. 110; Weitnauer, JZ 68, 201(203); Westphalen Kommentar § 9 Rn.92

direkt an den Verkäufer ausgezahlt worden ist. Zweck der §§ 812 ff. BGB sei es, die Bereicherung abzuschöpfen. Kondiktionsgegenstand sei daher, was wirklich in das Vermögen des Kondiktionsschuldners geflossen ist und sich dort noch befindet. Bei einer Anfechtung des Kaufvertrags ist dies die Forderung des Kreditnehmers gegen den Verkäufer. [857]

Die Verbundenheit der Geschäfte führt dazu, daß die Bank den Verbraucher nur insoweit in Anspruch nehmen kann, als dieser selbst Bereicherungsansprüchen gegen den Verkäufer hat. Es werden im wesentlichen drei Argumente hervorgebracht: zum einen wird der Vergleich zu den Fällen eines nicht aufgespaltenen Abzahlungsgeschäfts gezogen.
Dort besteht ein solcher Zahlungsanspruch gegen den Käufer nicht, weil eine Valutaauszahlung vollständig fehlt und nur eine Kreditierung stattfindet.[858] Zum anderen wird die Tragung des Insolvenzrisikos durch die Bank damit gerechtfertigt, daß jene die Zahlungsunfähigkeit des Verkäufers aufgrund der bestehenden Geschäftsverbindung weit besser überwachen kann als der Kunde und ihm durch ihre Finanzierungshilfe häufig überhaupt erst das Eindringen in den Kreis der Ratenkäufer ermöglicht.[859] Die Situation unterscheide sich vom bloßen Personalkredit. Schließlich wird die Geltung des VerbrKrG argumentativ herangezogen. Unter Geltung des VerbrKrG richte sich der Schutz des Verbrauchers primär gegen den Kreditgeber und nicht mehr, wie unter Geltung des AbzG, gegen den Verkäufer, so daß auch das Insolvenzrisiko entsprechend zu verteilen sei.[860] Das Bestreben des VerbrKrG gehe dahin, den Verbraucher nach Möglichkeit auf die Auseinandersetzung mit dem Kreditgeber (der Bank) zu beschränken und ihn nicht zu nötigen, sich zusätzlich mit dem Verkäufer auseinanderzusetzen.
Mit dem Inkrafttreten des VerbrKrG hat sich die führende Kommentarliteratur dieser Auffassung angeschlossen.[861]

Canaris[862] argumentiert, daß der rechtsgeschäftliche Verbund der Geschäfte, der sich darin äußert, daß der Kaufvertrag die Geschäftsgrundlage für den Darlehensvertrag bildet und somit gleichsam akzessorisch ist, auf die bereicherungsrechtliche Ebene zu übertragen werden müsse. Dies rechtfertige eine Umverteilung der Risiken.

**b. Rückabwicklung nur zwischen Bank und Verkäufer im Wege der Direktkondiktion**

Teile der Literatur bejahen einen Rückforderungsanspruch der Bank gegen den Verkäufer im Wege der Direktkondiktion. Der Bank soll ein unmittelbarer Anspruch gegen den Verkäufer zustehen. Letzterer könne seine Einwendungen aus dem Verhältnis zum Verbraucher der Bank nicht entgegenhalten.

---

[857] Canaris, Bankvertragsrecht Rn. 1457; derselbe, FS Larenz S. 812; Esser, FS Kern S. 87 (111)
[858] Esser, FS Kern, S. 113; die Gesetzesmaterialien zum VerbrKrG heben das Schlechterstellungsverbot ausdrücklich als Leitgedanken der verbundenen Geschäfte hervor BT-Drucksache 11/5462, S. 23
[859] Canaris a.a.O. S. 842; Esser, FS Kern S. 87(113); Rehberg, Rückforderungsdurchgriff, S. 112
[860] Ulmer/Habersack, § 9 Rn. 87; Westphalen/Emmerich/Kessler, VerbrKrG 1991, § 9 Rn. 94. Unter Geltung des allein auf Abzahlungskäufe bezogenen AbzG bedurfte es einer Heranziehung des Umgehungsverbots des § 6 AbzG, um trotz Vorliegens eines Barkaufs zur Anwendbarkeit des AbzG zu gelangen. Dagegen erfaßt das VerbrKrG unmittelbar und allein den zwischen Verbraucher und Kreditgeber zur Finanzierung des Bargeschäfts geschlossenen Darlehensvertrag.
[861] Bülow, Verbraucherkreditgesetz, § 9 Rn. 99; v.Westphalen/ Emmerich/ v. Rottenburg § 9 Rn. 160,161; Coester, Jura 92, 617(623); Müncher Kommentar/Habersack § 9 Rn. 107ff.;
[862] Canaris, FS Larenz, S. 840

Dogmatisch wird die Direktkondiktion mit einer fehlenden Anweisung begründet. Habe der Anweisende die Zuwendung nicht wirksam veranlaßt, so müsse er auch von den Risiken der Rückabwicklung freigestellt werden.
Teilweise wird vertreten, daß die Bank mit der Zahlung an den Verkäufer zugleich einen eigenen Leistungszweck, nämlich die Tilgung einer fremden Schuld i.S.d. § 267 I BGB, verfolge.[863] Nach anderer Ansicht wird der Wertungsgehalt des Bürgschaftsrechts herangezogen.[864] Teilweise wird das Kreditgeschäft als entgeltliche Schuldübernahme angesehen, bei der die Auszahlung der Valuta als Leistung in diesem Verhältnis erfolge.[865] Andere lehnen bei verbundenen Verträgen die Anweisungslage ab. Die Leistung erfolge immer nur an den Empfänger der Zuwendung.[866] Teilweise wird undogmatisch einfach mit der ökonomischen Funktion der verbundenen Geschäfte und dem Schutz des Verbrauchers argumentiert oder auf den Zeitpunkt der Ratenzahlung des Verbrauchers abgestellt.[867]

**Ergebnis**

Beide Ansichten schützen den Kunden vor einer Inanspruchnahme durch den Kreditgeber bezüglich der Valuta. Die Ansichten kommen nur zu unterschiedlichen Ergebnissen bei der Frage, ob der Verkäufer die Einreden gegenüber dem Verbraucher auch gegen die Bank erheben kann, wer also im Verhältnis zwischen Verkäufer und Bank das Insolvenzrisiko des Verbrauchers zu tragen hat.
Eine genaue Auseinandersetzung mit den jeweiligen Begründungsansätzen ist für die Zwecke dieser Arbeit entbehrlich.[868]

### c. Rückzahlungsanspruch des Verbrauchers auf bereits geleistete Raten gegen die Bank gemäß § 812 I BGB

Zweifelhaft ist, ob der Verbraucher seine bereits gezahlten Raten uneingeschränkt von der Bank zurückfordern kann oder ob die herauszugebende Bereicherung durch eine Gesamtsaldierung nach der Saldotheorie der abzuwickelnden Positionen ermittelt werden muß.[869]

#### aa. Keine Anwendung der Saldotheorie

In den Fällen arglistiger Täuschung kann der Kunde nach einer Ansicht seinen Bereicherungsanspruch ohne Abzug auf Herausgabe der von ihm geleisteten Raten richten. Der Getäuschte muß in seiner Rechnung nicht von vornherein die Gegenansprüche des Täuschenden berücksichtigen.[870] Im Zweipersonenverhältnis ist es allgemeine Rechtsprechung des

---

863 Weitnauer, JZ 68,201(203)
864 Kupisch, Gesetzespositivismus S. 92. Danach soll die Auszahlung des Darlehens die Realisierung einer selbstschuldnerischen Bürgschaft darstellen, dessen zu sichernde Hauptschuld die Kaufpreiszahlungspflicht des Verbrauchers sein soll.
865 Müller-Laube, Teilzahlungskredit, S. 178
866 Gernhuber, FS Larenz, S. 455 (475)
867 Reinking/Niessen, ZIP 91, 634 (635)
868 zur Kritik an den einzelnen Meinungen vgl. Lebek, a.a.O., S. 97ff.
869 Grundlegend zur Saldotheorie: RGZ 54, 137(141); 94, 253(255); 141,310(311f.); BGHZ 53,144 (145); 57,137(147f.); 78,216(222)
870 Canaris, Bankvertragsrecht, Rn. 1453; Denck MDR 80,709(710)

BGH[871], daß bei einer gegen den Bereicherungsgläubiger gerichteten arglistigen Täuschung die Saldotheorie durch die Zweikondiktionentheorie ersetzt wird.[872] Diesen Gedanken könnte man in gleicher Weise auf die finanzierten Abzahlungskäufe übertragen.
Canaris[873] argumentiert, daß die Anfechtung in aller Regel auch die Anweisung des Verbrauchers an die Bank ergreife, und daß die Auszahlung an den Verkäufer somit dem Käufer/Kreditnehmer nicht als seine Leistung zugerechnet werden kann. Die Zahlung der Bank an den Verkäufer sei daher keine Leistung der Bank an den Verbraucher, so daß die Bank gar keinen Kondiktionsanspruch gegen den Verbraucher habe und somit die Voraussetzungen der Saldotheorie bereits nicht vorlägen.[874]
Hiergegen ist einzuwenden, daß ein Großteil der Literatur die Zweikondiktionentheorie bei arglistiger Täuschung generell ablehnt[875], außer wenn die Täuschung im Verschweigen eines Fehlers bestand, der für den Untergang der Sache ursächlich war. Es sei unbillig, wenn der Verbraucher die Gefahr wegen der im Verhältnis zum Sachuntergang ganz zufälligen Vertragsnichtigkeit auf den Vertragspartner abwälzen könnte. Diese Literaturansicht nimmt zwar zum finanzierten Abzahlungskauf nicht ausdrücklich Stellung. Da die Anwendbarkeit der Zweikondiktionentheorie bei Täuschungen an sich sehr umstritten ist, erscheint diese Argumentation nur bedingt verwendbar.

Andere[876] argumentieren, daß die Saldotheorie bereits nach allgemeinen Grundsätzen wegen einer fehlenden synallagmatischen Beziehung zwischen der Valutaauszahlung und ihrer ratenweisen Rückzahlung nicht anwendbar sei.[877] Bei der Rückzahlungsverpflichtung handelt es sich um eine nicht im Synallagma stehende einseitige Hauptleistungspflicht. Eine synallagmatische Verknüpfung bestehe lediglich zwischen Valutaauszahlung und Zinszahlung. Daß dennoch die Saldotheorie herangezogen wird, zeigt, daß es sich um eine wertungsmäßige Vorentscheidung handelt, für deren Umsetzung sie nur einen dogmatischen Anhaltspunkt darstellt.
Unter der Geltung des Verbraucherkreditgesetzes wird ein Rückforderungsanspruch des Verbrauchers uneingeschränkt bejaht.[878]
Dies wird überwiegend mit dem Schutzzweck des VerbrKrG begründet. Der Vorschrift des § 9 VerbrKrG lasse sich ein Gleichbehandlungsgebot mit dem gewöhnlichen Abzahlungskauf nicht entnehmen.[879] Nach Lebek ist es allein eine Wertungsfrage[880], ob der beim Kreditgeber vorhandene ungerechtfertigte Vorteil bei Insolvenz des Verkäufers diesem zur

---

[871] vgl. statt aller BGHZ 53,144; BGHZ 57,137
[872] Die beiderseitigen Leistungen sind getrennt von einander zu betrachten, weil es unbillig wäre, wenn allein das Verschulden des Käufers dazu führen könnte, daß die arglistige Täuschung, die der Verkäufer verübt hat, bei der Schadenszurechnung von vornherein außer Betracht bleibt. Es müsse der vorrangigen Wertung des Gesetzes – Schutz des Getäuschten – Rechnung getragen werden.
[873] Canaris, Bankvertragsrecht, Rn. 1453
[874] Canaris will in diesem Fall die Direktkondiktion zulassen Bankvertragsrecht Rn. 1453
[875] Larenz, Schuldrecht II, 1981, § 70 III S. 584 ; Wieling, JuS 73,397 (401); Huber, JuS 72, 439(444); Honsell NJW 73,350 (351); Flessner, NJW 72, 1777 (1781)
[876] Lebek, Rückabwicklung S. 112; Rehberg, Rückforderungsdurchgriff, S. 111
[877] Dies wird auch von Canaris, FS Larenz S. 799 (843 Fn. 117) erkannt, der aber aufgrund der Interessenslage die Anwendbarkeit dennoch für möglich hält. a.A. Joerges, Verbraucherschutz als Rechtsproblem, S. 63
[878] Bruchner/Otto/Wagner-Wieduwilt, § 9 Rn. 128; Bülow, § 9 Rn. 99; Emmerich in v.Westphalen/Emmerich /v.Rottenburg § 9 Rn. 160,161; Lwowski in Lwowski/Peters/Gößmann S. 206; Habersack § 9 Rn. 107ff.
[879] Ulmer/Habersack § 9 Rn. 89; Lwowski, a.a.O., § 9 S. 206
[880] Ebenso Baur NJW 75,2008(2010)

Minderung der ihm übertragenen Lasten zugute kommen soll, oder dem Verbraucher, der damit besser als beim einfachen Abzahlungsgeschäft gestellt ist.
Als Wertungsgesichtspunkt könnte aber das Schutzbedürftnis bei verbundenen Geschäften und der Schutzzweck der jeweiligen Nichtigkeitsnorm als Ursache der Störung des Kreditvertrages heranzuziehen sein. Schutzzweck der Anfechtungsnorm ist es, den Verbraucher soweit wie möglich von jedem Risiko freizustellen.[881]

**bb. Anwendung der Saldotheorie**

Nach Larenz [882] soll der Verbraucher das Insolvenzrisiko des Verkäufers in Höhe schon gezahlter Raten entsprechend der Risikoverteilung beim einfachen Abzahlungskauf tragen. Daher sei auch hier der Rückzahlungsanspruch des Verbrauchers mit dem Valutaanspruch des Kreditgebers zu saldieren. [883]
Wertungsmaßstab Larenz' ist der Vergleich zum einfachen Abzahlungskauf. Die Argumentation ist unter der Geltung des VerbrKrG nicht mehr in gleicher Weise verwendbar. Ein striktes Gleichbehandlungsgebot ist der Vorschrift des § 9 VerbrKrG nicht zu entnehmen.[884] Im VerbrKrG lassen sich keine Hinweise dafür finden, daß es dem Gesetzgeber darauf ankam, den Verbraucher keinesfalls besser als beim gewöhnlichen Abzahlungskauf zu stellen.[885] In Gesetz und Begründung wird die frühere Rechtsprechung zum Abzahlungskauf nur in Bezug auf die Begriffe der wirtschaftlichen Einheit und des Einwendungsdurchgriffs aufgegriffen, auf einen Vergleich mit dem normalen Abzahlungskauf jedoch völlig verzichtet.[886] Es geht darum, die sich aus der Aufspaltung zweier Verträge ergebenden Nachteile des Verbrauchers auszugleichen und eine den Besonderheiten des verbundenen Geschäfts gerechte Lösung zu finden, die den Wertungen des diese Geschäfte betreffenden § 9 VerbrKrG entspricht. Ein Vergleich mit dem gewöhnlichen Abzahlungskauf kann daher nur noch Indizwirkung haben, nicht aber als ausschlaggebendes Kriterium herangezogen werden. [887]
Auch Larenz scheint die Auffassung unter Geltung des Verbraucherkreditgesetzes nicht mehr aufrecht zu halten.[888] Diese Ansicht ist abzulehnen.

**cc. Einwand der Entreicherung des Kreditinstituts**

Daran schließt sich die Frage an, ob die Bank sich auf § 818 III BGB hinsichtlich der Raten berufen kann.
Dies wird überwiegend verneint. Die Bank habe die Zahlung bereits vor der Rückführung des Darlehens geleistet und könne sich daher nicht auf den guten Glauben an die Rechtsbeständigkeit der Ratenzahlung berufen.[889] Teilweise wird mit dem Schutzzweck des AbzG

---

[881] Lebek, a.a.O., S. 113
[882] Larenz, FS Michaelis, S. 193 (209f.)
[883] Ebenso auch Vortmann § 9 Rn. 58 ohne Begründung
[884] Bülow, § 9 Rn.99; Mü/Ko Habersack § 9 Rn.110; a.A. Lieb WM 91,1533(1537) ohne Begründung
[885] So auch Pietzcker, Rückabwicklung, S. 84
[886] A.A. wohl Dauner/Lieb S. 22 ohne Begründung
[887] Pietzker, a.a.O., S. 85
[888] So Larenz/Canaris Sch II/2, 13.Aufl. 1998, § 68 I 5a
[889] Larenz/Canaris, Schuldrecht II/2 § 73 I 5 f. S. 305;Staudinger/Hopt/Mülbert 12. Aufl. Vorbem zu §§ 607ff. Rn. 554 und § 607 Rn. 315; OLG Stuttgart NJW 77, 1244(1245)

argumentiert.[890] Andere begründen die Ansicht, daß das Finanzierungsinstitut das Ausfallrisiko zu tragen hat damit, daß das Finanzierungsinstitut aufgrund seiner Markterfahrung viel eher imstande ist, die erwartete Insolvenz des Verkäufers vorauszusehen, so daß die Entreicherung in ihre Risikosphäre falle.[891]

**Ergebnis**

Nach allgemeiner Ansicht ist damit ein Anspruch des Verbrauchers gegen den Kreditgeber auf Rückzahlung der Darlehensraten zu bejahen. Die Tragung des Insolvenzrisikos des Verkäufers wird damit vollständig in das Drittverhältnis verwiesen. Es obliegt letztlich dem Kreditgeber, sich entsprechend abzusichern. Während dies für die gewöhnlichen Abzahlungsfälle vor Erlaß des VerbrKrG streitig ist, gelangen alle Ansichten bei arglistiger Täuschung mit Ausnahme von Larenz zu dem Ergebnis, daß die Bank das Insolvenzrisiko des Verkäufers zu tragen hat. Dies wird von einigen allein durch das Vorliegen eines verbundenen Geschäfts begründet, nach anderen durch die Wertung der arglistigen Täuschung.

## VIII. Ist die Rechtsprechung zur erweiterten Anfechtung bei finanzierten Abzahlungskäufen nach Einführung des VerbrKrG veraltet ?

Mit der Einführung des Verbraucherkreditgesetzes (VerbrKrG) zum 1.1.1991 ist der Einwendungsdurchgriff in § 9 VerbrKrG kodifiziert worden. Danach können alle rechtsvernichtenden Einwendungen, die dem Verbraucher zustehen, auch gegen den Darlehensgeber geltend gemacht werden. Anders als die EG-Richtlinie[892] können auch die Einwendungen der arglistigen Täuschung und der Anfechtung des Kaufvertrages geltend gemacht werden.[893]

### 1. Einwendungsdurchgriff als umfassender Rechtsbehelf

Teilweise wird bei einer Täuschung über kaufvertragliche Elemente die Anfechtung des Darlehensvertrags in den Fällen des § 9 Abs.1 VerbrKrG abgelehnt.[894]
Tempel[895] hält die erweiterte Anfechtung nur für eine von der Judikatur geschaffene Konstruktion, die nunmehr überflüssig geworden sei Es genüge, daß der Kaufvertrag angefochten werden kann mit der Folge, daß dies gem. § 9 III S. 1 VerbrKrG auch dem Kreditgeber entgegen gehalten werden könne.
Franz weist darauf hin, daß das Gesetz auf dem Boden der Trennungstheorie steht und sich die wirtschaftliche Einheit nach dem eindeutigen Willen des Gesetzgebers in der rechtlichen Verklammerung der §§ 9 Abs. 2 und 3, § 13 Abs. 3 S. 2. 1 Hs. VerbrKrG erschöpfe. Das VerbrKrG gestatte eine Verbindung der zwei Verträge nur für den Widerrufs-, Rücknahme-

[890] Soergel/Hönn 11.Aufl. Anh § 6 AbzG Rn72
[891] Rehberg, Rückforderungsdurchgriff, S. 112,113
[892] Art. 2 Abs. 2 lit d sieht den Einwendungsdurchgriff nur vor, soweit die Einwendungen auf einer Nicht- oder Schlechtleistung des Leistungserbringers beruhen.
[893] Bülow, VerbrKrG, Rn.55 zu § 9; Emmerich in Graf von Westphalen/Emmerich/Kessler, Rn.1 56 ff.169ff., zu § 9 ebenso: Palandt-Putzo Rn. 11 zu § 9 VerbrKrG und Ott in Brucher/Ott/Wagner-Wieduwilt, Rn. 111 zu § 9; Schmidt, Der Einfluß europäischer Richtlinien S. 36; Martis, Verbraucherschutz, S.110.
[894] Dauner/Lieb, WM-Sonderbeilage 6/91, S.29; Tempel, Materielles Recht im Zivilprozeß, 2.Aufl., 1992, S. 117f. und wohl auch Münstermann/Hannes, Verbraucherkreditgesetz, RdNr. 516. Franz, Der Einwendungsdurchgriff gemäß § 9 III VerbrKrG S.381.
[895] Tempel, Materielles Recht im Zivilprozeß, S. 117,118

und den Einwendungsdurchgriff.[896] Er hält die erweiterte Anfechtung für veraltet.[897] Dem BGH sei es nicht um die Begründung des Rückforderungsdurchgriffs gegangen, sondern allein um einen dritten Weg, speziell für die Fälle der arglistigen Täuschung neben dem Einwendungsdurchgriff aus § 242 BGB und der Schadensersatzverpflichtung aus c.i.c. ein Leistungsverweigerungsrecht für den Kunden zu schaffen.[898]
Dauner-Lieb begründet die Ablehnung der erweiterten Täuschung[899] mit Wertungswidersprüchen zum Verbraucherkreditgesetz. Sie führt hierfür an, daß andernfalls dem Verbraucher entgegen der Wertung des § 9 III VerbrkrG eine Rückforderungsmöglichkeit eröffnet würde. Nach dem Wortlaut erfolge keine Differenzierung zwischen den verschiedenen Einwendungen.[900] Die Stellung des Verbrauchers gegenüber dem Kreditgeber soll keine andere sein, wenn er gegenüber dem Verkäufer nicht Wandlung fordert, sondern anficht. Diese Ansicht geht davon aus, daß § 9 VerbrKrG eine Spezialregelung ist.
Die Anfechtung des Darlehensvertrags wird nur zugelassen,[901] wenn die Täuschung in unmittelbarer Beziehung zum Darlehensvertrag steht. § 9 III VerbrKrG regelt abschließend die Auswirkungen einer Störung des Kaufvertrages auf den Kreditvertrag und schließt es aus, eine engere Abhängigkeit der Verträge herzustellen.
Lebek[902] räumt ein, daß bei einer Täuschung – unerheblich über welchen Umstand – der Wille des Verbrauchers auf Abschluß des Kreditvertrages unfrei gebildet ist und dadurch auch in diesem Verhältnis eine zumindest tatsächliche Störung vorliegt. Dies sei nach allgemeinen Regeln des BGB nur dann beachtlich, wenn der Vertragspartner des Getäuschten sich die Täuschung zurechnen lassen müsse. Für die Zurechnung geht er von einer zweistufigen Prüfung aus:
Für eine Zurechnung ist es zum einen notwendig, daß der Kreditgeber es zumindest weiß und nicht unterbindet, daß der Verkäufer für ihn in der Anbahnung des Kreditvertrages tätig wird. In diesem Fall überlasse er dem Verkäufer eine seiner Sphäre zugehörige Tätigkeit, was es unbillig erscheinen lasse, ihm bei Täuschungen des Verkäufers eine Berufung auf die eigene Unwissenheit zu erlauben.
Zusätzlich stellt er auch auf den Anfechtungsgegenstand ab: nur soweit der Verkäufer über darlehensrelevante Umstände täusche, handele er im Zuständigkeitsbereich des Kreditgebers. Eine Täuschung über die den Kaufvertrag betreffenden Umstände könne die Anfechtbarkeit des Kreditvertrages nicht begründen, selbst wenn der Entschluß zum Abschluß des Vertrages allein auf dieser Fehlvorstellung beruhe. Hier handele der Verkäufer allein in seinem Zuständigkeitsbereich. Hinsichtlich des Kreditvertrages stehe er wie jeder andere Dritte, der eine fehlerhafte Motivation zum Abschluß dieses Vertrages schafft. Ein derartiges Verhalten habe sich der Kreditgeber nicht zurechnen zu lassen, weil er insoweit dem Ver-

[896] Franz, Einwendungsdurchgriff, S. 313; er bejaht einen Rückforderungsdurchgriff nur in den ganz seltenen,Fällen des Verstoßes gegen Treu und Glauben wie beispielsweise der arglistigen Zusammenarbeit von Verkäufer und Kreditgeber oder wenn der Kreditgeber (die Sittenwidrigkeit des Kaufvertrages oder) den Mangel der Kaufsache und damit das Einwendungsrecht des Verbrauchers kennt, vom unerfahrenen Verbraucher aber gleichwohl die Zahlung der Darlehensraten fordert und ihm vorgaukelt, der Umstand, daß die Kaufsache mangelhaft sei, berühre ausschließlich seine Rechtsstellung zum Verkäufer. S. 309
[897] Franz, a.a.O., S. 380
[898] Ähnlich Gernhuber, FS Larenz, S. 455,479
[899] Dauner-Lieb, a.a.O., S.29
[900] So wohl auch Tempel, a.a.O.,S. 119
[901] Wohl auch Soergel-Häuser, 12 .Aufl. 1997, § 9 VerbrKr Rn. 123; Lebek, Rückabwicklung und Regreß bei verbundenen Geschäften, S. 188
[902] Lebek, a.a.O., S. 186ff.

käufer nicht die Anbahnung des eigenen Vertragsverhältnisses überlassen habe und es damit am entscheidenden Zurechnungskriterium fehle. Andernfalls werde der Regelungsgehalt des § 9 III VerbrKrG zugunsten einer darüber hinausgehenden Anfechtbarkeit unterlaufen. Das BGB sehe mit § 123 II BGB zudem eine Regelung vor, mit der sich ein Verhalten des Verkäufers auf das Kreditverhältnis auswirken kann. Nur aufgrund dieser allgemeinen Wertung müsse sich
der Kreditgeber das Verhalten des Verkäufers in der Anbahnung des Kreditvertrages zurechnen lassen.

**a. Rückabwicklung**

Nach dieser Ansicht liegt also nur eine Störung des finanzierten Vertrages vor. Die Einwendung aus diesem Vertrag kann dem Darlehensvertrag entgegengehalten werden.
Es schließt sich die weitere Streitfrage an, wie die Rückabwicklung erfolgt, und ob eine Rückforderung der Raten möglich ist.
Alle Vertreter dieser Ansicht[903] billigen dem Verbraucher nur ein Leistungsverweigerungsrecht, nicht jedoch ein Rückforderungsrecht der an die Bank geleisteten Raten zu, weil die Regelung des § 9 III VerbrKrG abschließend sei. Dem Verbraucher stehen jedoch Bereicherungsansprüche gegen den Verkäufer zu. Die Auszahlung der Valuta vom Kreditgeber an den Verkäufer wird als Leistung des Verbrauchers an den Verkäufer angesehen. Der Verbraucher erhalte vom Verkäufer die Valuta gegen Übereignung und Übergabe der finanzierten Sache. Die Valuta müsse er dann abzüglich der geleisteten Raten in Höhe des Tilgungsanteils an den Kreditgeber abführen.[904]

**b. Ergebnis**

Nach dieser Ansicht trägt der Käufer das Insolvenzrisiko des Verkäufers.

**2. Erweiterte Anfechtung als zulässiger Rechtsbehelf neben den Rechtsbehelfen des VerbrKrG**

Nach der h.M. im Schrifttum ist die erweiterte Anfechtung nach wie vor zulässig zusätzlich zu den Rechtsbehelfen, die das VerbrKrG zur Verfügung stellt. Der Verbraucher könne wie bisher selbständig auch den Kreditvertrag unabhängig von der Kenntnis des Kreditgebers von den Umständen anfechten. Eine Anfechtung des Darlehensvertrags bei Täuschung bezüglich kaufvertragsrechtlicher Umstände ist möglich, wenn nur die Täuschung für den Abschluß des Darlehensvertrags kausal geworden sei. Dies sei jedoch wegen der engen Verbindung regelmäßig der Fall. Dabei werden auch weiterhin die oben genannten BGH-Entscheidungen zitiert.[905] Dies zeigt, daß es sich insoweit nicht um veraltete Rechtsprechung handelt.
Hinsichtlich der Kausalität heißt es nur:„ bei Vorliegen einer wirtschaftlichen Einheit von Kauf- und Darlehensvertrag ist nämlich die Täuschung über die Kaufsache regelmäßig zugleich kausal für den Abschluß des Darlehensvertrags.“[906]

---

[903] Dauner-Lieb, WM Sonderbeilage 6/91, a.a.O. S. 29 Münstermann § 9 Rn. 515; Tempel, Materielles Recht im Zivilprozess, S. 119
[904] Franz, Einwendungsdurchgriff, S. 37
[905] Staudinger-Hopt Vorb §607 Rn. 479; Mü/Ko §9VerbrKrG Rn.84; Ulmer/Habersack, Verbraucherkreditgesetz, 1992, § 9 Rn. 68; Erman-Weitnauer-Klingsportn AbzG Vorb. II Rn. 41; Lwowski in Lwowski/Peters/Gößmann § 9 S. 206
[906] Staudinger/Hopt Vorb § 607 Rn. 479; MüKo/Habersack Rn. 68; Ulmer/Habersack, Verbraucherkreditgesetz, 1992, § 9 Rn. 68

Somit hat nach dieser Ansicht der Verbraucher zwei Rechtsbehelfsmöglichkeiten, die nebeneinander stehen:[907] zum einen kann er den Kreditvertrag anfechten mit bereicherungsrechtlicher Rückabwicklung – unterbleibt die rechtzeitige Anfechtung des Kreditvertrages, so kann der Kunde den Einwendungsdurchgriff geltend machen.[908]

Es liegt ein sogenannter Doppelmangel vor. Da das VerbrKrG selbst keine Regelung hinsichtlich einer Rückabwicklung trifft[909], läßt diese Ansicht weiterhin die bereicherungsrechtliche Rückabwicklung gemäß § 812 BGB zu.[910] Es liegt nicht nur eine Störung des Kauf- sondern auch des Darlehensvertrages vor. Der Verbraucher hat einen Rückforderungsanspruch gemäß § 812 I 1 Alt. 1 BGB auf alle Zahlungen an den Kreditgeber.[911] Die Bank kann sich nicht auf Entreicherung berufen.[912]

### 3. Stellungnahme

Letzterer Ansicht ist zu folgen. Dem Einwand Franz' ist zuzugeben, daß mit der erweiterten Anfechtung die Verträge faktisch verbunden werden. Dies ist jedoch auf die Funktion des § 123 BGB, dem Schutz der Freiheit der Willensbildung, zurückzuführen. Die Willensbildung umfaßt oft mehrere Verträge gleichzeitig. Das BGB sieht in § 123 I, II eine Regelung vor, mit der sich ein Verhalten des Verkäufers auf das Kreditverhältnis auswirken kann. Aufgrund dieser Wertung, daß sich das Kreditinstitut das Verhalten des Verkäufers in der Anbahnung des Kreditvertrages zurechnen lassen muß, ist ein Rückforderungsrecht zuzulassen. Die Abweichung von der Wertung des § 9 III VerbrKrG ist zulässig, weil auch eine Störung des Kreditverhältnisses vorliegt, und es nicht um die nachträgliche Risikoverlagerung eines fehlerhaften Geschäftes auf ein an sich fehlerfreies Geschäft geht, sondern sich mit der Wahrnehmung des Anfechtungsrechts ein im Darlehensvertrag selbst angelegtes Risiko verwirklicht. Der Darlehensvertrag bleibt eben nicht – wie in § 9 III VerbrKrG vorausgesetzt, zunächst unberührt.

### 4. Ergebnis

Die überwiegende Ansicht in der Literatur hält weiterhin die erweiterte Anfechtung bei finanzierten Verbraucherkreditverträgen unter Verweis auf die Judiktur für möglich. Eine weitergehende Auseinandersetzung findet gerade nicht statt. Die Diskussion wird allgemein für Verträge geführt, die unter das VerbrKrG fallen.

Die Fragestellung der erweiterten Anfechtung ist auch relevant für Fallgestaltungen, bei denen das VerbrKrG keine Anwendung findet. Untersucht wird zuerst die Anfechtungs- und Rückabwicklungsmöglichkeit bei Täuschungen eines finanzierten Geschäftes über eine bewegliche Sache.

---

[907] Vortmann, § 9 Rn. 51; Ulmer/Habersack, § 9 Rn. 86, 89
[908] Oben unter Ansicht a
[909] Dies ist der Rechtsprechung überlassen. Seibert, § 9 Rn. 11
[910] Larenz/Canaris, SchII/2, § 68 I 5a, S.156 unter Bezug auf Canaris, Bankvertragsrecht, Rn. 1433
[911] Vgl. die Ausführungen oben C VIII 1
[912] Ulmer/Habersack VerbrKrG § 9 Rn. 86, 89

## VIII. Ist die Rechtsprechung zur erweiterten Arglist bei finanzierten Abzahlungskäufen nach Einführung des VerbrKrG für Fallgestaltungen außerhalb des Anwendungsbereichs des Verbraucherkreditgesetzes veraltet ?

Der persönliche Anwendungsbereich des Einwendungsdurchgriffs unter Geltung des § 9 Abs. 3 VerbrKrG stellt sich als wesentlich enger dar als der früher von der Rechtsprechung des BGH zugrunde gelegte Rahmen. Danach waren aufgrund des Gedankens des § 8 AbzG lediglich Vollkaufleute vom Einwendungsdurchgriff ausgeschlossen. Im Gegensatz zur Rechtslage vor dem 1.1.1991 gilt der Einwendungsdurchgriff nach § 9 Abs. 3 VerbrKrG nun auch für die Gruppe der (nicht in das Handelsregister eingetragenen) Kleingewerbetreibenden nach § 2-4 HGB und den freiberuflich Tätigen nicht mehr, sofern der Kredit nicht für private Zwecke bestimmt ist. Durch das Handelsrechtsreformgesetz wurden die Vorschriften mit Wirkung ab 1.7.1998 geändert. Kleingewerbetreibende sind nach § 1 HGB n.F. als Nichtkaufleute dem Handelsrecht gänzlich entzogen. In § 2 HGB n.F. ist ihnen die Möglichkeit eröffnet worden, durch Eintragung im Handelsregister die Kaufmanneigenschaft zu erwerben und sich so dem Handelsrecht gänzlich zu unterstellen.

Hier ist vorab zu klären, ob der Einwendungsdurchgriff außerhalb des Verbraucherkreditgesetzes Anwendung für die Fallgestaltungen des finanzierten Abzahlungskaufes findet. Lehnt man den Einwendungsdurchgriff ab, wird wiederum die Fragestellung nach der erweiterten Anfechtung relevant, nämlich ob die Täuschung über Umstände, die sich unmittelbar auf den Kaufvertrag beziehen auch zur Anfechtung des Darlehensvertrages berechtigen.

### 1. Rechtsprechung

Die Rechtsprechung hat hierzu – soweit ersichtlich - noch keine Stellung bezogen.

### 2. Auffassung der Literatur

#### a. Anwendbarkeit des Einwendungsdurchgriffs außerhalb des VerbrKrG

Teilweise wird vertreten, daß die von der Rechtsprechung für das Abzahlungsgesetz aufgestellten Grundsätze über den Einwendungsdurchgriff (§242 BGB) außerhalb des Anwendungsbereichs des Verbraucherkreditgesetzes weiterhin Geltung finden.[913]
Dies wird mit dem Verbraucherschutz begründet.[914] Es sei kein Grund erkennbar, § 9 Abs.III VerbrKrG als abschließende Regelung des Rechtsinstitut des Einwendungsdurchgriffs anzusehen. Der persönliche Schutzbereich des VerbrKrG (§ 1 Abs.1 VerbrKrG) bleibe hinter demjenigen des AbzG zurück, der nach der Rechtsprechung auch für den Ein-

---

[913] Dürbeck, Einwendungsdurchgriff, S.111; Emmerich, in: Emmerich/Münstermann/Wagner-Wieduwilt, S. 98; Emmerich in: Westphalen/Emmerich/Kessler, § 9 VerbrKrG, Rn.44; Emmerich, in : Hadding/Hopt, S. 73; Lwowski/Peters/Gößmann, S. 164;Canaris, ZIP 93,412; Larenz/Canaris, SchuldR II/2, S.120; Empfehlungen des 31. Deutschen Verkehrsgerichtstags, DAR 93,114; Reinking, FLF 93,175; Palandt/Heinrichs, Einf. v. § 305 BGB RN. 18; Medicus, Bürgerliches Recht, RN. 776 ; Reinking-Eggert, Der Autokauf, Rn. 275; Imbeck, Zur Aufspaltung von Gesamtheiten S. 217; Mülbert, ÖBA 93,186,188

[914] Emmerich in Hadding/Hopt (Hrsg.) S. 73 f.; ders.in Emmerich/Münstermann/Wagner-Wieduwilt, S. 98; ders. In : von Westphalen/Emmerich/Kessler, § 9 Rn.44; derselbe WM 91, 1451

wendungsdurchgriff durch § 8 AbzG a.F. markiert worden ist.[915] Es deute nichts darauf hin, daß der Gesetzgeber einen Einwendungsdurchgriff, wie ihn die Rechtsprechung bisher in derartigen Fallgruppen zugelassen habe, ablehne. Ein Gesetz, das die Rechsstellung des Verbrauchers bei verbundenen Geschäften insgesamt verbessern wolle, könne nicht zu einer Einschränkung des Schutzbereichs führen. Emmmerich verweist insoweit auch auf die österreichische Rechtspraxis, die außerhalb des Anwendungsbereichs von §§18,1 österreichisches Konsumentenschutzgesetz den Einwendungsdurchgriff zulasse. Daher behalte die frühere Rechtsprechung des BGH ihre Bedeutung und sei durch einen auf § 242 BGB gestützten Einwendungsdurchgriff i.S. weiter geltenden Richterrechts zu schließen. Reinking[916] argumentiert, daß der klassiche Einwendungsdurchgriff sich zu einem eigenständigen Rechtsinstitut verselbständigt habe und die Schutzwirkung verstärke. Es wird darauf hingewiesen, daß es sich beim VerbrKrG um die Umsetzung einer EG-Richtlinie handelt. Diese sieht in Art. 15 ausdrücklich vor, daß die Mitgliedstaaten nicht gehindert werden, weitergehende Vorschriften zum Schutz des Verbrauchers aufrechterhalten oder zu erlassen.[917] Bei der gesetzlichen Normierung des Einwendungsdurchgriffs in § 9 Abs. 3 VerbrKrG handele es sich lediglich um eine partielle Regelung im Rahmen der Kreditvergabe, die den Kreditnehmer vor den Gefahren der Aufspaltung des Erwerbsvorgangs in zwei juristisch selbständige Verträge, die auch durch Geschäftserfahrung und Rechtskenntnis nicht kompensierbar seien, schütze, während der Einwendungsdurchgriff außerhalb des VerbrKrG die negativen Folgen einer sich in der Rechtspraxis entwickelten Vertragskonstruktion korrigiert.[918] Ein ausdrücklicher entgegengesetzter Wille sei nicht ersichtlich. Das Grundgesetz binde nach Art. 20 Abs. 3 den Richter auch nicht nur an das Gesetz, sondern auch an das Recht und verleiht ihm hierdurch die Befugnis zur Rechtsfortbildung.[919]

### b. Subsidiäre Anwendbarkeit der Durchgriffshaftung

Teilweise wird der Einwendungsdurchgriff bejaht mit der Einschränkung, daß erst erfolglos versucht worden sein müsse, die Einwendungen gegen den Verkäufer durchzusetzen. (Subsidiaritätsprinzip) [920]

### c. Ausschluß des Einwendungsdurchgriffs

Dagegen wird argumentiert, daß der Gesetzgeber durch die überlegte und bewußte Entscheidung des Anwendungsbereichs des VerbrkrG den Einwendungsdurchgriff gerade beschränkt habe.[921] Dem Gesetzgeber stehe es frei, eine nicht mehr zeitgemäße Differenzierung nach dem Kaufmannsbegriff des HGB aufzugeben und zu Gunsten von modernen Ansätzen zu

915 Ausgenommen vom Einwendungsdurchgriff waren nach ständiger Rechtsprechun nur die in § 8 AbzG genannten eingetragenen Kaufleute.
916 Reinking-Eggert, a.a.O., Rn.275
917 Scholz, Verbraucherkreditverträge, Rn. 377; Imbeck, Zur Aufspaltung von Gesamtheiten S. 221,223
918 Durbeck, Einwendungsdurchgriff, S. 112
919 Durbeck, Einwendungsdurchgriff, S. 112
920 Vergleiche zum Produkthaftungsgesetz, dem AGBG und § 32a, b GmbHG, § 3 b AnfG zieht Durbeck, Einwendungsdurchgriff, S. 112
921 Lieb, WM 91, 1541; Dauner-Lieb WM 91, Sonderbeilage 6/91, S. 17; Münchner Kommentar/Habersack, § 9 VerbrKrG, Rn. 63; Scholz, Verbraucherkreditverträge Rn. 377

ersetzen.[922] Die Entscheidung des Gesetzgebers sollte mithin von der Rechtsprechung akzeptiert werden, zumal einer Ausdehnung des Einwendungsdurchgriffs unüberwindbare methodische Hürden entgegenstehen. Dieser Auffassung wird von einem großen Teil der Literatur einhellig widersprochen.[923]

**d. Ergebnis**

Lehnt man mit der h.M. den Einwendungsdurchgriff außerhalb des VerbrKrG ab, so stellt sich wiederum die Frage, ob die erweiterte Anfechtung beim finanzierten Kauf beweglicher Sachen möglich ist.

Eine Ansicht[924] trennt für Fallgestaltungen außerhalb des Anwendungsbereichs des Verbraucherkreditgesetzes nach kaufvertrags- und darlehensvertraglichen Umstände. Der früheren Rechtsprechung wird vorgeworfen, daß sie nicht genügend differenziere. Der Verkäufer hat dem Darlehensgeber die Anfechtung des Kaufvertrags einredeweise entgegengehalten.

Die überwiegende Ansicht nimmt keine Trennung vor und hält außerhalb des VerbrKrG eine Anfechtung des Darlehensvertrags auch wegen kaufvertragsbezogener Umstände für möglich.

**e. Zusammenfassung/Endergebnis**

Bei dem ersten Produktbündel des finanzierten Geschäfts über bewegliche Sachen ist bei Täuschung eines Umstands eine Anfechtung beider Verträge möglich, ohne zu differenzieren, ob es sich um einen unmittelbar auf den Kaufvertrag oder den Darlehensvertrag bezogenen Umstand handelt. Dies gilt nach überwiegender Ansicht sowohl hinsichtlich finanzierter Abzahlungskäufe, die vom VerbrKrG erfaßt sind als auch für Bündel außerhalb des VerbrKrG.

Die Literatur nach 1990 diskutiert die erweiterte Anfechtung regelmäßig nur im Rahmen des VerbrKrG in Bezug auf die Frage, ob der Einwendungsdurchgriff gegenüber der Anfechtung die speziellere Rechtsfigur ist.

---

[922] Lieb a.a.O.

[923] Scholz, Verbraucherkreditverträge, Rn. 377; Dauner-Lieb WM 91,1541, Sonderbeilage Nr. 6 S. 17; Münch-Kommentar Habersack, § 9 VerbrKrG Rn. 79; Soergel-Häuser, § 9 VerbrKrG Rn. 107

[924] Reinking-Eggert, Rn. 272

## E. Täuschungen des multifunktionalen Vermittlers bei fremdfinanzierten Steuersparmodellen

Formen der Unternehmensbeteiligung sind atypisch stille Unternehmensbeteiligungen in Form der GmbH & Still bzw. AG & Still, die GmbH & Co KG und die Gesellschaft bürgerlichen Rechts, die sich durch ihre steuerlichen Wirkungen unterscheiden.[925]
Unter der Bezeichnung Abschreibungs- oder Verlustzuweisungsgesellschaften versteht man den Zusammenschluß zahlreicher Kapitalanleger zu einer Personengesellschaft – meist in der Form der GmbH & Co KG oder einer atypischen stillen Gesellschaft[926]- die vor allem in den Anfangsjahren ihrer gewerblichen Tätigkeit hohe Buchverluste aufgrund steuerlicher Abschreibungsmöglichkeiten 'produziert' und diese ihren Gesellschaftern entsprechend ihrem Anteil an der Gesellschaft zuweist.[927] Sie betätigen sich hauptsächlich auf Gebieten der Erdölexploration, von Bauerwartungsland und Farmland, Unterhaltung von Krankenanstalten und Sanatorien. Der Beteiligungsvertrag ist formfrei möglich.
Geschlossene Immobilienfonds werden in der Form der Kommanditgesellschaft, der Gesellschaft bürgerlichen Rechts oder als Bruchteilsgemeinschaft ausgestaltet. Hierbei beteiligt sich eine begrenzte Anzahl von Anlegern an einem Immobilienfond, der Anteilsscheine gegen Kapital vergibt. Mit dem Fondskapital werden Immobilien erworben. Meist handelt es sich dabei um Großprojekte gewerblicher oder kommunaler Art wie Altenheime, Büro- und Geschäftshäuser, Eislaufcenter usw.
Mit dem Beitritt übernimmt der Kunde die Verpflichtung, die von ihm gezeichnete Einlage an die Gesellschaft zu erbringen.[928] Der Beitritt zu einem geschlossenen Immobilien-Fond ist formfrei.[929] Die Verpflichtung, Gesellschaftsanteile zu erwerben, ist auch dann formfrei, wenn das Gesellschaftsvermögen im wesentlichen aus Grundstücksbestand besteht.[930]

### I. Ist der über eine Eigenschaft des Abschreibungsmodells täuschende Vermittler Dritter i.S.d. § 123 II BGB ?

Mit dieser Frage hat sich – soweit ersichtlich – ausdrücklich nur Immenga[931] beschäftigt. Er weist darauf hin, daß der BGH bei den Kombinationsmodellen des finanzierten Abzahlungskaufs zur Bestimmung des Nichtdritten die gleichen Kriterien anwendet wie zur Bestimmung des Einwendungsdurchgriffs bei Vorliegen einer wirtschaftlichen Einheit.[932]
Immenga[933] zieht daraus den Schluß, daß bei Abschreibungsmodellen der Vermittler Dritter ist, da auch der Einwendungsdurchgriff abgelehnt wird. Der Aufsatz Immengas, auf den sich bis heute die Standardwerke zum Kapitalmarktrecht stützen[934], erfolgte vor Inkrafttreten des Verbraucherkreditgesetzes. Durch das Verbraucherkreditgesetz ist der Durchgriff spezialgesetzlich geregelt worden und erfaßt auch Steuersparmodelle.[935]

---

[925] hierzu Loritz/Wagner, Konzeptions-Handbuch II (Gesellschafterliche Beteiligungen)
[926] vgl. Armansperg, Die Abschreibungsgesellschaft, III. Teil, 3. Kap. II, S. 120; Dietrich, Die Publikumspersonengesellschaft
[927] Otto, Stellung der Bank bei der Finanzierung von Immobilienanlagen, S. 21
[928] Vgl. Werner/Machunsky, Immobilienfonds und Erwerbermodelle S. 1
[929] Reinelt, NJW 92,2054
[930] BGHZ 86,367
[931] Immenga, BB, 84, 5
[932] siehe oben D III 3 a ff
[933] Immenga, BB 84,5 (7)
[934] Schäfer,Schwintowski
[935] vgl. hierzu oben C IV 3

## II. Täuschung des multifunktionalen Vermittlers bezüglich nicht unmittelbar darlehensbezogener Umstände bei Steuersparmodellen und ihre Auswirkung auf den Darlehensvertrag

### 1. Ansicht der Rechtsprechung

Nicht bei jeder unrichtigen Angabe können alle verbundenen Verträge angefochten werden. Dies gilt für Fallgestaltungen, bei denen es sich bei der Falschangabe um irgendeinen relativ unbedeutenden Umstand handelt, der zum Anfechtungsgegenstand hochstilisiert wird, um sich von den wirtschaftlichen Folgen zu befreien, wenn sich das Gesamtprojekt schlecht entwickelt.

*In **BGH WM 85,221** beteiligte sich der Beklagte an einem geschlossenen Immobilienfonds in Form einer BGB-Innengesellschaft. Seine Einlage wurde dabei von der klagenden Bank fremdfinanziert. Dabei sollte eine Treuhänderin, die T-GmbH, im eigenen Namen für Rechnung des Treugebers das Grundstück erwerben und ein Kongreßzentrum errichten. Als T in wirtschaftliche Schwierigkeiten geriet, focht der Beklage den Darlehensvertrag mit der Begründung an, die Bank habe ihn nicht darüber aufgeklärt, daß von dem auf das Treuhandkonto überwiesenen Darlehensbetrag sofort die gesamten Darlehenszinsen sowie 10% des Darlehensbetrages als Sicherheit für die Bürgenverpflichtung auf ein Sonderkonto der T umgebucht würden, das mit einem Sperrvermerk zugunsten der Bank versehen war. Der BGH ließ die Anfechtung des Darlehensvertrags nicht zu.*

Der BGH verneint die Täuschung durch Unterlassen. Er führt aus: "...allenfalls dann, wenn sich die Fa. T zu Verfügungen verpflichtet hätte, die ihre Treuhänderpflichten verletzten und den B in seiner vertraglichen Entscheidungsfreiheit erkennbar beeinflußt hätten, wäre eine Aufklärungspflicht in Betracht gekommen...' Daraus ergibt sich, daß der BGH eine Kausalitätsprüfung vornimmt. Denn er geht davon aus, daß beide Umstände nicht auf die Entscheidungsfreiheit einwirken, also nicht die Willensbildung zum Abschluß des Darlehensvertrags an sich berühren.

#### Täuschung bei Abschreibungsgesellschaften OLG Celle 3 U 195/84 vom 12.02.1986 (unveröffentlicht)[936]

*Der als seriös bekannte Anlagevermittler Dr. Anton Rödel bot Kommanditbeteiligungen an einer Abschreibungs-GmbH & Co KG mit Farmland in Paraguay an, die in Wirklichkeit wertlos waren. Die Bank überprüfte das Projekt nicht, entwickelte aber einen Finanzierungsplan und bot potentiellen Anlegern günstige Kredite an. Nachdem die Anlage gezeichnet und von der Bank weitgehend finanziert worden war, setzte sich Dr.Rödel mit dem Geld der Anleger nach Lateinamerika ab. Die Bank verlangte von den Anlegern Rückzahlung des Kredites. Hier verwirklichte sich nicht das 'normale' anlageimmanente Konkursrisiko, sondern es ging um die Risikozuweisung bei arglistigem Verhalten des Anlagevermittlers. Das Gericht rechnete das Verhalten des Beraters der Bank nicht zu.*

Entscheidend war hier nach Ansicht des Gerichts, ob die Tätigkeit des Anlagevermittlers bei der Beratung der Kunden über das Finanzierungsmodell als schlichte Darlehensvermittlung oder als Vertragsverhandlung auf seiten der Bank anzusehen ist. Der Anlageberater müßte danach mit Willen der Bank in die Verhandlungen (zum Abschluß des Darlehensvertrages)

[936] Fall entnommen: Schwintowski/Schäfer, Bankrecht, S. 601 Rn. 126; siehe auch Schwintowski NJW 89, 2087

eingeschaltet worden sein. Das Gericht führte hierzu aus, daß der Vermittler vornehmlich Interessen der Abschreibungs-KG wahrnahm. Ihm ging es in erster Linie um die Attraktivität des Angebots dieser KG für die potentiellen Anleger, die sich als Folge der im Vorfeld ausgehandelten verbindlichen Konditionen mit der Bank zwar selbst nicht mehr um eine günstige Fremdfinanzierung bemühen mußten, es aber jederzeit und völlig frei hätten tun können. Die hierin angelegte Entscheidungsfreiheit für den Anleger enthalte zugleich auch die Unabhängigkeit des Anlagevermittlers gegenüber der finanzierenden Bank.

**2. Stellungnahme der Literatur zu OLG Celle 3 U195/84 vom 12.02.1986**

In der Literatur hat maßgeblich Schwintwoski zu der Entscheidung Stellung bezogen.[937] Auch nach Schwintowski ist entscheidend, ob der Anlagevermittler schlichter Darlehensvermittler oder Vertragsverhandelnder für die Bank ist. Im zuletzt genannte Fall müßte sich die Bank die Täuschung nach § 278 BGB zurechnen lassen. Sie hätte sich des Beraters zur Erfüllung der Verbindlichkeit, ihre Kreditkunden bei den Vertragsverhandlungen nicht zu täuschen, bedient.[938] Auch er betont, daß die angelegte Entscheidungsfreiheit für den Anleger die Unabhängigkeit des Vermittlers manifestiere.

**3. Eigene Ansicht**

Weder die Rechtsprechung noch die Literatur zieht zur Bestimmung des Dritten i.S.d. § 123II BGB die von der Rechtsprechung für das Kombinationsmodell finanzierter Kauf entwickelten drei Fallgruppen heran. Die dort entwickelte Rechtsprechung wird somit nicht auf finanzierte Steuersparmodelle übertragen. Stattdessen sah das Gericht als maßgebliches Entscheidungskriterium den mutmaßlichen subjektiven Willen des Vermittlers an. M.E. ist diese Argumentation nicht stringent. Ob jemand als Erfüllungsgehilfe nach § 278 BGB eingeschaltet ist, hängt nicht vom Willen des Vermittlers ab. Auf den Willen der Vermittlers, für den Geschäftsherrn tätig zu werden, kommt es nur im Rahmen des § 164 BGB bei der Willensvertretung an, nicht jedoch bei § 278 BGB. Tatbestandsvoraussetzungen des § 278 BGB sind die objektive Wahrnehmung einer Aufgabe der Bank und der diesbezügliche Wille der Bank.

**a. Abgrenzung Vermittler/Verhandlungsgehilfe**

Auch hier muß allein entscheidend die Abgrenzung zwischen Vermittlung und Verhandlung sein. Anders als in den anderen Fällen besaß der Vermittler keine Formulare der Bank. Der Kunde mußte persönlich mit der Bank in Verbindung treten.

Dennoch ist m.E. der Anlageberater bereits Verhandlungsgehilfe der Bank. Ein Vermittler weist nur auf die Eckpunkte des vermittelten Vertrages hin, während es dem Kunden selbst obliegt, den vermittelten Vertrag im einzelnen auszuhandeln.

Besondere Bedeutung hat m.E. der Umstand, daß die Bank mit dem Berater bereits im Vorfeld für die Kunden eine Finanzierung zum Vorzugspreis ausgehandelt hatte. Hierbei handelt es sich **um vorweggenommene Darlehensverhandlungen**, die eigentlich der Kunde mit der Bank führen müßte. Indem die Bank mit dem Vermittler die Finanzierung bereits abgestimmt hat, kann der Anlageberater damit werben, daß der Kunde über das Darlehen gar nicht mehr verhandeln muß, und er das Darlehen von jener Bank gleichsam automatisch

---

[937] Schwintowski, NJW 89, 2087,2088 mit Hinweis darauf, daß dies ständige Rechtsprechung des BGH seit BGH NJW 64,2195f. sei.

[938] Schwintowski NJW 89, 2087,2088

erhält. Der Anlageberater hat damit alle Handlungen vorgenommen, die für den Vertrieb des Finanzprodukts Darlehen der Bank notwendig sind.
Wenn sich der Kunde unter Berufung auf den bereits zwischen Bank und Vermittler abgestimmten, verbilligten Zinssatz an die Bank wendet, werden diese vorweggenommenen Darlehensverhandlungen zwischen Bank und Vermittler Teil der Darlehensverhandlungen zwischen Bank und Kunde. Der Berater ist daher nicht bloßer Vermittler. Zum selben Ergebnis gelangt man, wenn man die Grundsätze, die für den finanzierten Abzahlungskauf entwickelt worden sind, auch auf diesen Fallbereich überträgt und damit das Vorliegen des Kriteriums Verhandlungsgehilfe annehmen muss.

**b. Anfechtungsgegenstand**

Weder das Gericht noch die Literatur nehmen eine Abgrenzung nach dem Anfechtungsgegenstand vor, über welche Umstände konkret getäuscht worden ist. Es wird wie selbstverständlich davon ausgegangen, daß die Pflicht besteht, nicht zu täuschen, ohne die fehlerhaften Umstände einzugrenzen.

**4. Ansicht der Literatur zur erweiterten Anfechtung bei fremdfinanzierten Steuersparmodellen**

In der Literatur wird die Diskussion der Anfechtung wegen nicht unmittelbar darlehensvertraglicher Umstände nur im Rahmen des § 9 VerbrKrG[939] geführt, ohne auf die Abschreibungsmodelle im besonderen einzugehen.
Wie oben dargelegt, geht die überwiegende Ansicht bei verbundenen Geschäften, die unter das VerbrKrG fallen, weiterhin davon aus, daß Täuschungen über Umstände des finanzierten Vertrages auch zur Anfechtung des Darlehensvertrages berechtigen.[940] Eine weitere Differenzierung nach dem Modelltypus findet nicht statt. Demnach müßte gleiches auch für Abschreibungsgesellschaften gelten.

**Ergebnis**

Auch bei Abschreibungsgesellschaften sind bei Täuschungen beide Verträge anfechtbar sein, wenn der Vermittler Verhandlungsgehilfe ist. Eine Differenzierung, worauf sich die Täuschung bezieht, findet nicht statt.

---

[939] Vgl. die Streitdarstellung oben C VII
[940] Siehe oben S.D VII 2, D VIII 2 d

## F. Täuschungen des multifunktionalen Vermittlers bei finanzierten Immobilienkapitalanlagen

### I. Begriff der Immobilien-Treuhandmodelle

Die Gerichte beschäftigt im Moment die Behandlung sogenannter 'Immoblilien-Treuhandmodelle.' [941] Anders als die Treuhandmodelle der 80er Jahre werden oftmals 100 % fremdfinanzierte Steuersparmodelle ohne oder mit geringem Eigenkapitalanteil initiiert, die sich an Personen mit unterem oder mittleren Einkommen richten.[942] Ursprüngliche Zielgruppe der Anlegerwerbung waren in den 80er Jahren die 'besser verdienenden' und deshalb hochbesteuerten Bevölkerungsgruppen,[943] denen insbesondere Kommanditbeteiligungen an Publikumskommanditgesellschaften und Bauherrenmodellen als steuerliche Abschreibungsobjekte empfohlen wurden.[944] Die Kapitalanlagebranche bringt nun Produkte auf den Markt, bei denen häufig nicht mehr der Gesichtspunkt der Steuerersparnis, sondern beispielsweise derjenige der Altersversorgung oder der Vermögensbildung im Vordergrund steht.[945] Eine trickreiche Anlegerwerbung erfaßt nun auch Kleinverdiener[946] als Beteiligungssparer. Die Aufspaltung des Erwerbsvorgangs in mehrere Verträge - u.a. dem Abschluß eines Darlehensvertrages - wird nicht in erster Linie aus steuerlichen Gründen vorgenommen, sondern weil dieser neuen Zielgruppe kein größeres Kapital zur Verfügung steht. Die Steuerersparnis spielt erst bei der Kosten/Nutzen Berechnung eine Rolle.

In diesen Fällen errichtet ein Bauträger eine größere Wohnanlage, die Eigentumswohnungen bzw. Bruchteile von Wohnungen werden an die Kunden veräußert. [947] Diese werden gesetzlich Erbauer des Hauses. Im Innenverhältnis werden alle dafür notwendigen Maßnahmen bei einem einzigen Notartermin an einen „Generalübernehmer" übertragen, der seinerseits andere Personen beauftragt, Architekten und Handwerker, Planungsbüros und Subunternehmer zu suchen, Notarangelegenheiten, Verwaltung und Steuerberatung zu übernehmen, den Finanzierungsplan aufzustellen und die Finanzierungsgesellschaften zu suchen. Diese Zusatzleistungen werden zu hohen Preisen in das Gesamtpaket als Festzinsgarantievertrag, Zinsausfallgarantie, Nebenkostengarantievertrag, Finanzierungsvermittlungsvertrag, technischer Baubetreuungsvertrag etc. integriert, deren Leistungsträger häufig ebenfalls der jeweilige Bauträger/Verkäufer ist.[948] Der Gesamtbetrag für die Immobilie liegt oftmals um mehr als ein Drittel über dem tatsächlichen Verkehrswert.[949] Die Finanzierung des Eigenkapitalanteils ist notwendiger Bestandteil des Anlageangebots ebenso wie eine einkalkulierte Steuer-

---

[941] Insgesamt wurden nach der Wende nach Schätzung von Experten rund 250 Mrd. DM in ostdeutsche Immobilien gesteckt. Handelsblatt vom 15.06.1998; zum Begriff der Immobilien-Treuhandmodelle vgl. Finanztest spezial Dezember 1999, S. 20-29

[942] Vgl. DFI-gerlach-report Nr. 11/98 S. 8; gerlach-report 46/93 S.1ff.

[943] Wüst, JZ 89, 67

[944] Finanzierungskosten sind als Werbungskosten generell abzugsfähig; zu den steuerlichen Besonderheiten vgl. z.B. Handbuch der Bauinvestition u. Immobilienkapitalanlagen, Stand: Dez 1998, Fach 1400ff./3000ff. m.w.Nachw.

[945] Zimmer, DB, 98, 969

[946] Zu den Motiven und Risiken: Wüst, JZ 89,67

[947] zu den Beratungspraktiken Finanztest vom 01.04.1997 Schlechter Schnitt S. 55

[948] Fuellmich, FS Deutsch S.3765; Graf, Der Finanzmarkt in der BRD Freie und selbständige Finanz- und Vermögensberater, S. 24ff.

[949] Bericht in DIE ZEIT vom 05.08.1999 S. 24 Dolle-Helms; Graf, Der Finanzmarkt in der BRD, Freie und selbständige Finanz- und Vermögensberater, S. 26

erersparnis.[950] Manchmal wird in dieses Paket auch ein Lebensversicherungsvertrag inteiert, der das Darlehen tilgen soll. Das Darlehen für den Erwerb aller Wohnungen der Anlage gibt eine Bank, die mit dem Bauträger zusammenarbeitet. Die Mietgarantien, die meist für fünf Jahre einen festen Mietzins gewährleisten, liegen häufig weit über den tatsächlich erzielbaren Mieten.[951] Die Bank zahlt den Darlehensbetrag auf ein Treuhandkonto, von dem aus die verschiedenen Vertragspartner bezahlt werden.[952] Mit der Vermarktung des Gesamtpakets werden Finanzdienstleistungsvermittler oder Vertriebsgesellschaften direkt beauftragt.[953] Diese werben mit dem Gedanken der Allfinanz, daß die Leistungen als Produktbündel genau aufeinander abgestimmt seien. Während des Verkaufsgesprächs macht der Allfinanzdienstleistungsvermittler oftmals unrichtige Angaben, um die Objekte besser zu vermarkten. Oft wird behauptet, daß die jährlichen Belastungen des Kunden (Zins und Tilgung abzügl. Miete und Steuerabschreibung) auf seine persönlichen Verhältnisse abgestimmt seien. Spätestens nach Ablauf der Mietgarantiezeit (oftmals geht der Mietgarant, eine GmbH mit 50.000 DM Stammkapital bereits früher in Konkurs) kommen weitaus höhere jährliche Belastungen auf den Bauherren zu als vorausgesagt. Folge davon ist, daß der Kunde spätestens mit dem Ausfall der Festmieten Eigenkapital dazugeben muß. Wenn die vorangehende Zahlung bereits an die Grenze seiner absoluten Belastbarkeit heranging, so führt der Mietausfall nun zu seiner Zahlungsunfähigkeit.[954]

Die Berechnungsbeispiele im Verkaufsprospekt bzw. Verkaufsgespräch basieren oftmals auf Steuersätzen von 45% bzw. 55%, so daß die dem Kunden versprochenen Steuersparmöglichkeiten nur begrenzt eintreten.[955] In manchen Fällen verweigert das Finanzamt die Anerkennung einiger der Kostenpositionen, so daß die steuerlichen Verluste nur teilweise abgeschrieben werden können.[956] Oftmals kann die Immobilie wegen der weichen Kosten „versteckte Innenprovisionen“[957] nur mit Verlust verkauft werden und reicht nicht zur Tilgung der Darlehensverbindlichkeit aus.[958]

Die unwahren Angaben des Vermittlers betreffen regelmäßig die Höhe der Steuerersparnis, die Höhe der Mieterträge, die Garantie des Wiederverkaufs der Immobilie, die Sanierungsbedürftigkeit, die Aussage, daß der Kunde ohne Zuzahlung von Eigenkapital Immobilieneigentümer werden könnte, weil Steuerersparnis und Mieteinnahmen Zinsen und Tilgung deckten, die Größe der Wohnfläche und zu niedrige Nebenkosten.[959]

---

950 Diese Kosten und die dahinterstehenden Leistungen werden bereits im ersten Jahr als Werbungskosten in die Steuererklärung übernommen. Daraus ergeben sich dann enorme Verluste, die bei der Beispielrechnung des Vermittlers zu derartig hohen Steuergewinnen (und ggf. Verlustrück- bzw. –vorträgen) führen.

951 Auch die Medien berichteten mehrfach von diesen Schrottimmobilien STERN v. 16.04.1998; SPIEGEL Nr. 13 vom 23.03.1998 S. 122,123

952 Stüsser, a.a.O., S. 1586

953 Zu den Vertriebspraktiken Fuellmich a.a.O. S. 5ff., Der Spiegel 13/1998,122; Stüsser a.a.O. S. 1586, Rattenfänger in Designerklamotten

954 Stüsser, Bankenhaftung bei gescheiterten Immobilien-Treuhandmodellen NJW 99,1586

955 Fuellmich, a.a.O., S.380

956 Graf, a.a.O., S. 25

957 Dies sind Kosten einzelner Positionen wie Vertrieb, Marketing, Grundstücks- und Gebäudeanteil, die regelmäßig nicht anfallen, wenn das Grundstück außerhalb des Treuhandmodells erworben würde.

958 Zu den Fehlern bei geschlossenen Immobilienfonds www.IFF-Hamburg.de/odars 2web/_all/bin/show.pl?key=6155-910951369&docno=107

959 Vgl. als typischen Fall z.B. den Tatbestand des LG Karlsruhe 8 O 178/90 abgedruckt in Spitze 2/94 S. 35; Allianz der Abzocker Finanztest 10/98 S. 49; gerlach-report Nr. 37/93 S. 1ff.; Finanztest spezial Dezember 1999, S. 23

Die Vermittler sind bei unwahren Behauptungen zum Schadensersatz verpflichtet[960], aber oftmals insolvent oder nicht mehr greifbar (ebenso wie die Initiatoren).[961] In der Praxis tritt der Allfinanzvermittler[962] als Finanzierungsberater des Kunden auf sowie als Vermittler der einzelnen Produktleistungen. In der Praxis erfolgen die Beratungen und Verhandlungen oftmals zum gleichen Zeitpunkt und nicht getrennt nach dem jeweiligen Vertrag. In einem einzigen einzelnen Vorgang unterschreibt der Kunde am Ende der Beratung mehrere Verträge bzw. eine Generalvollmacht, die beurkundet wird.

Der Finanzdienstleister, obwohl er von seiner rechtlichen Ausgestaltung als selbständiger Makler arbeitet, übernimmt über seine bloße vermittelnde Funktion hinaus oftmals weitere Aufgaben und ist beispielsweise in die Vertragsverhandlungen hinsichtlich des Darlehensvertrages eingeschaltet. Da ja gerade auch kein starres Berufsbild des Finanzdienstleisters existiert, das diese Übung reglementiert, kommt dies sogar recht häufig vor.

Der Tätigkeitsbereich des Finanzmaklers im Zuge der Vertragsverhandlungen ist nicht allgemein festgelegt. Denn je nach im Rahmenvertrag zugestandener Befugnis schwankt der Aktionsradius zwischen der Funktion eines Vermittlers und Boten, der in Ausführung eines Auftrages der Bank den im Detail festliegenden Formulartext zur Ausfüllung mit Angaben zur Person und Eintragung der Kredithöhe vorlegt und der Eigenschaft eines Vertreters mit bloßen Richtlinien, falls ihm ein - wenn auch nur eng begrenzter – Spielraum hinsichtlich der Ratenverteilung eingeräumt wird.[963] Die Rechtsprechung erkennt diese Geschäftspraxis an und trägt ihr dadurch Rechnung, daß auch sie immer auf die konkreten Umstände des Einzelfalles abstellt.

Wird der Allfinanzvermittler in einem solchen Fall in die Vertragsverhandlungen zum Abschluß des Darlehensvertrages mit der Bank eingeschaltet, ist fraglich, ob er Verhandlungsgehilfe der Bank ist und ihr seine Angaben zugerechnet werden können.

## II. Täuschungen über Eigenschaften des Immobilienkaufs und ihre Auswirkungen auf den Darlehensvertrag

Im folgenden wird anhand der Rechtsprechung untersucht, inwieweit unrichtige Angaben des mehrfunktional tätigen Vermittlers den Kunden zur Anfechtung aller abgeschlossenen Verträge berechtigen.

### 1. Prämisse der Trennbarkeit

#### a. BGH WM 92, 602

Der BGH verneint die Zurechnung einer arglistigen Täuschung des Vermittlers.

---

[960] Vgl. hierzu aus jüngster Zeit BGH, DB 96 S. 1820= NJW 96, 2511= ZIP 96,1206; BGH ZIP 96,2064; eingehend Schäfer, Haftung für fehlerhafte Anlageberatung und Vermögensverwaltung, 2. Aufl. 1995

[961] Die Rückabwicklung bei fehlerhaftem Anlagevertrag erfaßt auch den Darlehensvertrag. Auch bei objektiver Werthaltigkeit von Leistung und Gegenleistung kann ein Vermögensschaden vorliegen, wenn die Leistung für die Zwecke des Vertragspartners nicht voll brauchbar ist. Es besteht eine Vergleichbarkeit zur strafrechtlichen Bewertung solcher Konstellationen im Rahmen des Betrugstatbestandes. Die Bejahung eines Vermögensschadens setzt voraus, daß die Leistung nicht nur aus rein subjektiver Sicht als Schaden angesehen wird, sondern daß auch die Verkehrsanschauung bei Berücksichtigung der obwaltenden Umstände den Vertragsschluß als unvernünftig, den konkreten Vermögensinteressen nicht angemessen und damit als nachteilig ansieht.

[962] Zur Verwendung dieses Begriffs in diesem Zusammenhang vgl. Finanztest Spezial, Dezember 1999, S.12

[963] So Müller-Laube für den Kreditvermittler

*Hier hatte der Prospektverantwortliche eine arglistige Täuschung über die Miethöhe begangen. Der Finanzdienstleister hatte dem Kunden die Kapitalanlage und im Rahmen der Finanzierungsabwicklung die Endfinanzierung durch die Bank vermittelt. Der BGH erkannte an, daß der Finanzdienstleister Erfüllungsgehilfe der Bank sei. Der BGH rechnete die arglistigen Täuschung der finanzierenden Bank aber dennoch nicht zu. „...zwar wurde V (der Vermittler) auch als Verhandlungsgehilfe der Beklagten ( Bank) tätig, wenn er – aufgrund seiner im Globalfinanzierungsvertrag übernommenen Verpflichtung gegenüber der Beklagten - den Kapitaleinlageinteressenten eine Finanzierung durch die Beklagte anbot. Die Zurechnung gemäß § 278 BGB beschränkt sich aber auf den Bereich der Anbahnung des Kreditvertrags. Hierzu gehörten die Angaben über die Miethöhe nicht; sie zielten vielmehr auf den Abschluß des Kapitalanlagevertrags. Insoweit aber handelten V./C. (die Vermittler) für sich selbst und nicht als Erfüllungsgehilfe der Bank."*

**Bewertung**

Auffallend ist, daß der BGH zur Bestimmung des Begriffs des Nichtdritten nicht von den für den finanzierten Abzahlungskauf entwickelten drei Fallgruppen ausgeht. Stattdessen erwähnt er nur die zweite Fallgruppe des Verhandlungsgehilfen.

Ohne genauere Prüfung der Verhandlungsgehilfeneigenschaft schränkt er die Zurechnung nach dem Anfechtungsgegenstand ein. Als zurechnungsfähige Angaben kommen nur solche in Betracht, die sich objektiv auf den Kreditvertrag beziehen. Unberücksichtigt bleibt hier das subjektive Sicht des Abschließenden, ob die irreführenden Angaben auch aus seiner Sicht Beweggrund für den Abschluß auch des Darlehensvertrags waren.

Der BGH stützte sich zur Begründung auf die Entscheidung WM 87,1331, in der das OLG Celle den Grundsatz der Aufspaltung der Pflichtenkreise und damit der beschränkten Zurechnung für den Anspruch aus c.i.c. statuiert. Er überträgt diesen Grundsatz ohne nähere Ausführungen auch auf die Fallgestaltung des § 123 BGB. Der Begriff des Nichtdritten bestimmt sich folglich nur nach § 278 BGB.

Auffällig ist, daß die Grundsätze über die Aufspaltung in Gefahrenkreise auch auf die arglistige Täuschung angewandt werden, ohne ihre Übertragung weiter zu problematisieren. Diese Aufspaltung nach Gefahrenkreisen stellt für die arglistige Täuschung einen ganz neuen Ansatz dar, der bislang im Rahmen des § 123 BGB vom BGH so nicht vertreten worden ist.

**b. OLG Köln WM 94, 197**

Das OLG Köln entscheidet unter Bezugnahme auf BGH WM 92,602 entsprechend in einem ähnlichen Fall.[964]

Die arglistige Täuschung wird im Hinblick auf den Anfechtungsgegenstand bereits abgelehnt:"...die Kläger... können den Darlehensvertrag nicht... gemäß §§ 123,142 BGB anfechten, da eine der Beklagten zurechenbare arglistige Täuschung der Kläger im Hinblick auf die

---

[964] Die Kläger hatten Verbindlichkeiten i.H. v. DM 50.000. Da sie von einem Geldinstitut keinen Kredit mehr bekamen, wandten sie sich an den Kreditvermittler N, der mit P zusammenarbeitete. Jener bot ihnen ein "Eurodarlehen " an, zu dessen Sicherheit die Kläger eine Eigentumswohnung kaufen mußten. P erklärte, er sei Repräsentant der Beklagten (Bank), die die Eigentumswohnung finanzieren könnte. Die Kläger fochten den Kaufvertrag wegen arglistiger Täuschung (die Mieteinnahmen waren zu hoch angegeben; die Erwartung, daß sich das Objekt tragen lassen würde, war unrealistisch) durch N an. Das OLG verneinte die Voraussetzungen des Einwendungsdurchgriffs, der Verletzung vorvertraglicher Aufklärungspflichten oder die Zurechnung der arglistigen Täuschung.

von diesen abgegebenen Vertragserklärungen nicht ersichtlich ist; vielmehr ist den Klägern auf ihren willensmängelfrei gestellten Darlehensantrag das Darlehen von der Beklagten im gewünschten Umfang gewährt worden."
Und weiter unten erklärend im Rahmen der c.i.c.:"...derartige Angaben über die Miethöhe sind in erster Linie dem Kaufvertrag und nicht dem Bereich der Anbahnung des Kreditvertrages mit der Beklagten zuzurechnen (BGH WM 92,602); hierauf wirkten sie sich allenfalls mittelbar aus..."[965]

**c. OLG Hamm WM 98,1230**

In der gleichen Tradition steht das Urteil des OLG Hamm.[966]
Das OLG verneint die Wirksamkeit der Anfechtung.
Es führt aus: „...Getäuscht sehen sich die Kläger vielmehr allein von dem Geschäftsführer L der Firma F. bzw. von Vertretern der Firmen M und CAS. Deren Angaben zielten aber nicht auf den Abschluß des Darlehensvertrages, sondern allein auf den Abschluß des Kaufvertrages über die Eigentumswohnung und wäre den Beklagten deshalb selbst dann nicht zuzurechnen, wenn diese Personen zugleich im Rahmen der Anbahnung des Darlehensvertrages als Verhandlungsgehilfen der Beklagten tätig geworden wären (BGH WM 92,602)."[967]

Es wird also gar nicht mehr entschieden, ob nach den konkreten Umständen des Falles der Vermittler tatsächlich eine über die Vermittlung hinausgehende Funktion übernommen hat und Erfüllungsgehilfe war.

**d. OLG Braunschweig WM 98,1223**

Das OLG Braunschweig[968] führte aus: „...Die Umstände, die die Klägerin auch für eine arglistige Täuschung vorträgt und durch die sie sich getäuscht fühlt (nämlich den Wert der Eigentumswohnung und die fehlende Seriosität des Anlagekonzepts), betreffen nicht den Abschluß der Darlehensverträge...Die grundsätzliche tatsächliche und rechtliche Selbständigkeit von Darlehens- und Kaufvertrag verbietet es, etwaige auf den Abschluß des Kaufvertrages gerichtete Tathandlungen der Firmen F bzw. des Finanzierungsvermittlers im Rahmen einer Anfechtung nach § 123 BGB unmittelbar auf den willensmängelfrei zustande gekommenen Darlehensvertrag durchschlagen zu lassen."

---

965 WM 94,197(201)

966 Die Kläger erwarben von der Firma F-GmbH über einen Handelsvertreter der Vermittlungsgesellschaft Firma C.A.S. GmbH (CAS) eine Eigentumswohnung. Die CAS wiederum war von einer Beratungsgesellschaft für Immobilien (M) für den Vertrieb eingeschaltet worden. M hatte ein Versorgungsprogramm ('bankengeprüftes Finanzierungskonzept') entworfen, nach dem mittels einer Kombination aus der Anlage vermögenswirksamer Leistungen, einer Nutzung der Bausparförderung sowie der zu erzielenden Mieteinnahmen der Immobilienerwerb ohne nennenswerten eigenen Kapitaleinsatz möglich ist und damit eine Käuferschicht angesprochen werden konnte, die von ihren finanziellen Möglichkeiten zu den eher unteren Einkommensgruppen gehört. Nachdem die Kläger die Wohnung erworben hatten, kam es etwas mehr als acht Monate später zum Abschluß eines Darlehensvertrages durch die Vermittlung von M und L, dem Geschäftsführer der F-GmbH. Die Kläger hatten ursprünglich den Teil des Versorgungsprogramms, der die Finanzierung betrifft, abgelehnt und hatten eigenständig die Finanzierung gesucht. Die Kläger fochten den Darlehensvertrag wegen arglistiger Täuschung an. Die Wohnungsanlage war mangelhaft, die Wohnung sozialgebunden, das M-Versorgungsprogramm wirtschaftlich nicht tragfähig.

967 WM 98,1230 (1232)

968 OLG Braunschweig WM 98,1223 liegt der gleiche Sachverhalt wie OLG Hamm WM 98,1230 zugrunde.

Die Tätigkeit des Vermittlers war bei Anbahnung des Darlehensvertrages auf das Helfen beim Ausfüllen und die Weiterleitung der Formulare an die Bank beschränkt. Er unternahm keine Vorprüfung der Kreditfähigkeit der Kunden. Seine Tätigkeit ging nicht über eine Ausfüll- und Botentätigkeit in Bezug auf die Selbstauskunft und Darlehensanträge hinaus.

Es lehnt also die Anfechtung bereits unter dem Gesichtspunkt des Anfechtungsgegenstands ab.

**e. Zusammenfassung**

Es verfestigt sich eine oberinstanzliche restriktive Rechtsprechung, die die Zurechnung der arglistigen Täuschung ohne nähere Prüfung bereits aufgrund des Anfechtungsgegenstands verneint. Die Gerichte untersuchen nurmehr, über welchen unrichtigen Umstand der Vermittler täuschte. Es wird zwischen mittelbaren und unmittelbaren Umständen unterschieden. Nur unmittelbare Umstände, quasi die essentialia negotii des Darlehensvertrages, werden als anfechtungsrelevant angesehen. Zu der Frage, ob der Vermittler Dritter i.S.d. § 123 BGB ist, werden keine Ausführungen mehr getroffen. Eine Auseinandersetzung mit der Funktion des Vermittlers, ob und inwieweit er als Verhandlungsgehilfe für die Kreditinstitute eingeschaltet war, findet erst im Rahmen der c.i.c. statt. Für den Komplex der arglistigen Täuschung ordnen die Richter ihr keine Relevanz mehr zu. Dadurch wird auch die Prüfung, ob der Vermittler einer der drei Fallgruppen zur Bestimmung des Nichtdritten unterfällt bzw. ob diese drei im Abzahlungskauf entwickelten Fallgruppen nach wie vor Gültigkeit haben, überflüssig. Die neuesten Urteile machen überhaupt keine Ausführungen mehr zur Anfechtung wegen Täuschung, sondern prüfen nur noch Ansprüche aus c.i.c.[969]

**2. Vergleich finanzierte Immobilienkapitalanlagen, finanzierter Kauf über bewegliche Sachen und finanzierte Gesellschaftsbeitritte**

Anders als bei finanzierten Immobilien erfolgt bei finanzierten Verträgen über bewegliche Sachen keine Trennung nach darlehens- bzw. kauf-/miet-/dienstvertraglichen Umständen.[970] Eine Differenzierung nach dem Anfechtungsgegenstand erfolgt weder bei finanzierten Abzahlungsverträgen noch bei finanzierten Abschreibungsgesellschaften. Bei finanzierten Immobilienkapitalanlagen wird durch die Aufspaltung in Gefahrenkreise der Anwendungsbereich der Anfechtung wegen Täuschung verkürzt. Während bei § 123 BGB das Hervorrufen jeglicher Fehlvorstellungen – also vertragsbezogener und nicht den Vertragsinhalt umfassender Umstände die Anfechtung rechtfertigt[971], werden bei Einschaltung eines Verhandlungsgehilfen diese Umstände beschränkt. Damit wird der Zweck des § 123 BGB – Selbstbestimmung- ausgehöhlt.

**Ergebnis**

Finanzierte Käufe beweglicher und unbeweglicher Sachen werden in Bezug auf die Anfechtbarkeit wegen arglistiger Täuschung ohne hinreichendes Differenzierungskriterium ungleich behandelt.

---

[969] LG Stuttgart WM 99,1822(1826); OLG Köln WM 99, 1817; OLG München WM 99, 1416; OLG Zweibrücken WM 99, 2022

[970] Siehe oben D VII 2, C VIII 2 d

[971] vgl. oben D I 1

### 3. Gründe für die ungleiche Behandlung von finanzierten Käufern beweglicher Sachen und unbeweglicher Sachen?

Immenga erklärte im Jahre 1984 die unterschiedliche Behandlung der Rechtsprechung damit, daß sich die Kriterien für den Begriff des Nichtdritten an den Kriterien des Einwendungsdurchgriffs orientierten.[972] Diese Erklärung gilt für die neue Rechtsprechung nicht mehr. Denn die neuesten Entscheidungen bestimmen den Begriff des Nichtdritten anhand der Erfüllungsgehilfeneigenschaft des § 278 BGB.

Während der Einwendungsdurchgriff, der aus Treu und Glauben entwickelt worden ist, eine solche Differenzierung nach der Schutzbedürftigkeit zu rechtfertigen vermag, handelt es sich bei dem neuen Bestimmungskriterium des § 278 BGB um eine Norm, bei der die Schutzbedürftigkeit keine Rolle spielt.

Indem der BGH die Kriterien des Nichtdritten i.S.v. § 278 BGB von den Kriterien des Einwendungsdurchgriffs abkoppelt, trägt er nur der Tatsache Rechnung, daß es sich bei beiden Rechtsfiguren um unterschiedliche Wertungen handelt.[973]

Dies zeigt aber auch, daß eine Differenzierung nach dem Schutzbedürfnis und nach der Art des finanzierten Geschäfts für § 123 BGB nicht zu rechtfertigen ist.

### 4. Überprüfung der Trennung nach Geschäftsbereichen

#### a. Weitere Überlegungen

Bei der unrichtigen Miethöhe handelt es sich um einen Umstand, der inhaltlich einem Vertrag unmittelbar zugeordnet werden kann. Es erscheint fraglich, wie das Ergebnis aussehen könnte, wenn die unrichtige Aussage ein beiden Verträgen übergeordneter Umstand wäre, wie beispielsweise die Täuschung, daß der Kunde einen bestimmten Betrag geerbt hat, über den sehr bald verfügt werden könnte. Angenommen wird, daß dieser fiktive Betrag fest in das Finanzierungskonzept eingebunden ist. Aufgrund diesen Betrages wird im Darlehensvertrag eine frühe Tilgung eines großen Teilbetrages vereinbart und insgesamt ein günstiger Zinssatz gewährt. In diesem fiktiven Fall ließe sich die Täuschung nicht zwingend dem Geschäftskreis der Anlagegesellschaft oder dem Geschäftskreis des Kreditinstituts zuordnen. Dies zeigt, daß die Judikatur nicht alle Fallgestaltungen plausibel zu begründen vermag.

#### b. Exkurs: Keine Differenzierung nach dem Anfechtungsgegenstand bei einer Vollmachterteilung[974] für einen finanzierten Immobilienkauf

*In WM 89,1364 beteiligte sich der Kunde an einem Erwerber-Modell. Er war über die Firma HL Wirtschaftsberatung geworben worden, die mit einem Konzept warb, wonach der fremdfinanzierte Kauf einer vermieteten Eigentumswohnung rentabel sei, u.a. da die Gesamtmieteinnahmen für das Objekt im Durchschnitt der ersten fünf Jahre rund $ 480 T betragen sollten und damit auch die Zinsverpflichtungen abdecken würden. Tatsächlich betrug die jährliche Miete nur rund $330 T, was dem Leiter einer anderen Filiale der Bank aus früheren Geschäften bekannt war. HL hatte den Kunden in einer Sondervereinbarung* verpflichtet, mit seinem Bruder den Geschäftsbesorgungsvertrag zum Abschluß der entspre-

---

[972] Immenga BB 84, 6f.

[973] Beim Einwendungsdurchgriff geht es um eine verschuldensunabhängige Risikozuweisung, während es bei der erweiterten Anfechtung um eine Zurechnung im Rahmen der Verschuldenshaftung geht.

[974] Die Probleme, die sich zusätzlich dadurch ergeben, daß der Kunde einem Treuhänder nur eine Generalvollmacht für alle Geschäfte erteilt, sind vielfältig, sollen aber nicht Gegenstand der Arbeit sein. Vgl. hierzu Spickhoff/Petershagen BB 99, 165,171f. mit Nachweisen zu den Streitständen

chenden Verträge zu schließen. Der Kunde erteilt daraufhin dem Bruder des HL treuhänderisch Vollmacht zum Abschluß des Kaufvertrags und Eigentumserwerbs sowie zur Finanzierung. Als der Kunde von der Täuschung erfuhr, focht er die Vollmacht zum Abschluß des Kaufvertrags und des Darlehensvertrags gemäß §§ 123 II, 173,172 i.V.m. 173 BGB an.

Die Entscheidung hat allgemein Aufsehen hervorgerufen.[975] M.E. ist die Entscheidung auch im Hinblick auf den Anfechtungsgegenstand von großer Relevanz.
Die Vollmachtserteilung stellt in rechtlicher Hinsicht ein einseitiges Rechtsgeschäft dar, bei dem nur eine Willenserklärung abgegeben wird. Allgemein wird bei diesen Anlegermodellen dem Treuhänder eine Vollmacht erteilt, die die Berechtigung zum Abschluß der im einzelnen aufgeführten Ausführungsverträge enthält.[976] Selbst wenn man nicht von mehreren Vollmachten ausgeht, sondern nur von einer, die drei Vertragsabschlüsse (Kauf-, Übereignungs- und Darlehensvertrag) umfassen soll, dann wird das Rechtsgeschäft immer nur insoweit angefochten, wie die Täuschung reicht. Die Vollmacht bezieht sich hier auf zwei rechtlich voneinander getrennte Verträge, so daß die Frage erhoben werden muß, inwieweit die Täuschung auch kausal für den anderen Vertragsabschluß ist.
Die Frage ist also, inwieweit die Täuschung in Bezug auf einen Umstand des Kaufvertrags auch die Vollmacht hinsichtlich des davon unabhängigen Darlehensvertrages betrifft. Vorstellbar wäre es, bei Täuschung über Umstände eines Vertrages die Generalvollmacht dahingehend zu reduzieren, daß die Vollmacht hinsichtlich dieses Vertrages angefochten wird, die Vollmachten in Bezug auf die anderen Verträge aber weiterhin wirksam bleiben.
Der BGH prüft im einzelnen die Kausalität, ob der Kunde sich ohne die Täuschung über die Mietzinshöhe nicht zum Wohnungserwerb entschlossen hätte, da der Verkäufer noch eine Miet- und Rückkaufgarantie abgegeben hatte, die auch Grundlage des Kaufentschlusses gewesen sein könnte.[977] Er problematisiert nicht, auf welchen Vertrag sich die Täuschung letztlich erstreckt. Getäuscht wurde vorliegend nur über die Höhe der Mieteinnahmen, nicht über darlehenserhebliche Umstände. Dennoch läßt der BGH die vollumfängliche Vollmachtsanfechtung und Rückabwicklung des Darlehensvertrages zu[978], weil die Bank die Anfechtbarkeit der Vollmacht i.S.d. § 123 II BGB kannte.

**Ergebnis**

Die Entscheidung zeigt, daß die Rechtsprechung die Abgrenzung mittelbar/unmittelbar selbst nicht konsequent durchhält.

---

[975] Der BGH stellte hier erstmalig fest,daß die Kenntnisse eines Filialleiters auch der anderen Filiale zugerechnet werden könnten.

[976] Reithmann, Baumodelle, Rz. 166

[977] BGH WM 89,1365,65 „Diese Mieten bildeten eine von der Bonität des Mietgaranten unabhängige Grundlage für die Rentabilität des Anlageobjekts und die Möglichkeit der Weiterveräußerung. Lagen die Mieten dagegen von Anfang an weit unter den angegebenen Beträgen, so erhöhte sich die Bedeutung der Garantie und damit das Risiko des Erwerbers beträchtlich. Die Miethöhe hatte daher entscheidende Bedeutung für den Kaufentschluß."

[978] Die Rückabwicklung auch des Darlehensvertrages war nur deshalb möglich, weil die Bank Kenntnis bezüglich der Anfechtbarkeit der Vollmacht besaß, die ihr ein Bankangestellter, der in die Vertragsverhandlungen nicht involviert war, jedoch sein rechtserhebliches Wissen im Rahmen seiner Tätigkeit für die Bank als deren Vertreter erworben hat, gem. § 166 I BGB vermittelte.

**c. Pflichtenkreis der Immobilienfirmen – Zurechnung von unrichtigen Angaben des Vermittlers**

Nach Auffassung des BGH[979] muß, wer ein Haus verkauft, den Erwerber über die finanziellen Folgen einer Teil- oder Vollfinanzierung 'vollständig und richtig aufklären'. Auch die im Rahmen etwaiger Vorbereitungsverhandlungen gemachter Angaben müssen stimmen.[980] Hat der Verkäufer im Rahmen eingehender Vertragsverhandlungen und auf Befragen des Käufers jeweils einen ausdrücklichen Rat erteilt, übernimmt der Verkäufer zusätzlich zur Gewährleistung eine solche Beratungspflicht als Nebenpflicht oder als selbständige Hauptpflicht aus einem Beratungsvertrag.[981]

Wer Wohnungen verkauft, muß über die mit einer Teil- oder Vollfinanzierung verbundenen finanziellen Auswirkungen vollständig aufklären. Wird bei einem Verkauf einer Immobilie mit dem Argument geworben, daß die Wohnung lediglich durch Unterzeichnung eines Kauf- und Darlehensvertrages ohne Eigenkapital aufgrund Mieteinnahmen und Steuervorteilen erworben werden könnte, kann der Kaufvertrag vom Käufer wegen arglistiger Täuschung angefochten werden. Denn bei dieser Werbung handelt es sich nicht um eine unverbindliche Anpreisung, sondern um eine nachprüfbare Angabe, die für den Kaufentschluß von maßgebender Bedeutung ist.[982] Die steuerlichen und finanziellen Verhältnisse der Käufer müßten ergründet werden. Bei ungeprüften, ins Blaue hinein abgegebenen Erklärungen liege zumindest bedingter Vorsatz vor. Die arglistige Täuschung des Vertreibers, der mit der Verhandlungsführung beauftragt ist, wird zugerechnet, selbst dann, wenn er für seine Tätigkeit eine Provision erhalten hat und damit im eigenen Interesse handelte.[983] Auch die im Rahmen etwaiger Vorbereitungsverhandlungen gemachten Angaben müssen stimmen, wie Aussagen über den Kapitalzins, das Disagio, den persönlichen Steuersatz, und es müsse über die real zu erwartenden Steuerersparnisse und den Wegfall der Berlin-Abschreibungen nach zwei Jahren aufgeklärt werden.[984]

---

[979] BGH V ZR 132/89

[980] Den Kunden waren Wohnungen nach einem Verkaufskonzept unter dem Motto 'Grundbesitz ohne Eigenkapital' als rentable Form der Vermögensbildung angepriesen worden. Durch persönliche Ankaufsberechnungen wurde den Käufern wenigstens für zwei Jahre eine Überschußerwartung vorgespielt. Die darin enthaltenen Aussagen über das Wohngeld, den zu zahlenden Kapitalzins, das Disagio und den persönlichen Steuersatz hatten nicht den tatsächlichen Verhältnissen entsprochen. Die Kunden waren nicht über die bei ihrem Einkommen real zu erwartenden Steuerersparnisse oder den Wegfall der erhöhten Berlin-Abschreibungen nach zwei Jahren aufgeklärt worden. Die Anfechtung der Kunden wegen arglistiger Täuschung wurde zugelassen.

[981] BGH WM 99,137, 139

[982] Kammergericht Berlin, 7 U 5782/95, rechtskräftig, FAZ vom 24.10.97; KG Berlin 7 U 3387/88 NJW-RR 90,399; KG Berlin NJW 98, 1082 (1084)

[983] Kammergericht Berlin ebenda

[984] Hamburger Abendblatt, 20.01.90; S. 49 BGH Beschluß vom 09.11.1989 V ZR 132/89; Der Beklagte hatte in Berlin verschiedene Mietshäuser erworben und daraus Wohnungseigentum gebildet. Dabei hatte er Vertriebsfirmen eingeschaltet, die für ihn auf Provisionsbasis die Wohnungen nach seinem Verkaufskonzept unter dem Mottto 'Grundbesitz ohne Eigenkapital'als rentable Form der Vermögensbildung anboten.

Der BGH sieht jede falsche Angabe zu den Auswirkungen des Vertrages als eine schuldhafte Sorgfaltspflichtverletzung an.[985] Der BGH rechnet dem Verkäufer das Verhalten der Vermittlungsgesellschaft recht weitgehend über das Vertretungsrecht zu, weil der Vermittler vom Käufer keinen Vermittlungsauftrag erhalten und der Verkäufer die 'Aufgabe' bzw. Pflicht zur Beratung dem Vermittler überlassen hat.[986]

**aa. BGH Beschluß vom 09.11.1989 V ZR 132/89**

Hier war u.a. über den Kapitalzins und das Disagio getäuscht worden. Der BGH entschied, daß dies anfechtungsrelevante Umstände für die Anfechtung des Kaufvertrags darstellen, obwohl es sich hierbei doch – streng genommen, um darlehensrelevante Umstände handelt.

**bb. LG Berlin 22 O 138/97 vom 09.05.1997**

*Dem Kunden wurde die Beteiligung an einem Immobilienfonds vermittelt, der durch die Aufnahme eines Kontokorrentkredits fremdfinanziert wurde und durch eine monatliche Eigenleistung von DM 75,00, Steuerersparnis, Miteinnahmen und Zinserträge getiligt werden sollte. Das LG Berlin rechnete der GbR folgende Aussagen der Vermittlerin zu.*

1. *die Aussage, daß mit einer monatlichen Eigenleistung des Kunden von DM 75,00 DM ein Vermögen von DM 60.000 DM gebildet werde und der zur Finanzierung des Beitritts aufgenommene Kredit nur Formsache sei, da die dadurch verursachten Belastungen durch Zinserträge und Steuerersparnis gedeckt seien.*
2. *Die Aussage, daß es sich bei der Beteiligung um eine 'Kapitalanlage' handele, die zur Altersvorsorge geeignet sei*
3. *Die Aussagen in bezug auf die Beantragung eines Kontokorrentkredites, der höher verzinslich als ein Baukredit sei*

Das Gericht rechnete die Aussagen der selbständigen Vermittlerin zu, „da sie allein die wesentlichen Verhandlungen mit dem Kläger (Kunden) führte, ihn über die vermeintlichen Vorteile der beabsichtigten Kapitalanlage informierte und zum Zwecke der Finanzierung den Abschluß des Darlehensvertrages vermittelte."[987] Nicht getrennt wird nach Aussagen, die sich typischerweise auf den Darlehensvertrag beziehen.

**Ergebnis**

Die Unterscheidung mittelbare/unmittelbare Umstände wird in Bezug auf den Anlagevertrag nicht durchgehalten.

Hier werden unrichtige Angaben des Vermittlers, die unmittelbar den Darlehensvertrag betreffen und nur mittelbar den Kaufvertrag betreffen, dem Verkäufer (Anlagegesellschaft) zugerechnet.

---

[985] WM 97,2309 Dort erwarben die Kläger im Treuhandmodell von dem beklagten Bauträger eine Eigentumswohnung, die über ein Darlehen bei der Bank finanziert werden sollte, das wiederum über eine gleichzeitig abgeschlossene Lebensversicherung getilgt werden sollte. Die mit dem Vertrieb betraute Person versicherte den Kunden vor Abschluß der Verträge wahrheitswidrig, daß der Kauf für sie ohne jede finanzielle Belastung sei, da die Kosten durch Mieteinnahmen und Steuervorteile gedeckt würden.

[986] Eine Beratungspflicht des Verkäufers über steuerrechtliche Fragen lehnt Spickhoff JZ 9,302(303) ab.

[987] LG Berlin, 22 O 138/97, S. 8

## G. Ansprüche aus c.i.c. bei Täuschungen des multifunktionalen Vermittlers bei finanzierten Immobilienkapitalanlagen

Viel erörterte Möglichkeit, bei Täuschungen durch den Vermittler dem Kunden bei finanzierten Immobilienmodellen zu ermöglichen, sich von seiner Darlehensverpflichtung zu lösen, ist ein Anspruch des Kunden auf Rückabwicklung aus c.i.c. aufgrund von Naturalrestitution. Damit das Verhalten des Vermittlers gemäß § 278 BGB zugerechnet wird, muß dieser als Erfüllungsgehilfe im Pflichtenkreis der Bank gehandelt haben.

Im folgenden werden diese originären Pflichten der Bank (sogenannte Aufklärungspflichten) nebst neuen Tendenzen in der Rechtsprechung in einem Exkurs dargestellt, weil die Frage, ob das Verhalten des Vermittlers zuzurechnen ist, in Korrelation zum Pflichtenkreis der Bank gesehen wird.

### I. Vergleich der Aufklärungspflichten der Bank bei finanzierten Abzahlungskäufen und finanzierten Immobilienkapitalanlagen

Ansprüche aus c.i.c. spielen beim Abzahlungskauf kaum eine Rolle, da fehlerhafte Angaben des Verkäufers bereits über die erweiterte Anfechtung bzw. den Einwendungsdurchgriff zugerechnet werden. Bei finanzierten Abzahlungsgeschäften löst der BGH Störungen des finanzierten Geschäfts regelmäßig mit der Rechtsfigur des Einwendungsdurchgriffs. Darüber hinaus befaßte er sich nicht mit der Herausbildung von Aufklärungspflichten.
Vergleicht man dieses Kombinationsmodell mit den finanzierten Abschreibungs- und Bauherrenmodellen, so fällt auf, daß sich gerade in den letzten Jahren eine umfangreiche Kasuistik hinsichtlich des Bestehens und des Umfangs von Aufklärungspflichten der Bank herausgebildet hat. Dies betrifft immer Modelle, bei denen der Durchgriff abgelehnt wird.

Hierfür gibt es eine einfache Erklärung: beim finanzierten Abzahlungskauf bestand aufgrund der Zulassung des Einwendungsdurchgriffs gar kein Bedürfnis, den konkreten Pflichtenumfang der einzelnen Produktgeber genau festzulegen, da jenen Störungen des anderen Vertrages entgegengehalten werden können. Beim finanzierten Abzahlungskauf besitzt der Einwendungsdurchgriff logischen Vorrang vor den Schadensersatzansprüchen aus c.i.c.[988]
Bei Immobilienkapitalanlagen, bei denen der Einwendungsdurchgriff abgelehnt wird, bildete die Rechtsprechung Fallgruppen heraus, um einem eventuell als treuwidrig empfundenen Ergebnis der strikten Trennung der Geschäfte vorzubeugen.

### II. Exkurs: Originäre Aufklärungspflichten der Bank bei finanzierten Immobilienmodellen

Es ist ausschließlich Sache des Darlehensnehmers, Risiken und Chancen eines finanzierten Geschäfts abzuwägen. Es besteht keine allgemeine Verpflichtung der Bank, den Darlehensnehmer vor den Risiken der Darlehensverwendung zu warnen.[989]

[988] BGH WM 87,401 mit Verweis auf LM § 242 Cd Nr. 250a Nr.3
[989] BGH WM 91,85; BGH WM 92,216; BGH NJW 92,2146

Hierzu gehört[990], daß sich der Erwerber in seinem eigenen Interesse, ggf. unter Beiziehung eines Fachberaters, selbst informiert, ob beim Erwerbermodell die Gesamtkosten in angemessenem Verhältnis zum Wert des zu erwerbenden Objektes stehen.[991]
Es ist Sache des Kunden, sich vor Abschluß des Kaufvertrages über den Zustand einer Immobilie, die Werthaltigkeit des Objekts, Sanierungsumfang, erzielbare Mieten[992] und Mietsteigerungen[993] und Kosten, Sozialbindungen der Wohnung[994] etc. zu vergewissern und daraus Schlüsse über den Wert und die Wirtschaftlichkeit des Immobilienobjekts zu ziehen.[995] Dies gehört zum allgemeinen wirtschaftliche Risiko des Anlegers.
Die Bank muß den Kunden selbst dann nicht über die erzielbaren Mieten aufklären, wenn sie nach dem ihr vorliegenden Mietwertgutachten eine geringere als die prospektierte Miete errechnet hat.[996] Sie darf davon ausgehen, daß sich der Erwerber der Immobilienkapitalanlage über die Risiken des Projektes selbst unterrichtet hat oder unterrichten läßt.[997]
Der finanzierenden Bank obliegen Aufklärungspflichten grundsätzlich nur in Bezug auf den Kreditvertrag und dessen Bedingungen.[998] Darüber hinaus besteht keine generelle Aufklärungspflicht, insbesondere nicht hinsichtlich der Zweckmäßigkeit einer Kreditaufnahme und der gewählten Kreditart. Der finanzierenden Bank obliegt keine über das einzelne Kreditverhältnis hinausgehende Prüfung des Gesamtobjekts und dessen Wirtschaftlichkeit.[999]

Dieser Grundsatz ist im Normalfall einer Finanzierung, bei welcher der Kreditnehmer von der Bank selbst beraten wird, angemessen und entspricht dem prägenden Grundsatz der Eigenverantwortlichkeit und der Privatautonomie.[1000]
Wenn der Darlehensnehmer jedoch nach Treu und Glauben unter Berücksichtigung der Verkehrsanschauung redlicherweise Aufklärung erwarten durfte, sind vier Fallgruppen von Aufklärungspflichten der Bank entwickelt worden.[1001]

***-wenn sich die Bank nicht auf ihre Rolle als Kreditgeberin beschränkt, sondern sich darüber hinaus am finanzierten Geschäft beteiligt, indem sie in nach außen erkennbarer Weise Funktionen oder Rollen anderer Projektbeteiligter übernimmt[1002] und damit einen zusätzlichen auf die übernommene Funktion bezogenen Vertrauenstatbestand schafft.***[1003]

---

[990] vgl. OLG München WM 95, 289; OLG Hamm WM 98,1230
[991] OLG München WM 95, 289
[992] OLG München WM 97,197(201)
[993] OLG München WM 97, 254, BGH WM 92, 216
[994] LG Braunschweig WM 97,111 (115); BGH WM 89, 165; zuletzt LG Düsseldorf WM 98,288
[995] Bruchner, WM 99, 825(831); BGH WM 89, 165; zuletzt LG Düsseldorf WM 98, 288
[996] OLG München WM 97, 254
[997] So BGH WM 88, 561,563; BGH WM 92, 1310; BGH WM 92,216; BGH WM 90, 920; OLG Hamm WM 98,1230
[998] BGH NJW-RR 88, 236
[999] OLG München WM 97,254(255) dies soll insbesondere für steuersparende Bauherren- und Erwerbermodelle gelten, weil hier die Interessenten typischerweise selbst über die erforderlichen Kenntnisse und Erfahrungen verfügen oder sich der Hilfe von Fachleuten bedienen. St. Rspr. BGH NJW-RR 90,876 ; BGH NJW 92,2146(2147); BGH WM 97,27 (31); NJW-RR 91,503L; WM 92,216; OLG Köln WM 94,197(201); OLG Hamm WM 99, 1056 (1057)
[1000] Fuellmich/Rieger, ZIP 99,465
[1001] Vgl. hierzu Siol in: Schimansky u.a. § 44 Rn. 32, v.Heymann, Bankenhaftung bei Immobilienkapitalanlagen, S. 162; Bruchner WM 99, 825 (832); Werner/Machunsky, Immobilienfonds und Erwerbermodelle, S. 120ff.; Früh WM 98, 2176; Fischer/Klanten, Bankrecht, Rn. 5.28ff.; vgl. v.Heymann WuB I G 5.-2.98 S. 785; Bruchner, WM 99,825ff; Früh, ZIP 99,701ff
[1002] BGH WM 80,1446
[1003] BGH WM 92,901; OLG Hamm WM 99,1056(1057); WM 88,561

Dazu reichen weder die einvernehmliche Erstellung des Werbeprospekts noch die Fremdfinanzierungsabsprachen aus, da diese die internen Verhandlungen in der Planungsphase darstellen.[1004] Dem Prospekt darf aber kein Anhalt für eine Beteiligung der Bank an Projektplanung, -gestaltung und -vertrieb zu entnehmen sein. Im Prospekt enthaltene Finanzierungszusagen, die sie nur als Kreditgeberin ausweisen, sind nicht ausreichend.[1005] Unschädlich ist, daß die Bank auch den Bauträger finanziert oder Darlehensformulare zur Verfügung stellt, da dies ein typisches und im Rahmen der Kreditgeberrolle liegendes Verhalten darstellt.[1006] Die Bank bewegt sich nach der Rechtsprechung auch dann noch innerhalb ihrer Kreditgeberrolle, wenn sie in einem dem Anlageprospekt beigefügten Schreiben vorbehaltlich einer eigenen Bonitätsprüfung ihre Bereitschaft zur Enderwerberfinanzierung zusagt, gegenüber dem Initiator ihre generelle Finanzierungszusage von der Erfüllung bestimmter Bedingungen abhängig macht und eine entsprechende vertragliche Ausgestaltung des Erwerbermodells zur eigenen Risikosicherung durchsetzt.[1007]

***- wenn die Bank einen zu den allgemeinen wirtschaftlichen Risiken des Projekts hinzutretenden speziellen Gefährdungstatbestand für den Anleger schafft oder dessen Entstehung jedenfalls begünstigt.***[1008]
***- wenn sich die Bank in einen Interessenkonflikt mit dem Anleger und Projektbeteiligten verwickelt***[1009]***. Dies ist der Fall, wenn die Bank, die gesamten Erwerbskosten des Bauherren finanziert hat, dieser wirtschaftlich in eine Schieflage geraten ist und die Bank nunmehr ihre Wagnis auf die Erwerber der Eigentumswohnungen verlagert.***[1010]
***-wenn die Bank für sie selbst erkennbar einen konkreten Wissensvorsprung über spezielle Risiken des Projekts/Unternehmens hat***[1011]

Liegt eine solche Pflichtverletzung vor, ist das Verhalten der kreditgebenden Bank entsprechend der Theorie vom aufklärungskonformen Verhalten auch ursächlich für den Vertragsabschluß. Die Kunden haben dann Anspruch auf volle Befreiung von ihren Verpflichtungen aus dem Darlehensvertrag.[1012]

Im folgenden wird nur die Fallgruppe Wissensvorsprung genauer dargestellt, weil nur sie für unsere Fragestellung der Zurechnung von Verhalten des Vermittlers relevant werden könnte.

---

[1004] LG Bremen WM 99,847 (849)
[1005] LG Bremen WM 99,847(849)
[1006] BGH ZIP 88,562
[1007] BGH WM 92, 901,905
[1008] BGH WM 86,671; BGH WM 90,920; BGH WM 92,216
[1009] BGH WM 92,1310 – Nicht ausreichend ist, daß die Bank bei der Finanzierung von Bauträgermaßnahmen nicht nur dem Bauträger den Ankauf des Gesamtobjektes, sondern den Anlegern auch den Erwerb der einzelnen Wohnungen finanziert, um auf diese Weise den Bauträgerkredit durch mehrere andere Kredite von Anlegern zu ersetzen; BGH WM 88,561
[1010] Diese Fallgruppen sind weitgehend deckungsgleich Bruchner WM 99, 825(833)
[1011] BGH WM 92,216
[1012] OLG Hamm WM 99,1056; Nobbe, Bankrecht, Rn. 108ff.

**1. Konkreter Wissensvorsprung**

Wenn die Bank in Bezug auf die speziellen Risiken des zu finanzierenden Vorhabens gegenüber dem Kunden weitergehendes, präsentes Wissen hat und ihr bekannt ist, daß beim Kunden hierüber ein entsprechendes Wissensdefizit vorliegt, muß sie ihn darüber aufklären.[1013] Es reicht nicht aus, daß die Bank Kenntnis von Mängeln der Immobilie besaß. Ein Wissensvorsprung, der eine Aufklärungspflicht auslöst, muß für die Bank erkennbar gewesen sein, es muß also die Unkenntnis bzw. das fehlende Wissen des Anlegers erkennbar gewesesen sein.[1014] Die Unkenntnis des Anlegers darf nicht auf Fahrlässigkeit beruhen, d. h. dem Anleger obliegt eine allgemeine Prüfungspflicht in Bezug auf typische Risiken des Projekts (z.B. Wirtschaftlichkeit, steuerliche Auswirkungen, Objektrisiken). Insoweit darf die Bank regelmäßig ohne Sorgfaltsverstoß davon ausgehen, daß sich der Anleger in seinem eigenen Interesse – ggf. unter Beiziehung eines Fachberaters – über die Risiken des Projekts unterrichtet hat.[1015] Der Wissensvorsprung muß sich auf Tatsachen beziehen, die nur der Bank, aber nicht in gleichem Maße dem Kreditnehmer bekannt bzw. ihm nicht ohne weiteres zugänglich sind.[1016]

Es reicht nicht aus, daß die Bank im Rahmen ihrer Kreditprüfung eine Objektbewertung vornimmt und dabei auch den Einstandspreis des Verkäufers erfährt. Sie muß den Erwerber dann nicht darüber aufklären, ob und inwieweit die von ihm zu entrichtenden Gesamtkosten in einem angemessenen Verhältnis zum Wert des zu erwerbenden Objekts stehen.[1017]
Die Bank hat lediglich das Risiko einer Zahlungsunfähigkeit des Kreditnehmers zu tragen, nicht jedoch das wirtschaftliche Risiko der Kapitalinvestititon, insbesondere nicht die Beurteilung, ob bei einem Erwerbermodell die Gesamtkosten in angemessenem Verhältnis zum Wert des zu erwerbenden Objekts stehen.[1018] Darüber muß sich der Erwerber in seinem eigenen Interesse, gegebenenfalls unter Beiziehung von Fachberatern, in aller Regel selbst unterrichten. Die Bank hat auch keine Prüfungsobliegenheit, ob die Erwerber diese Erkundigungen eingeholt haben.[1019]

Erhält eine Bank im Rahmen der Globalfinanzierung vom Initiator Objektunterlagen, dann ist die Bank nicht verpflichtet, diese Unterlagen im Interesse des von ihr ebenfalls finanzierten Anlegers hinsichtlich der Richtigkeit der im Prospekt gemachten Angaben auszuwerten, um sich insoweit einen Wissensvorsprung zu verschaffen.[1020]
Spezielle objektbezogene Risiken werden bejaht, wenn die Bank erkennt, daß das zu finanzierende Projekt zum Scheitern verurteilt ist, weil ihr im Zeitpunkt der Kreditgewährung an die Enderwerber die Zahlungsunfähigkeit der Initiatoren bereits bekannt ist[1021] oder die Projektdurchführung wegen Vermögenslosigkeit der Initiatorengruppe allein von der Bank

---

1013 BGH WM 88,561; BGH WM 89, 1368; BGH WM 90, 920; BGH WM 92, 216
1014 BGH WM 92,216
1015 V.Heymann Wub I G 7.- 5.92 S. 690
1016 BGH WM 97,2301, 2302; WM 91,85
1017 BGH WM 87,1426; ebenso kürzlich OLG Stuttgart WM 99, 844 (846)"Das Aushandeln des Preises anhand wertbestimmender Faktoren und der Marktlage vollzieht sich jedoch grundsätzlich zwischen Verkäufer und Erwerber, nicht zwischen Erwerber und Bank, solange nicht ... die Bank praktisch als Mitinitiatorin des Bauherrenmodells erscheint und ihr deshalb das Fehlen oder Vorhandensein wertbestimmender Faktoren zuzurechnen ist."
1018 BGH WM 88,561
1019 BGH WM 88,561; LG Stuttgart WM 99, 1822(1825)
1020 BGH WM 92,602
1021 BGH NJW 78, 2547; WM 91, 85; WM 92, 1310

abhängt.[1022] Gleiches gilt, wenn die Bank im Besitz eines dem Anleger nicht zugänglichen Gutachtens ist, aus dem sich das Vorhandensein versteckter Mängel ergibt.[1023]

Diese vier Fallgruppen sind bis 1993 herausgearbeitet worden und betrafen Modelle, bei denen die Kunden nahezu ausnahmslos aus dem Kreis der sogenannten besser Verdienenden, wie Ärzte und Zahnärzte kamen und oftmals durch ihren Steuerberater zum Zwecke der Steuerersparnis an eine solche Anlage herangeführt worden sind.[1024]
Die Rechtsprechung betont in den Urteilen, die eine Pflicht der Banken zu warnen ablehnen, oftmals, daß es sich bei den Geschädigten nicht um geschäftsunerfahrene Personen handelt, die sich problemlos durch Hinzuziehung Dritter über die Risiken des Geschäfts hätten Klarheit verschaffen können.

Indem nun auch der Personenkreis geringer Verdienender geworben wird, wird in der Literatur vertreten, daß die vier Fallgruppen erweitert werden müßten. Die Rechtsprechung hat dies bisher abgelehnt.

### 2. Aufklärungspflicht, 'falls besondere Umstände des Einzelfalles dies erfordern' als Generalklausel?

Eine neue Tendenz [1025] des OLG Karlsruhe will über die vier Fallgruppen hinaus als eine Art Generalklausel eine Aufklärungspflicht der finanzierenden Bank bei Anlagegeschäften dann annehmen, falls besondere Umstände des Einzelfalles dies erfordern.[1026] Dem ist bereits entgegen getreten worden.[1027]

#### a. Vorschlag von Spickhoff/Petershagen

Sie schlagen eine Hinweispflicht der Bank dann vor, wenn das – für die Bank aus der Selbstauskunft zu entnehmende - Einkommen der Anleger (in Verbindung mit Mietertrag und Steuerersparnis) nachweislich von vornherein zur Bedienung der Darlehen als offensichtlich unzureichend erscheint. [1028]

Dem ist das OLG München[1029] bereits entgegengetreten. Mit dem Selbstauskunftsformular versucht sich der Kreditgeber ein Bild von der allgemeinen wirtschaftlichen Kraft des Kreditnehmers zu machen und prüft die Belastbarkeit unter Berücksichtigung der Veränderung, die der finanzierte Erwerb des Objekts für den Kreditnehmer mit sich bringen wird. Die Einholung der Selbstauskunft diene nur dem banküblichen Eigeninteresse. [1030]

---

[1022] BGH WM 92, 1310
[1023] BGH WM 88, 561,563
[1024] Fuellmich/Rieger, ZIP 99,465(466)
[1025] OLG Karlsruhe WM 99,127
[1026] Auf diese 'neue Fallgruppe' berief sich auch schon der Kläger in LG Bremen WM 99,847
[1027] LG Bremen WM 99,847; Rösler WuB I G 5.-1.99 S. 317 argumentiert, daß es sich nicht um eine neue Fallgruppe handelt, sondern daß die Entscheidung unter die bereits bestehenden Fallgruppen eingeordnet werden müsse.
[1028] Spickhoff/Petershagen, BB 99,165 (167)
[1029] OLG München WM 99, 1416 (1417)
[1030] Martens WuB I G 5.-8.99, S. 1115 (1117)

### b. Vorschlag von Fuellmich

Er will den Pflichtenumfang der Bank bei Treuhandmodellen erweitern mit der Begründung, daß der Erwerber ahnungslos war und die Vermittler „Teil des Abzockkonzepts" und damit Bestandteil des aufklärungsbedürftigen Sachverhalts waren.[1031]

## 3. Aufklärungspflicht bei erkennbarer Geschäftsunerfahrenheit der Kunden?

Fuellmich[1032] nimmt eine Aufklärungspflicht der Banken als neue Fallgruppe bei erkennbarer Geschäftsunerfahrenheit des Kunden an, wenn sich die außerordentliche Fragwürdigkeit der Kombination von Konzept und Zielgruppe wegen der ihnen vorliegenden Bonitäts- und Beleihungsunterlagen aufdrängen muß.

Dies soll Fälle betreffen, in denen die Kunden vergleichsweise niedriges Einkommen haben, bei denen die erheblich über dem Verkehrswert liegenden Mehrkosten des Modells auch durch Steuer- oder andere Vorteile nicht annähernd ausgeglichen werden können, die Initiative zum Steuern Sparen von den Vermittlern ausging und weder bei der Darlehensanbahnung noch beim Darlehensvertragsabschluß persönliche Kontakte zwischen Kunden und Bank stattfanden. Insoweit bestehe ein strukturelles Ungleichgewicht gegenüber den Banken, die professionelle, täglich mit diesem Geschäft befaßte Immobilienfinanzierer sind und niemals Kredite ohne eigene Bonitäts- und Beleihungsprüfung vergeben.[1033] Spickhoff/Petershagen[1034] leiten diese Tendenz aus den vor kurzem ergangenen Entscheidungen ab.[1035]

### a. Stellungnahme

In Gesprächen mit Bankbeschäftigten im Kreditbereich wurde der Verfasserin 'inoffiziell und im Vertrauen' gesagt, daß sie genau abschätzen könnten, „wann dieser Schicht von Immobilienerwerbern die Puste ausgehen wird und wieder Objekte, die kurz vor der Zwangsversteigerung stehen, billig erworben werden können. Es fand sich aber niemand bereit, diese Aussage auch offiziell abzugeben.

### b. Kritik

Dagegen wird argumentiert, daß diese Auffassung weder in der Rechtsprechung[1036] noch im Gesetz eine Grundlage finde.[1037]

---

[1031] Fuellmich, FS Deutsch, S. 22

[1032] Fuellmich, ZIP 99,465(471)

[1033] Fuellmich, a.a.O., S. 12 mit Verweis auf v.Heymann, BB Beilage 12/80 S.16

[1034] Spickhoff/Petershagen, BB 99,165(166)

[1035] OLG München (WM 97,257) nimmt an, daß der Immobilienerwerber, der selbst bereits Eigentümer eines bebauten Grundstücks war, und gleichzeitig zwei weitere Imobilien voll fremdfinanzierte, promoviert und in guter beruflicher Stellung ist, weniger schutzbedürftig ist. Aus diesen Indizien könne die Bank schließen, er sei wohlstituiert und habe primär aus steuerlichen Gesichtspunkten erworben. Ähnlich das LG Braunschweig: „ Bei einem Kapitalanleger wie der Klägerin, einer wenn auch jungen angestellten Ärztin, kann die finanzierende Bank damit rechnen, daß der Interessent entweder selbst hinreichend sachkundig ist oder sich der Hilfe von Fachberatern bedient." Es bestehe daher keine Aufklärungspflicht für die Bank. Ebenso das OLG Köln (WM 94,194). Die kreditnehmerfreundlichen Entscheidungen (ZIP 96,1950; OLG Düsseldorf ZIP 93,1376) betrafen hingegen Personen mit geringem bis mittlerem Einkommen.

[1036] BGH WM 92,1355; BGH WM 93,1455

[1037] Hertel, WuB I G 5.-4.99, S. 714

Die Rechtsprechung läßt dies bisher dahinstehen.[1038] Allein, daß der Kunde ein wirtschaftlich schlechtes Geschäft abschließt und Betrügern aufsitzt, begründe noch keine allgemeine Geschäftsunerfahrenheit, wie sie als Rechtsbegriff in § 138 Abs. 2 BGB verwendet wird. Wollte man dies anders sehen, so würde der Begriff verwässert.[1039]
Wenn der Kunde durch den Darlehensvertrag nicht ungewöhnlich belastet werde oder der Darlehensvertrag isoliert betrachtet als Interessensausgleich offensichtlich unangemessen ist, liege kein strukturelles Ungleichgewicht zwischen Kunden und Bank vor. Das Ungleichgewicht im zu finanzierenden Vertrag gehe die Bank – sofern keine Verflechtung i.S. einer der vier Fallgruppen vorliege - nichts an.[1040]

### 4. Aufkärungspflicht bei gleichzeitiger Finanzierung der Projektgesellschaft ?

Vereinzelt wollen Stimmen in der Literatur eine Aufklärungspflicht der Bank entgegen der BGH-Rechtsprechung[1041] annehmen, wenn die Bank zugleich die Projektgesellschaft finanziert.[1042] Zumindest müsse sich das Kreditinstitut eine Verschärfung des Maßes der ihm obliegenden Aufkärungspflichten gefallen lassen.[1043]
In der Regel habe die Bank bereits die Bauträgerfinanzierung bereitgestellt, in deren Rahmen sie auch die sehr hohe Vertriebsprovision vorfinanziere, die dann wiederum im Prospekt als versteckte Innenprovisionen ausgewiesen auf die Erwerber umgelegt würde. Die gleichen Prospekte seien Mitentscheidungsgrundlage der Banken für die Finanzierung des Gesamtkonzeptes. Danach dürften die Banken den Kunden nicht sehenden Auges ins Unglück rennen lassen. Es verstoße gegen Treu und Glauben, wenn die Bank Bedenken, die nur ihr, nicht aber dem Darlehensnehmer bekannt seien, verschweige. Sie sei verpflichtet, bei Auszahlung des Darlehens wegen der auffälligen Diskrepanz zwischen dem tatsächlichen Wert der zu erwerbenden Wohnung und dem Gesamtaufwand bei gleichzeitig geringer wirtschaftlicher Potenz des Erwerbers zumindest auf die Bedenklichkeit des Konzepts hinsichtlich seiner finanziellen Sinnhaftigkeit für den Erwerber unter Berücksichtigung der zu erlangenden Gegenwerte hinzuweisen.[1044]

Dagegen wird eingewandt, daß ein Interessenkonflikt nicht allein darin zu sehen ist, daß die Bank auch die Finanzierung des Bauträgers übernommen hat.[1045] Insbesondere im Rahmen der steuersparenden Bauherrenmodelle fehle regelmäßig ein besonderes Aufklärungs- und Schutzbedürfnis des Darlehensnehmers.

### 5. Aufklärungspflichtverschärfung durch gemeinsame Benutzung desselben Vertriebswegs?

Es bestehen bereits Tendenzen, aus der Benutzung des Vertriebswegs der Anlagegesellschaft durch die Bank möglicherweise eine Aufklärungspflicht über die Anlage zu begründen.

---

1038 So ausdrücklich LG Stuttgart WM 99,1822(1826)
1039 LG Stuttgart WM 99, 1822(1823)
1040 LG Stuttgart WM 99, 1822(1826)
1041 BGH WM 88,561
1042 Spickhoff/Petershagen,BB 99,165(167); Fuellmich/Rieger, ZIP 99,465ff.
1043 Spickhoff/Petershagen, BB 99,165(167)
1044 So auch Stüsser NJW 99,1586(1588), der darauf abstellt, ob die Bank alle Erwerberfinanzierungen einer Wohnanlage vornimmt und sich im Vorfeld dieser Entscheidung intensiv mit dem Objekt befaßt oder ob sie nur ein einzelnes Objekt finanziert.
1045 Hertel WuB I G 5.-4.99 S. 714

Stimmen in der Literatur wollen eine Aufklärungspflichtverschärfung der Kreditinstitute wegen der Art und Weise des Vertragsschlusses annehmen, wenn die den Vertragsschluß herbeiführenden Erklärungen des Kunden in psychologisch geschulter Weise, durch die Einschaltung von gutgläubigen Freunden und Bekannten herbeigeführt worden sind.[1046]
Obiter führt das OLG Köln aus[1047] „...die Antragsteller (Kunden)... behaupten selbst nicht, in irgendeiner Weise einen Aufklärungsbedarf hinsichtlich der abzuschließenden Kreditverträge für die Antragstellerin (Bank) erkennbar gemacht zu haben. Es liegt hier daher gänzlich anders als in denjenigen Fällen, in denen der Vertragspartner einem von ihm mit der Akquisition beauftragten Vermittlungsunternehmen die Führung der Vertragsverhandlungen bis zur Unterschriftsreife überläßt...“[1048]

Dies zeigt, daß es Überlegungen gibt, die Ersparnis eines Vertriebswegs der Bank zu einer Haftungserweiterung führen zu lassen.
Anhaltspunkte dafür, daß sich eine Erweiterung des Pflichtenkreises der Bank durch den externen Vertrieb durchsetzen könnte, gibt die Entscheidung des LG Bremen.[1049] Das Gericht führt zur Unterstützung, daß die Bank keinen zurechenbaren Vertrauenstatbestand hervorgerufen hat und damit keine Aufklärungspflicht der Fallgruppe 1 besitzt, ausdrücklich aus: „Anders als in entschiedenen Fällen hat die Beklagte (Bank) auch nicht etwa den Abschluß der Darlehensverträge auf die Vertreiber des Anlagemodells übertragen, sondern deren Abschluß erfolgte sowohl örtlich als auch zeitlich separat in den Räumlichkeiten einer Bank.“[1050] Dies zeigt, daß das Gericht den gemeinsamen Vertriebsweg für problematisch hält.
Die Ausführungen der Gerichte erfolgen allerdings nur obiter. Bislang hat kein Gericht eine Pflicht der Bank zur Aufklärung wegen des gemeinsamen Vertriebswegs bejaht.

### 6. Ergebnis

Die Rechtsprechung erkennt bislang nur die ersten vier Fallgruppen an. Den Vorschlägen zur Erweiterung des Pflichtenumfangs folgt sie nicht.

## III. Zurechnung des Verhaltens des Vermittlers

Nachdem der Pflichtenkreis der Bank dargestellt worden ist, wird nun untersucht, ob und welche unrichtigen Angaben des Allfinanzvermittlers der Bank zugerechnet werden. Untersucht werden nur Fallgestaltungen fremdfinanzierter Immobilienkapitalanlagen (oftmals in Form oben beschriebener Treuhandmodelle), bei denen der Allfinanzdienstleister dem Kunden mehrere Verträge (Darlehensvertrag und Immobilienkaufvertrag) vermittelt.

Die Rechtsprechung prüft die Zurechnung unrichtiger Angaben der Vertriebsperson im Rahmen des § 278 BGB. Die Prüfung erfolgt in zwei Schritten. Zuerst wird festgestellt, ob der Vermittler Erfüllungsgehilfe der Bank war. Danach wird untersucht, ob er in ihrem Pflichtenkreis tätig geworden ist.

---

[1046] Spickhoff/Petershagen BB 99,165(166)
[1047] OLG Köln WM 99,1817(1818)
[1048] Das Gericht verweist dann auf zwei kreditnehmerfreundliche Entscheidungen, bei denen der Bank fehlerhafte Angaben des Vermittlers über darlehenserhebliche Umstände zugerechnet wurden OLG Köln WM 99, 1817(1818)
[1049] LG Bremen WM 99,847(849)
[1050] LG Bremen WM 99,847(849)

### 1. Allfinanzvermittler als Erfüllungsgehilfe bei finanzierten Immobilienkapitalanlagen

Im folgenden wird geprüft, ob, wann und wessen Erfüllungsgehilfe der Allfinanzdienstleister bei der Vermittlung von Immobilienkapitalanlagen ist.

#### a. Definition des Erfüllungsgehilfen

Nach ständiger Rechtsprechung ist Erfüllungsgehilfe, wer nach den rein tatsächlichen Verhältnissen des gegebenen Falles, mit dem Willen des Schuldners bei der Erfüllung der diesem obliegenden Verbindlichkeit als Hilfsperson tätig wird.[1051]

§ 278 BGB bezieht sich auf sämtliche Haupt- und Nebenleistungspflichten, die der Leistungserbringung dienen. Im vorvertraglichen Bereich bestehen noch keine Primärleistungspflichten. Der Gehilfe muß in die Vertragsanbahnung einbezogen sein.

#### aa. Tätigkeit mit Willen des Schuldners

§ 278 BGB setzt voraus, daß die Hilfsperson mit Willen des Schuldners tätig wird. Erforderlich ist, daß der Schuldner den Erfüllungsgehilfen willentlich in einem bestimmten Tätigkeitsbereich eingesetzt hat.[1052]

Es muß sich um eine vom Schuldner gewollte oder **gebilligte** Mitwirkung bei der Vertragserfüllung handeln.[1053] Ausreichend ist ein objektives Verhalten, aus dem auf eine willentliche Einsetzung eines Dritten als Erfüllungsgehilfe geschlossen werden kann, sofern nach der Art der geschuldeten Leistung der Einsatz von Hilfspersonen in Betracht kommt und sich aus vom Schuldner zu vertretenden Umständen nach Treu und Glauben die berechtigte Verkehrserwartung ergibt, er bediene sich bestimmter Personen als Erfüllungsgehilfe.[1054] Eine allgemeine Rechtsscheinhaftung besteht nicht.[1055] Irgendein Veranlassungsbeitrag des Schuldners ist erforderlich.[1056]

#### bb. Rechtsverhältnis zwischen Hilfsperson und Schuldner

Die Existenz eines Rechtsverhältnisses zwischen dem Schuldner und der Hilfsperson ist nicht erforderlich, solange sich nur die Tätigkeit des Dritten objektiv-faktisch auf die Erfüllung bezieht und vom Willen des Schuldners gedeckt ist.[1057]

#### b. Ansicht der Gerichte zur Erfüllungsgehilfeneigenschaft des multifunktionalen Vermittlers

Untersucht werden nur Fallgestaltungen fehlerhafter fremdfinanzierter Immobilienkapitalanlagen, bei denen der Allfinanzdienstleister dem Kunden mehrere Verträge vermittelt. Das Ergebnis soll vorweggenommen werden:

Die Rechtsprechung stützt sich auf Indizien, um jeweils im Einzelfall nach ihrem eigenen Ermessen die Zurechnung zu bejahen oder abzulehnen.

---

[1051] BGHZ 13,111; 50,32(35); 62,119(124); 98,330(334); so auch die Rechtslehre Jauernig /Vollkommer § 278 Anm. 2 a aa; Münchner Kommentar/Hanau § 278 Rn. 12; Staudinger-Löwisch § 278 Rn.13

[1052] Soergel-Wolf § 278 Rn. 23

[1053] BGHZ 13,111 (114)

[1054] BGH NJW-RR 89,723,725; Frotz, Verkehrsschutz im Vertretungsrecht, S. 88; Staudinger-Löwisch Rn. 10; Soergel-Wolf § 278 Rn. 23

[1055] BGH NJW-RR 89,723

[1056] Soergel-Wolf § 278 Rn.23

[1057] Kupisch JuS 83,817 (820)

Die Rechtsprechung ist uneinheitlich, da dieselben Indizien nach den Entscheidungen einiger Gerichte die Erfüllungsgehilfeneigenschaft begründen, nach anderen hingegen nicht. Auffallend ist weiterhin, daß diese Kriterien denjenigen zur Bestimmung des Begriffs des Nichtdritten i.S.d. § 123 II BGB beim finanzierten Abzahlungskauf entsprechen.
Im einzelnen:

**aa. Restriktive Ansicht – Ablehnung der Erfüllungsgehilfeneigenschaft**

Das OLG Köln[1058] läßt es nicht ausreichen, daß der Kreditvermittler sich mit Billigung der Bank als „Partner der R.-Hypothekenbank" bezeichnet hat und auch den Klägern gegenüber als solcher aufgetreten ist und daß er über Darlehensantragsformulare der Beklagten verfügte. Daraus sei nur abzuleiten, daß der Vermittler ständig mit der Beklagten zusammenarbeitet.
Ebenso entscheidet das OLG Braunschweig.[1059] Es sei typisch für den Vermittlungsmakler, sich zur Vereinfachung des Verfahrens der Antragsformulare des Kreditinstituts zu bedienen und von ihr Provision zu erhalten. Aus der Ausfüll- und Botentätigkeit (Weiterleiten der Formulare) könne der Kunde höchstens eine Zusammenarbeit zwischen Vermittler und Kreditinstitut ableiten. Dadurch allein habe er noch keine Aufgaben der Vertragsanbahnung übernommen und sei nicht Erfüllungsgehilfe. Er unternehme keine Vorprüfung der Kreditfähigkeit der Kunden.
Nach Auffassung des LG Ellwangen[1060] steht eine dem Vermittler vom Kunden erteilte „Generalvollmacht" der Einordnung des Vermittlers als Erfüllungsgehilfe des Kreditinstituts entgegen, selbst wenn der Finanzdienstleister bei der Vermittlung des Darlehensvertrag seine Vollmacht nicht in Anspruch genommen hat.

**bb. Multifunktionaler Vermittler als Erfüllungsgehilfe**

Nach Ansicht des OLG Hamm spricht für die Erfüllungsgehilfenstellung, wenn der Vermittler die Kunden zum Kreditinsitut begleitet und sie dort ohne weitere Befragung bereits vorbereitete, jedoch unvollständig ausgefüllte „Blankokreditverträge" unterschreiben.[1061]

---

[1058] OLG Köln WM 94, 197(201)
[1059] OLG Braunschweig WM 98, 1223
[1060] LG Ellwangen WM 99,129(131) Hier erteilten die Kunden dem Vermittler, der ihnen unrichtige Angaben über den Sanierungsstand des Kaufobjekts machte, notarielle Vollmacht zum Erwerb von Wohnungseigentum und zum Abschluß von Finanzierungsvermittlungsverträgen. Den Darlehensantrag der Bank unterzeichneten die Kläger nach Vorlage durch den Vermittler selbst. Der Vermittler hatte der Bank bereits in der Vergangenheit die Finanzierung der Grundstücksgeschäfte aller seiner Kunden vermittelt.
Das Gericht stellte darauf ab, daß die Kläger dem Vermittler eine umfassende Generalvollmacht erteilt hatten. Dies schließe aus, ihn als Erfüllungsgehilfen einzuordnen. Auffallend ist hier, daß der Vermittler von dieser Generalvollmacht in Bezug auf den Darlehensvertrag gar keinen Gebrauch gemacht hatte und sich für diesen Vertrag auf die Vermittlung der Formulare an die Kläger beschränkte. Die Kläger hatten keinen persönlichen Kontakt mit der Bank, weil der Vermittler - wie bereits in der Vergangenheit - die Zuleitung zur Bank selbst übernahm. Das Gericht rechtfertigt die Ablehnung der Erfüllungsgehilfenstellung mit der Rechtsposition, die der Vermittler in dem anderen Vertrag - dem Kaufvertrag - innehat. Während bei dem Täuschungsgegenstand auf den konkreten Vertrag abgestellt wird, betrachtet das Gericht bei der Bestimmung des Erfüllungsgehilfen gerade nicht nur den konkreten Vertrag, sondern bezieht die Stellung des Vermittlers bei den anderen Verträgen mit ein. M.E. ist diese Argumentation nicht schlüssig.
[1061] OLG Hamm WM 99, 1056 (1057)

Verhandlungsgehilfe ist nach dem OLG München[1062] der Vermittler, dem die Bank ihre Selbstauskunftsformulare überlassen hat und der offensichtlich zur Vermittlung von Kreditgeschäften mit den Kunden verhandelt.

Damit das Verhalten des Vermittlers der Bank zugerechnet werden kann, sieht das OLG München[1063] es als entscheidend an, ob die Bank den Vermittler mit Unterlagen zur Anbahnung des Kreditvertrages ausgestattet und damit als ihren Vertrauensmann ausgewiesen hat.[1064] Besitzt der Vermittler ein eigenes Selbstauskunftsformular, das lediglich auf einen vorgegebenen Raster der Bank abgestimmt war, bedurfte es jeweils der Rücksprache mit der Bank und hat die Bank dann persönlich mit dem Kunden Kontakt aufgenommen, so ist der Vermittler nicht Erfüllungsgehilfe.[1065]
Ausreichend für einen Anspruch aus c.i.c. wegen Aufklärungspflichtverletzung der Bank ist in BGH der Entscheidung des BGH[1066], daß der Makler die Formulare der Bank vorlegt, den Finanzierungsplan erstellt, bei der Ausfüllung der Formulare mitwirkt und den Kreditantrag den Kunden zuleitet. Hinweis auf die Erfüllungsgehilfeneigenschaft gebe das ständige Auftreten des Vermittlers als Verbindungsmann zur Bank[1067] und Provisionszahlungen durch das Kreditinstitut.[1068]
Zwar spricht für die Stellung eines Erfüllungsgehilfen, wenn der Vermittler die Kunden zum Kreditinstitut begleitet, und sie dort ohne Befragung bereits vorbereitete, jedoch unvollständig ausgefüllte „Blankokreditverträge“ unterschreiben.[1069]

Das OLG Nürnberg[1070] sieht als wesentliches Indiz die Ausstattung des Vermittlers mit Kreditantragsformularen an und daß die Unterzeichnung der Darlehensverträge nicht in den Geschäftsräumen der Bank stattfindet.

Einige Gerichte bejahten dann die Erfüllungsgehilfeneigenschaft, wenn der persönliche Kontakt der Bank zum Kunden unterblieben ist und Kredite 'aus der Ferne' gegeben werden.[1071] Haben die Banken es einem selbständigen Vermittler überlassen, Kunden für den Abschluß eines Darlehensvertrages anzuwerben und mit ihnen die persönlichen Vertragsverhandlungen bis zur Unterschriftsreife zu führen, haben die Banken lediglich den von dem

[1062] OLG München WM 99, 1416(1418)
[1063] OLG München NJW-RR 90,438: in diesem Fall wollten die Kunden ein Darlehen zur Umschuldung eines Kredites erhalten. Dabei hatte der Vermittler den Geldbedarf unrichtig berechnet. Der Vermittler hatte die Verhandlungen angebahnt. Diese waren von der Bank fortgeführt worden. Das Gericht rechnete der Bank die unzureichenden Berechnungen, also das Verhalten des Vermittlers, zu.
[1064] Ebenso BGH ZIP 96,1950 (1952); ebenso OLG München WM 99, 1819 (1821); BGH ZIP 91,644; anders OLG Köln WM 94,197(201); OLG Braunschweig WM 98,1223,1229, wonach zusätzlich der Vermittler den Eindruck erweckt haben muß, das Konzept sei bankgeprüft
[1065] OLG München WM 97,254
[1066] BGH WM 91, 890
[1067] BGH ZIP 96,1950
[1068] Steiner, EwiR § 607 BGB 3/94,645; anders OLG Braunschweig WM 98,1223,1229, da dies den Gepflogenheiten der Zusammenarbeit entspreche.
[1069] OLG Köln WM 99, 1817; im konkreten Fall wurde dies aber abgelehnt, da aus Sicht der Kunden der Vermittler dann nicht als Vertrauensperson oder Repräsentant eingestuft werden könne, wenn dieser ihnen einen Scheck über 20.000 DM gebe mit der Anweisung, wenn das Kreditinstitut fragt, woher die 20.000 DM kämen, zu sagen, diese kämen von der Oma oder eine Tante.
[1070] OLG Nürnberg WM 99, 2305
[1071] BGH BB ZIP 96,1950f; OLG Düsseldorf ZIP 93,1376

Kunden unterschriebenen Darlehensantrag mit den Angaben über seine Einkommens- und Vermögensverhältnisse und den Verwendungszweck entgegengenommen und den von ihm unterzeichneten Darlehensvertrag zurückgeschickt, dann könnten sie sich nicht der Verantwortung für die persönlichen Vertragsverhandlungen durch Einschaltung eines selbständigen Vermittlers völlig entziehen.[1072]

**cc. Ansicht der Literatur zum multifunktionalen Vermittler als Erfüllungsgehilfe**

Einige Literaturstimmen gehen bereits dann von einer Übertragung von Aufgaben im Bereich der Vertragsanbahnung aus, wenn die Bank Kreditformulare überläßt.[1073]

Nach Otto[1074] darf die Abgrenzung zum Vermittler, der sich darauf beschränkt, anderen Personen Vertragsinteressenten zuzuleiten oder Gelegenheiten zu Vertragsabschlüssen zu bezeichnen, nicht verwischt werden. Erfüllungsgehilfe der Bank ist der Vermittler, wenn nach Absprache der Kredit als 'einheitliches Paket' am Markt plaziert werden soll, ihm die Verhandlungsführung übertragen ist, in deren Rahmen er feste Konditionen benennt, Formulare ausfüllt und die Unterschrift veranlaßt.

Fuellmich[1075] schlägt vor, in Fällen, in denen die Bank nicht nur einen einzelnen, sondern alle oder fast alle Erwerber einer Wohnanlage finanziert, diesen Willen der Bank hinsichtlich der Stellung des Vermittlers als Erfüllungsgehilfen zu bejahen. Es sei lebensfremd, den geschäftsmäßig immer wieder massenhaft für dieselbe Bank Darlehensverträge vermittelnden Treuhänder als Erfüllungsgehilfen des Erwerbers zu sehen, da dieser bei sich aufdrängender Gesamtbetrachtung nur ein einzelner Bestandteil des Enderwerberfinanzierungsgesamtkonzepts der Bank sei. Der Finanzierungsvermittler habe mit Wissen und Wollen der sich die Enderwerberfinanzierung objekteinheitlich reservierenden Bank die Darlehensnehmer zugeführt und sie bei den Vertragsabschlüssen unterstützt.

---

[1072] BGH WM 96,2105; BB 97,387; OLG Stuttgart WM 99, 844(845)
[1073] Jüttner, arglistige Täuschung, S. 113
[1074] Otto, Die Stellung der Bank bei der Finanzierung von Immobilienanlagen, S. 95
[1075] Fuellmich, FS Deutsch , S. 391

### 2. Sind fehlerhafte Angaben des Vermittlers als Erfüllungsgehilfen dem Kreditinstitut zuzurechnen ?

Wird die Vertriebsperson als Erfüllungsgehilfe angesehen, gibt es mehrere Tendenzen in der Rechtsprechung, ob, wann und inwieweit die dahinterstehenden Produktgeber für das Verhalten des Allfinanzvermittler einstehen müssen. Untersucht werden hauptsächlich oben dargestellte, fremdfinanzierte Immobilienkapitalanlagen.
Im folgenden werden diese Tendenzen fallbezogen dargestellt:

#### a. Fallgruppe I : Zurechnung nur innerhalb des Pflichtenkreises des jeweiligen Produktgebers

##### aa. OLG München WM 99, 1417, LG Ellwangen WM 99, 129, OLG Hamm WM 98, 1230, OLG Köln WM 99, 1817, OLG München WM 99, 1416, LG Ellwangen WM 99,129; OLG Zweibrücken WM 99,2022; LG Saarbrücken WM 94,1974

Das OLG München[1076] rechnet die fehlerhaften Angaben zur Steuerersparnis des Vermittlers nicht zu: „*Die hiermit zusammenhängenden Berechnungen waren wesentlich abhängig von dem Verkaufsobjekt, seiner steuerlichen Behandlung und Vermietbarkeit. Insoweit wurden die Finanzberater selbständig tätig oder als Vertreter der Verkäuferin...Schließlich betrifft auch die Angabe der Wohnfläche nicht den Bereich der Vermittlung des Darlehensvertrages mit der Beklagten.*"[1077]
Das LG Ellwangen führt zu den unrichtigen Angaben des Vermittlers aus: „*Die Angaben (über den Sanierungsstand des Kaufobjekts) betrafen nur das Kaufobjekt und nicht die Finanzierung. Für die Fragen des Kaufobjektes handelte R. (Vermittler) ganz offensichtlich nicht als Erfüllungsgehilfe der Beklagten (Bank).*"[1078]
Das OLG Hamm führt aus: „*Das Verhalten der Zeugen L. und S. (der Vermittler) muß sich die Beklagte (Bank) nicht zurechnen lassen, soweit die Vermittlung des Kaufvertrages betroffen ist.*"[1079]
Das OLG Köln führt aus: „*Der Bank kann das Verhalten eines Objekt- und Kreditvermittlers ohnehin nur insoweit zugerechnet werden, als es die Kreditvermittlung angeht. Für Falschangaben eines Vermittlers hinsichtlich der von ihm als Steuersparmodell vermittelten Kapitalanlage haftet die Bank grundsätzlich nicht.*"[1080]
Nach Trennung in Gefahrenbereiche unterscheidet auch die neue Entscheidung des OLG Zweibrücken.[1081]
Auch das LG Saarbrücken[1082] verneinte bei einer Täuschung bei spekulativem Börsengeschäft einen Schadensersatzanspruch gegen die Bank. Es rechnete die Angaben des Vermittlers der Bank nicht zu. „*Wenn der Zeuge behauptet haben sollte, die Kläger verpflich-*

---

[1076] OLG München, WM 99, 1417 Ein Finanzberater vermittelte den Kunden eine steuersparende Eigentumswohnung sowie die Finanzierung durch die Bank. Er führte dabei alle Darlehensverhandlungen mit dem Kunden. Dafür überreichte er den Kunden Selbstauskunftsformulare der Bank. Seine Angaben über die Belastung des Erwerbers wegen Miethöhe und Steuerrückerstattungen waren fehlerhaft.
[1077] OLG München W 99, 1417
[1078] LG Ellwangen WM 99,129(132)
[1079] OLG Hamm WM 99, 1056(1057)
[1080] OLG Köln WM 99, 1817(1818)
[1081] OLG Zweibrücken WM 99, 2022
[1082] WM 94,1974 Der Kunde beteiligte sich auf Anraten eines Finanz- und Kreditvermittlers mit einer Einlage von DM 35.000 an einer stillen Gesellschaft, die u.a. spekulative Börsengeschäfte tätigen

*teten sich mit dem Abschluß des Kreditvertrages zu nichts, sind das Implikationen des – falsch dargestellten - Anlagemodells oder zumindest Äußerungen zum Inhalt des Kreditvertrages, bei dessen Beschreibung sich der Zeuge nicht mehr in dem Kreis der Pflichten bewegte, zu deren Erfüllung die Beklagte (Bank) ihn allenfalls eingeschaltet hatte.*"[1083]

**bb. OLG Stuttgart WM 99, 844**

*Die Vermittlerin sicherte im Prospekt die Werthaltigkeit des Objekts, die Vermietbarkeit und Abschreibungsmöglichkeiten zu. Das Gericht rechnete ihre Falschberatung der Bank nicht zu, da sie nicht Pflichten verletzt hätte, die objektiv zum Pflichtenkreis des Schuldners gehören. „Nach ständiger Rechtsprechung des BGH ist eine kreditgebende Bank grundsätzlich nicht verpflichtet, den Darlehensnehmer über die Risiken der von ihm beabsichtigten Verwendung des Darlehens aufzuklären....Etwas anderes gilt ausnahmsweise dann, wenn im Einzelfall ein besonderes Aufklärungs- und Schutzbedürfnis des Darlehensnehmers besteht und ein Hinweis der Bank nach Treu und Glauben geboten ist." Das Gericht legt daraufhin die von der höchstrichterlichen Rechtsprechung anerkannten Ausnahmefallgruppen dar.*[1084]

**Bewertung**

M.E. bringt diese Entscheidung mit der Aufzählung der Ausnahmefallgruppen keine Neuerung: Angenommen, der Ausnahmetatbestand beispielsweise des konkreten Wissensvorsprungs der Bank ist gegeben und der Vermittler macht falsche Angaben hinsichtlich der Wirtschaftlichkeit des Kaufobjekts. Dann handelt der Vermittler mit seiner Aussage im Aufklärungspflichtenkreis der Bank. Konsequenz wäre, daß die Falschaussage der Bank gemäß § 278 BGB zuzurechnen wäre. Gleichzeitig könnte der Kunde aber auch gegen die Bank einen originären Anspruch aus c.i.c. wegen Aufklärungspflichtverletzung geltend machen. Beide Ansprüche haben ihren Rechtsgrund in c.i.c. – einmal Zurechnung einer Falschaussage, aber auch ohne die Falschaussage besteht bereits die Aufklärungspflicht der Risiken. Der 'Umweg' über die Zurechnung der Falschaussage des Vermittlers bringt keine Neuerung, da er die Haftung der Bank nicht erweitert. Der Kunde hat bereits einen Anspruch aus c.i.c. wegen unterlassener Aufklärung der Bank.

**ee. Ergebnis**

Diese Entscheidungen sind Ausdruck einer ganz restriktiven Tendenz der Rechtsprechung, den Haftungsumfang der Banken klein zu halten und selbst unmittelbar darlehensvertragliche Umstände nur dann der Bank zuzurechnen, wenn sie den Darlehensvertragsinhalt an sich betreffen. In jüngster Zeit sind weitere Urteile mit ähnlichen Entscheiddungsgründen ergangen.[1085]

---

sollte. Die Einlage wurde aus steuerlichen Gründen von einer Bank fremdfinanziert. Der Vermittler führte ein Kreditantragsformular der Bank mit sich, das die Kunden bereits in ihrer Wohnung unterzeichneten. Der Vermittler stellte die Abwicklung des Anlagemodells falsch dar. Er versicherte, der Anlagepartner werde die Rückzahlung besorgen. Er legte dar, daß sich die Kunden mit dem Abschluß des Kreditvertrags nicht verpflichteten.

[1083] LG Saarbrücken WuB I G 1.-2.95 S. 134; mit derselben Begründung eine Zurechnung verneinend: OLG Hamm WM 99, 1056

[1084] Danach besteht dann eine Aufklärungspflicht über die Risiken der Verwendung des Darlehens (BGH WM 92,1310; BGH WM 92,216) vgl. die eben dargestellten vier Fallgruppen von Aufklärungspflichten, oben F II

[1085] OLG Stuttgart, WM 2000, 1942; OLG München WM 2001, 252 (255), ebenso LG Stuttgart WM 2001,140(143); LG Nürnberg-Fürth WM 2000, 2153 (2155) lehnt bereits die Erfüllungsgehilfeneinge-

Obgleich die Branche mit zunehmender Intensität von Allfinanzstrategien redet, herrscht bezüglich der Leistungserbringung eine klare Arbeitsteilung zwischen Bausparkassen, Versicherungen und der Kreditwirtschaft.[1086] Die Rechtsprechung betont immer wieder diesen Gesichtspunkt der getrennten Leistungserstellung. Nach dieser Ansicht wird der Pflichtenkreis des Kreditinstituts durch die Einschaltung des multifunktional tätigen Vermittlers nicht erweitert. Den Verwebungen im Vertriebweg wird nicht Rechnung getragen.

**b. Fallgruppe II : Zurechnung des Wissen des Allfinanzdienstleistungsvermittlers innerhalb des jeweiligen Pflichtenkreises des Produktgebers**

Im folgenden geht es um einen Fall, bei dem jeder einzelne Vertrag fehlerfrei vermittelt wird und nur die Zusammenstellung für den Kunden nachteilig ist. Vermittelt wird hier zwar keine fremdfinanzierte Immobilienkapitalanlage. Auf diesen Fall wird sich jedoch bei dem Kombinationsmodell fremdfinanzierte Immobilienkapitalanlagen oft berufen.

**aa. OLG Celle WM 87,1329 Keine Aufklärungsverpflichtung bei Doppelfunktion - keine Wissenszurechnung**

*Ein Finanzmakler hatte den Beklagten zum Erwerb eines Hausgrundstücks neben einem Bausparkassenkredit von dritter Seite in Höhe von DM 286.000,- als Teilkredit einen Lebenversicherungskredit bei der Klägerin vermittelt, der den Eigenkapitalanteil in Höhe von DM 50.000,- des Hauptkredites darstellte. Daneben bestanden weitere kleinere Fremdkredite. Zur Verringerung der monatlichen Belastung der Beklagten schuldete die Klägerin ein Jahr später in einen Ballonratenkredit um. Als diese dennoch erheblich in Ratenzahlungsverzug kamen, kündigte die Klägerin und stellte fast DM 61.000 fällig. Die Beklagten werfen der Klägerin u.a. mangelnde Aufklärung über die Nachteiligkeit der Lebensversicherungskreditform für die Gesamtfinanzierung aus c.i.c. vor.*

Das Gericht führt aus, daß zwar allgemein eine Offenbarungspflicht des Kreditgebers für solche Umstände bestehe, die für die Entschließung des anderen Teils erkennbar von Bedeutung sein können. Ihr Inhalt und Umfang bestimme sich jedoch nach den Gefahren, die den Kreditnehmer aufgrund des Vertrages typischerweise treffen können. Das Gericht hielt den Makler nur hinsichtlich des Teilkredites für einen Erfüllungsgehilfen der Klägerin, der für die Klägerin daher auch nur insofern habe aufklären müssen, als diese sonst Aufklärungspflichten gehabt habe, auch wenn er im übrigen die Gesamtfinanzierung entworfen habe. Die Klägerin habe nur generell von der Gesamtfinanzierung und dem Hauskauf gewußt; ein Teilfinanzierer habe allein daraus aber noch keine Pflicht zur umfassenden Beratung über die Gesamtfinanzierung.

In seinem Nichtannahmebeschluß führt der BGH ausdrücklich aus[1087], daß *„der Vermittler bei der Beratung der Beklagten (des Kunden) über die Gesamtfinanzierung nicht Erfüllungsgehilfe der Klägerin (Teilkreditgeberin) war...“* und weiter *„selbst wenn die Klägerin (Teilkreditgeberin) wußte, daß die Beklagte (Kunde) wußte, daß sie mit diesem Betrag nur die Finanzierungslücke eines weit umfangreicheren Vorhabens decken wollte, war sie nicht*

---

schaft ab; OLG Frankfurt WM 2000, 2135(2138); BGH WM 2000,1685 (1686); OLG Stuttgart WM 2000, 2146(2149); LG Ulm WM 2000,828(828); OLG Schleswig WM 2000,1381(1386); LG Stuttgart WM 2000,1388(1390); OLG Stuttgart WM 2000,292(299); OLG Stuttgart WM 2000,133(134); OLG Köln WM 2000, 2139 (2145); OLG Zweibrücken WM 2000,2150(2152)

[1086] So auch Ellgering, Produkte eines Allfinanzangebots, S. 247

[1087] BGH WM 87,1329(1332)

*zu einer umfassenden Beratung über die Gesamtfinanzierung verpflichtet*"

Das Gericht verneint bereits einen Beratungsfehler des Vermittlers. Sozusagen obiter führt es weiterhin aus, daß der Bank die mangelnde Aufklärung des Finanzmaklers hinsichtlich der Nachteiligkeit der Gesamtfinanzierung nicht zuzurechnen sei. „*...J(der Vermittler) war jedenfalls nicht Erfüllungsgehilfe...soweit es die Betreuungsleistung für die Gesamtfinanzierung betrifft...*" und weiter „*...das Vertragsverhältnis zwischen den Parteien beschränkte sich hier auf das Versicherungsdarlehen: nur insoweit könnte J. als Erfüllungsgehilfe der Klägerin (Versicherung) in Betracht kommen.*"

**Bewertung**

Auf den ersten Blick erscheint es künstlich und lebensfremd, das Wissen des Finanzvermittlers innerhalb einer natürlichen Person in einen zurechnungsfähigen und nicht zurechnungsfähigen Teil aufzuspalten, je nachdem, ob es im Rahmen der Erledigung bestimmter Angelegenheiten, zu denen er von der Bank beauftragt wurde, erlangt worden ist. Daher wird argumentiert, daß dies dem allgemeinen Rechtsgedanken des § 166 Abs. 1 BGB widerspreche.[1088] Die Wissenszurechnung des Gesamtfinanzierungszwecks hätte jedoch die folgende Konsequenz:

Beratungsfehler des Vermittlers würden automatisch über die Wissenszurechnung gemäß § 166 I BGB zu einer Verletzung von Aufklärungspflichten der Bank bzw. Versicherung führen mit der Folge, daß der Produktgeber Schadenersatz schulden würde. Jeder Beratungsfehler des Vermittlers bedeutete eine Verletzung von Aufklärungspflichten aller Produktgeber.[1089]

Die Entscheidung stellt klar, daß die Kenntnis von der Funktion des Teilkredites als Teil einer Gesamtfinanzierung und deren Funktion zum Kauf eines Hauses ohne nähere Kenntnis des Gesamtfinanzierungsplanes keine Aufklärungspflichten begründet, weder hinsichtlich der Stimmigkeit der Gesamtfinanzierung noch hinsichtlich des finanzierten Geschäftes.[1090]

Der Teilfinanzierer muß sich keine Gedanken darüber machen, ob die Gesamtfinanzierung den Kreditnehmer überfordert.

Böckstiegel[1091] hält es für fraglich, ob auf einen Mittler zwar § 278 BGB bei der Erfüllung, nicht aber § 166 bei der Begründung von Aufklärungspflichten anzuwenden ist, wenn der Mittler in beiden Fällen aus dem Blickwinkel des Kreditnehmers identisch handelt.

In einer Entscheidung aus 1987[1092] spricht der BGH eine Zurechnung des Wissens hinsichtlich des Finanzierungszwecks (Kapitalverwendung) des Vermittlers, der mit der Bank in Geschäftsbeziehung steht, noch nicht einmal an. Es wird nicht problematisiert, ob die Bank nicht etwa durch den Vermittler als Verhandlungsgehilfen Wissen erlangt haben könnte.

---

1088 So schon Böckstiegel, Rücksichtnahme auf Kreditnehmer, S. 102

1089 Vgl. hierzu noch die Stellungnahme unter G

1090 Böckstiegel, Rücksichtnahme auf Kreditnehmer, S. 103

1091 Böckstiegel, Rücksichtnahme auf Kreditnehmer, S. 103

1092 BGH WM 87,1546 Ein Vermittler überredete ein Landwirtehepaar, das Finanzierungsprobleme hatte, einen Kredit bei der Bank aufzunehmen, mit der er selbst in Geschäftsbeziehung steht. Die Darlehensvaluta wurden auf Anraten des Vermittlers in einer 'sichere Beteiligungsanlage' bei der Firma C für Rechnung des Vermittlers angelegt. Hierfür sollte das Ehepaar eine Provision erhalten, womit sie ihren laufenden Verpflichtungen nachkommen könnten. Der Vermittler stand dabei unmittelbar vor einem wirtschaftlichen Zusammenbruch. Die Firma C geriet in Konkurs und die Bank betrieb die Zwangsvollstreckung gegen das Ehepaar. Der BGH prüfte die Aufklärungspflicht hinsichtlich der getrennten Verträge. Er sah es für gegeben an, daß die Bank das Ehepaar auf das Aufspal-

In jüngster Zeit ist die Diskussion der Wissenszurechnung erneut entflammt. Hier geht es um die Frage, ob das in dem anderen Vertrag erlangte Wissen des Vermittlers dem Kreditinstitut zuzurechnen ist und damit wiederum einen aufklärungspflichtigen Wissensvorsprung der Bank begründet.

**bb. LG Stuttgart WM 99,1822**

Hier wurde dem Kunden eine 'Steuersparimmobilie' im Ersterwerbermodell nebst Darlehen und Kapitallebensversicherung vermittelt. Die Aussage des Vermittlers, alle Aufwendungen könnten durch Mieteinnahmen und Steuervorteile aufgefangen werden, die Wohnung könne später mit Gewinn veräußert werden und die Angaben betreffend die Höhe der Steuervorteile waren falsch.

Das Gericht verneinte eine Aufklärungspflicht des Kreditinstituts wegen Wissensvorsprung. Die Bank selbst besitze keine Aufklärungspflicht, die Kenntnisse des Vermittlers (beispielsweise das Verschweigen der Innenprovisionen) könnten ihr nicht zugerechnet werden. Die Erkenntnisse des Vermittlers seien ihr nur insoweit zuzurechnen, als dieser konkrete Aufgaben der Bank bei der Anbahnung des Kreditvertrags erfüllt. Beim Verschweigen der Innenprovision handele dieser jedoch als Vertreter der Verkäuferin.

**cc. OLG Hamm WM 98, 1230**

Das Gericht verneinte einen aufklärungsbedürftigen Wissensvorsprung der Bank. Selbst wenn die Bank um die erheblichen Mängel des Objekts sowie die Sozialbindung der Wohnung wußte, könnte sie von einer entsprechenden Kenntnis der Kunden ausgehen und müßte nicht damit rechnen, daß die Kunden die von ihnen gekaufte Eigentumswohnung weder besichtigt noch sonst Erkundigungen über deren Zustand und Ertragsfähigkeit eingeholt hätten. Das Gericht macht keine Ausführungen bezüglich der Frage, ob der Vermittler aus seinen Verhandlungen mit den Kunden diesbezüglich Kenntnis erlangt hat und ob diese Kenntnis wiederum der Bank zugerechnet werden muß.

**dd. Zusammenfassung**

Das Wissen des multifunktionell tätigen Vermittlers wird den hinter dem Vermittler stehenden Produktgebern vollumfänglich zugerechnet.

Eine neue Tendenz rechnet den Produktgebern die Kenntnis unrichtige Angaben des Vermittlers, die jener in einem anderen Vertrag gemacht hat, über die Wissenszurechnung gemäß §§ 166, 278 BGB zu und begründet dadurch für die Produktgeber eine Aufklärungspflicht.

---

tungsrisiko hingewiesen hatte (daß sie mit ihrem ganzen Hof für das Darlehen haften, wenn der Vermittler das Geld nicht zurückzahlen könnte.) Der BGH verneinte eine weitergehende Aufklärungspflicht der Bank. Es konnte nicht hinreichend bewiesen werden, daß die Bank von der Verwendung der Valuta zur Beteiligung an der Firma C bzw. von den maroden Vermögensverhältnissen des Vermittlers wußte. Hinsichtlich der Kenntnis vom unmittelbar bevorstehenden wirtschaftlichen Zusammenbruch stellt er einzig auf die Kenntnis der Bank ab, eine Wissenszurechnung des Vermittlers hinsichtlich seines Unvermögens, Sicherheiten zu stellen, prüft er noch nicht einmal.

### c. Fallgruppe III: Aufklärungspflichtverletzung des Produktgeber wegen unrichtiger Angaben des Vermittlers und Kenntniszurechnung gemäß §§ 166, 278 BGB

#### aa. OLG Düsseldorf, ZIP 93,1376 Aufklärungspflichtverletzung (Täuschung durch Unterlassen) über Vorliegen eines mittelbaren Umstandes; Kenntnis der vorherigen Täuschung über Ertragsfähigkeits wird gem. §§ 166, 278 zugerechnet

*Ein finanzschwaches Ehepaar wandte sich zwecks Erlangung eines Konsumentenkredites an einen Kreditvermittler. Dieser erklärte, daß, wenn sie Wohnungseigentum erwerben würden und damit eine für eine Kreditaufnahme hinreichende Sicherung hätten, die Möglichkeit eines Eurodarlehens bestünde. Der Verkäufer erklärte, die Darlehensraten könnten zusammen mit einem Steuervorteil aus den Mieten erbracht werden. Er teilte ihnen nicht mit, daß die Wohnungen bis 1995 sozialgebunden seien. Aufgrund dieser Erklärung erwarb das Ehepaar vom Verkäufer eine Eigentumswohnung. Der Verkäufer führte die für die Finanzierung der Wohnung erforderlichen Verhandlungen. Er fälschte die Selbstauskunft, verschwieg die Schulden des Ehepaars und spiegelte ein nicht vorhandenes Sparguthaben dem Darlehensgeber vor. Jener füllte aufgrund dieser Angaben das Antragsformular aus und übersandte es an den Vermittler zwecks Besprechung und Unterschriftsleistung durch den Kunden. Das Darlehen wurde schließlich ausbezahlt. Die Kläger fochten nur den Kaufvertrag an und argumentierten, die Einwendungen aus dem Kaufvertrag müßten auf den Darlehensvertrag durchgreifen. Nachdem die Kläger ihre Darlehensratenzahlung einstellten, betrieb die Bank aus der notariellen Unterwerfungsklausel die Zwangsvollstreckung sowohl in die Wohnung als auch in das persönliche Vermögen der Kläger, die Vollstreckungsgegenklage erhoben. Das OLG urteilte, daß die Bank sich auf jeden Fall die Täuschungen des Vermittlers (samt Falschangaben in der Selbstauskunft ) gem. §§ 166, 278 zurechnen lassen muß und bejahte einen Anspruch der Kunden aus c.i.c.*

##### aaa. Erfüllungsgehilfe

Das Gericht argumentiert, daß der Kreditvermittler Verhandlungs- und Erfüllungsgehilfe der Bank gewesen sei und beruft sich auf die höchstrichterliche Rechtsprechung zum finanzierten Abzahlungskauf.[1093]

Die Bank hatte zu keinem Zeitpunkt persönlichen Kontakt mit den Klägern. Aufgrund der ihr vom Vermittler zugegangenen Angaben und Unterlagen des Kunden hat die Bank vielmehr den Antrag alleine ausgefüllt und zurückgesandt. Das OLG führt aus: „*Es kann aber keinen Unterschied machen, ob ein Verkäufer und Kreditvermittler Blanko-Darlehensformulare selbst ausfüllt oder das Ausfüllen durch die Bank veranlaßt, indem er dieser die hierfür erforderlichen Unterlagen eigenverantwortlich zur Verfügung stellt, ohne einen persönlichen Kontakt zwischen den kreditsuchenden Personen und der Bank zu veranlassen...*“[1094] Daran ändert sich auch nichts, wenn die Bank das Ausfüllen der Formulare aufgrund von Angaben und Unterlagen des Kreditvermittlers selbst übernimmt.

---

[1093] Die verwendeten Kriterien 'Überlassung der Darlehensformulare, Vertrauensperson, Herbeiführung der Unterschriftsleistung' entsprechen denen zur Bestimmung des Begriffes des Nichtdritten i.S.d. § 123 II BGB beim finanzierten Abzahlungskauf. Dies zeigt wieder, daß Nichtdritter und Erfüllungsgehilfe identisch sind.

[1094] OLG Düsseldorf ZIP 93,1376(1377)

Hinsichtlich der gefälschten Selbstauskunft bejaht das OLG gleichfalls die Erfüllungsgehilfeneigenschaft. „ *Hätten die Kläger einem Sachbearbeiter der Beklagten gegenüber ihre Vermögensverhältnisse offenbart, dieser sie aber verfälscht und dadurch die Auszahlung des Kredits veranlaßt, könnte nicht zweifelhaft sein, daß der Beklagten eine vorvertragliche Pflichtverletzung zuzurechnen gewesen wäre.... Nicht anders kann der Fall aber beurteilt werden, wenn – wie hier- ein nicht bei der Bank angestellter Erfüllungsgehilfe die Vertragsverletzung begeht.* "[1095]

**Bewertung**

Diese Argumentation ist nicht zwingend. Genauso gut hätte man argumentieren können: Hätte nicht der Finanzmakler, sondern ein Vertreter des Kunden oder der Kunde selbst getäuscht, so könnte die Bank zweifelsfrei anfechten. Indem der Kunde sich die persönliche Einreichung des Antrags erspart, gebe er zu erkennen, daß er die Verantwortung für seinen persönlichen Finanzmakler übernimmt.
Daher entscheidet das OLG Köln auch genau entgegengesetzt.[1096]

**bbb. 'bei Gelegenheit':**

Das OLG hielt es nicht für erwiesen, daß der Verkäufer während der Verhandlungen mit den Käufern eine positiv falsche Angabe über die Miethöhe gemacht hatte. Es führte aber aus, daß dann der Verkäufer es zumindest unterlassen habe, den K über die Höhe der Nettomiete aufzuklären, und daß die zu zahlenden Fremdmittel nicht durch Mietverträge und Steuervorteile gedeckt werden könnte. Das Verhalten des Verkäufers gehöre zu dem Risiko, für das die Bank nach § 278 BGB einzustehen habe. Die Angaben über die Mieterträge des zu finanzierenden Wohnungseigentums fallen in den Bereich der Kreditanbahnung.
Diese Finanzierungsbesprechung und –beratung 'fast alle Kosten werden durch Mieteinnahmen und Steuervorteile gedeckt' gehören damit zum originären Pflichtenkreis der Bank.[1097]

Das OLG unterscheidet diesen Sachverhalt von der Entscheidung BGH WM 92,602, die der Bank das Risiko, daß die Ertragsangaben unrichtig sind, nicht zuweist. „*Anders als dort fallen hier die Angaben über die Mieterträge des zu finanzierenden Wohnungseigentums in den Bereich der Kreditanbahnung. Für das Zustandekommen einer solchen Finanzierung ist es – anders als bei einer Kapitalanlage – von entscheidender Bedeutung, welche Erträge aus der Immobilie zu erwarten sind. Denn diese bestimmen zum einen maßgeblich den Wert des Objekts und damit den Umfang der Finanzierung durch eine Hypothekenbank; zum anderen sind sie mitentscheidend für die Bonität der Käufer, die - wie hier die Kläger – bestrebt sind, ihre Darlehensverbindlichkeiten aus den Erträgen zurückzuführen.*"[1098]

---

[1095] OLG Düsseldorf ZIP 93,1376(1378)

[1096] OLG Köln WM 94,197(201) "Wenn P (Vermittler)...falsche Angaben zu den Verbindlichkeiten der Kläger machte, so müssen die Kläger (Kunden) sich diese Umstände selbst zurechnen lassen, weil sie die entsprechenden Unterlagen blanko ausgeschrieben haben. Die Ausfüllung der Unterlagen nahm P. nicht als Erfüllungsgehilfe der Beklagten, sondern als Vertreter und Erfüllungsgehilfe der Kläger vor: der Fall ist insoweit nicht anders zu beurteilen, als wenn P. die falschen Angaben in von ihm vorbereiteten Formularen gemacht und die Kläger diese Unterlagen anschließend unterschrieben und – möglicherweise noch selbst – bei der Beklagten eingereicht hätten."

[1097] Fuellmich, FS Deutsch,S. 399

[1098] OLG Düsseldorf ZIP 93, 1376 (1379)

Die Kläger haben sich nämlich nicht aus üblichen Anlage- und/oder Nutzungsgesichtspunkten zum Kauf des Wohnungseigentums entschlossen. Ihr Wunsch sei vielmehr auf den Konsumentenkredit gerichtet gewesen, den sie wegen ihrer bereits bestehenden Verschuldung nicht mehr auf dem üblichen Wege hätten bekommen können. Daher seien sie nach Ansicht des OLG keine 'normalen Grundstückskäufer' gewesen, sondern geschäftsunerfahrene Leute, die auf diese untaugliche Weise zu einem Sicherungsmittel für den Konsumentenkredit hätten kommen wollen. Wenn die Kläger mit diesem Anliegen unmittelbar an die Bank herangetreten wären, hätte es deren Aufklärungs- und Beratungspflicht geboten, diesen Kreditwunsch abzulehnen. Die Kläger hätten darüber aufgeklärt werden müssen, daß die Zusicherung, Miete und Steuervorteile decken die Darlehensraten, nicht zutrifft.

**Bewertung**

Die Entscheidung erweitert den Pflichtenkreis der Bank und bezieht auch kaufobjektsrelevante Umstände, die das Finanzierungsobjekt betreffen, ein.
Der mittelbare Umstand, Mieteinkünfte,- wird nun als unmittelbarer Umstand angesehen. Der Kauf von Wohnungseigentum mit den bestimmten Mieteinnahmen ist Voraussetzung der Gewährung des Darlehens.
Die Bank gewährt hier lediglich das Darlehen und hat keinen persönlichen Kontakt mit dem Darlehensnehmer. Daher hat sie auch offiziell keine positive Kenntnis bezüglich des Finanzierungszwecks. Dennoch zieht das Gericht den Finanzierungszweck heran, um eine Aufklärungspflicht zu begründen. Nur weil es den Kunden nicht darum ging, nur Steuern zu sparen und nur weil sie unerfahren sind, sind die Kunden schutzwürdig und müßte die Bank bei einem persönlichen Kontakt beraten und aufklären. Die Kenntnisvermittlung erfolgt über den Finanzvermittler. Das OLG führt hierzu aus: *„Der Einwand der Beklagten, aufgrund der ihr vom Streitverkündungsgegner übersandten Verdienstbescheinigung habe sie davon ausgehen können, daß die Kläger nach ihren finanziellen Verhältnissen den Kredit bedienen konnten, geht am Kern vorbei. Es muß nämlich der Anlaß, weshalb die Kläger den Kredit haben wollten, in die Betrachtung mit einbezogen werden. Insoweit muß sich die Beklagte das Wissen ihres Verhandlungsgehilfen P. nach § 166 BGB zurechnen lassen. Die Betrachtung ist aber auch im Rahmen des § 278 BGB, der nicht nur auf Wissen, sondern auf persönliches Verschulden abstellt, die gleiche: Nach dem in der Vorschrift zum Ausdruck kommenden Zurechnungsgedanken ist ein Verschulden immer dann zu bejahen, wenn dem Geschäftsherrn – hier der Bank- ein Verschulden zur Last fiele, falls er selbst die Vertragsverhandlungen geführt und dabei die Kenntnisse seiner Erfüllungsgehilfen gehabt hätte...“* [1099]
Hier sind die Umstände, die zugerechnet werden und die Kenntnis, die die Aufklärungspflicht begründen, nicht die gleichen wie diejenigen, die die Kenntnis für eine Anfechtbarkeit begründen.

Diese Entscheidung führt dazu, daß die Bank bereits im Vorfeld des Zustandekommen eines Kreditvertrages Nachforschungen vornehmen muß.[1100]

---

1099 OLG Düsseldorf ZIP 93,1376 (1378)

1100 Anders OLG Köln WM 94, 197(201) „ es mag sein, daß es bei den bereits hoch verschuldeten Klägern unsinnig war, sie als Voraussetzung für ein weiteres sog. Euro-Darlehen zunächst zur Sicherheit ein Grundstück auf Kredit erwerben zu lassen. Dieser Umstand kann indessen nicht der Beklagten angelastet werden, weil er dieser gegenüber völlig außer Betracht geblieben ist. Die Beschaffung des sog. Euro-Darlehen sollte nämlich über den Kreditvermittler N. stattfinden und nur insoweit war das vorliegende Grundstückserwerbsgeschäft mit Darlehensaufnahme ergänzend herangezogen worden ... ihre Sorglosigkeit im Zusammenhang mit ihren weiteren Kreditgeschäften

Die Entscheidung widerspricht der Auffassung, daß die Bank den Kunden in keiner Weise über die Zweckmäßigkeit der Darlehensaufnahme bzw. über die ' Kundengerechtigkeit des Kredites' aufzuklären habe.
Köndgen[1101] sieht in der Entscheidung eine Verpflichtung der Bank, die Bedürfnisse und wirtschaftlichen Möglichkeiten des Kunden selbst zu prüfen und notfalls als einzig pflichtgemäßes Verhalten die Kreditgewährung zu verweigern. Die Bank hat nach Köndgen keine positiven Beraterpflichten, welche Vermögensanlage für den betreffenden Kunden nach seinen Bedürfnissen vonnöten ist. Die Pflichtenanforderung ist geringer und beschränkt sich auf die vom Kunden bereits getroffene Entscheidung, wie das Darlehen verwendet werden soll.

Differenzierungskriterium zu den vorherigen Entscheidungen ist, ob der Kunde anlegen oder finanzieren will.[1102]
Nach einer finanzwirtschaftlichen Definition ist die Unterscheidung wie folgt vorzunehmen:[1103] Das „Anlegen" ist auf die Vermögensbildung ausgerichtet und manifestiert sich in den verschiedenen Anlageformen, die auf dem Privatkundenmarkt angeboten werden (Immobilien, Geld- und Kapitalmarktanlagen in Fonds, Anteile von Anlagestiftungen etc.)
Das „Finanzieren" konzentriert sich auf das zur Verfügungstellen von Liquiditäts- und Vermögensreserven und manifestiert sich in den unterschiedlichsten Finanzierungsformen. Dazu zählen u.a. die verschiedenen Kreditformen (Blanko-, Konsum-, Investitions-, Betriebs-, Bau, Hypothekar-, Lombard-, Bürgschafts-, Faustpfand- und andere Kredite), die vorzugsweise auch in Beziehung zu konkreten Lebenssituationen gesetzt werden (Beruf, Aus- und Weiterbildung, Steuern, Kinder und Familie, Wohnen und Bauen, Alter, Gesundheit, Sicherheit, Freizeit etc.).

Gegen diese Differenzierung Kreditzweck/Anlagezweck spricht m.E., daß die Kunden zugleich mit dem Darlehen eine Immobilie erwerben, die eine Kapitalanlage darstellt. Eine erworbene Immobilienanlage bietet langfristig immer die Möglichkeit von Wertzuwachs.[1104]
Selbst wenn die Immobilie nur gekauft wurde, um einen Euro-Kredit zu bekommen, wurde doch das konkrete Darlehen nicht zur Deckung von Konsumbedarf, sondern zur Finanzierung eines Wertgegenstands bewilligt. Daher bleibt die Differenzierung fragwürdig. [1105]

Differenzierungskriterium für die Zurechnung falscher Aussagen des Verhandlungsgehilfen ist nach Ansicht des OLG der mit dem Darlehen beabsichtigte Verwendungszweck. Dies

können sie deswegen nicht im Sinne einer Risikohaftung auf die Beklagte abwälzen. Dies gilt schon deshalb, weil es gar nicht das Interesse der Kläger (Kunden) war, daß die Beklagte (Bank) von ihren ungünstigen finanziellen Verhältnissen erfahren sollte." Hier erfolgt keine Wissenszurechnung. Eigene Kenntnis ergab sich auch nicht daraus, daß der Finanzierungsplan mit den unrichtigen Mietangaben dem Darlehensantrag beigefügt war.

1101 Köndgen, NJW 94,1508 (1511)

1102 So auch v. Heymann, WuB I E 2c.- 1.94. Die Bank haftet für falsche Angaben des Finanzierungsvermittlers, wenn es sich dabei nicht um den Erwerb zu Anlagezwecken handelt, sondern zur Erlangung eines Konsumentenkredites.

1103 Bätscher/Neuwilen, Financial Services für den privaten Haushalt, S. 1565

1104 So auch v.Heymann, NJW 99, 1577 (1578)

1105 Nach Fuellmich kann nur Kapitalanleger sein, wer selbst anzulegendes Kapital besitzt. Andernfalls soll es sich um eine dem Erwerber sichtbar unerkannt gebliebene Kreditspekulation handeln. Festschrift Deutsch, S. 398

steht im Widerspruch zu oben dargestellter Rechtsprechung, wonach der Kreditgeber keine Aufklärung hinsichtlich des finanzierten Geschäfts besitzt.
Neu ist weiterhin, die Kenntnis des Vermittlers (hinsichtlich des Zwecks, den der Kunde mit dem Darlehen verfolgt) zuzurechnen und damit eine eigene Aufklärungspflicht des Kreditinstituts zu statuieren.
Allerdings geht die Entscheidung nicht so weit, die Kenntnis des Vermittlers hinsichtlich der Anfechtbarkeit des Vertrages gemäß § 123 II BGB zuzurechnen.

Die Entscheidung stellt die erste dar, in der ein Gericht aufgrund des gemeinsamen Vertriebswegs die strikte Rollenaufspaltung von Bank und Anlagegesellschaft lockert und über die gemeinsame Vertriebsperson Pflichten verstärkt und Aufklärungspflichten begründet.

**bb. OLG München WM 99,1818**

*Den Kunden wurde ein geschlossener Immobilienfonds nebst Außenfinanzierung vermittelt. Nur 75% des eingezahlten Geldes wurden für den Grundstückserwerb und den Bau verwendet, der Anteil von 25% waren weiche Kosten. Die Bank hatte die geschäftlichen Kontakte mit den Kunden nicht selbst geführt, sondern sich der Vermittlertätigkeit der von der Bau GmbH eingeschalteten Vermittler bedient. Das Gericht bejahte hier eine Aufklärungspflicht der Bank unter dem Gesichtspunkt des Wissensvorsprungs.*

Die Bank müsse sich sowohl das Wissen ihrer Repräsentanten in entsprechender Anwendung des § 166 Abs. 1 BGB als auch deren Verschulden gem. § 278 BGB zurechnen lassen und müsse die Kunden über die Nachteile des Immobilienfonds aufklären. Diese waren nach der Arbeitsorganisation der Klägerin dazu berufen, im Rechtsverkehr als deren Repräsentanten bestimmte Aufgaben in eigener Verantwortung zu übernehmen (Erstellung eines Finanzierungsplans) und die dabei anfallenden Informationen (Einkommens- und Vermögensverhältnisse) zur Kenntnis zu nehmen und gegebenenfalls weiterzugeben.
Die Bank müsse sich daher sowohl das Wissen des Vermittlers um die dem Fonds zuzuführenden Mittel und deren Verwendung als auch die zumindest fahrlässige Nichtaufklärung über die tatsächliche Verwendung der Mittel zurechnen lassen.[1106]
Die Bank kann sich nicht darauf berufen, daß sie den Kunden darauf hingewiesen hat, die Darlehensgewährung beruhe nur auf der Bonitätsprüfung der Beklagten und nicht auf einer Prüfung der Kapitalanlage.

**Bewertung**

Auch hier wird das Wissen der Bank dadurch erweitert, daß sie sich eines multifunktionalen Vermittlers bedient.

**cc. Exkurs: Vergleich mit den Aufklärungspflichten beim finanzierten Abzahlungskauf beweglicher Sachen**

Ansprüche des Kunden aus c.i.c. wegen Aufklärungspflichtverletzung bestehen nur, wenn die Bank nicht auf das Aufspaltungsrisiko hinweist. Andere Aufklärungspflichten werden nicht herausgebildet. Störungen des finanzierten Vertrages werden der Bank mit der Rechtsfigur des Einwendungsdurchgriffs entgegengehalten.[1107]

---

[1106] OLG München WM 99, 1819(1821)

[1107] So auch LG Stuttgart WM 99,1822(1825) „...da die Fälle finanzierter Abzahlungskäufer unter dem Oberbegriff 'Einwendungsdurchgriff' gelöst werden..-"

Betrachtet man die Fälle zum finanzierten Abzahlungskauf genauer, so fällt auf, daß der BGH im Rahmen des Einwendungsdurchgriffs bereits Ausführungen macht, die eigentlich Fragen der Zurechnung von pflichtwidrigem Verhalten des Vermittlers betreffen.

**aaa. BGH WM 79, 1180**

*Die Kunden kauften eine Teppichreinigungsmaschine, die sie fremdfinanzieren ließen. Die Vertreter der Verkäuferin waren gleichzeitig Verhandlungsführer der Bank (besaßen jedoch keine Vollmacht) und vermittelten ihnen den Kredit. Die Angaben der Vertreter hinsichtlich des zu finanzierenden Geschäftes waren falsch.*

Der BGH bejahte den Einwendungsdurchgriff. Er begründete dies mit der Wertung, daß die Kreditgeberin den Interessen des Kunden pflichtwidrig zuwiderhandeln würde, wenn sie es zuließ, daß die Vertreter der Verkäuferin gegenüber den Kunden schuldhaft falsche Angaben über Umstände machten, die für das Zustandekommen des Vertrages wesentlich waren. Sie schuf durch diese Personalunion wegen der Vielzahl der von ihren Verhandlungsgehilfen zu wahrenden Interessen besondere Risiken.
Der BGH statuiert in einer Entscheidung zum finanzierten Abzahlungskauf einen erhöhten Pflichtenumfang der Bank, der sich gerade aus der Einschaltung einer Vertriebsperson ergibt.

**bbb. BGH NJW 78, 2145**

Durch kreditfinanzierte Beteiligung der Arbeitnehmer als stille Gesellschafter an der OHG des Arbeitgebers sollten gleichzeitig für das expandierende Unternehmen eine Kapitalzufuhr und ein „Modell der Vermögensbildung in Arbeitnehmerhand" realisiert werden". Die Bank gewährte dem Kunden für eine solche Beteiligung einen Ratenkredit über netto 20.000 DM, der zunächst von der Firma auch planmäßig getilgt wurde und zwei Jahre später in Konkurs fiel. Der BGH bejahte einen Schadensersatzanspruch wegen Verletzung vorvertraglicher Pflichten, weil der Arbeitgeber als alleiniger Führer der Kreditverhandlungen für die Klägerin seine Arbeitnehmer nicht über die mit diesem Modell verbundenen Haftungsrisiken aufgeklärt habe.

Hier war die Arbeitgeberfirma multifunktionale Vermittlerin. Sie vermittelte dem Kunden das Darlehen der Bank und die Beteiligung.
Der BGH führte[1108] aus, daß "*.. die Einschaltung der Arbeitgeberfirma als Kreditvermittlerin hier die Arbeitnehmer besonderen Risiken aussetzte. Der Mitinhaber der Arbeitgeberfirma hatte einander entgegengesetzte Interessen wahrzunehmen...Ihr(der Bank) oblag es vielmehr auch, die ihr zuzurechnenden Fehlvorstellungen des Beklagten.... durch geeignete Aufklärung richtigzustellen .... Die Klägerin hätte den Kreditvertrag nur dann in Vollzug setzen dürfen, wenn sie zuvor durch eine individuelle und eingehende Beratung jedes einzelnen Kreditnehmers, sei es im persönlichen Gespräch, sei es durch einen auf die Besonderheiten des Vertragswerkes zugeschnittenen schriftlichen Hinweis, dafür Sorge getragen hätte, Fehlvorstellungen der Arbeitnehmer über das Risiko des gesamten Vertragswerks auszuräumen.*"

---

[1108] BGH NJW 78, 2145 (2146)

**ccc. BGH WM 78,459**

Hier kauften die Kunden einen Selbstbedienungswaschsalon, wobei die Prokuristen der Verkäuferin sie über den Nettoverdienst des Waschsalons täuschte. Der eine Prokurist war gleichzeitig Generalbevollmächtigter der Bank, die mit dem Finanzierungsinstitut eng zusammenarbeitete und vermittelte ihnen die Finanzierung über die Bank. Er füllte das Antragsformular für die Kunden aus, die nur noch unterschreiben brauchten, und leitete den Antrag weiter.

Der BGH führte aus: „...Die Klägerin (Bank) kann dem nicht entgegenhalten, die Verkäuferseite (hier der Prokurist der Verkäuferin) habe bei den vom Beklagten behaupteten Angaben über die Höhe des erzielten Gewinns nur Verkäuferangelegenheiten erledigt. Allerdings ist die Bank allgemein nicht verpflichtet, den Kreditbewerber über Eigenschaften des Kaufgegenstands oder über sonstige rein kaufvertragliche Umstände aufklären. Sie kann jedoch bei der Anbahnung des Kreditvertrags pflichtwidrig den Interessen des Kreditbewerbers zuwiderhandeln, wenn sie gegenüber dem Käufer schuldhaft falsche Angaben über Umstände macht, die für das Zustandekommen des geplanten finanzierten Abzahlungskaufes aus der Sicht des Käufers/Kreditbewerbers wesentlich sind.
*Hätte sich die Bank nicht des Vertreters der Verkäuferin, sondern einer am Kaufvertrag unbeteiligten eigenen Hilfsperson als Verhandlungsgehilfen bedient, so hätte sie für eine solche Pflichtverletzung unter dem Gesichtspunkt des Verschuldens bei Vertragsverhandlungen einstehen müssen.*
*Wenn sie sich statt eigenen Personals der „Personalunion" zwischen dem Prokuristen der Verkäuferin und ihrem Verhandlungsgehilfen, ihrer Vertrauensperson bedient, so schafft sie für den Käufer/Kreditnehmer wegen der Vielzahl der von ihrem Verhandlungsgehilfen wahrzunehmenden Interessen besondere Risiken.* Ihr ist es dann wenigstens zuzumuten, daß sie sich ... Einwendungen aus dem Kaufvertrag (wegen des Verhaltens der Verkäuferseite) entgegenhalten lassen muß."[1109]

Drei Jahre später hatte der BGH im selben Fall zu klären, ob auch ein Anspruch des Kunden gegen die Bank aus c.i.c. bestände.
*„Die Vertragsverhandlungen begründen ein vertragsähnliches Vertrauensverhältnis, aus dem sich im Rahmen der nach Treu und Glauben zu stellenden Anforderungen eine Offenbarungspflicht des Kreditgebers für solche Umstände ergibt, die für die Entschließung des anderen Teils erkennbar von Bedeutung sind. Dies gilt insbesondere dann, wenn die Bank weiß, daß sie durch die Kreditgewährung die falschen Vorstellungen und das Vertrauen des Kreditnehmers in das zu finanzierende Geschäft verstärkt."*[1110]
Der BGH bejaht die Kenntnis der Bank. Dabei stellt er auf die Kenntnis ihres Verhandlungsführers ab. Weil er selbst falsche Angaben macht, hatte er auch Kenntnis von dieser Täuschung. Indem er für die Bank die Darlehensverhandlungen geführt hat, hat er ihr diese Kenntnis vermittelt. Der BGH führt hierzu aus[1111]: "Aus seiner Stellung als Vertreter der Bank folgt, daß seine Kenntnisse mit den sich hieraus ergebenden Handlungspflichten, insbesondere auch Aufklärungspflichten, der Bank zuzurechnen sind (§ 166 BGB) und daß diese für sein Verschulden gem. § 278 BGB einzustehen hat."

---

1109 BGH WM 78.459 mit der gleichen Begründung argumentiert der BGH in WM 79,1180
1110 BGH WM 81,869 (870)
1111 BGH WM 81,869 (870)

**Bewertung:**
Der Vergleich zu den Gründen für den Einwendungsdurchgriffs beim finanzierten Kauf zeigt somit, dass dort bereits die gleichen Gründe für die Begründung einer wirtschaftlichen Einheit entwickelt worden sind.

**ddd. Weitere Fälle der Wissenszurechnung für Abzahlungsgeschäfte**

Bei finanzierten Abzahlungskäufen rechnet der BGH das in dem finanzierten Vertrag erlangte Wissen des Vermittlers dem Produktgeber (hier Bank) des anderen Vertrages auch in zwei anderen Fallgestaltungen zu.

1.Bei einem mit dem Kaufvertrag verbundenen Darlehensvertrag, der wegen des auffälligen Mißverhältnisses zwischen den von dem Käufer/Darlehensnehmer übernommenen Leistungen und den Gegenleistungen des Verkäufers und des Finanzierungsinstituts gem. § 138 Abs. 1 nichtig war, hat der BGH entschieden[1112], daß sich die Bank nach dem **Gedanken des § 166** die durch **den Verkäufer als ihren Verhandlungsvertreter** vermittelte Kenntnis der sittenwidrigen Umstände des Kaufvertrages und seiner Finanzierung zurechnen lassen muß.
2.Bei einem mit dem Kaufvertrag verbundenen Darlehensvertrag muß sich die Bank die Kenntnis des Vermittlers, daß es sich hier nicht um einen Personalkredit handelt, zurechnen lassen.[1113]

**Bewertung**

Nach Ansicht des BGH ist der Anknüpfungspunkt der Pflichtverletzung unterschiedlich: beim Kaufvertrag stellt die Falschaussage des Vermittlers die Pflichtverletzung der c.i.c. dar. Pflichtverletzung der c.i.c. gegen die Bank ist die Unterlassung der Berichtigung der Falschaussage.
Auffallend ist, daß das Wissen des Vertreters in einem anderen Rechtsgeschäft, nämlich dem Kaufvertrag, erlangt worden ist. Bei getrennter Betrachtung von Darlehens- und Kaufvertrag handelt es sich um externes Wissen.
Bei dieser Aufklärungspflicht handelt es sich nicht um eine originäre Pflicht der Bank. Hätte sie die Verhandlungen selbst geführt, müßte sie nicht aufklären. Nur durch die Zurechnung von Wissen des Verhandlungsführers wird im Einzelfall aus Treu und Glauben eine Pflicht der Bank geschaffen. Anders als alle anderen Urteile, auf die der BGH verweist[1114], hatte die Bank nämlich selbst keine Kenntnis.
Aus dieser Entscheidung wird schließlich deutlich, daß der BGH von der Doppelrolle des Vermittlers ausgeht. Der BGH behandelt die beiden Rechtsgeschäfte gerade nicht als Einheit. Das pflichtwidrige Verhalten des Vertreters des Verkäufers wirkt sich nicht deshalb aus, weil die Geschäfte eine Einheit bilden, sondern wegen der personellen Identität des Vermittlers und Verhandlungsführers.
Der BGH rechnet also doppelt zu: einmal die Kenntnis des Vertreters gem. § 166 BGB, so daß sich eigene Aufklärungspflichten der Bank ergeben, zweitens das Verschulden des zur Erfüllung dieser Verbindlichkeit (Aufklärungspflicht) eingesetzten Vertreters bei der Verlet-

[1112] BGH NJW 80,1155
[1113] LG Essen BB 68, 886(887); OLG Stuttgart WM 77, 1294(1295); OLG Stuttgart WM 77, 1338(1339)
[1114] BGH WM 78,896; BGH WM 67,448; BGH WM 78,1038

zung dieser Aufklärungspflicht, für das der Vertretene gemäß § 278 BGB einzustehen hat.[1115]

Zwar ist der Vermittler hier auch Vertreter. Die Argumentation des BGH stellt jedoch auf die `Verhandlungsgehilfeneigenschaft´ des Vertreters ab. Verhandlungsgehilfen sind aber oftmals auch die Vermittler. Überträgt man die Rechtsprechung auf die Allfinanzdienstleistungsvermittler, die Gesamtkonzepte vermitteln, dann müßten die einzelnen Produktgeber für vorsätzliche Falschangaben des multifunktionalen Vermittlers einstehen, sobald sie ihn in den Vertrieb einschalten. Denn das Wissen des multifunktionalen Vermittlers um seine Falschangaben wird der Bank im Rahmen der Wissenszurechnung zugerechnet und führt zu einer Aufklärungspflicht der Bank.

Betrachtet man diese zwei Entscheidungen genauer, statuiert der BGH mit dieser Entscheidung eine Aufklärungspflicht der Bank über das wirtschaftliche Risiko, die durch die Doppelstellung der Vertriebsperson begründet wird. Dieser bereits im Abzahlungsgeschäft entwickelte Gedanke liegt auch Fallgruppe III zugrunde.

### d. Fallgruppe IV: Neue Tendenz im Makler-/Kaufrecht

#### aa. BGH ZIP 91, 874 - Zurechnung unrichtiger Angaben eines anderen Vertragsverhältnisses gemäß § 278 BGB

In einem Fall auf dem Gebiet des Kaufrechts verneint der BGH die Rollenaufspaltung. Der BGH grenzt auch hier die zwei Tätigkeiten als Finanzierungsberater und –vermittler und als Verhandlungsgehilfe des Vertragspartners voneinander ab, gelangt aber zu einem anderen Ergebnis. Der BGH hat für den Bereich des Kaufvertrags angenommen, daß ein Verhandlungsgehilfe den Bereich der eigentlichen Kaufvertragsverhandlungen von sich aus erweitern und damit für den Geschäftsherrn zusätzliche Nebenpflichten übernehmen kann, ohne daß seine Eigenmacht der Anwendung von § 278 BGB entgegensteht.

*In dieser Entscheidung[1116] kauften die Kläger von den Beklagten eine Eigentumswohnung in Berlin. Das Objekt war ihnen durch den Makler (den Sohn der Beklagten) vermittelt worden, der sich gleichzeitig als „Anlagen- und Wirtschaftsberater" eingeführt hatte. Jener empfahl ihnen die Anschaffung einer vermieteten Eigentumswohnung und beriet sie in Fragen der Finanzierung. Dabei legte er den Klägern während der Beratung fälschlicherweise dar, daß die Wohnung in den ersten beiden Jahren mit 10 % steuerlich absetzbar sei. Die Kläger verlangten Rückabwicklung wegen der unrichtigen Angaben über die steuerliche Absetzbarkeit der Anschaffungskosten. Die Beklagten wandten ein, daß die Auskunft ihnen nicht zuzurechnen sei, weil der Sohn als selbständiger Makler und Finanzberater der Kläger gehandelt habe.*

---

[1115] Der BGH wies auch darauf hin, daß auch ein Schadensersatzanspruch des Kunden gegen die Verkäuferin wegen c.i.c. gegeben ist, da ihr Prokurist seine Verpflichtung zur wahrheitsgemäßen Auskunftserteilung über den Kaufgegenstand im Rahmen der Vertragsverhandlungen verletzt hat.
Die Verträge mit zum Teil werkvertraglicher Prägung sind nicht ohne weiteres der notariellen Beurkundung bedürftig, oft folgen werkvertragliche Abreden dem Kaufvertrag nach. Das Zusammenwirken zwischen Bank und Bauträger ist bei Verträgen dieser Art oft wesentlich enger. Die Bauträgergesellschaften haben häufig eine geringe Kapitalausstattung und sind auf die Zwischenfinanzierung durch die Bank angewiesen. Das Risiko des Darlehensnehmers wird gerade durch die mit einer vorrangigen Sicherung des Kredits verbundene Einschaltung eines Kreditgebers für die globale Zwischenfinanzierung gesteigert.

[1116] BGH WM 91,1171

Der BGH bejahte vorliegend den Anspruch der Kunden gegen den Immobilienverkäufer aus c.i.c. wegen unterlassener Aufklärung bei den Abschlußverhandlungen über den Kaufvertrag über den während der Finanzierungsberatung entstandenen Fehler, nämlich daß bei Vermietung kein steuerlicher Vorteil besteht. Der BGH rechnete das fehlerhafte Verhalten des 'Maklers und Anlage- u. Wirtschaftsberaters' den Beklagten zu.

**a. Erfüllungsgehilfe**

Der BGH stellt fest, daß die Beklagten den selbständigen Finanzmakler und -berater über die Vermittlung hinaus beauftragt hatten, in ihrem Namen den Vertragsinhalt des beabsichtigten Geschäfts mit den Kunden auszuhandeln.[1117] Damit ist er als beauftragter Verhandlungsgehilfe eingeschaltet worden und war somit Erfüllungsgehilfe.

**b. Innerer sachlicher Zusammenhang mit dem Wirkungskreis:**

Weiterhin prüft der BGH bei der Frage der Zurechnung gemäß § 278 BGB, ob das fehlerhafte Verhalten des Maklers im inneren sachlichen Zusammenhang mit dem Wirkungskreis steht, der dem Gehilfen zugewiesen worden ist.[1118] Der BGH[1119] spaltet die Tätigkeit des Finanzmaklers in seine Rolle als Immobilienmakler beider Seiten, als Finanzierungsberater der Kunden und als Verhandlungsgehilfe des Hausverkäufers auf. Er stellt fest, daß die fahrlässig falsche Angabe während des Beratungsgesprächs getätigt worden ist. Es lag also ein klassischer Beratungsfehler vor. Der BGH kommt zu dem Ergebnis, daß bei Verhandlungen mit einem „multifunktional" auftretenden Vermittler die Verhandlungen mit dem Kunden nicht aufgespalten werden könnten in einen vermittelnden Teil, den er nur im eigenen Namen als Vermittlungsmakler führt und einen Abschnitt im fremden Namen, sozusagen als Verhandlungsgehilfen. Vielmehr wirkt sich die während des Beratungsgesprächs erweckte Fehlvorstellung auch auf die Vertragsverhandlungen aus und verstärkt den Entschluß der Kunden, die Immobilie käuflich zu erwerben.

*„... das Berufungsgericht hat keine Feststellung dazu getroffen, in welchem Gesprächsabschnitt H.F. (der Makler) durch seine Darlegungen die Fehlvorstellung der Kläger über die Möglichkeit zur Geltendmachung der erhöhten Berlin-Absetzungen erweckt und ob er seine pflichtwidrigen Äußerungen im engeren Zusammenhang der Kaufvertragsverhandlungen ausdrücklich wiederholt hat. Das war im Ergebnis aber auch nicht erforderlich... Werden Kaufvertragsverhandlungen dadurch, daß der Verhandlungsführer eines Vertragsteils sich – wie hi r – ohne äußeren Einschnitt in seinem Auftreten beratend auch für den anderen Vertragsteil betätigt, in eine umfassendere Anlage-, Wirtschafts- und Finanzierungsberatung eingebettet, so gehen beratende Äußerungen, die für den Vertragsinhalt aus Sicht des beratenden Verhandlungspartners erheblich sind, auch in die Verhandlungsführung der Gegenseite ein. Äußerungen des H.F., die zunächst nur im Rahmen seiner Anlageberatungstätigkeit für die Kläger allgemein zu den Steuervorteilen des Erwerbs von Eigentumswohnungen in B. gefallen sein mögen, durften demnach die Kläger hier ohne weiteres auf die verkaufte Wohnung übertragen, weil sie bei den eigentlichen Kaufvertragsverhandlungen nicht berichtigt wurden..."*[1120]

---

[1117] BGH WM 91, S.1173
[1118] Ständige Rechtsprechung BGHZ 23,319(323); BGH NJW 1965,1709(1710); BGH NJW-RR 1989,723 (725)
[1119] WM 91,1171 (1174) = ZIP 91, 874 (876)
[1120] BGH ZIP 91,874(876)

**aaa. Bewertung**

Daraus ergibt sich, daß fehlerhafte Äußerungen während des Beratungsgesprächs automatisch auch für die Verhandlungsführung ihre Geltung behalten, Beratungsfehler automatisch durchschlagen auf das vermittelte Geschäft und daher ein Schadensersatzanspruch immer ge-

geben ist. Grund hierfür ist wohl das Schutzbedürfnis des Kunden, der als Laie nicht zwischen den zwei Sphären der Vermittlungstätigkeit und Verhandlungstätigkeit seines Gegenüber trennen kann.[1121] Als Begründung führt der BGH an, eine Aufspaltung sei künstlich und mit § 133 BGB unvereinbar. Der BGH stützt den Anspruch aus c.i.c. auf das positive Tun gemäß § 278 BGB, die pflichtwidrige Aussage des Vermittlers, nicht die Unterlassung der Aufklärung. Die positive Aussage wird auf den anderen Geschäftsbereich übertragen. [1122]

Hier besteht die Konstellation, daß ein Beratungsfehler (ohne die Steuerabzugsfähigkeit war die fremdfinanzierte, bereits vermietete Wohnung als Anlage wohl nicht interessant) des an sich selbständigen Beratungsvertrags durchschlägt auf den Kaufvertrag mit Hilfe der Konstruktion der c.i.c. Verbindungselement der beiden rechtlich selbständigen Verträge ist der Vermittler in seiner Doppelfunktion. Die Entscheidung eröffnet die Möglichkeit der Inanspruchnahme der Hintermänner, die einen solchermaßen multifunktionalen Vermittler einschalten.

Der BGH hält es jedoch für möglich, den Vertragspartner von der Zurechnung sorgfaltswidrig erteilter Fehlinformation seines Maklers zu befreien. Für den Fall des Grundstücksmaklers hat der BGH dies angenommen, wenn der Geschäftsherr bei der Beurkundung - also bevor die Pflichtverletzung in einen Schaden umgeschlagen ist - unmißverständlich erklärt, daß Gegenstand des Kaufvertrages nur die von ihm persönlich im Rahmen der Protokollierung des Vertrages abgegebenen Erklärungen seien und der Kunde zustimmt.[1123]

Der BGH hat dies nur für eine fahrlässig falsche Angabe entschieden. Ob diese Möglichkeit eines Haftungsausschlusses auch in den Fällen eröffnet ist, in denen der Makler als Erfüllungsgehilfe vorsätzlich falsche Angaben gemacht hat, ist nicht abschließend geklärt.[1124]

Dem entspricht es, daß der BGH ausdrücklich anmerkt, daß dieses Verschmelzen der Bereiche jedenfalls immer dann anzunehmen ist, wenn ein äußerer Einschnitt in dem Auftreten des Vermittlers nicht erkennbar ist.[1125] Der BGH führt nicht aus, wann ein solcher Einschnitt anzunehmen ist. Dies ist nur schwer vorstellbar. Denn es erscheint kaum möglich, den Kunden darauf hinzuweisen, daß er sein durch die Beratung erhaltenes Begleitwissen nun vergessen solle, da der Vermittler nun in die andere Rolle des Verhandlungsführers schlüpfe.

---

[1121] Die vom Verhandlungsgehilfen behauptete besondere Fachkunde kommt in ihrer werbenden Wirkung dem Schuldner zugute, und der Vertragspartner kann ohne entsprechende Verlautbarung nicht wissen, welche auf den Verhandlungsgegenstand bezogenen Erklärungen des Verhandlungsgehilfen von seinem Auftrag gedeckt sind oder dessen Grenzen überschreiten. Der BGH hat deshalb sogar angenommen, daß ein Verhandlungsgehilfe den Bereich der eigentlichen Kaufvertragsverhandlung von sich aus erweitern und damit für den Geschäftsherrn zusätzliche Nebenpflichten übernehmen kann, ohne daß seine Eigenmacht der Anwendung von § 278 BGB entgegensteht."

[1122] So auch Reithmann, BGH EwiR § 278 BGB 2/91, 655

[1123] BGH WM 95,1543

[1124] Thode, WuB IV A.§ 278 BGB 1.96

[1125] BGH WM 91,1171 1173

Diese Möglichkeit der Distanzierung von Angaben eines multifunktionalen Vermittlers ist bislang nur für das Kaufrecht entschieden worden. Es ist ungeklärt, ob auch die Bank sich von unrichtigen Angaben des Finanzvermittlers durch eine Klausel zu distanzieren vermag. Überdies ist in der Literatur unklar, ob die Möglichkeit des Haftungsausschlusses dann eröffnet ist, wenn der Makler als Erfüllungsgehilfe vorsätzlich falsche Angaben gemacht hat.[1126]

**bbb. Eigener Lösungsvorschlag**

Zu untersuchen ist, ob der Darlehensgeber in sein Darlehensformular wirksam eine Klausel aufnehmen kann, wonach er für vorsätzlich falsche Angaben und damit wegen vorsätzlichem Verhalten seines Finanzmaklers nicht haftet. Ausgangspunkt der Überlegung muß § 11 Nr. 7 AGBG sein. Danach ist in Allgemeinen Geschäftsbedingungen der Ausschluß der Haftung für einen Schaden, der auf vorsätzlichen Vertragsverletzungen eines Erfüllungsgehilfen beruht, unwirksam.

Schaden ist jede Beeinträchtigung von Rechtsgütern oder rechtlich geschützten Interessen einer Person. Hierzu zählt auch die von der Rechtsordnung mißbillige Beeinträchtigung der freien Willensentscheidung.[1127]

Macht der Verhandlungsgehilfe des Geschäftsherrn vorsätzlich falsche Angaben, die der Vertragspartner seinen Überlegungen zugrunde legt, so besteht der Schaden in der Beeinträchtigung der freien Willensentscheidung. Gemäß § 11 Nr. 7 AGBG kann sich der Geschäftsherr nicht von diesem Schaden, also der fehlerhaften Willensentscheidung, distanzieren.

Dies bedeutet, daß er für den Schaden des Vertragspartners einzustehen hat und jener Beseitigung des Schadens, also Schadensersatz verlangen kann.

Übertragen auf den Schaden in Form einer beeinträchtigen Willensentscheidung des Vertragspartners kann jener auch hier die Beseitigung des Schadens verlangen. Als „rechtstechnische Besonderheit" besteht die Beseitung des Schadens nicht im Schadensersatz, sondern in der Anfechtung und Rückgängigmachung des Vertrags.[1128]

**Ergebnis:**

Somit kann der Produktgeber die Haftung für vorsätzlich falsche Äußerungen des Finanzmaklers formularmäßig nicht ausschließen.

Zu untersuchen ist, ob der Darlehensgeber individualvertraglich eine Klausel aufnehmen kann, wonach er für vorsätzlich falsche Angaben seines Finanzmaklers nicht haftet.

Nach § 278 S. 2 BGB kann der Geschäftsherr die Haftung wegen vorsätzlichem Handeln seines Erfüllungsgehilfen ausschließen. Zu denken wäre an ein treuwidriges Verhalten i.S.d. 'venire contra factum proprium'. Der Geschäftsherr könnte treuwidrig handeln, wenn gerade die unrichtige Aussage Grund für den Willensentschluß des Vertragspartners war, d.h. er zwar sagt, daß er sich individualvertraglich von dem Verhalten des Erfüllungsgehilfen distanziert, gleichzeitig aber dieses Verhalten in Anspruch nimmt.[1129]

---

[1126] Thode, WuB IV A. § 278 BGB 1.96; WuB IV A. § 278 BGB 1.97

[1127] Schubert, AcP 168(1968), S. 479

[1128] So bereits Schubert AcP 168(1968), S. 479

[1129] Ebenso Reiff, EwiR BGH § 278, 1/97, 14; anders Müller-Laube für die ähnliche Fragestellung, ob das Anfechtungsrecht hinsichtlich der Angaben des Verhandlungsgehilfen vertraglich ausgeschaltet werden darf. Müller-Laube hält es nicht für möglich, durch rechtsscheinbeseitigende Hinweise das Anfechtungsrecht vertraglich auszuschließen, da die Anfechtungsmöglichkeit nicht Folge gewährten

M.E. muß es dennoch möglich sein, sich vom vertragswidrigen vorsätzlichen Verhalten des Erfüllungsgehilfen zu distanzieren.
Dafür spricht, daß die Einschaltung eines Maklers durch den Verkäufer sich nach der Rechtsprechung als ein für den Verkäufer nicht mehr überschaubares Haftungsrisiko darstellt.[1130]
Ein Distanzieren ist jedoch nicht durch eine einfache Vertragsklausel möglich, sondern durch eine Distanzierung von der Tätigkeit. Es geht um die Beseitigung der Erfüllungsgehilfenstellung.
Wenn der Geschäftsherr seine Vertragspflichten selbst vollumfänglich wahrnimmt, und deutlich macht, daß er den Finanzmakler nicht als Erfüllungsgehilfen wünscht, dann beseitigt er den Anschein des Erfüllungsgehilfen, macht deutlich, daß zwischen den Vertragspartnern nur gilt, was sie beide vereinbart haben. Erforderlich wäre für den Geschäftsherrn nunmehr, die gesamten – mit dem Makler zuvor geführten – Gespräche neu aufzurollen oder den Verhandlungen zwischen Makler und Kunden von vornherein beizuwohnen.[1131] Indem der Ge-
schäftsherr sich von vorvertraglichen Erklärungen des von ihm eingeschalteten Maklers distanziert, werden aus der Sicht des Käufers die Erklärungen des Maklers insgesamt in Frage gestellt. Die Tätigkeit des Finanzmaklers wird auf den für den Finanzmakler typischen Pflichtenumfang reduziert. Selbst wenn er darüber hinausgehende Tätigkeiten verrichtet hat, werden diese durch die Distanzierung und die Wiedervornahme des Produktgebers für unbedeutend erklärt. Meine Argumentation läuft auf eine Trennung der Pflichtenkreise auch in personeller Hinsicht hinaus: Der Finanzmakler ist Berater und nicht gleichzeitig Produktverkäufer.

**Ergebnis**

Fallgruppe IV ist bislang nicht für das Kreditrecht verwendet worden. Ihre Übertragbarkeit auf Bankrechtsfälle wird in der Literatur aber für möglich gehalten.[1132] Die Verwendung einer Ausschlußklausel, daß für Angaben des multifunktionalen Vermittlers nicht gehaftet wird, ist nach der gerade dargelegten Ansicht nur möglich, wenn die Bank ihre Funktion als Kreditgeberin selbst vollumfänglich wahrnimmt und nicht Teile ihrer Funktion auf den Vermittler überträgt.

### e. Fallgruppe V: Konkludenter Beratungsvertrags zwischen Kunden und Produktgeber (hier: Verkäufer)

#### aa. BGH WM 99,137

Der Kunde erwarb eine Eigentumswohnung, die ein Finanzmakler ihm vermittelte und dabei unrichtige Angaben hinsichtlich der Steuerersparnis in der Erwerbsphase machte. Der BGH hielt einen Anspruch des Kunden aus pVV des Beratungsvertrags für möglich: *„Allerdings geht es hier nicht um einen Verstoß gegen gesetzliche Pflichten im Vorfeld des Kaufvertrags, sondern um die vertragliche Übernahme der Beratung des Kaufinteressenten und die Erfüllung der hierbei eingegangenen Pflicht. Stellt sich indessen bei der Vermittlung des*

Vertrauens, sondern kraft tatsächlicher willentlicher Einschaltung in die zum Vertragsschluß führenden Vorgänge ist.

1130 So Breiholdt, ZfIR, 10/97 S. 630(632), für den Fall des Grundstücksmaklers

1131 So bereits Breiholdt ZfIR 10/97 S. 632 für das Verhältnis Grundstücksmakler und Verkäufer

1132 Reiff, EwiR § 278 1/97, 14

*Kaufvertrags diese Aufgabe und ist sie vom Verkäufer dem Makler überlassen, so kann sich dessen stillschweigende Bevollmächtigung zum Abschluß des Beratervertrags aus den Umständen ergeben ( § 167 BGB). In einem solchen Falle sind an die Kundgabe des Willens, die Beratung für den Verkäufer zu übernehmen und auszuführen (§ 164 BGB) keine zu strengen Anforderungen zu stellen...*"[1133]

**Bewertung**

Dem Produktgeber werden die unrichtigen Angaben des Finanzmaklers zugerechnet. Der Vermittler gibt für den Produktgeber eine eigene (konkludente) Willenserklärung ab und schließt in seinem Namen einen Beratervertrag mit dem Kunden. Selbst wenn der Verkäufer ihn hierzu nicht ausdrücklich bevollmächtigt hat, was in den wenigsten Fällen sein wird, so wird diese Bevollmächtigung stillschweigend angenommen.

**bb. Übertragbarkeit dieses Ansatzes auf den dahinterstehenden Produktgeber Bank?**

Nach h.M. kann auch zwischen Bank und Kunden ein Beratungsvertrag geschlossen werden. Voraussetzung eines derartigen Vertrages ist, daß die Bank mit dem Kunden ein Beratungsgespräch führt und dabei erkennen kann, daß die Beratung für den Kunden von erheblicher Bedeutung ist, und er sie zur Grundlage von Vermögensdispositionen machen will.[1134] Erteilt
sie ihm auf Befragen einen ausdrücklichen Rat hinsichtlich des Anlageobjektes, dann hat sie auch Aufklärungspflichten hinsichtlich der zu finanzierenden Projekte.

Entsprechend der Argumentation zu BGH WM 99, 137 könnte man schlußfolgern, daß der Kreditvermittler, wenn er auf Wunsch des Kunden ausdrücklichen Rat erteilt, einen Beratungsvertrag im Namen der Bank schließt. Führt der Finanzvermittler in seiner Funktion als Kreditvermittler mit dem Kunden ein Beratungsgespräch, in dem zu erkennen ist, daß die Beratung für den Kunden von erheblicher Bedeutung ist und er sie zur Grundlage von Vermögensdispositionen macht, könnte man entsprechend auch vertreten, daß der Vermittler stillschweigend von der Bank zur Beratung ermächtigt ist.[1135] Dieser Schluß ist von der Rechtsprechung bisher – soweit ersichtlich - noch nicht gezogen worden.

**Bewertung und Ergebnis**

Die Annahme eines konkludenten Beratungsvertrages ist als zu weitgehend abzulehnen. Eine solch weitgehende Ermächtigung kann der Bank nicht unterstellt werden. Die Entscheidung in Fallgruppe V ist auf die Bankrechtsfälle nicht übertragbar.

**f. Fallgruppe VI: Zurechnung unrichtiger Angaben des Vermittlers über nicht unmittelbar darlehensvertragsbezogene Umstände**

**aa. BGH NJW-RR 1997,116**

Im vorliegenden Fall[1136] hat der BGH die im vorhergehenden Fall entwickelten Grundsätze zur Rolle des Grundstücksmaklers als Erfüllungsgehilfen des Veräußerers auf das Verhältnis

---

[1133] BGH WM 99,137(139)
[1134] BGH ZIP 93,1148; BGH ZIP 87,500,501
[1135] Dies könnte man um so mehr annehmen, weil kein persönlicher Kontakt zwischen Anlegern und finanzierenden Banken besteht und der Kunde daher nur dem Finanzvermittler gegenüber seinen Beratungsbedarf kundzutun vermag, ähnlich Streit, ZIP 99,477(480)
[1136] BGH NJW-RR 1997,116 = ZIP 96,1950 = BB 97, 387

eines Kreditinstituts zu einem Finanzmaklers übertragen und weiterentwickelt.[1137] Diese Leitentscheidung befaßt sich mit dem Gesichtspunkt der Zurechnung des Verhaltens Dritter.

*Dort ging es um Falschberatung eines Finanzmaklers, der als Untervermittler für ein Vermittlungsunternehmen tätig war, das wiederum ständig für eine Bausparkasse tätig war. Er selbst stand jedoch mit dem Geschäftsherren in keiner Geschäftsbeziehung. Der Finanzmakler hatte dem Kunden für die Finanzierung eines Hauskaufs durch unrichtige Angaben und unerfüllte Versprechungen zum Abschluß eines Vorausdarlehens sowie zweier Bausparverträge geraten. Er täuschte darüber, daß der Hauskauf des Kunden nur dann über ihn finanziert werden würde, wenn der Kunde eine vermietete Eigentumswohnung erwerbe. Er gab weiterhin vor, daß hierdurch das Darlehen besser grundbuchrechtlich abgesichert werden könnte. Zinsen und Tilgung für den Erwerb der Eigentumswohnung könnten aus den Mieterträgen erbracht werden. Überdies beständen steuerliche Vergünstigungen. Die Verhandlungen führte der Finanzmakler bis zur Unterschriftsreife. Die beklagte Bausparkasse als Darlehensgeberin beschränkte sich darauf, den fertig ausgefüllten und vom Kunden unterschriebenen Darlehensantrag mit Angaben über seine Einkommens- und Vermögensverhältnisse und über den Verwendungszweck entgegenzunehmen und dem Kunden dann nur noch den Darlehensvertrag zu übersenden. Sie nahm mit dem Kunden selbst keinen persönlichen Kontakt auf. Die Kläger fochten den Darlehensvertrag wegen arglistiger Täuschung an und verlangten Schadensersatz wegen pVV. Die beklagte Bausparkasse ging gegen die Kunden im Wege der Zwangsvollstreckung aus vollstreckbarer Urkunde vor, woraufhin die Kläger Vollstreckungsgegenklage einleiteten. Der BGH nahm an, daß sich der Vertragspartner nicht der Verantwortung für die Verhandlungen durch die Einschaltung eines Vermittlungsunternehmens entziehen könne. Die arglistige Täuschung müsse ihr zugerechnet werden.*

Das Berufungsgericht geht davon aus, daß der Makler getäuscht hat. Es meint aber, daß die Bausparkasse für dieses Verhalten nicht einzustehen brauchte, da der Makler Dritter i.S.d. § 123 II BGB ist, weil er die Interessen beider Vertragspartner wahrgenommen hat.
Der BGH in Anlehnung an WM 96, 315 korrigiert die Berufungsentscheidung dahingehend, daß auf die konkreten Einzelfallumstände abzustellen ist. „*Die Bausparkasse muß sich sein (des Maklers) Verhalten gemäß § 278 BGB zurechnen lassen. Die selbständige Stellung des Maklers steht seiner Einordnung als Erfüllungsgehilfe nicht grundsätzlich entgegen. Übernimmt er mit Wissen und Wollen einer der späteren Vertragspartner Aufgaben, die typischerweise ihr obliegen, so wird er in ihrem Pflichtenkreis tätig und ist daher zugleich als ihr Hilfsperson zu betrachten.*“[1138]
Maßgebend sei nicht, ob dem Makler für den Vertrag Vertretungsmacht eingeräumt ist.

<u>Erfüllungsgehilfe :</u>
Die Erfüllungsgehilfenstellung wird bejaht, da die Bausparkasse es dem selbständigen Vermittler überlassen hat, die persönlichen Vertragsverhandlungen mit dem Kredit- und Bausparkunden bis zur Unterschriftsleistung zu führen.[1139]

---

[1137] Thode, WuB IV A.§ 278 BGB 1.97 S.788
[1138] BGH WM 96,2106
[1139] Anders noch die Entscheidung des Berufungsgerichts des OLG Celle: Dieses Gericht hatte eine Zurechnung der arglistigen Täuschung abgelehnt mit der Begründung, daß allein die Verwendung der Antragsformulare nicht ausreiche, den Vermittler zum Verhandlungsgehilfen zu machen und daß

Dadurch, daß die Bausparkasse sich überhaupt nicht in die Verhandlung eingeschaltet hat, schlußfolgert der BGH, daß insoweit der Makler eingeschaltet war. Der BGH[1140] führt dabei aus: „*Der Beklagten (der Bausparkasse) muß klar sein, daß dem Darlehensantrag für eine*
*Grunderwerbsfinanzierung durch eine Privatperson in aller Regel eingehende Gespräche vorauszugehen pflegen, bei denen der Vermittler nicht nur die Wünsche und Möglichkeiten des Kunden ermitteln, sondern ihm auch die Angebote der Finanzierungsinstitute nahebringen und seine Fragen zum Vertragsinhalt an deren Stelle beantworten muß. Gerade bei der hier angebotenen speziellen Finanzierungsmethode - Verbindung von Vorausdarlehen und Bausparverträgen - besteht für den Kunden ein erheblicher Aufklärungs- und Beratungsbedarf. Es kann nicht gebilligt werden, daß sich die Beklagte der Verantwortung für die persönlichen Vertragsverhandlungen durch die Einschaltung einer selbständigen Vermittlungsfirma vollständig entzieht. Sie muß damit rechnen, daß die Vermittlungsfirma nicht nur eigene Mitarbeiter einsetzt, sondern auch andere Makler tätig werden läßt.*"
Es erfolgt aber keine Zurechnung fremden Wissens, sondern es wird auf die eigene Kenntnis der Bausparkasse abgestellt.

**aaa. Bewertung**

Der Vermittler war bei seinen unrichtigen Angaben über Steuer- und Mietertrag Erfüllungsgehilfe des Darlehensgeber hinsichtlich der Angaben zu einem Finanzierungskonzept für einen Hauskauf sowie Erfüllungsgehilfe des Immobilienkäufers.

**Anfechtungsgegenstand**

In diesem Fall bezieht sich die arglistige Täuschung des Vermittlers auf die Aussage „die Kunden müssen zunächst eine vermietete Eigentumswohnung erwerben, um so eine zusätzliche Möglichkeit grundbuchrechtlicher Absicherung bieten zu können; danach werde die Bausparkasse ihnen auch die Finanzierung für das von ihnen bewohnte Haus ohne weiteres zur Verfügung stellen; Zinsen und Tilgung für den Erwerb der Eigentumswohnung könnten aus deren Mieterträgen erbracht werden und der Kauf der Wohnung bringe ihnen außerdem noch steuerliche Vergünstigungen." Zumindest bei der Aussage hinsichtlich der Höhe der Mieterträge handelt es sich nicht um Umstände, die für das Zustandekommen des Darlehensvertrags maßgebend waren, sondern auf Umstände der Finanzierbarkeit der vermieteten Eigentumswohnung und damit der Wirtschaftlichkeit des Gesamtpakets. Damit das Verhalten des Maklers zugerechnet wird, muß es im Pflichtenkreis der Bausparkasse liegen.
In der Literatur ist umstritten, ob dieses Urteil eine Erweiterung des Pflichtenkreises der Bausparkasse statuiert.

Die Entscheidung läßt die Täuschung hinsichtlich eines mittelbaren Umstands für die Rückabwicklung des Darlehensvertrags ausreichen. Dies widerspricht der restriktiven Tendenz der Rechtsprechung, den Pflichtenkreis des Darlehensgebers möglichst einzuschränken und den Vermittler bei nicht unmittelbar auf den Darlehensvertrag bezogenen Umständen nicht mehr als in dessen Pflichtenkreis handelnden Erfüllungsgehilfe anzusehen.

---

zwischen dem Finanzmakler und der Sparkasse ein irgendwie geartetes rechtliches Verhältnis bestanden habe, sei nicht ausreichend.
[1140] BGH WM 96,2106

Nach Stüsser[1141] handelt es sich hierbei um eine Fehlinformation, die sich auf die finanziellen Auswirkungen der Investition im Ganzen bezieht. Immer dann, wenn damit geworben wird, der Erwerb würde letztlich keine Kosten verursachen, weil Mieteinnahmen und Steuervorteile die an die Bank zu zahlenden Zins- und Tilgungszahlungen übersteigen würden, beziehe sich die Täuschung – auch – auf den Inhalt des Darlehensvertrages, nämlich auf die Höhe der zu zahlenden Darlehensraten. Anders als in OLG Düsseldorf[1142] erfolgte hier die Aufnahme des Darlehens nicht zu Kredit- sondern zu Anlagezwecken. Es ging um die Vermögensbildung.

Wörtlich läßt sich der Entscheidung folgende neue Pflicht entnehmen:
*„Bei einem Darlehensantrag für eine Grunderwerbsfinanzierung durch eine Privatperson hat die Bank die Pflicht, Angebote der Finanzierungsinstitute dem Kunden nahezubringen und Fragen zum Vertragsinhalt zu beantworten. Beantragt der Kunde als spezielle Finanzierungsmethode die Verbindung von Vorausdarlehen und Bausparverträgen, ist die Bausparkasse zur Aufklärung und Beratung hierüber verpflichtet."*[1143]

**bbb. Stimmen in der Literatur**

In der Literatur wurde aus diesem Fall die Pflicht abgeleitet, den Kunden zu beraten, die Finanzierung zu besprechen, ihn zu informieren und zwar auch über den der Bank bekannten, angestrebten Verwendungszweck und die sich aufdrängende Zweifelhaftigkeit der verkaufsmotivierend abgegebenen Versprechen betreffend die Finanzierungsaufwendungen.[1144] Letzteres soll zumindest dann gelten, wenn der Vermittler Teil des „Abzockkonzepts" ist, da dies damit Bestandteil des von dem Finanzierungsinstituts aufklärungsbedürftigen Sachverhalts sei.[1145]
Streit[1146] argumentiert, daß nur vordergründig Informations- und Beratungspflichten der Kreditinstitute hinsichtlich der finanzierten Immobilien betroffen waren, es jedoch eigentlich um eine Frage der Finanzierung selbst ging. Anders als in den übrigen Fällen wollten die Kunden die Eigentumswohnung, hinsichtlich derer falsche Angaben gemacht wurden, gar nicht erwerben. Es ging ihnen vielmehr um die Finanzierung ihres bereits erworbenen Hauses. Im Rahmen der Gespräche zur Finanzierung dieses Hauses wurde ihnen dann von dem Finanzmakler der Erwerb der Wohnung als Bestandteil der Finanzierung im Rahmen eines Gesamtkonzepts nahe gebracht. Da die Bausparkasse den Kreditnehmer hinsichtlich der Finanzierung zutreffend zu informieren hat, handelt der Finanzmakler bei den Informationen über den Eigentumswohnungserwerb als Teil der Finanzierung im Pflichtenkreis der Bausparkasse. Daher sei keine Erweiterung des Pflichtenkreises der Kreditinstitute bei der Immobilienfinanzierung erfolgt. Dies wäre dann gegeben, wenn die Bausparkasse über das Haus der Kläger als das zu finanzierende Objekt hätte aufklären müssen.

---

1141 Stüsser, NJW 99,1586 (1587)
1142 OLG Düsseldorf ZIP 93,1376
1143 BGH WM 96,2106
1144 Fuellmich/Rieger ZIP 99,465(472)
1145 Fuellmich/Rieger ZIP 99,465(473)
1146 Streit, ZIP 99,479(481)

Streit unterscheidet dieses Urteil von den gewöhnlichen Erwerbermodellen. Normalerweise suchten die Erwerber oder deren Vertreter bei den Kreditinstituten um die Finanzierung für eine Immobilie nach, zu deren Erwerb sie sich bereits entschlossen haben. Es gehe um die Finanzierung von Eigentum, hinsichtlich dessen sich die Erwerber auf Grund der ihnen regelmäßig vorliegenden Unterlagen und durch Hinzuziehung Dritter bereits informieren konnten.[1147]

Dies entspricht jedoch nicht der Realität. Vorverhandlungen über Darlehen und Objekt erfolgen gleichzeitig. Als Kaufanreiz dienen gerade die Argumente, daß Mietzahlung und Steuerersparnis die Darlehensraten vermindern. Diese Größen sind gerade fester Bestandteil des Finanzierungskonzepts, mit dem die Erwerber zum Kauf bewogen werden. Das Kreditinstitut selbst legt ihren Bonitätsprüfungen des Kreditnehmers dieses Finanzierungskomponenten zwar nicht zugrunde (entscheidend sind dort nur die persönlichen Verhältnisse und der Beleihungswert). Damit sind für sie diese Angaben nicht Teil der Refinanzierung des Darlehens. Für den Kunden bleiben diese Werbeangaben aber maßgebliche Tilgungskomponente.

Vielfach wird die Entscheidung als wegweisend für zahlreiche Fälle der Anlagevermittlung verstanden.[1148]

Bausparkassen würden zivilrechtlich für die Tätigkeit ihres selbständigen Außendienstes praktisch in gleichem Umfang wie sonstige Kreditinstitute für ihre festangestellten Mitarbeiter haften.[1149]

Aus dieser Entscheidung werden erhebliche haftungsrechtliche Konsequenzen für den Vertrieb von Finanzprodukten und Immobilienanlagen abgeleitet, deren Erwerb aus der Sicht der potentiellen Erwerber eine intensive Beratung erfordert.[1150]

Teilweise wird aus dieser Entscheidung der Schluß gezogen, daß Anbieter die Haftung für selbständige Makler nur verhindern können, wenn sie ihren internen und externen Vertrieb so organisieren, daß selbständige Makler nicht in den Vertrieb eingeschaltet werden[1151] und daß die von ihnen autorisierten Vermittler keine selbständigen Allround-Finanzdienstleistungsvermittler mit Vermittlungsaufgaben betrauen dürfen.[1152]

Dies führt zur Verkleinerung des Vertriebsnetzes und damit der Akquisitionschancen.[1153]

Alternativ wird in der Literatur weiterhin im Hinblick auf die Entscheidung des BGH[1154] (Fallgruppe IV) zugelassen, daß sich die Produktgeber, von den möglicherweise pflichtwidrigen - Informationen des Maklers gegenüber dem Kunden distanzieren, so daß eine Zurechnung nach § 278 BGB entfällt.[1155] Die zweite ist kosten- und zeitintensiv, da die Distanzierung nur als wirksam anerkannt wird, wenn sie vor Vertragsschluß und nicht formularmäßig erfolgt[1156]

---

[1147] Streit, ZIP 99, 479(482)

[1148] Plück/Schmutzler/Kühn, Kapitalmarktrecht, S.159; Stiftung Warentest, Finanztest spezial Dezember 1999 S. 24

[1149] Wiechers, Der Langfristige Kredit, 8/97 S.249

[1150] Thode, Anmerkung WuB IV A.§ 278 BGB 1.97

[1151] Thode a.a.O.

[1152] Reiff EWiR § 278 BGB 1/97,14; diesen Gedanken erwähnt bereits Bender, NJW 80,1129 (1134) für den Fall des finanzierten Abzahlungskaufs "... andererseits hat es die Bank... in der Hand, ihren Kreditvermittlern zu verbieten, 'unechte' Personalkredite auszulegen..."

[1153] Reiff, a.a.O. S.14

[1154] BGH NJW 95,2550

[1155] Reiff, EWiR § 278 BGB 1/97, 14

[1156] Reiff, a.a.O. S.14; dieser Tendenz entspricht es, wenn einige Unternehmen die Zusammenarbeit mit Vermittlungsgesellschaften ablehnen mit der Begründung, daß sie ihr Geschäft über eigene Mit-

Teilweise wird in der Literatur vertreten[1157], daß diese neue Tendenz der Rechtsprechung der zivilrechtlichen Haftung für den selbständigen Außendienst damit zu erklären sei, daß für die Vermittlertätigkeit bis zum heutigen Zeitpunkt keine Haftpflichtversicherung oder eine gleichwertige Garantie vorgesehen sei. Es bestehe die Sorge, daß für etwaige Vermögensschäden des Kunden keine Verantwortlichen zur Verfügung stünden.

### ccc. Eigene Ansicht

Die Entscheidung ist m.E. deshalb so umstritten, da es hier zum einen um eine fehlerhafte Angabe hinsichtlich der zu erwerbenden Immobilie – und damit des Verwendungszwecks des Darlehens geht. Mit dem Darlehen soll die Eigentumswohnung als Kapitalanlage erworben werden. Risiken des Wertes der Kapitalanlage trägt nach überwiegender Ansicht der Käufer. Wenn der Finanzmakler unrichtige Angaben hinsichtlich der Mieterträge und Steuerersparnis macht, so könnte man – analog der strengen Rechtsprechung der Trennung nach Geschäftskreisen (Fallgruppe I) – argumentieren, daß er diese Informationen über den Eigentumserwerb für den Immobilienverkäufer tätigt und daher diese Angaben der Bausparkasse nicht zuzurechnen seien. Wenn der BGH nun in seinem Urteil den gesamten Vortrag des Maklers einschließlich seiner Angaben über die Wirtschaftlichkeit des Finanzierungsobjekts zurechnet, liegt hierin wirklich eine Erweiterung des Pflichtenkreises der Kreditinstitute.

Stellt man auf das konkrete Geschäft – Aufnahme eines Darlehens zum Erwerb einer Wohnung – ab, liegt ein Anlagegeschäft vor. Dies gilt um so mehr, als das vom Kläger gewünschte Kreditgeschäft erst in einem späteren Darlehensvertrag bei gleichzeitiger Bestellung einer Sicherung an der zuvor erworbenen Wohnung abgeschlossen werden sollte.

Stellt man auf diese Angabe ab, läßt sich m.E. gut vertreten, daß hier eine Beratungspflicht des Kreditinstituts hinsichtlich der Wirtschaftlichkeit der Finanzierungsaufwendungen und des Finanzierungszwecks geschaffen wurde.

Gleichzeitig – und insoweit ist Streit Recht zu geben – handelt es sich bei der Eigentumswohnung als Teil der Finanzierung eines zu erteilenden, weiteren Darlehens. Stellt man darauf ab, daß Finanzierungszweck die Beschaffung eines Darlehens ist, sind die Mietangaben nur Teil des weiteren Zwecks. Es handelt sich m.E. daher nicht um Risiken aus der Art der Anlage des geliehenen Geldes, sondern um ein finanzierungsspezifisches Risiko,- so daß eine Aufklärungspflicht hinsichtlich der Finanzierungsmethode besteht.[1158]

---

arbeiter selbst steuern wollen, weil sie nicht glauben, daß die gewünschte Qualität von Vertriebsgesellschaften zu erhalten ist, Lawrenz Versicherungskaufmann 5/94 S. 45

[1157] Wiechers, Der langfristige Kredit 8/97 S. 14(17)

[1158] Grund für die Statuierung der Aufklärungspflicht könnte sein, daß die Finanzierungsform große Ähnlichkeit mit der Kreditart „Bausparsofortfinanzierung mit Fremdgeldbesparung" besitzt, bei der Teile der Literatur und oberinstanzlichen Rechtsprechung bereits seit längerem einen Aufklärungsbedarf sehen. Zwar handelt es sich hier nicht um eine Bausparsofortfinanzierung (zumindest geht nicht aus dem Sachverhalt hervor, daß das zweite Darlehen erst nach der Ansparung der Bausparraten ausbezahlt werden sollte). Die Finanzbausteine – Bausparvertrag zur Ansparung/Darlehen - sind jedoch die gleichen, so daß das Gericht daher möglicherweise leichter gewillt war, einen Aufklärungsbedarf zu statuieren.

Bei der Bausparsofortfinanzierung handelt es sich um Spar-Kredit-Kombinationen, bei denen die bausparvertragstypische Ansparphase entfällt. Stattdessen wird der normalerweise in Raten einzuzahlende Eigenkapitalanteil an der Baufinanzierung durch Fremdkreditaufnahme ersetzt. Zwar hat diese Bausparform – ähnlich der Finanzierungsform mittels einer Kapitallebensversicherung - bestimmte Vorteile wie die der staatlichen Förderung, Steuervergünstigung, günstigere Beleihungsgrenzen, größere Zinssicherheit und nachrangige Grundschuldsicherung. Die Finanzierungsform

Die Rechtsprechung [1159] hat bereits kurz nach der Entscheidung ausdrücklich betont, daß diesem Urteil eine spezielle Finanzierungsmethode zugrunde gelegen habe, die nicht verallgemeinerungsfähig sei. Neueste Entscheidungen zu Erwerbermodellen[1160] berücksichtigen dieses Urteil überhaupt nicht.
Die Entscheidung macht m.E. nur deutlich, daß dem Kreditinstitut Aufklärungspflichten über Finanzierungsfragen obliegen. Sämtliche Angaben des Vermittlers, die die Rückzahlung des Darlehens gemäß § 607 II BGB betreffen, sind Teil des Finanzierungskonzepts. Auch ungewöhnliche, fehlerhafte Finanzierungskonzepte, die den Zweck der Tilgung nicht erreichen, gehören in den Pflichtenkreis des Instituts.

**bb. Andere Urteile**

**aaa. BGH WM 91, 890**

*Dem Kunden wurde ein Reihenhaus nebst dazugehörender Darlehen durch eine Vertriebsperson (Makler) vermittelt. Jener erklärte den Kunden wahrheitswidrig, die monatlichen Belastungen betrügen lediglich 700 DM statt 1.391,22 DM. Der BGH rechnete die unrichtige Aussage des Maklers der Bank zu und bejahte einen Anspruch des Kunden gegen die Bank.*

Aus dem Tatbestand geht leider nicht hervor, wie der Vermittler die unrichtige Forderungshöhe berechnet hat. Dennoch kann es keinen Unterschied machen, ob der Vermittler den Kunden offenlegt, wie sich der Betrag von DM 700 zusammensetzt – und dabei unrichtige Angaben über Berechnungsposten macht, wie beispielsweise die Mietertragshöhe – oder ob er nur den Endbetrag dem Kunden mitteilt.
Mit dieser Entscheidung macht der BGH deutlich, daß alle Umstände, die die Finanzierung betreffen, der Bank zugerechnet werden. Die Entscheidung steht im Gegensatz zu Fallgruppe I.

**bbb. OLG Nürnberg WM 99, 2305 (rechtskräftig)**

Das Gericht rechnete bei einem fehlgeschlagenen finanzierten Immobilienerwerb mittels Kombination von Steuervorteilen und Mieterträgen die Kenntnisse des Anlagevermittlers über wertbildende Faktoren und Rentabilität der kreditgebenden Bank zu und bejahte einen Anspruch aus c.i.c des Kunden gegen die Bank. Hier bestanden die besonderen Umstände, daß die Vermittlerin den Kunden beim Abschluß des notariellen Kaufvertrags vertrat. Die Unterzeichung des Darlehensvertrags erfolgte auch nicht in den Geschäftsräumen der Bank.

„...Ob das Wissen eines Anlagevermittlers analog § 166 Abs. 1 BGB und dessen Verschulden nach § 278 BGB dem Kreditinstitut zurechenbar ist, kann nicht pauschal beurteilt werden, sondern hängt von den jeweiligen konkreten Umständen ab.“ Das Gericht stützte sich

bringt jedoch auch erhebliche Nachteile mit sich wie eine Verteuerung durch Erhöhung der Kreditsumme mit seinen Folgen hinsichtlich der Zinsbelastung, Kosten und Provisionen und ungünstigen Zins- und Tilgungseffekten. Die Position des Kreditnehmers ist überdurchschnittlich schlecht bei vorzeitigem Scheitern des Kredites, die Vertragskonstruktion ist schwer durchschaubar und oftmals müssen teure Zinsstundungs- und Tilgungsstreckungsdarlehen aufgenommen werden vgl. hierzu ausführlich Mayen WM 95, 913(917); Böckstiegel, Rücksichtnahme auf Kreditnehmer, S. 92

[1159] OLG Stuttgart WM 99, 844

[1160] OLG Braunschwig WM 98,1223,1229; OLG Hamm WM 98,1230; LG Braunschweig WM 97,111,115; LG Ellwangen WM 99,129,1331 auf diese besonderen Umstände, daß der Kunde weder beim Abschluß des Kaufvertrages durch einen Notar noch beim Abschluß der Verträge über Kredite in beträchtlicher Höhe durch die Bank beraten worden war. Die Bank könne sich nicht durch gezielte Ausschaltung des direkten Kundenkontakts ihren Beratungspflichten entziehen. *„Dem kann nicht entgegengehalten werden, daß sich Rentabilitätsangaben in erster Linie auf den Erwerbsvorgang bezögen und allenfalls mittelbar auf die Kreditanbahnung. Damit würde die Aufklärungspflicht unzulässig auf den Kaufvertrag reduziert und verkürzt. Gerade die Rentabilität des Objekts hat nämlich überhaupt erst den Kreditwunsch geweckt. Außerdem sind Mieterträge und der Wert der Immobilie für die Höhe des Kredits relevant. Dies gilt erst recht für überhöhte, in einen Strukturvertrieb fließende Provisionen, da diese den Kaufpreis erhöhen und unmittelbar auf den Kreditwunsch durchschlagen.*"[1161]

**Ergebnis**

Bei dem Bausparkassenfall läßt sich m.E. noch vertreten, daß nicht ein mittelbarer Umstand zugerechnet wird, sondern nur eine Aufklärungspflicht hinsichtlich der speziellen Finanzierungsmethoden statuiert wird. Dies ist bei den beiden letzten Fallgestaltungen nicht möglich. Hier liegt eine neue Tendenz der vollumfänglichen Zurechnung von Verhalten des Vermittlers vor, die im Widerspruch zu Fallgruppe I steht.

Die aufgeführten Entscheidungen führen in der Praxis dazu, daß der Kunde, dem bei Falschberatung unstreitig ein Schadenersatzanspruch aus pVV des Maklervertrags gegen den Makler zusteht, zusätzlich einen zweiten, meistens solventen Schuldner erhält. Zwar hat der Vertragspartner regelmäßig Regreßansprüche gegen den Makler entweder aus pVV des Geschäftsbesorgungsvertrags oder pVV der Geschäftsführung ohne Auftrag. Das Insolvenzrisiko des Maklers trägt jedoch nach dieser neueren Tendenz der Rechtsprechung der Vertragspartner. Damit ist der Schutz des Kunden verbessert.

### g Fallgruppe VII: Neue Aufklärungspflichten des Produktgebers Versicherers durch die Einschaltung eines multifunktionalen Vermittlers? Wissensvorsprungs durch die Einschaltung des Vermittlers?

#### aa. Lebensversicherungsfall BGH NJW 98,2895[1162]

*Ein Vermittler, der seinerzeit als selbständiger "Untervermittler" für eine Anlagevermittlungsgesellschaft tätig war (also typische Strukturvertiebssystematik), unterbreitete der Anlegerin folgenden "Anlagevorschlag": Aufnahme eines Schweizer-Franken-Kredits und Investition des Kreditbetrags in eine Kapitallebensversicherung einer deutschen Lebensversicherungsgesellschaft ".*

*Die kreditgebende Bank gewährte gegen eine Sicherheitsleistung von DM 200.000, die sich der Ehemann der Anlegerin bei der eigenen Hausbank gegen Bestellung einer Grundschuld lieh, einen Kredit in Höhe von 870.000 sFr., der dann direkt an die Lebensversicherungsgesellschaft überwiesen wurde. Die rund 1 Mio. DM flossen auf ein Beitragsdepot, von dem die jährlichen Prämien auf den abgeschlossenen LV-Vertrag bezahlt werden sollten. Das Beitragsdepot wurde nur mit 6% verzinst, während die kreditgebende Schweizer Bank anfangs 6,5 % Kreditzinsen verlangte und der Zins für die Sicherheitsleistung gar ca. 10,5 % betrug. Der Kreditzins war zudem variabel vereinbart, so daß jederzeit weitere Zinssteige-*

[1161] OLG Nürnberg WM 99, 2305

[1162] BGH NJW 98, 2895. Beide Vorinstanzen LG München 26 O 16938/93 v. 8.2.1996 und OLG München 1 U 2456/96 vom 7.11.1996 lehnten die Haftung der Versicherung ab.

*rungen im sFr. hohe Verluste nach sich gezogen hätten. Die Bank befriedigte sich schließlich aus der eingezahlten Sicherheitsleistung und der abgetretenen Lebensversicherungspolice, deren Rückkaufswert erheblich niedriger war als die eingezahlte Einmalprämie. Der Anlegerin blieben Schulden bei der Hausbank von knapp DM 280.000, die weiterhin mit 10,5 % zu verzinsen waren. Der BGH entschied, daß dieser Schaden von der Versicherungsgesellschaft gemäß c.i.c. i.V.m. § 278 BGB zu ersetzen ist.*

Das Besondere dieses Falles liegt darin, daß beide Verträge an sich fehlerfrei abgeschlossen worden sind. Die Willensbildung zum Abschluß des LV-Vertrages erfolgte fehlerfrei (keine Fehlvorstellung über versicherungsrechtliche Umstände) ebenso wie der Abschluß des Kreditvertrages (der Kunde wußte um die Höhe des Kreditzinses). Lediglich der mit dem Abschluß beider Verträge verfolgte Gesamtzweck ließ sich nicht verwirklichen. Erst aus dem Zusammenspiel beider Verträge ergibt sich die Mangelhaftigkeit des Modells.
Es erfolgt wiederum eine Prüfung in zwei Schritten.

**aaa. Pflichtverletzung**

Der BGH ging vorliegend von einer schuldhaften Aufklärungspflichtverletzung des Anlagevermittlers aus.

**bbb. Erfüllungsgehilfe**

Der BGH hielt den Vermittler mangels persönlichen Kontakts zwischen Bank und Kunden für einen Erfüllungsgehilfen der Bank

**ccc. Zurechnung**

Dies bestimmt sich danach, ob der Vermittler noch im Pflichtenkreis des Produktgebers tätig wird. Der BGH führt aus: " Der Senat verweist insoweit auf die rechtsfehlerfreien Feststellungen des Berufungsgerichts zum engen sachlichen Zusammenhang zwischen den getroffenen Vereinbarungen, der diese insgesamt als einheitlichen Geschäftsvorgang erscheinen ließ."
"*Der Beklagten (Versicherung) war das Zusammenwirken der einzelnen Elemente der Kapitalanlage und damit das Verlustrisiko auch bekannt....sie wußte jedenfalls aufgrund eines von der Vermittlerin herausgegebenen Prospekts sowie den Verhandlungen mit der Schweizer Bank, daß die ihr von der früheren Streithelferin vermittelten Kunden... die Lebensversicherung nicht aus vorhandenem Vermögen bezahlen, sondern ein fremdfinanziertes Anlagemodell eingehen wollten, dessen Rentabilität auf dem prospektierten Zinsgefälle zwischen der von ihr gewährten Effektivverzinsung der Versicherungsbeiträge und dem Schweizer Kreditzins beruhte...*" [1163]

Hierfür wird zuerst der Umfang der Aufklärungspflicht des Produktgebers bestimmt. Diese ergibt sich in erster Linie aus der Natur des Vertrages selbst.
Dann wird geprüft, ob eine Erweiterung des Aufklärungsumfangs dahingehend erfolgt, daß über das Gesamtprojekt aufgeklärt werden muß. Der Umfang der Aufklärungspflicht kann durch Kenntnis hinsichtlich des Gesamtzwecks erweitert werden (Dies stellt eine Form des Wissensvorsprungs dar).

---

[1163] BGH NJW 98,2899

Hier hat der BGH die fehlerhafte Empfehlung des Anlagevermittlers der Lebensversicherung zugerechnet, obwohl die fehlende Rentabilität nicht im Versicherungsvertrag begründet war, sondern sich erst aus dem Zusammenspiel beider Verträge ergab.
**b.** Weiterhin führt er aus, daß sich die Versicherung das Verschulden des Vermittlers - als ihres Verhandlungsgehilfen bei der Anbahnung des Vertragsverhältnises - gemäß § 278 BGB zurechnen lassen muß. Eine solche Zurechnung scheitere nicht daran, daß das in der Kapitalanlage angelegte Risiko nicht unmittelbar die von der Versicherung angebotene Lebensversicherung als solche betraf, sondern sich aus deren Finanzierung mittels eines Bankkredits ergab.[1164]
Der Senat verweist stattdessen auf den **engen sachlichen Zusammenhang zwischen den getroffenen Vereinbarungen, der diese insgesamt als einheitlichen Geschäftsvorgang erscheinen ließ**. Weiterhin führt er aus, "Der Beklagten (Versicherung) war das Zusammenwirken der einzelnen Elemente der Kapitalanlage und damit das Verlustrisiko auch bekannt." Die Beklagte wußte aufgrund eines von der früheren Streithelferin herausgegebenen Prospekts und ihrer Verhandlungen mit der Schweizer Bank, daß die von dem Vermittler vermittelten Kunden die Lebensversicherung nicht aus vorhandenem Vermögen bezahlen, sondern ein fremdfinanziertes Anlagemodell eingehen wollten, dessen Rentabilität aus dem prospektierten Zinsgefälle zwischen der von ihr gewährten Effektivverzinsung der Versicherungsbeiträge und dem Schweizer Kreditinstitut beruhte.

### ddd. Bewertung

Das Urteil steht im Widerspruch zur restriktiven Ansicht der Aufspaltung der Pflichtenkreise (Fallgruppe I).
Nach Schwintowski besitzt die Versicherung einen konkreten Wissensvorsprung, daß das Gesamtprojekt angesichts der bei Vertragsabschluß bestehenden Zinssituation unweigerlich zu einem Verlust führen muß.[1165] Der BGH stellt klar, daß der Versicherer über die den Vertragsschluß bestimmenden wesentlichen Umstände, wenn er sie denn selbst kennt, ufklä-
ren muß. Der Kunde muß in der Vertragsanbahnungsphase keine Rechenoperationen durchführen. Dort obliegt dem Kunden eine allgemeine Prüfungspflicht in Bezug auf typische Risiken des Projekts (z.B. Wirtschaftlichkeit, steuerliche Auswirkungen, Objektmängel und Objektwert, Angemessenheit des Kaufpreises).[1166] Die Versicherung kennt die Verzinsungshöhe des Beitragsdepots und des Schweizer Kredits. Von ihr wird also erwartet, daß sie die richtigen Schlüsse zieht und die nötigen Rechenoperationen durchführt. Die Versicherung hat eine „Rundumaufklärungspflicht" hinsichtlich des Gesamtfinanzierungszwecks.

Nach Auffassung des Gerichts wird angenommen, daß die Versicherung eine positive Kenntnis von aufklärungspflichtigen Tatsachen besitzt, weil sie Kenntnis vom Prospekt hat und weil die Schweizer Bank den Kreditbetrag direkt an die Versicherung überwies. Im Gegensatz dazu gilt für die Bankenrechtsprechung, daß die Bank nicht verpflichtet ist, erhalte-

---

[1164] BGH NJW 98,2899
[1165] So Schwintowski Anmerkung zum BGH Urteil VuR 12,98 S. 417(418)
[1166] V.Heymann WuB I G 5.-2.98 S. 786

ne Objektunterlagen (Pläne, Berechnungen etc.) im Interesse des von ihr ebenfalls finanzierten Anlegers hinsichtlich der Richtigkeit der im Prospekt gemachten Angaben auszuwerten, um sich insoweit einen Wissensvorsprung zu verschaffen.[1167]

Das Gericht sieht die Tatsache, daß die Versicherung mit der Bank vorher interne Verhandlungen geführt hat, als Indiz dafür an, daß sie bezüglich des Modells Kenntnis besitzt. Die Versicherung hat aber den konkreten Vertrag nicht selbst mit dem Kunden geschlossen. Sie hat daher keine positive Kenntnis, ob der Kunde die Versicherung alleine oder im Rahmen eines Kombimodells begehrt. Der BGH behilft sich hier mit der Indizwirkung der Person des Vermittlers. 'Der Vermittler vermittelte nur Versicherungen als Teil des Kombiprodukts.'

Überträgt man diesen Gedanken, so müßte der Produktgeber bei der Kundenvermittlung durch Allfinanzdienstleistungsvermittler vorsichtiger sein als bei Einfachagenten. Dementsprechend könnte man bei Bankmodellen argumentieren, daß die Bank zur Aufklärung verpflichtet sein kann, wenn der Vermittler, der ihr die Kunden zuführt, ein Allfinanzvermittler ist, der sich auf den Vertrieb eines (zum Scheitern verurteilten Modells) spezialisiert hat. Diesen Schluß der Wissenszurechnung hat die Rechtsprechung aber bisher noch nicht gezogen.

Schließlich fällt noch ein letzter Widerpruch zur Judikatur der Bankenhaftung auf: gerade hinsichtlich der Miethöhe führt der BGH regelmäßig aus, daß nicht vorhersehbar ist, wie die allgemeine Entwicklung des Immobilienmarktes verlaufen wird.[1168]

In diesem Fall war der Zinssatz variabel vereinbart und paßte sich jeweils automatisch dem jeweiligen Marktzinssatz an. Analog zur restriktiven Bankenrechtsprechung wäre die entsprechende Argumentation gewesen, daß nicht vorhersehbar ist, wie sich der Marktzins entwickelt.[1169]

Anders als in der Entscheidung des OLG Celle wird hier nicht nach den Aufklärungspflichten getrennt, ob sie unmittelbar die Lebensversicherung oder das Gesamtprojekt betreffen. Ausreichend ist objektiv und subjektiv das Vorliegen eines engen sachlichen Zusammenhangs. Dies dürfte objektiv wohl bei jeder Gesamtfinanzierung vorliegen.

Subjektiv hatte die Versicherung keinen persönlichen Kontakt mit dem Kunden und weiß damit nicht konkret, ob der konkrete Kunde in diesem Fall einen über die Lebensversicherung hinausgehenden Zweck verfolgt. Sie hat damit keine Kenntnis hinsichtlich des konkreten Geschäftes. Sie weiß jedoch allgemein, daß diese Vermittlerin dieses Kombinationsmodell vertreibt. Die Person des Vermittlers begründet also die Kenntnis des konkreten Geschäfts.

---

[1167] Die Bank trägt nicht das wirtschaftliche Risiko der Kapitalinvestititon, insbesondere auch nicht die Beurteilung, ob beim Erwerbermodell die dem Treuhänder geschuldeten "Gesamtkosten " in angemessenem Verhältnis zum Wert des zu erwerbenden Objekts stehen. v.Heymann, Bankenhaftung bei Immobilienanlagen,S. 158 mit Verweis auf BGH WM 87,1426, BGH WM 88,1583 Die Bank prüfe die Immobilienanlage im eigenen Interesse unter kreditmäßigen Gesichtspunkten mit dem Ziel, den Beleihungswert zu ermitteln, um danach die Anforderungen an die Bonität des Anlegers bestimmen zu können. Daraus könne keine Pflicht zur Überprüfung des Gesamtobjekts hergeleitet werden.

[1168] Ob und in welchem Umfang sich erhoffte Mitsteigerungen realisieren, gehört zum allgemeinen wirtschaftlichen Risiko der Kapitalinvestition, das der Anleger nicht auf die finanzierende Bank abwälzen kann. BGH WM 92,216

[1169] Es ist allgemein bekannt und bedarf daher nicht zusätzlicher Erörterung durch die um Kredit ersuchte Bank, daß Darlehenszinsen am Markt ständigen Schwankungen unterliegen. So OLG Hamm NJW-RR 93,54

Der BGH stellt aber nicht auf die Kenntnis des Vermittlers und dessen Zurechnung gemäß § 166 I BGB ab, sondern auf die eigene Kenntnis der Versicherung, die aber durch die Existenz eines Allfinanzvermittlers begründet wird.

Die Tendenz geht dahin, die einzelnen Produktgeber in die Verantwortung für das Gesamtprojekt zu nehmen. Diese Entscheidung könnte den Ausgangsfall dafür darstellen, daß Produktgeber bei Allfinanzvermittlern besondere Pflichten treffen. Hat sich erst einmal das Berufsbild des Allfinanzvermittlers etabliert, so muß jedem Produktgeber, wenn er sein Produkt über den Allfinanzvermittler vertreibt, klar sein, daß Koppelungen wahrscheinlich sind. Denkbar wäre in Zukunft auch die Herausbildung einer Nachfragepflicht des Produktgebers, mit welchen Leistungen der Vermittler sein Produkt verbindet.
Kenntnis von Produktkombinationen mit Aufklärungspflichten könnte auch dann angenommen werden, wenn dem Produktgeber von einem bestimmten Vermittler jeweils die gleichen Verträge vermittelt werden, und sich – etwa in einem Gerichtsverfahren – bereits herausgestellt hat, daß die Verbindung eines Bündels sinnlos ist.
Von der Beweislage her obliegt es dem Kunden, die Kenntnis des Produktgebers bezüglich der Produktkombination zu beweisen. Hier könnte das Gericht die Aussagen in Schulungen zur Art des Verkaufs und empfohlenen Kombination zu rekonstruieren. Indizien könnten schriftliche Rückfragen in den Unterlagen sein, die sich aus den Aufzeichnungen der Mitarbeiter während der Schulung ergeben. Korrespondenz des Vermittlers mit dem Produktlieferanten könnte eine "Aktenlage" darstellen, aus der sich ergibt, daß auch der Produktgeber die Art des Verkaufs und des Vertriebs gemeinsam mit anderen Produkten nachvolllziehbar kennt.
Verwendet der Vermittler das EDV-Beratungsprogramm des Produktgebers, so dürfte dies die Kenntnis begründen.

**h. Zusammenfassung**

Die Rechtsprechung ist nicht einheitlich und weit davon entfernt, als gefestigt zu gelten. Es zeichnen sich zwei gegensätzliche Tendenzen ab:
Die noch herrschende Meinung mißt der gemeinschaftlichen Einschaltung eines Allfinanzvermittlers keine Bedeutung zu. Sie spaltet den multifunktional tätigen Vermittler nach seinen Rollen für die einzelnen Produktgeber auf. Verhalten des Vermittlers wird nur innerhalb seiner Rolle zugerechnet, Kenntnis wird nur innerhalb des in dieser Rolle erlangten Wissen zugerechnet.
Innerhalb dieser Ansicht gibt es wiederum ganz restriktive Entscheidungen, die den Finanzmakler überhaupt nicht als Erfüllungsgehilfen ansehen.[1170]
Dann gibt es Entscheidungen, die ihn zwar als Erfüllungsgehilfen ansehen, die jedoch den Grundsatz der beschränkten Zurechnung statuieren.
Diese Urteile grenzen die unrichtigen Angaben nach den Geschäftskreisen ab.[1171] Beschränken sich die Beteiligten auf ihre berufsspezifische Rolle z.B. als Kreditgeber, Wirtschaftsprüfer oder Steuerberater, so haften sie grundsätzlich nur für ihre berufsspezifischen Aufklärungs- und Mitteilungspflichten.[1172]

---

[1170] OLG Celle als Berufungsinstanz zu BGH NJW-RR 97,116; OLG Köln WM 94,197; LG Ellwangen WM 99, 29; OLG Celle 3 U 195/84 vom 12.02.1986; OLG Thüringen WM 99, 2315(2317)
[1171] BGH WM 92, 602, ihm folgend die oberinstanzliche Rechtsprechung OLG Hamm WM 98,1230; OLG Köln WM 94,197; OLG Braunschweig WM 98,1223; OLG Stuttgart WM 99, 844; ebenso OLG Hamm WM 99,1056; OLG München WM 99,1416
[1172] Wolf, Rechtsgeschäftliche Entscheidungsfreiheit und vertraglicher Interessensausgleich, S. 25

Gleiches gilt für die Zurechnung von Wissen. Es gibt Entscheidungen, die das Wissen, das der multifunktional tätige Vermittler in einem Vertrag erlangt, den Produktgebern der anderen Verträge nicht zurechnen und keine Begründung bzw. Verstärkung von Aufklärungspflichten annehmen wollen.
Die neue Tendenz verwischt die Rollentrennung dann, wenn die Produktgeber die gleiche Vertriebsperson einsetzen.
Die kundenfreundliche Tendenz nimmt für die gemeinsam aufgrund ihres einheitlichen Konzepts abgeschlossenen Verträge einen einheitlichen Lebenszusammenhang an bzw. hält die Aufspaltung der Sorgfaltspflichten für künstlich [1173] und rechnet fehlerhafte Angaben unabhängig vom konkreten Vertragsgegenstand allen Verträgen [1174] oder in einem Vertrag erlangtes Wissen der Vermittler den übrigen Produktgebern zu.
Das LG Stuttgart sieht den Bausparkassenfall, den Lebensversicherungsfall und den Maklerfall nicht als eine neue Tendenz an: in den ersten beiden Fällen sei es um eine Pflichtverletzung bei der Finanzierung im engeren Sinn gegangen und im Maklerfall um eine Täuschung über Zusatzversprechen, die angeblich der Vertreter für den Verkäufer gemacht hatte. Diese Fälle seien für unser Problem der Zurechnung nicht relevant.[1175]

**i. Gesamtergebnis**

Es zeichnet sich weiterhin die Tendenz ab, daß sich die strikte Zuordnung nach Pflichtenkreisen aufzulösen beginnt. Es beginnt sich langsam die Einsicht durchzusetzen, daß täuschende Umstände gerade nicht immer zwingend einem Vertrag zugeordnet werden können. Auch Aufklärungspflichten werden weiter gezogen und ziehen auch Umstände ein, die klassischerweise dem anderen Vertragstyp zugeordnet wuarden. Die Erklärungen für die Ausdehnung setzen dahingehend an, daß diese Umstände sich doch in diesem Einzelfall mehr als nur mittelbar „nicht ausschließlich, aber eben auch" auf die Finanzierung auswirken.[1176]
Diese kundenfreundliche Entscheidungen sind m.E. Ausdruck, daß es sich um eine nicht aufspaltbare wirtschaftliche Einheit handelt. Bei der Entscheidung stehen sich letztlich zwei Wertungen gegenüber:
Greift die Haftung der Bank durch, so würde das wirtschaftliche Risiko der Bildung von Immobilieneigentum für eine Vielzahl von Krediten auf Erwerberseite verringert und auf der Kreditgeberseite erhöht. Dies würde auf Grund geänderter Kalkulationsgrundlagen zu einer Preiserhöhung für derartige Immobiliarkredite führen. Insbesondere Banken ohne (größeres) Filialnetz und infolgedessen ohne persönlichen Direktkontakt zum Kunden wären einer erhöhten Haftungsgefahr ausgesetzt.[1177] Streit[1178] weist außerdem darauf hin, daß die Rezession am Immobilienmarkt mit rückläufigen Mieten und sinkenden Quadratmeterpreisen dazu führe, daß selbst seriös kalkulierte Erwerber- und Bauherrenmodelle derzeit zu Anlegerverlusten führen könnten und daher die enttäuschten Anleger sich an die Banken als einzigen denkbaren Haftungsschuldner wenden könnten.

---

[1173] Fuellmich, FS Deutsch, S. 27
[1174] BGH NJW-RR 97,116
[1175] LG Stuttgart WM 99, 1822 (1826)
[1176] So Stüsser NJW 99,1586(1587)
[1177] so Streits, ZIP 99,477 (478)
[1178] Streits, ZIP 99,478

Greift die Haftung der Banken nicht durch, so sind viele der Erwerber, die die Verträge zur Sicherung ihrer Altersvorsorge abschlossen haben, oftmals auf staatliche Sozialhilfe angewiesen, die auf diese Weise die eingetretene und beabsichtige exzessive Bereicherung der Verantwortlichen bezahlen muß.[1179]

M.E. weist Streit zu recht darauf hin, daß enttäuschte Anleger wegen der Rezession des Immobilienmarktes Haftungsklagen gegen Banken anstrengen könnten. Dennoch werden die Gerichte in der Lage sein, zwischen Fallgestaltungen, in denen Mietverluste auf die Rezession zurückzuführen sind und solchen, die auf betrügerischen Modellen beruhen, zu unterscheiden. Hier geht es m.E. nicht um die Verlagerung des wirtschaftlichen Risikos, sondern um von vornherein angelegte Konzeptionsfehler.

[1179] So Fuellmich/Rieger, ZIP 99,465 (471)

## H. Bewertung der herausgearbeiteten sieben Fallgruppen

### I. Die Abgrenzung 'bei Gelegenheit' im Rahmen des § 123 I BGB - Versuch einer dogmatischen Begründungsansatz

Im folgenden wird versucht, einen dogmatischen Begründungsansatz zu liefern, welche Angaben des Allfinanzdienstleisters als Erfüllungsgehilfen der dahinterstehenden Produktgeber bei Gelegenheit erfolgen und daher den dahinterstehenden Produktgebern nicht zugerechnet werden, und wann Angaben den dahinterstehenden Produktgebern zuzurechnen sind.

§ 278 BGB regelt die vertragliche Gehilfenhaftung, bei der der Geschäftsherr für fremdes Verschulden ohne Exkulpationsmöglichkeit haftet. Ursprünglich wurde über § 278 BGB das Verhalten des Erfüllungsgehilfen, der für den Geschäftsherrn die primären, vertraglichen Leistungspflichten ausführt, zugerechnet. Der Anwendungsbereich des § 278 BGB lag auf der reinen Leistungserfüllungsebene im Rahmen von Schuldverhältnissen.[1180]

Das Schuldverhältnis wurde später durch die Rechtsfiguren der pVV, c.i.c. und Vertrag mit Schutzwirkungen zugunsten Dritter[1181] in dreifacher Weise ausgedehnt.

Durch die Anerkennung des Rechtsinstituts der pVV wurden - neben der primären, vertraglichen Leistungspflicht bestehende - weitere Verhaltenspflichten eines Schuldverhältnisses als Nebenpflichten anerkannt, die dem Gesetzesverfasser als solche noch nicht bekannt waren.[1182] Diese Pflichten werden in vertragsbezogene Loyalitätspflichten und – auf andere Rechtsgüter bezogene - Schutzpflichten aufgeteilt.[1183] Der Schutzbereich des Vertrages wurde über die reine Leistungserwartung hinaus auf alle rechtlich geschützten Interessen des Vertragspartners ausgedehnt und führte zur Annahme einer allgemeinen, vertraglichen Pflicht, den Vertragspartner nicht zu schädigen.[1184]
Das Schuldverhältnis erfuhr durch die Differenzierung in ein „Leistungs- und Schutzverhältnis i.e.S." und der sich daraus ergebenden Erweiterung um Schutz- und Erhaltungspflichten eine grundsätzliche Erweiterung.

Durch die Einführung des Rechtsinstituts der c.i.c. wurde dann die Vertragshaftung auf den Bereich der Vertragsanbahnung erstreckt und damit der Anwendungsbereich des vertraglichen Haftungsregimes wiederum – diesmal zeitlich - ausgedehnt.

---

1180 Fundel, Die Haftung für Gehilfenfehlverhalten im Bürgerlichen Recht,S. 58

1181 Die Erweiterung durch den Vertrag mit Schutzwirkung zugunsten Dritter kann hier außer Betracht bleiben, da sie für unsere Zwecke keine Rolle spielt.

1182 Grundlegend für die Entwicklung der weiteren Verhaltenspflichten als vertragliche Nebenpflichten: Stoll, Die Lehre von den Leistungsstörungen, S.14, 25

1183 vgl. unten H, I. 1

1184 Kreuzer JZ 76,778(779)

Bei der c.i.c. handelt es sich um ein vorvertragliches gesetzliches Schuldverhältnis ohne primäre Leistungspflicht als Rechtsverhältnis der Vertragsverhandlungen, das die Beteiligten zu erhöhter Sorgfalt und Rücksichtnahme auf die Interessen des anderen verpflichtet.[1185] In diesem vorvertraglichen Bereich besteht noch keine primäre Leistungspflicht im Sinne einer Tätigkeitspflicht, sondern es bestehen nur Nebenpflichten, die als vertragsbezogene Nebenleistungspflichten auf den Vertragsabschluß gerichtet sind.[1186]
Die Ausdehnung des Schuldverhältnisses auf nebenvertragliche Verhaltenspflichten hatte gleichzeitig Auswirkungen auf den Anwendungsbereich der Haftung für den Erfüllungsgehilfen, der hierdurch ebenfalls ausgedehnt wurde.

Die vorvertraglichen Pflichten werden in mindestens zwei Gruppen der sogenannten Loyalitätspflichten und der Schutzpflichten eingeteilt.
1. Die erste Gruppe bezeichnet die im Hinblick auf den konkret abzuschließenden Vertrag entstehenden sogenannten Loyalitätspflichten. Diese Pflichten beziehen sich auf und werden beeinflußt durch den Inhalt des Vertrages oder den Vertragszweck selbst. Es sind Aufklärungs-, Warn- oder Beratungspflichten, die in engem inneren Zusammenhang mit dem Vertragsinhalt erscheinen. Der Inhalt dieser Pflichten ergibt sich aus der Natur des Vertrages. Die Pflichten dienen ausschließlich dazu, den geplanten Vertragsabschluß herbeizuführen. Die Pflichten sind gegenstandslos, wenn das zugrundeliegende Geschäft beispielsweise nichtig ist.[1187] Die Pflichten beziehen sich auf die spätere Primärleistungspflicht. Neben den vertragsbezogenen Tätigkeitspflichten bestehen zusätzlich als negatives Korrelat auch vertragsbezogene Unterlassungspflichten.[1188] Hierzu gehört auch die vertragsbezogene Loyalitäspflicht als Unterlassungspflicht, d.h. die Pflicht alles zu unterlassen, was den Vertragsabschluß beeinträchtigen kann, und daß keine Partei die andere durch positive Falschinformationen geradezu bewußt in die Irre führen [1189] und hiermit eine fehlerhafte Willensbildung verursachen darf.

2. Die zweite Gruppe bilden die vertraglichen Schutz-, Erhaltungs-, Obhuts- oder Verkehrssicherungspflichten, wonach der Schuldner es unterlassen soll, im Zusammenhang mit dem Schuldverhältnis andere Rechtsgüter des Gläubigers zu schädigen[1190]oder zu gefährden. Das Vermögen wird ebenfalls als ein vom Vertragsregime geschütztes Rechtsgut angesehen.[1191]

---

[1185] Larenz SchR AT § 9 I a S. 106 zur Entwicklung allgemeiner Schutzpflichten siehe Mennemeyer, Haftung des Schuldners für Gelegenheitsdelikts seiner Erfüllungsgehilfen, S. 71ff.
[1186] Diese vorvertraglichen Verhaltenspflichten sind aus einer Vielzahl verschiedener Fallgestaltungen im Stadium der Vertragsverhandlungen gebildet worden (die grundlegende Unterscheidung zwischen Leistungspflichten und Schutzpflichten geht auf Stoll zurück Stoll, AcP 136 (1932), 257 (288f.); derselbe, Die Lehre von den Leistungsstörungen Tübingen) und leiten sich aus einem an Treu und Glauben ausgerichteten Vertrauensverhältnis gem. § 242 BGB ab
Larenz SchAT § 2 I S. 9ff.; Palandt-Heinrichs, § 242 Anm. 4 B b, gegen die Einbeziehung allgemeiner Schutzpflichten in das Schuldverhältnis Mennemeyer, a.a.O., S. 82
[1187] Thiele, JZ 67,649(659)
[1188] Beispielsweise besteht neben der vertragsbezogenen Warnpflicht auch die vertragsbezogene Unterlassungspflicht, nicht sachlich unrichtige Warnungen zu geben.
[1189] Mü/Ko Emmerich Vor § 275 Rn. 80; Staudinger-Löwisch Vorbem zu § 275ff Rn. 78; Schubert AcP 168 (1968) , 471 (480); Schmidt, Obliegenheiten S. 129; vgl. auch Jauernig § 276 Rn. 76
[1190] Die eigenständige Herleitung von Schutzpflichten wird vor allem mit dem besonderen Vertrauen begründet, welches sich die Vertragsparteien während des rechtsgeschäftlichen Kontakts entgegenbringen; Canaris, JZ 65, 475(476); Ballerstedt, AcP 151 (1950/51), 501(506); Gerhardt JZ 70,535). Teilweise werden sie aus dem objektiven Recht oder als Fiktion der Vertragsauslegung hergeleitet.

Es handelt sich um Tatbestände, die zwar äußerlich, d.h. zeitlich mit den Vertragsverhandlungen zusammenhängen, inhaltlich aber streng genommen mit dem ins Auge gefaßten oder erstrebten Vertragsabschluß nichts zu tun haben. Hierzu gehört die integritätser-
haltende Schutzpflicht, kein Delikt zu begehen und den Vertragspartner nicht in seinen sonstigen Rechtsgütern zu schädigen.[1192] Da die Verletzung dieser Pflicht nie den Leistungserfolg beeinträchtigt, sondern den Gegner in seinen sonstigen Interessen schädigt, handelt es sich um eine Schutzpflicht.[1193]

Eine bestimmte Nebenpflicht, die als Obhutspflicht, Aufklärungspflicht u.s.w. gekennzeichnet ist, kann sowohl in Hinblick auf den Leistungserfolg als auch auf die Erhaltung der anderen Rechtsgüter des potentiellen Vertragspartners geschuldet sein.[1194] Es gibt im Inhalt des geschuldeten Verhaltens nicht nur ein Entweder-Oder, sondern auch eine Überlagerung und Deckung beider.[1195]

### 1. Fehlverhalten des Erfüllungsgehilfen bei Erfüllung der übertragenen Aufgabe

Um eine gerechte Risikoverteilung zwischen den Parteien eines Schuldverhältnisses bei einem Fehlverhalten von Hilfspersonen zu erreichen, ist zu klären, inwieweit schädigendes Fehlverhalten der Hilfsperson dem Verantwortungsbereich des Geschäftsherrn zuzuweisen oder solch eine Zuweisung abzulehnen ist[1196]. Nach der Rechtsprechung ist in Abgrenzung zur Zurechnung des Fehlverhaltens das Kriterium bei Gelegenheit der Erfüllung entwickelt worden.

Ein Fehlverhalten bei Erfüllung wird hierbei angenommen, wenn das Verhalten mit dem übertragenen Aufgabenkreis in sachlichem oder inneren Zusammenhang steht, während es bei seinem Fehlen abgelehnt wird.[1197]

Dieses Erfordernis des inneren, sachlichen Zusammenhangs gilt in gleicher Weise für vorsätzliche Handlungen [1198] und für Unterlassungspflichten.[1199] Der innere Zusammenhang wird immer dann angenommen, wenn es sich um eine vertragsbezogene Loyalitätspflicht

---

(Zu den Begründungsansätzen vgl. die Darstellung bei Mennemeyer, Haftung des Schuldners für Gelegenheitsdelikte seiner Erfüllungsgehilfen, S. 77ff.)

1191 Soergel-Wiedemann Vor § 275 Rn. 172; Mü/Ko-Emmerich Vor § 275 Rn. 77; Soergel § 276 Rn.130; BGH NJW 61,1208 bei Abwerbung der Mitarbeiter des Vertragspartners bei Abschluß eines Gesellschaftsvertrages.

1192 Vgl. nur Palandt-Heinrichs, § 242 Anm. 4 B b mit Hinweis auf BGH JZ 79,569 (579): "Gläubiger und Schuldner haben sich bei der Abwicklung des Schuldverhältnisses so zu verhalten, daß Person, Eigentum und sonstige Rechtsgüter des anderen Teils nicht verletzt werden."

1193 MüKo-Emmerich Vor § 275 Rn. 72; Stoll Die Lehre von den Leistungsstörungen, S. 27

1194 Thiele JZ 67,649 (651)

1195 Thiele JZ 67,649(651)

1196 Zu den verschiedenen Begründungen des Geltungsgrunds für die Zuschreibung des Verhaltens des Erfüllungsgehilfen siehe Fundel, Die Haftung für Gehilfenfehlverhalten im Bürgerlichen Recht S. 56ff.

1197 RGZ 63,341(343f.); BGH NJW 77, 2259; BGH NJW 91,3208(3210); BGH VersR 89,522(524); BGH ZIP 97, 444,445

1198 BGH NJW 91,3210; NJW 94,3345

1199 RG 63,317; 79,42; RG 160,313; BGH 23,323; WM 78, 248; NJW 65, 1709

handelt. Der innere Zusammenhang wird abgelehnt, wenn es sich um eine allgemeine deliktische Verhaltenspflicht handelt, bei der sich das allgemeine Lebensrisiko verwirklicht.[1200] Dementsprechend wird differenziert zwischen dem Verhalten des Erfüllungsgehilfen auf der Leistungs-, also innerhalb des eigentlichen Erfüllungsprozesses, und demjenigen auf der Schutzpflichtebene.

Für den Gehilfen wird damit – obwohl ein umfassender Pflichtenkreis des Schuldners besteht – nicht vollumfänglich gehaftet. In der Literatur wird diese Rechtsprechung überwiegend gebilligt.
Der Vollständigkeit halber ist zu erwähnen, dass eine im Vordringen befindliche Ansicht die Unterscheidung zwischen 'bei Gelegenheit' und in Erfüllung kritisiert. Danach soll § 278 BGB immer angewendet werden, wenn dem Gehilfen die Schädigung anderer Rechtsgüter durch die übertragene Tätigkeit erleichtert worden ist.[1201] Nach dieser Mindermeinung wären die Aussagen des multifunktionalen Vermittlers allen dahinterstehenden Produktgebern zuzurechnen. Für die Zwecke dieser Arbeit soll sich aber nur auf die herrschende Ansicht beschränkt werden und basierend hierauf eine dogmatische Begründung geliefert werden, ob und wann die Aussagen des Vermittlers den dahinterstehenden Produktgebern zugerechnet werden können.

---

[1200] Dazu ein Beispiel, welches immer wieder angeführt wird (Larenz SchAT S.21): Ein Malermeister haftet gem. § 278 BGB, wenn sein Geselle durch unvorsichtiges Hantieren mit der Leiter einen Spiegel des Bestellers zertrümmert. Er haftet aber nicht, wenn die Gelegenheit – allein in der Wohnung des Bestellers zu sein – zu einem Diebstahl benutzt wird. Die Gelegenheit zur nachteiligen Einwirkung auf die Rechtsgüter des Bestellers hat der Gehilfe in beiden Fällen. Der Unterschied liegt darin, daß nur das sorgfältige Umgehen mit Sachen des Bestellers, welche die übernommene Arbeit mit sich bringt, als vertragsspezifische Pflicht gilt. Eine vorsätzliche unerlaubte Handlung gegen Rechtsgüter des Schuldners wird ausnahmsweise dann zugerechnet, wenn der Gehilfe mit der Verwahrung oder Bewachung der Sache beauftragt war. Andernfalls wird der Diebstahl des Malergesellen nur bei Gelegenheit eingestuft.

[1201] Soergel-Wolf, Rn. 37,41; Medicus Schuldrecht AT § 30 III 1 d; Kritisiert wird, daß die allgemeinen Bestimmungen der §§ 275ff. BGB – und damit auch § 278 BGB – einseitig vom Blickpunkt der Leistungserbringung her konzipiert worden sind. Daher war ursprünglich die Abgrenzung 'bei Gelegenheit' auch konsequent, da damit äußerliche Verhaltensweisen erfassen werden sollte, die mit dem Erfüllungsvorgang nur äußerlich etwas zu tun haben und ansonsten vom Deliktsrecht erfaßt würden. Mit der Einbeziehung genuin deliktischer Verhaltensweisen in den Vertragsrahmen und ihrer Beurteilung als Obligationsverletzung, sei die Abgrenzung 'bei Gelegenheit' für diese Schutzpflichten nicht verwendbar. Der Schuldner selbst wäre bei gleichem Verhalten wegen einer vertraglichen Pflichtverletzung haftbar. Bei Einschaltung eines Erfüllungsgehilfen könne nichts anderes gelten. Ratio des § 278 BGB sei es, daß der Schuldner zwar berechtigt sein soll, sich bei der Erfüllung seiner Verpflichtungen einer Hilfsperson zu bedienen, daß er dadurch aber keinen Haftungsvorteil auf Kosten des Partners erlangen dürfe. Der Schuldner solle so gestellt werden, wie wenn er selbst das schadenstiftende Verhalten begangen hätte. Der Geltungsumfang des § 278 BGB erstrecke sich über die eigentliche Leistungsverpflichtung hinaus auch auf die begleitenden Integritätsschutzpflichten. (so Esser-Schmidt AT § 27 I 4; Rathjen JR 79, 232; Zunft AcP 153 (1954), 377, 378; Erman-Battes Rn. 41; Spiro, Die Haftung für Erfüllungsgehilfen, S. 232 ff).
Die Anhänger einer uneingeschränkten Verantwortlichkeit des Geschäftsherrn weisen auf die gesteigerte Einwirkungsmöglichkeit des Gehilfen hin. Ohne eine besondere Schuldverbindung wäre die betreffende Verletzung nicht geschehen; die Hilfsperson hätte dann keine Möglichkeit gehabt, nachteilig in die Sphäre des Vertragspartners einzugreifen. Überdies habe der Partner auf dessen Auswahl und Überwachung keinen Einfluß. Das Risiko einer Fehlhandlung soll derjenige tragen, in dessen Möglichkeit es liege, Einfluß zu nehmen und welcher letztlich von der Arbeitsteilung profitiere.(Köpcke, Typen der positiven Vertragsverletzung, S. 220); Weber-Häusermann, Haftung für Hilfspersonen, S. 22).

Die herrschende Ansicht will dem Geschäftsherrn nicht alle Handlungen des Erfüllungsgehilfen zurechnen.[1202]
Dabei wird die Grenze zu Gelegenheitsdelikten unterschiedlich bestimmt.[1203] Nach Auffassung der Rechtsprechung haftet der Gläubiger für vorsätzliche unerlaubte Handlungen des Erfüllungsgehilfe, die jener bei seiner Tätigkeit für den Geschäftsherrn begeht, nicht.[1204] Dies ist dann der Fall, wenn er dem Erfüllungsgehilfen nur die tatsächliche Gelegenheit zur Begehung von Delikten zum Nachteil des Gläubigers verschafft hat.[1205]

**hh. Eigene Ansicht**

Meines Erachtens muss Ausgangsfrage zur Bestimmung des Kriteriums 'bei Gelegenheit' sein, ob eine integritätserhaltende Schutzpflicht oder eine vertragsbezogene Loyalitätspflicht der Bank verletzt ist, wenn der Verhandlungsgehilfe unwahre Angaben betreffend der Miethöhe, der Sanierungsbedürftigkeit des Kaufobjekts oder der unrichtigen Steuerersparnis etc. macht, also über die Umstände tätigt6, die sich unmittelbar auf den Kaufvertrag beziehen.

Hinter der Auffassung der Fallgruppe I steckt der Gedanke, daß der Vermittler für die Bank nur die vertragsbezogene Loyalitätspflicht wahrnimmt, über darlehensvertragliche Umstände aufzuklären bzw. als negatives Korrelat hierzu, nicht über Umstände zu täuschen, über die er aufzuklären verpflichtet war (Aufklärungspflicht). Nur soweit er über darlehensspezifische Umstände täuscht, bzw. nicht aufklärt, verletzt er eine vertragsbezogene Loyalitätspflicht und nur insowiet handelt er in engem, sachlichen Zusammenhang und nur insoweit erfolgt eine Zurechnung. Täuscht er über kaufvertragliche Umstände im Rahmen der Darlehensverhandlungen und schließt deshalb der getäuschte Kunde den Kaufvertrag zu einem überhöhten Kaufpreis ab, dem kein wirtschaftliches Äquivalent gegenübersteht, liegt ein Vermögensschaden jenseits des Leistungsinteresses des Darlehensvertrages vor. Der Kunde ist an seinem sonstigen Rechtsgut Vermögen verletzt. Der Verhandlungsgehilfe begeht also neben den Verhandlungen über das Darlehen einen davon unabhängigen Betrug. Verletzt wäre danach die allgemeine Verhaltenspflicht, kein Delikt zu begehen, oder genauer die Pflicht, keine unwahren Angaben zu tätigen und damit zu täuschen, wenn dadurch andere Rechtsgüter des Vertragspartners geschädigt werden könnten.

---

[1202] Larenz SchRAT § 20 VIII S. 302; Staudinger-Löwisch § 278 RN. 42f.; Frost, Vorvertragliche und vertragliche Schutzpflichten S. 107; Mennemeyer, Haftung des Schuldners für Gelegenheitsdelikte seiner Erfüllungsgehilfen, S. 103

[1203] Larenz schränkt die Zurechnung bei Verletzung von Schutzpflichten danach ein, ob der Gehilfe eine vertragsspezifische Schutzpflicht verletzt hat. Danach besteht eine vertragliche Sorgfaltspflicht solchen Gegenständen gegenüber, mit denen der Handelnde bei der Leistungserbringung in Berührung kommt. Diese Pflicht soll Gefahren vorbeugen, die sich gerade aus der besonderen Art der geschuldeten Leistung ergeben und nicht allgemein bestehen; Löwisch unterscheidet zwischen dem Bereich der allgemeinen Lebensführung des Gehilfen, in deren Rahmen er seine eigenen Interessen verfolgt. Mü/Ko Wolf stellt darauf ab, ob durch die Beiziehung des Erfüllungsgehilfen eine Risikoerhöhung eingetreten ist, weil dem Erfüllungsgehilfen im Rahmen der Sonderverbindung mehr Eingriffsmöglichkeiten eröffnet worden sind als Dritten. Keine Risikoerhöhung soll vorliegen, wenn sich nur das allgemeine Lebensrisiko verwirklicht. Die Differenzierung bezieht sich jedoch auf schädigende Handlungen. In Bezug auf Einwirkungen auf die Willensbildung paßt die Differenzierung nicht so recht. Denn dadurch, daß der Gehilfe in die Verhandlungen eingeschaltet ist, ist ihm ja gerade die Möglichkeit eröffnet worden, auf die Willensbildung einzuwirken.

[1204] Anders, wenn der Geschäftsherr den Gehilfen mit der Verwahrung, Bewachung oder Verrichtung der Sache beauftragt hatte, also in den allgemeinen Umkreis desjenigen Aufgabenbereichs gehört, zu dessen Wahrnehmung er vom Schuldner bestimmt worden war.

[1205] BGH NJW 60,669; BGH NJW 65,1709; BGH NJW 93,1705; Mü/Ko-Hanau § 278 Rn.32 ; sofern man der Mindermeinung folgt, haftet der Vermittler auch dann.

Diese Schutzpflicht nicht zu täuschen ist nicht unmittelbar leistungsbezogen, da ja nicht über den Darlehensvertrag, sondern über den Abschluß eines anderen Vertrages getäuscht wird. Wie oben dargelegt, ist diese Pflicht eine integritätserhaltende Schutzpflicht. Bei Verletzung integritätserhaltender Schutzpflichten liegt nur ein Handeln bei Gelegenheit vor. Der Vollständigkeit halber wird klargestellt, daß der Vermittler, wenn er auch für den Verkäufer des Kaufobjekts als Erfüllungsgehilfe handelt, in dieser Fallgestaltung auch die Aufklärungspflicht des Verkäufers bzw. die Unterlassungspflicht, nicht über aufklärungsrelevante Angaben zu täuschen, als vertragsbezogene Loyalitätspflicht verletzt.

**Überprüfung des gewonnenen Ergebnisses**

Im folgenden ist zu prüfen, ob die Einordnung der Pflicht, den Vertragspartner nicht zu täuschen, nur als integritätswahrende Schutzpflicht angesehen werden muß.
Anerkannt ist, daß eine Unterlassungspflicht sowohl im Hinblick auf den Leistungserfolg als auch auf die Erhaltung der Rechtsgüter des anderen Teils geschuldet sein kann und daß sich vertrasgbezogene Loyalitäts- und integritätserhaltende Schutzpflichten überlagern können. [1206] M.E. hat der Vermittler neben der Aufklärungspflicht über vertragsspezifische Umstände und dem Korrelat der Unterlassungspflicht, nicht über solche Umstände zu täuschen, über die er aufklärungspflichtig ist, zusätzlich die sich aus § 123 I BGB ergebende, im Schuldrecht wurzelnde Verbindlichkeit, den Vertragspartner nicht zu täuschen. Diese Verbindlichkeit nimmt der Verhandlungsgehilfe für den Geschäftsherrn wahr. Der Umfang der Pflicht muß so weit reichen, wie sich der Schutzbereich des § 123 BGB erstreckt.
§ 123 BGB schützt die Freiheit der Willensbildung und schützt auch vor unrichtigen Angaben, die im Motivbereich liegen. M.E. handelt es sich bei der unrichtigen Aussage des Vermittlers über die Miethöhe, wenn diese Motiv für den Abschluß des Darlehensvertrages ist, **nicht nur um eine integritätserhaltende Schutzpflichtverletzung in Bezug auf das Rechtsgut Vermögen des Vertragspartners, sondern auch um eine vertragsbezogene Loyalitätspflichtverletzung** (i.S. einer Unterlassungspflicht). Die Loyalitätspflicht aus § 123 I BGB soll den anderen in die Lage versetzen, eine rechtsgeschäftlich relevante Erklärung, nämlich die anfechtbare Willenserklärung, irrtumsfrei abzugeben[1207] und bezieht sich damit unmittelbar auf den Vertragsinhalt selbst.
Diese Willensbildung des § 123 I ist vollumfänglich und setzt sich aus Motiven und vertragsmittelbaren Umständen zusammen. Dem kann nur dadurch Rechnung getragen werden, daß die Verpflichtung des Vermittlers nicht nur dahingehend eingeschränkt wird, **den anderen nicht über Umstände zu täuschen, über die er aufzuklären verpflichtet war.** Die Verpflichtung muß allgemein dahingehend lauten, daß **der Vertragspartner über keinen Umstand getäuscht werden darf, der für die Willensbildung ursächlich ist.**[1208] Anders als § 119 II BGB bezieht sich die Pflicht zur Wahrheit nicht nur auf die essentialia negotii sondern auch auf nicht unmittelbar vertragsbezogene Motive. [1209] Deshalb muss als Korrelat der Umfang dieser Pflicht auch genauso weit sein. **Der Vermittler darf demnach nicht über Umstände täuschen, die den anderen zum Abschluß des Vertrages veranlassen könnten. Er darf keine fehlerhafte Willensbildung verursachen.**

---

[1206] Thiele JZ 67,649 (651)
[1207] Jüttner, a.a.O., S. 51
[1208] Vgl. dazu noch unten eigene Ansicht H I d hh
[1209] Müller-Laube, a.a.O., S. 174

Zwar hat es der BGH in ständiger Rechtsprechung immer wieder ablehnt und insoweit auch ausdrücklich erklärt, daß im normalen Kreditgeschäft grundsätzlich keine Aufklärungs- oder Warnpflichten der Banken gegenüber ihren Kunden hinsichtlich der Risiken, die mit der Kreditgewährung verbunden sind, bestehen.[1210] Vorliegend geht es jedoch nicht um die positive Aufklärungspflicht, sondern um eine zusätzliche, vertragsbezogene Loyalitätspflicht als Unterlassungspflicht, die sich aus § 123 I BGB ergibt.
Danach muss ***jede Täuschung über Umstände, die in die Willensbildung einfließen, zur Anfechtung berechtigen.***

Daß es sich bei der Aufklärungspflicht und bei der Unterlassungspflicht um zwei verschiedene Pflichten handelt, zeigt folgendes Beispiel: angenommen, der Kunde geht irrtümlich davon aus, daß ein bestimmtes Objekt steuerlich absetzbar ist bzw. eine bestimmte Miethöhe erwirtschaftet, sei es, daß er von einem Außenstehenden getäuscht worden ist, sei es, daß er selbst irrtümlich dieser Fehlvorstellung erliegt. Dann besitzt der Verkäufer des Objekts die Aufklärungspflicht, über diese unmittelbar kaufvertragsbezogene Umstände aufzuklären. Der Kreditgeber hat dagegen keine Aufklärungspflicht über die Risiken des vom Darlehensvertrag unabhängigen Rechtsgeschäftes. Es besteht nach ganz herrschender Ansicht[1211] keine allgemeine Rechtspflicht, den Geschäftspartner über alle Umstände aufzuklären, die auf seine Entschließung Einfluß haben könnten.[1212]
Verhandelt im Anschluß an diesen von einem Unbeteiligten oder dem Käufer selbst hervorgerufenen Irrtum dann ein Gehilfe der Bank über den Abschluß des Darlehensvertrag (verhält er sich also pflichtgemäß im Sinne der Verhaltenspflicht) und begeht er selbst keine Täuschung. Klärt er über alle darlehensvertragsrelevanten Umstände auf, so ist die Willensbildung des Darlehensvertrags fehlerfrei und er hat nicht gegen seine vertragsbezogene Unterlassungspflicht verstoßen.[1213]
Gleiches gilt im umgekehrten Fall: angenommen, der der Kunde geht irrtümlich davon aus, daß das Darlehen in 15 Jahren statt in 10 Jahren zurückzuzahlen ist (d.h. es liegt ein Irrtum über einen unmittelbar auf das Darlehen bezogenen Umstand vor), sei es, daß der Kunde von einem Außenstehenden getäuscht worden ist, sei es, daß er selbst irrtümlich dieser Fehlvorstellung erliegt. Dann besitzt der Gehilfe des Kreditinstituts die Aufklärungspflicht, über diese unmittelbar darlehensvertragsbezogenen Umstand aufzuklären. Da er die unrichtige Angabe aber nicht selbst getätigt hat, hat er nicht gegen seine vertragsbezogene Unterlassungspflicht, nicht über Umstände zu täuschen, die in die Willensbildung einfließen, verstoßen.
Dies zeigt, dass es sich um zwei getrennte Verpflichtungen handelt.

Meines Erachtens handelt der Gehilfe nur dann 'bei Gelegenheit', wenn er über einen Umstand täuscht, der nicht ursächlich für die Willensbildung des Darlehensvertrages ist, da nur dann kein Verstoß gegen die vertragsbezogene Loyalitätspflicht des § 123 I BGB vorliegt. Dann ist der Darlehensvertrag fehlerfrei zustandegekommen. Nur in diesem Fall liegt lediglich eine Beeinträchtigung an dem anderen Rechtsgut Vermögen vor, so daß dann nur die integritätserhaltende Schutzpflicht verletzt ist. Es liegt dann ein von dem Darlehensvertrag

---

[1210] siehe nur Mü/Ko Emmerich Vor § 275 Rn. 128
[1211] Soergel-Hefermehl, 13.Aufl., 1999, §123 Rn. 6
[1212] RGZ 62,149,150; RG JW 1912, 284
[1213] So bspw. LG Münster EwiR § 242 5/88 S. 754 " Die Erwartung der Kreditnehmer hinsichtich der Steuerersparnis ist aus der Sicht der Bank ebenfalls nicht aufklärungsbedürftig; insbesondere, wenn die eigentliche Finanzierungsberatung durch einen externen Berater vorgenommen wird."

unabhängiger Betrug vor. Nur dann hat der Betrug keinen Einfluß auf den Darlehensvertrag. Dann liegt lediglich die Verletzung einer bestandserhaltenden Schutzpflicht vor, die dem Geschäftsherrn nicht zugerechnet wird. Hier liegt bei Gelegenheit vor.

**Ergebnis**
Der Vermittler, der falsche Aussagen über das Kaufobjekt tätigt und für Kreditgeber und Verkäufer die Verträge verhandelt, verletzt die vertragsbezogene Loyalitätspflicht des Verkäufers und – soweit das Fehlverhalten die Entscheidungsgrundlage für den Abschluß des Darlehensvertrags nicht beeinträchtigt - die integritätserhaltende (nicht unmittelbar vertragsbezogene) Schutzpflicht des Kreditinstituts. Ist das Fehlverhalten des Gehilfen in Form der falschen Aussage über das Kaufobjekt auch maßgebend für den Abschluß des Darlehensvertrag, liegt hierin auch die Verletzung einer vertragsbezogenen Loyalitätspflicht als Unterlassungspflicht, die sich aus der Verletzung des § 123 I BGB ergibt.

Im folgenden ist dieses Ergebnis noch im Hinblick auf die Funktionen, die der Vermittler für den Verkäufer wahrnimmt, zu überprüfen. Der multifunktionale Vermittler nimmt bei seiner Vertragsanbahnung zusätzlich für den Verkäufer die Aufklärungspflicht wahr, über alle kaufvertragsrelevanten Umstände aufzuklären. Für den Kreditgeber nimmt er – wie geprüft - die Aufklärungspflicht wahr, über alle darlehensvertraglichen Umstände aufzuklären. Zusätzlich nimmt er sowohl für Verkäufer als auch für Kreditgeber die vertragsbezogene Loyalitätspflicht (als Unterlassungspflicht) wahr, nicht über Umstände zu täuschen, die für den Abschluß des jeweiligen Vertrages wesentlich sind.
Somit ergibt sich, daß der Gehilfe, wenn er unrichtige Aussagen über den Anlagevertrag tätigt, die aktive Verhandlungspflicht verletzt – seine ihm übertragene Tätigkeit - **und gleichzeitig** die Unterlassungspflicht (Unwahres, zusätzlich Unwahres zu sagen, das den Kunden zum Abschluß des Darlehensvertrags bestimmt) verletzt hat. Seiner Doppelrolle stehen auch doppelte Pflichten gegenüber. Die Pflichtenkreise überschneiden sich. Eine Handlung kann beide Pflichtenkreise berühren.

Die Ansicht der Fallgruppe I will in der fahrlässigen Falschangabe über Umstände des Kaufvertrages lediglich eine Pflichtverletzung des Kaufvertrages sehen. Dabei reduziert sie den Pflichtenkreis des Kreditinstituts. Daß es sich hierbei auch um eine Unterlassungspflichtverletzung des Kreditinstituts handelt, für die der Kreditgeber eigentlich haftbar wäre, zeigt der folgende Fall.
Angenommen ein Bankangestellter führt Darlehensverhandlungen mit dem Kunden. Dieser kann sich nicht so recht entscheiden, ob er diesen Kredit wirklich braucht. Schließlich hilft der Kreditgehilfe den Überlegungen des Kunden etwas nach und gibt ihm den Tip, in welche Anlageform er das Geld investieren sollte. Diese Angaben sind falsch. Aufgrund dieser Angabe entschließt sich der Kunde zum Abschluß des Darlehensvertrages. Der Kreditgehilfe ist nicht gleichzeitig Verhandlungsgehilfe der Anlagegesellschaft.
In dieser Fallgestaltung würde niemand an dem Ergebnis zweifeln, daß der Gehilfe den Kunden getäuscht hat und damit seine Pflicht, keine falschen Angaben zu machen, die den Vertragspartner zum Abschluß des Vertrages bewegen könnten, verletzt hat und damit das Kreditinstitut aus c.i.c. haftet.

Diese Pflicht wird nun nicht dadurch beseitigt, daß der Kreditgehilfe gleichzeitig Erfüllungsgehilfe der Anlagegesellschaft ist. Der Doppelrolle entspricht die gleichzeitige, zweifache Pflichtverletzungsmöglichkeit.[1214]
Die Ansicht der Rechtsprechung verkürzt den Pflichtenumfang des Kreditinstituts ohne Rechtfertigung.

**Ergebnis**
Die Rechtsprechung übersieht, daß ein Verhandlungsgehilfe nicht nur hinsichtlich der Tätigkeit eingeschaltet ist, sondern auch hinsichtlich der sich aus § 123 I BGB ergebenden Unterlassungspflicht, keine fahrlässigen Angaben zu machen, die kausal für den Vertragsabschluß sind. Mit der Doppelrolle ist auch eine doppelte Pflichtenstellung verbunden.
Die Bank kann sich auch nicht mit dem Argument entziehen, zu dieser Tätigkeit habe sie den Vermittler nicht beauftragt, denn es geht um unselbständige Unterlassungspflichten, bei denen eine Beauftragung nicht erfolgen muß.
Daher ist es hier nicht erforderlich, daß der Gehilfe diesbezüglich willentlich eingeschaltet ist.[1215] Der Gehilfe muß mit unselbständigen Unterlassungspflichten nicht beauftragt werden, wenn ob er in die Tätigkeitspflichten eingeschaltete wird. Denn dann obliegt ihm auch die Wahrnehmung der Unterlassungspflichten. Der beim Schuldner erforderliche Wille bei der Einschaltung von Hilfspersonen wird hinsichtlich dieser Pflichten abstrahiert.[1216]
Soweit der Vermittler als Erfüllungsangaben falsche, für die Entscheidung der anderen Vertragspartei zum Vertragsschluß relevante Angaben gemacht hat, kann der Geschäftsherr sich gegenüber der haftungsbegründenden Zurechnung nicht darauf berufen, der Vermittler habe die Angaben ohne sein Wissen und in eigener Verantwortung gemacht.[1217]

**ii.Rückabwicklung**
Die bereicherungsrechtliche Rückabwicklung soll hier nicht weiter verfolgt werden. M.E. sind für die Rückabwicklung die Ausführungen zur Rückabwicklung bei arglistiger Täuschung finanzierter beweglicher Sachen übertragbar.[1218]

---

[1214] So bereits BGH NJW 78, 1428(1429): "...allerdings ist dio Bank allgemein nicht verpflichtet, den Kreditbewerber über Eigenschaften des Kaufgegenstands oder über sonstige rein kaufvertragliche Umstände aufzuklären. Sie kann jedoch bei der Anbahnung des Kreditvertrags pflichtwidrig den Interessen des Kreditbewerbers zuwiderhandeln, wenn sie gegenüber dem Käufer schuldhaft falsche Angaben über Umstände macht, die für das Zustandekommen des geplanten finanzierten Abzahlungskaufes aus der Sicht des Käufers/Kreditbewerbers wesentlich sind. Hätte sich die Bank nicht des Vertreters der Verkäuferin, sondern einer am Kaufvertrag unbeteiligten eigenen Hilfsperson als Verhandlungsgehilfen bedient, so hätte sie für eine solche Pflichtverletzung unter dem Gesichtspunkt des Verschuldens bei Vertragsanbahnung einstehen müssen. Als Gefälligkeit ohne Rechtsbindung könnte sie schuldhaft falsche Auskünfte im Rahmen einer vertragsähnlichen Bindung nicht einstufen, auch wenn sie allgemein nicht zur Auskunft verpflichtet ist. Wenn sie sich statt eigenen Personals der "Personalunion" zwischen dem Prokuristen der Verkäuferin und ihrem Verhandlungsgehilfen, ihrer "Vertrauensperson", bedient, so schafft sie für den Käufer/Kreditnehmer wegen der Vielzahl der von ihrem Verhandlungsgehilfen wahrzunehmenden Interessen besondere Risiken."
[1215] Fundel, Die Haftung für Gehilfenfehlverhalten im Bürgerlichen Recht, S. 148
[1216] Fundel, Die Haftung für Gehilfenfehlverhalten im Bürgerlichen Recht, S. 147
[1217] So auch Thode WuB IV A. § 278 BGB 1.96 S. 485
[1218] So auch Spickhoff/Petershagen BB 99,165 (172); vgl. zur Rückabwicklung beweglicher Sachen genauer oben D VI

Danach hat die Bank bei der Rückabwicklung keinen Anspruch auf Rückzahlung des Darlehens aus § 812 I S. 1 1.Alt BGB, da Empfänger der Auszahlung der Veräußerer war und der Kunde allenfalls zur Abtretung ihm zustehender Kondiktionsansprüche verpflichtet ist.[1219] Der Darlehensnehmer kann die von ihm geleisteten Zins- und Tilgungsbeträge nach Bereicherungsrecht zurückverlangen.

## II. Die Abgrenzung 'bei Gelegenheit' im Rahmen der c.i.c.

Auch im Rahmen der c.i.c besteht im vorvertraglichen Bereich die positive Verhaltenspflicht (als Unterlassungspflicht), zutreffende Auskünfte über Umstände zu geben, die für den Entschluß des Gegenüber erkennbar von Bedeutung sind.[1220] Er darf nicht fahrlässig über Umstände falsch beraten, die für den Abschluß des Vertrages kausal geworden sind.[1221] Hierbei handelt es sich um die gerade dargestellte, vertragsbezogene Loyalitätspflicht, die sich aus § 123 I BGB ergibt, nicht über Umstände zu täuschen, die in die Willensbildung hineinfließen und für den Abschluß des Vertrages relevant sind. Bei Gelegeheit im Rahmen der c.i.c. handelt der Vermittler nur dann, wenn er über Umstände falsch berät, die für den Abschluß des Vertrages nicht kausal geworden sind.

Der Umfang der Zurechnung stimmt mit dem Umfang bei § 123 BGB überein. Dies entspricht der Rechtsprechung des BGH. [1222]

Folge der hier vertretenen Auffassung ist, dass die Bankpraxis der „Kredite aus der Ferne“[1223], also die Vergabe von Krediten, ohne daß auch nur ein einziges persönliches Gespräch mit dem Darlehensnehmer stattfindet, bei Falschaussagen des Allfinanzvermittlers, der ein Kombinationsmodell vermittelt, immer zur Zurechnung führt, es sei denn, der Kunde hätte den Darlehensvertrag auch ohne den „Rest“ des Kombinationsmodells geschlossen.

Praktisch muß der Geschäftsherr sich daher von der Tätigkeit des Gehilfen distanzieren, indem er selbst alle zur Erfüllung seiner eigenen Sorgfaltspflichten erforderlichen Handlungen und Unterlassungen vornimmt bzw. sich von den Handlungen des Gehilfen distanziert. Die Person darf nicht sein Erfüllungsgehilfe sein[1224] (vgl. Fallgruppe IV – Kritierum des äußeren Einschnitts, das im Kaufvertrag entwickelt worden ist und bislang noch nicht auf die Bankrechtsfälle übertragen worden ist.).

## III. Vermittlung der Kenntnis des in den Vertrieb Eingeschalteten, §§ 123 II, 166 I BGB

**(Streitentscheidung zwischen Fallgruppe II und Fallgruppe III)**

Diese Frage stellt sich, wenn man den Verhandlungsgehilfen (wegen der Trennung der Pflichtenkreise wie Fallgruppe I) als Dritten i.S.d. § 123 II BGB ansieht. Die Frage stellt

[1219] So auch BGH ZIP 89, 1180 (1184) "Das Risiko der Durchsetzung des Rückgewähranspruchs muß billigerweise jedenfalls nicht der arglistig getäuschte Beklagte (Kunde) tragen..."

[1220] Larenz SchAT § 9 I S. 110/111

[1221] Larenz SchAT § 9 I S. 110/111; vgl. BGH WM 96,315(317) "Ebenso besteht die Pflicht, dem Vertragspartner nicht Umstände vorzuspiegeln, die für seine Entscheidung wesentlich sein können, in Wirklichkeit jedoch nicht vorliegen."; ebenso Soergel-Wiedemann, Vor § 275 Rn. 153; Mü/Ko – Emmerich Vor § 275 Rn.94; Erman-Battes § 276 Rn. 125

[1222] So bereits BGH NJW-RR 87,59; BGH NJW 90, 1661; BGH NJW 95, 2550

[1223] Fuellmich mit Verweis auf die Formulierung des SPIEGELS in seiner Ausgabe vom 23.03.1998

[1224] Ebenso Altmann, a.a.O., S. 48

sich auch dann, wenn man der Ansicht der Fallgruppe VI folgt und folgende Fallgestaltung vorliegt: werden die Darlehensverhandlungen nicht parallel zu den Kaufvertragsverhandlungen geführt und liegt also eine zeitliche Zäsur vor, ist der Vermittler zum Zeitpunkt der falschen Aussage noch nicht Verhandlungsgehilfe der Bank und kann daher auch nicht die Pflicht der Bank verletzt haben, den Kunden nicht zu täuschen. Wird er später Verhandlungsgehilfe, so kann die bereits vorher im Rahmen der Kaufverhandlungen abgegebene Falschaussage nur dann fortwirken, wenn das Wissen des multifunktionalen Vermittlers von der Falschaussage der Bank zugerechnet wird.
Schließlich stellt sich die Frage in gleicher Weise im Rahmen der c.i.c., ob das Wissen des Allfinanzvermittlers, das dieser in einem anderen Vertrag erlangt, so weit zugerechnet werden kann, daß es eine Aufklärungspflicht des dahinterstehenden Produktgebers des anderen Vertrages begründet

Die Entscheidung dieser Frage ist höchst relevant angesichts der gravierenden Unterschiede im Ergebnis. Im Falle der Zurechnung erhält der Kunde mit dem dahinterstehenden Produktgeber einen solventen Schuldner. Lehnt man die Zurechnung ab, könnte der Kunde nur den Vermittler als natürliche Person, der oftmals nur ein geringes Privatvermögen besitzt, für die falsche Aussage in Anspruch nehmen Rechnet man das Wissen zu, wären die Banken gezwungen, jedes Finanzierungskonzept zu hinterfragen. Folge wäre, daß die Banken sorgfältiger bei der Auswahl ihrer Allround-Finanzvermittler wären. Die verbesserten Aussichten des klagenden Kunden, wieder an sein Geld zu kommen bzw. sich von den erdrückenden Verbindlichkeiten zu befreien, indem er statt eines wenig leistungsfähigen Vermittlers eine leistungsfähige Bank oder Versicherung verklagen kann, könnte für eine gewisse Marktbereinigung sorgen.[1225] Die großen Strukturvertriebe dürften in ihren meist täuschenden Vertriebsverhandlungen massiv behindert sein, weil deren Produktpartner künftig penibel auf die Vertriebsleistung achten würden.[1226]

### 1. Rechtsgrundlage für die Zurechnung von Wissen

#### a. § 278 BGB

Das OLG Düsseldorf sieht § 278 BGB als mögliche Rechtsgrundlage an.[1227] § 278 BGB kompensiere die Vorteile des Geschäftsherrn, indem er ihm das Verhalten und Verschulden seines Gehilfen zurechnet. Der Schuldner i.S.v. § 278 BGB sei wie eine Art integrierter Gesamtunternehmer zu behandeln, nämlich wie eine Person, die alle Aktivitäten in sich vereint und daher selbst über alles Wissen verfügt. § 278 BGB sei daher ein aussagekräftiger, gesetzlicher Ansatz.

---

1225 DFI-Gerlach-report Nr.34/98 S. 3

1226 DFI-Gerlach-report a.a.O. S. 3

1227 OLG Düsseldorf, ZIP 93,1376 (1379) "..die Beklagte muß sich das Wissen ihres Verhandlungegehilfen P. nach § 166 BGB zurechnen lassen. Die Betrachtung ist aber auch im Rahmen des § 278 BGB, der nicht auf Wissen, sondern auf persönliches Verschulden abstellt die gleiche." ; Canaris, VersR KF S. 33 (34)

Gegen § 278 BGB wird eingewandt, daß bei seiner Einschlägigkeit § 166 BGB unnötig sei.[1228] Andernfalls müsse der Grundsatz gelten: "Wissen des Gehilfen ist Wissen des Geschäftsherrn".[1229] Denn § 278 BGB rechnet automatisch zu, und zwar ohne Exkulpation.[1230] § 278 BGB betreffe nur die Zurechnung eines Verhaltens. Das Wissen sei aber kein Verhalten.[1231]

**b. § 166 I BGB**

Bei der Wissenszurechnung geht es um Zwei- oder Mehrpersonenverhältnisse. Es geht um die Verantwortung für einen Umstand, der nicht in eigener Person, sondern bei einer anderen Person eingetreten ist.
Die an sich gesetzlich nicht geregelte Wissenszurechnung wird üblicherweise über § 166 Abs. 1 BGB hergeleitet.[1232]

Die Vorschrift lautet:
„Soweit die rechtlichen Folgen einer Willenserklärung durch Willensmängel oder durch die Kenntnis oder das Kennenmüssen gewisser Umstände beeinflußt werden, kommt nicht die Person des Vertretenen, sondern die des Vertreters in Betracht."

§ 166 I BGB selbst bezieht sich nur auf die Kenntnisse eines Vertreters und gilt nur insoweit, als es um die rechtlichen Folgen der Kenntnis für die Willenserklärung geht, bei deren Abgabe oder Entgegennahme der Vertreter tätig wird. Der persönliche Anwendungsbereich des § 166 BGB hat eine allgemeine, zivilrechtliche Extension auf den Wissensvertreter erfahren. Nach allgemeiner Ansicht ist er auf den vergleichbaren Tatbestand der Wissenszurechnung entsprechend anwendbar.[1233] Nach herrschender Ansicht enthält § 166 BGB den verallgemeinerungsfähigen, über die Kleinstgruppe Vertreter-Vertretener hinausgehenden Rechtsgedanken, daß derjenige, der einen anderen mit der eigenständigen Erledigung bestimmter Aufgaben betraut, sich das in diesem Rahmen erlangte Wissen zurechnen lassen muß, ohne sich auf die eigene Unkenntnis berufen zu können (sogenannter Wissensvertreter).[1234]

**2. Zurechnung des Wissens des Repräsentanten**

**a. Vom Geschäftsherrn betraut**

Der Geschäftsherrn muß den anderen mit der Erledigung bestimmter Angelegenheiten betraut haben. Diese Betrauung ist weniger als eine Vollmachtserteilung, da er andernfalls Vertreter und nicht Repräsentant wäre.

---

1228 Taupitz, FS für E. Lorenz S. 673; Versicherungsrecht Karlsruher Forum 1994 S. 50
1229 Taupitz, KF, S. 50
1230 Taupitz, a.a.O., S. 50
1231 Waltermann, AcP 192 (1992),181 (188ff.)
1232 Vgl. nur Palandt/Heinrichs a.a.O. § 166 Rn. 1
1233 Palandt, § 166 Rn.6; vgl.dazu nur Soergel-Leptien § 166 Rn. 13 bis 16
1234 BGHZ 83, 293(296); BGH NJW 84, 1953(1954); BGHZ 117, 104(106); BGH NJW 96, 1205 (1206); Brehm, AT, Rn. 435/436; Canaris Bankvertragsrecht, Rn. 106 (mehr auf § 278 BGB abstellend); Köhler AT § 18 Rn. 43; Kothe, BB 88, 633 (638); Larenz/ Wolf, AT § 46 Rn. 109; Richardi, AcP 169(1969), S. 385ff.; BGH NJW 82,1585f.; BGH NJW 85,2583; BGH ZIP 96,500(502); BGH NJW 82, 1585f.; BGH NJW 85, 2583; BGH ZIP 96, 500 (502)

Nicht jeder, der als Arbeitskraft arbeitsteilig am Rechtsverkehr teilnimmt, gilt als Repräsentant des Geschäftsherrn. Ein so verstandenes arbeitsteiliges Verhalten ließe die Interessen des Geschäftsherrn unbeachtlich und würde seine Risiko- und Organisationsverantwortung überdehnen.[1235] Stattdessen knüpft eine Ansicht an die funktionelle Bestimmung innerhalb des Wirkungskreises des Geschäftsherrn an.[1236]

**b. Eigenverantwortlichkeit**

Die Literatur[1237] fordert, daß der Repräsentant mit der Erledigung bestimmter Angelegenheiten 'in eigener Verantwortung' betraut sein muß.
Teile der Literatur halten dieses Erfordernis für überflüssig.[1238]
Medicus hat diese Voraussetzung als widersprüchlich und wenig hilfreich bezeichnet[1239] und stellt stattdessen auf die Pflicht zur Kenntnisnahme und Weitergabe, als Pflicht zur ordnungsgemäßen Kommunikation, ab.

**c. Art des Wissenserwerbs**

Die Art des Wissenserwerbs ist für eine Wissenszurechnung bei den Stellvertretern oder Vertretenen gleichgültig. Gegenstand der Wissenszurechnung ist bei diesen Zurechnungssubjekten grundsätzlich das ganze Wissen.
Für eine Wissenszurechnung bei dem Repräsentanten wird dagegen auf dessen Geschäfts- und Aufgabenbereich geblickt. Man entfernt sich damit von der Globalwissenszurechnung.[1240] Teile der Literatur vertreten die Ansicht, daß die Zurechnung des Wissens für den Geschäftsherrn tätiger (vollmachtsloser) Personen auf das während der konkreten Handlung erworbene Wissen zu beschränken sei.

Die Literatur unterscheidet zwischen privat und dienstlich erlangtem Wissen. Privat erlangtes Wissen ist dabei das Wissen, das der Vermittler außerhalb der Tätigkeit für den Geschäftsherrn erlangt. Privat erlangtes Wissen der Hilfskraft wird nicht zugerechnet.[1241] Entsprechend dem Gedanken der Arbeitsteilung soll der private Bereich gerade dort beginnen, wo der Nutzen der Arbeitsteilung endet.[1242]
Genau genommen handelt es sich bei unserer Fragestellung nicht um privates Wissen, sondern um externes, bei den Verhandlungen über einen anderen Vertrag erlangtes Wissen.

---

[1235] Ertel, Wissenszurechnung, S. 75
[1236] Ertel, a.a.O., S. 75
[1237] Mü/Ko Schramm, § 166 Rn. 23a; Soergel/Leptien, § 166 Rn. 6; Schilken Wissenszurechnung, S. 301(er verlangt eine eigenverantwortliche Prüfungs- und Entscheidungskompetenz); Ricardi AcP 169(1969), 385, 401 (er verlangt eine Betrauung mit Aufgaben in eigener Verantwortung; Grunewald FS Beusch, die eine gewissen Eigenständigkeit verlangt)
[1238] Waltermann AcP 192 (1992), 181, 200; Schulz NJW 90, 477, 479; Lorenz JZ 94, 549, 551; zum Streitstand Baum, S. 87ff. mit vielen Nachweisen
[1239] Medicus, VersR Sonderheft, KF 94,4(10); ebenso Taupitz KF 1994, 16,25
[1240] Ertel, Wissenszurechnung, S. 179
[1241] Schultz, NJW 90, 477( 480)
[1242] Raiser AcP (192) 1992, 181,198ff.; Tintelnot JZ 87, 795; Lorenz JZ 94,549 für den guten Glauben des Besitzherrn nach § 990 BGB; wohl auch Richardi AcP 169(1969), 385,403 zwar formuliert er, daß derjenige, der einen anderen mit Entscheidungsgewalt betraut, um sich über ihn am Rechtsverkehr zu beteiligen, auch dessen Willensmängel und Kenntnisse gegen sich gelten lassen muß (AcP 169, 385,397), was für eine Zurechnung auch externen Wissens spricht. Später formuliert er, daß jemand, der einen anderen mit der Erledigung bestimmter Angelegenheiten in eigener Verantwortung betraut, sich das in diesem Rahmen erlangte Wissen des anderen zurechnen lassen müsse, a.a.O., S. 403

Externes und privates Wissen sind jedoch vom Bezugspunkt des Geschäftsherrn her gleich und bezeichnen die Abgrenzung zu dem Kriterium 'im Rahmen des Wirkungskreises des Geschäftsherrn', so daß auch nach dieser Ansicht die Wissenszurechnung ausscheidet.

Taupitz begründet dies damit, daß der Repräsentant nach der Arbeitsorganisation des Geschäftsherrrn dazu berufen sei, im Rechtsverkehr für ihn bestimmte Aufgaben in eigener Verantwortung zu erledigen. Es komme aber weniger auf die 'eigenverantwortliche Erledigung' an, sondern darauf, ob der Gehilfe gerade zur Aufnahme und Weiterleitung von Informationen bestimmt sei. Es sei dann aber nur konsequent, grundsätzlich nur dasjenige Wissen zuzurechnen, das der Gehilfe im Rahmen seines Geschäftskreises erlangt habe, während die Zurechnung des bloß bei anderer Gelegenheit erlangten Wissens in der Regel ausscheide.[1243]
Nach Medicus kommt es nicht darauf an, ob jemand bestimmte Aufgaben in eigener Verantwortung zu erledigen hat, sondern ob der Gehilfe gerade zur Aufnahme und Weiterleitung von Informationen bestimmt war. Dabei kann die hieraus folgende Wissenszurechnung nicht vom Geschäftskreis gelöst werden, für den der Gehilfe zuständig sei. Ähnlich wie nach § 44 VVG scheide daher eine Zurechnung eines bloß bei anderer Gelegenheit erlangten Wissens aus.[1244]
Schulz argumentiert mit dem Gedanken des § 166 II BGB: Ist ein Gehilfe der ständigen Einflußnahme durch einen anderen – nicht notwendig den Geschäftsherrn - ausgesetzt und soll er bei bestimmten Handlungen von dessen Weisungen abhängen, wirken die im Rahmen solcher Tätigkeit erlangten Kenntnisse nicht zu Lasten des Geschäftsherrn.[1245]

Andere differenzieren zwar nicht nach dienstlichem und privaten Wissen. Klargestellt wird jedoch, daß sich der Geschäftsherr nur das **in diesem Rahmen** erlangte Wissen des anderen zurechnen lassen muß[1246] bzw. daß er nach der Arbeitsorganisation des Geschäftsherrn dazu berufen sein muß, im Rechtsverkehr als dessen Repräsentant bestimmte Aufgaben in eigener Verantwortung zu erledigen und die **dabei** anfallenden Informationen zur Kenntnis zu nehmen und ggf. weiterzugeben.[1247] Dies ergebe sich aus dem Erfordernis des Betrautseins. Daraus folgt im Umkehrschluß[1248], daß eine Zurechnung nur dann in Betracht kommt, wenn sich die Hilfsperson im Rahmen der ihr übertragenen Aufgabe hält.

**Ergebnis**

Hieraus ergibt sich, daß die ganz herrschende Meinung das in einem anderen Vertrag erlangte Wissen des Vermittlers dem dahinterstehenden Produktgeber des anderen Vertrages nicht zurechnet. Hierfür spricht der Risikogedanke, daß der Vertretene sich durch Einsatz einer Hilfsperson der Möglichkeit begibt, selbst von bestimmten Umständen Kenntnis zu nehmen.[1249]

---

[1243] Taupitz, Karlsruher Forum 1994, 16, 24f.
[1244] Medicus, Karlsruher Forum 1994, 4,11
[1245] Schulz, NJW 90, 478(480)
[1246] Soergel/Leptien, § 166 Rn. 6; Münch/Ko-Schramm, § 166 Rn. 23a. Beide verweisen auf Schulz NJW 90, 478, der gerade keine unbeschränkte Wissenszurechnung vornimmt.
[1247] Palandt/Heinrichs, § 166 Rn. 6
[1248] Haesemeyer JuS 84, 176, 179; Waltermann AcP 192(1992), 181, 198f.
[1249] Vgl. hierzu ausführlich Baum, Die Wissenszurechnung, S. 308 ff.

### 3. Ansicht der Literatur zur Frage, ob das in einem anderen Vertrag erlangte Wissen des Allfinanzvermittlers den dahinterstehenden Produktgebern zuzurechnen ist

#### a. Ablehnende Ansicht

Die h. M. lehnt dies ab.[1250] Der Umfang der Wissenszurechnung bestimme sich in gleichem Maße wie der Umfang der Pflichtverletzung nach § 278 BGB. Nach v. Heymann werden die Vertriebsmethoden und Erklärungen dieser Personen zum Anlageobjekt nicht vom Willen und Pflichtenkreis der finanzierenden Bank erfaßt und können ihr deshalb nicht zugerechnet werden. Entsprechendes gelte für die Wissenszurechnung gem. § 166 BGB.[1251] Medicus hält eine Informationsweitergabe bezüglich des Wissens, das in einem anderen Rechtsverhältnis erlangt wurde, für fraglich.[1252]

#### b. Neue Ansätze in der Literatur

Spickhoff/Petershagen sind der Ansicht, daß die Frage der Wissenszurechnung im wesentlichen in Parallelität zur Frage zu beantworten ist, ob sich die Kreditinstitute das Verschulden von Anlagevermittlern und deren Mittelsmännern nach § 278 BGB zurechnen lassen müssen.[1253]

Kessler[1254] argumentiert folgendermaßen: wenn der Verkäufer der Wohnung gleichzeitig der 'Partner' (Verhandlungsgehilfe) der Bank ist, der die Bank bei der Vertragsanbahnung und den Vorverhandlungen vertritt, muß sein Wissen der Bank zugerechnet werden.
In der Rechtsprechung sei anerkannt, daß die Bank zur Aufklärung verpflichtet ist,[1255] wenn sie Bedenken, die ihr, aber nicht dem Darlehensnehmer, bekannt sind (sogenannter Wissensvorsprung), verschweigt. Das Wissen der Vertrauens- und Verhandlungsperson müsse ihr zugerechnet werden, so daß sie zur Aufklärung verpflichtet wird.[1256] Ein Kreditgeber, der weiß, daß der Verkäufer dem Kunden eine mangelhafte Ware 'andrehen' will, handele arglistig, wenn er durch seine Darlehenszusage das Geschäft ermöglicht. Lasse er die Kreditverhandlungen durch den Verkäufer führen, vor allem diesen den Darlehensantrag aufnehmen, müsse er sich dessen Kenntnis der Umstände zurechnen lassen, die für das Geschäft wesentlich sind. Der Verkäufer sei zwar regelmäßig nicht Vertreter. Die enge Verbindung zwischen dem Darlehensgeber und dem Verkäufer rechtfertige aber die entsprechende Anwendung des § 166 I BGB.

---

[1250] V. Heymann, NJW 99, 1579(1584); NJW-RR 97, 116
[1251] V. Heymann, a.a.O., S.1584.
[1252] Medicus hält die Entscheidung des OLG Düsseldorf ZIP 93, 1376,1378 wohl für unrichtig KF, 1994, 4 (10)
[1253] Spickhoff/Petershagen, BB 99,165 eine Begründung geben sie hierfür nicht.
[1254] RGRK Kommentar zum BGB, 12. Aufl. Kessler, § 6 AbzG Rn. 20; ebenso RGRK Steffen § 166 Rn. 7, 11
[1255] V.Heymann,Bankenhaftung bei Immobilienanlagen, S. 165ff.
[1256] Kessler, Anm. zum Urteil OLG Köln, WuB I E 1.- 5.94 S. 485

Gleichermaßen argumentiert Bethge[1257] für die umgekehrte Fragestellung hinsichtlich des Pflichtenumfangs des Bankenmaklers. Grundsätzlich ist der Makler nur verpflichtet zu vermitteln. Ausnahmsweise trifft ihn eine Warnpflicht, wenn ihm Zweifel an der Finanzierbarkeit bekannt werden oder offenkundig sind. [1258] Bethge argumentiert, daß das Bankwissen bezüglich der finanziellen Verhältnisse dem Bankenmakler zuzurechnen sei und zu einer Warnpflicht des Maklers gegenüber dem Kunden führe.[1259]

Nach Jüttner[1260] liegt eine Pflichtverletzung des vorvertraglichen Schuldverhältnisses noch nicht vor, wenn die Täuschung durch den Erklärungsempfänger ausnahmsweise bereits vor Aufnahme von Vertragsverhandlungen stattfindet. Der Täuschende sei jedoch verpflichtet, mit der Aufnahme der Verhandlungen und der Entstehung des vorvertraglichen Schuldverhältnisses den von ihm verursachten Irrtum aus der Welt zu schaffen und den Getäuschten aufzuklären. Nicht die – allenfalls der Haftung aus den §§ 823ff. unterfallende – Erregung des Irrtums, sondern die unterlassene Aufklärung anläßlich der Vertragsverhandlungen sei hier Anknüpfungspunkt für § 123 und auch für c.i.c. Ähnlich wie der Maßstab der Sorgfaltspflicht verstärkt wird, werde der Pflichtenumfang durch den Gehilfen vergrößert.

**c. Stellungnahme**

M.E. ist der h. M. zu folgen. Auf den ersten Blick erscheint es künstlich, das Wissen innerhalb einer natürlichen Person in einen zurechnungsfähigen und nicht zurechnungsfähigen Teil aufzuspalten, je nachdem, ob es im Rahmen der Erledigung bestimmter Angelegenheiten, zu denen er von der Bank beauftragt wurde, erlangt worden ist. Es läßt sich durchaus vertreten, daß dies dem allgemeinen Rechtsgedanken des § 166 Abs. 1 BGB widerspreche.[1261] Die Wissenszurechnung des Gesamtfinanzierungszwecks hätte jedoch die folgende Konsequenz:

Beratungsfehler des Vermittlers würden automatisch über die Wissenszurechnung gemäß § 166 I BGB zu einer Verletzung von Aufklärungspflichten der Bank bzw. Versicherung führen mit der Folge, daß der Produktgeber Schadenersatz schulden würde. Jeder Beratungsfehler des Vermittlers bedeutete eine Verletzung von Aufklärungspflichten aller Produktgeber.

Daraus ergibt sich folglich, daß die Bank bzw. Versicherung gemäß § 242 BGB als Nebenpflicht die Pflicht zur umfassenden Beratung über die Gesamtfinanzierung besäße. Die Bank könnte sich folglich gerade nicht auf ihre Rolle als Teilkreditgeberin zurückziehen, sondern wäre für das Gesamtfinanzierungsprojekt verantwortlich. Denn nur bei Erfüllung dieser Nebenpflicht könnte sie Schadenersatzansprüchen aus c.i.c. entgehen. Dies erscheint aus folgendem Grund nicht systemkonform:

Hätte die Bank dem Vermittler eine Vollmacht i.S.d. § 167 BGB zum Abschluß eines Gesamtfinanzierungsberatungsvertrages zwischen Bank und Kunden erteilt, würde sie bei Schlechterfüllung aus pVV i.V.m. § 278 BGB auf Schadenersatz haften. Verletzt wäre die Beratungspflicht als Hauptleistungspflicht. Indem die Bank jedoch den Vermittler gerade

[1257] Bethge, ZfIR 98, 325(335), der sich umgekehrt damit beschäftigt, ob im Verhältnis des –rechtlich unabhängigen - Bankenmaklers zum Kunden konkretes Bankwissen dem Makler zugerechnet werden darf.
[1258] Bethge, a.a.O., S.333 mit Verweis auf OLG Dresden, ZfIR 98, 338
[1259] Bethge, a.a.O., S. 335
[1260] Jüttner, arglistigen Täuschung, S.47
[1261] So schon Böckstiegel, Rücksichtnahme auf Kreditnehmer, S. 102

nicht bevollmächtigt, bringt sie klar zum Ausdruck, daß sie für eine Gesamtfinanzierungsberatung keine Haftung übernehmen will.

Wendet man nun die Konstruktion der Wissenszurechnung des Vermittlers gemäß § 166 I BGB an, so erhält man über den juristischen „Trick" der Nebenleistungspflicht gerade das, was die Bank durch die Nichtgewährung einer Vollmacht verhindern wollte: die Haftung für schlechte Beratung des Finanzvermittlers. Der Unterschied zwischen Repräsentanten und Stellvertreter liegt aber gerade in der differenzierten Wissenszurechnung.

**d. Exkurs zum Versicherungsagent und Versicherungsmakler**

Parallel dazu hat die versicherungsvertragliche Rechtsprechung die Kenntniszurechnung durch den Vermittlungsagenten durch die sogenannte 'Auge-und-Ohr-Rechtsprechung' erweitert.[1262] Den Versicherungen ist daran gelegen, Hilfspersonen einzusetzen, die keine Empfangsvollmacht haben, weil sie so zu verhindern versuchen, daß bei Vertragsabschluß die Mitteilungen der Versicherung zugerechnet werden können, die der Versicherungsnehmer dem Versicherungsagenten mitteilt, ohne daß sie auf dem Formular niedergeschrieben sind,

Der BGH hat in seiner 'Auge-und-Ohr-Entscheidung entschieden, daß die Verwendung eines Antragsformulars seitens der Versicherung nicht die Empfangsvollmacht auf schriftliche Erklärungen beschränkt, sondern vielmehr die dem Versicherungsagenten zugegangenen mündlichen Erklärungen einen einheitlichen Lebensvorgang mit der Entgegennahme des Antrags darstellen, welcher juristisch nicht aufzuspalten sei.[1263] Danach wird dem Versicherer die Kenntnis seines Vermittlungsagenten über risikoerhebliche Umstände gem. § 166 I BGB grundsätzlich zugerechnet und damit die passive Vertretungsmacht über den Wortlaut des § 43 VVG hinaus erweitert.

Allerdings betrifft die extensive Rechtsprechung immer Angaben des Versicherungsnehmers bezüglich des Versicherungsverhältnisses, die dieser im Rahmen der Vertragsverhandlungen mit Bezug auf die Antragstellung dem Versicherungsagenten mitteilt.[1264]

---

[1262] Die sogenannte "Auge-und-Ohr-Entscheidung BGHZ NJW 88, 973. Dort hatte der BGH entschieden, daß der Vermittlungsagent geeignotor Adressat einer Risikoanzeige ist, da er wegen § 43 Nr. 1 VVG als zur Entgegennahme eines Antrags auf Abschluß eines Versicherungsvertrages bevollmächtigt gilt und diese Vollmacht sich auch auf die Entgegennahme von Anzeigen erstreckt; BGHZ VersR 92,217; vgl. hierzu die Flut der Literatur: Glauber VersR 92,937; Luckey, VersR 93, 151; Präve, ZfV 93, 130; Schirmer, ZversWiss 92, 381(395ff.); Wedler, ZfV 92, 418; Weigel, MDR 92, 728

[1263] Prölss/Martin VVG § 43 Nr. 3; Lorenz, VersR 1995, 616 (616); ders. VersR 93, (871), 872

[1264] Die Wissenszurechnung kann durch weitere Umstände aufgrund einer konkreten Abwägung im Einzelfall weiter eingeschränkt werden:

° wenn Kunde und Agent zum Nachteil des Versicherers bewußt zusammenarbeiten (BGH, LM § 16 VVG Nr. 17, Bl.4.; OLG Hamm, NJW 1996, 406 f.) oder schon massive Verdachtsmomente den Treueverstoß des Agenten offenlegen (OLG Schleswig, VersR 1995, 406f.; OLG Karlsruhe, VersR 1996, 45 f.) oder die mündlichen Angaben des Kunden wissentlich unzulänglich waren (BGH NJW 95, 401 (402)).

° wenn die Unterschrift des Kunden auf dem Antragsformular für die Richtigkeit des Schriftstücks steht und folglich eine Wissenszurechnung auszuschließen ist, weil dem Versicherungsnehmer die fehlenden Angaben bekannt waren (BGH VersR 95, 281ff.)

Die Rechtsprechung galt ursprünglich nicht für den Versicherungsmakler[1265], es sei denn, es lag eine Maklerklausel vor[1266], da der Makler als treuhändischer Sachwalter des Kunden galt.[1267] Das Wissen des Maklers wurde dementsprechend nicht dem Versicherer, sondern dem Versicherungsnehmer zugerechnet.[1268]
Nunmehr ist diese Rechtsprechung auch auf den Versicherungsmakler ausgedehnt worden[1269]. Die Ausweitung irritiert zunächst, denn dieser steht dem Typus nach im Lager des Versicherungsnehmers. Diese Erstreckung der Haftung ist aber anerkannt, wenn der Makler im Einzelfall vom Versicherer in die Vermittlung eingeschaltet ist[1270]. Die Wissenszurechnung ist gerade nicht auf Agenten beschränkt, sondern erfaßt auch Dritte, die mit Wissen und Wollen des Versicherers eingeschaltet werden, d.h., denen sich der Versicherer im Rahmen des Versicherungsverhältnisses bedient.

**Bewertung**

Die Wissenszurechnung bezieht sich nicht auf Umstände, deren Kenntnis in einem anderen Rechtsverhältnis erlangt worden ist. Auch ist Folge der Wissenszurechnung nicht eine Aufklärungspflicht des Versicherungsnehmers, sondern die in dem VVG genannten Sanktionen. Die Rechtsprechung ist für unsere Zwecke der Wissenszurechnung externen Wissens nicht verwendbar.

Die extensive Rechtsprechung des Versicherungsrechts zeigt aber eine verbraucherschützende Tendenz. Der Versicherer, der seine Absatzinteressen mit Hilfe von Vermittlungsagenten verwirklicht, hat auch die Risiken dieses Einsatzes zu tragen.[1271]

### IV. Stellungnahme zum Begründungsansatz (Fallgruppe VII)

Es stellt sich die Frage, wann der Darlehensgeber zumindest eigene fahrlässige Unkenntnis von der Anfechtbarkeit des Rechtsgeschäfts i.S.d. § 123 II BGB besitzt.

### 1. Definition „Eigene fahrlässige Unkenntnis" i.S.d. § 123 II BGG

Fahrlässige Unkenntnis ist dann zu bejahen, wenn die Umstände des einzelnen Falles den Vertragspartner veranlassen mußten, sich danach zu erkundigen, ob die ihm übermittelte Willenserklärung auf einer Täuschung beruht oder nicht.[1272] Wenn tatsächliche Anhaltspunkte gegeben sind, die Zweifel wecken, ob eine Willenserklärung einwandfrei zustande gekommen ist, dann gebietet es die im Verkehr erforderliche Sorgfalt, daß der Erklärungsempfänger diesen Zweifeln nachgeht. Unterläßt er dies, so beruht seine Unkenntnis auf Fahrlässigkeit.[1273]

---

[1265] Kollhosser in Prölss/Martin VVG 25.Aufl.München 1992 § 48 Anm.1

[1266] Dies ist eine ausdrückliche Bevollmächtigung des Maklers, wonach er z.B. berechtigt wird, für den Versicherer Schäden anzuerkennen oder Prämieninkasso zu betreiben. Klauselbeispiel: "Alle Anzeigen, Erklärungen u.ä. gelten dem Versicherer als zugegangen, sobald sie dem Versicherungsmakler zugegangen sind."

[1267] BGH VersR 85,930; 87, 663; OLG Stuttgart VersR 91, 883; Kollhosser in Prölls/Martin, a.a.O., § 48 Anm.1

[1268] OLG Köln r+s 91, 32; Meyer-Reim/Testorf VersR 94, 1137 (1138)

[1269] OLG Hamm NJW-RR 1997, 219 zustimmend Schwintowski, VuR 96, 390

[1270] Sieg, VersR 98, 162; OLG Hamburg VersR 96, 1137

[1271] So Beckmann, NJW 96, 1378 (1380)

[1272] RGZ 104;194 (194); BGH WM 89, 1848; WM 92, 1016

[1273] WM 92, 1016 (1018) Der Entscheidung des BGH liegt folgender Sachverhalt zugrunde:

Die Judikatur zu Kombinationsmodellen hat sich bisher – soweit ersichtlich – noch nicht auf § 123 II BGB gestützt. Der BGH hat in einem Bürgschaftsfall[1274] entschieden, daß die Bank bereits dann fahrlässige Unkenntnis besäße, wenn sie durch einen Kunden von dem pflichtwidrigen Verhalten des arglistig täuschenden Dritten Kenntnis erlangt. Die Kenntnis der Bank von dem pflichtwidrigen Verhalten eines täuschenden Vermittlers begründe bei ähnlichen Fallgestaltungen zumindest den Verdacht ähnlichen Verhaltens desselben Vermittlers. Überträgt man die Entscheidungsgründe dieses Bürgschaftsfalls auf unsere Kombinationsmodelle, so müßte -gerade bei massenhaft vertriebenen Modellen – die Bank bereits dann fahrlässige Unkenntnis besitzen, sobald sie von einem Kunden über das pflichtwidrige Verhalten eines Vermittlers informiert würde oder wenn Kunden zahlungsunfähig würden, die für die Bank erkennbar immer vom gleichen Vermittler geworben worden sind. Dies ist jedoch, soweit ersichtlich, für Kombinationsmodelle so noch nicht entschieden worden.
Angedeutet ist eine solche Wertung in BGH NJW 98,2895, wo die Kenntnis der Versicherung über den täuschenden Dritten aus Indizeien hergeleitet wurde. Indizien waren die Kenntnis über die Herausgabe eines von dem Vermittler herausgegebenen Prospekts, die vorherigen internen Verhandlungen der Versicherung mit dem Kreditinstitut sowie **die Tatsache, daß der Allfinanzvermittler der Versicherung nur Kunden vermittelte, die die Versicherung als Teil eines vorher entworfenen, fehlerhaften Konzepts abschlossen.**
Anhaltspunkte für diese Auffassung finden sich auch in LG Stuttgart.[1275]
Schließlich finden sich Anhaltspunkte einer solchen Wertung auch in einer neuen Entscheidung des OLG Stuttgart.[1276]

**Eigene Ansicht**

M.E. darf es nicht ausreichen, bei einem einzigen Vorfall gleich eine 'Ausforschungspflicht' des Darlehensgebers anzunehmen. Dies würde zu einer Überspannung seiner Pflichten führen und ist zur Aufrechterhaltung des Geschäftsverkehrs auch nicht praktikabel. Auch bei gleichgerichteten Fallgestaltungen ist grundsätzlich von dem Grundsatz auszugehen, daß jeder Vertrag mit jedem einzelnen Vertragspartner getrennt zu beurteilen ist und die Kenntnis des Produktgebers über das Verhalten des Vermittlers bei dem Kunden eines Kombinationsmodells nicht auf den Vertrag mit einem anderen Kunden desselben Kombinationsmodells übertragbar sei. Allerdings kann dann etwas anderes gelten, wenn, der Produktgeber mit einer gewissen Häufigkeit von aufgetretenen und angezeigten Pflichtverletzungen des Vermittlers erfährt, die bei ihm den Verdacht aufdrängt, daß der Vertrieb immer nach dem gleichen Muster abläuft. M.E. kann diese fahrlässige Unkenntnis höchstens bei massenhaft

---

P beantragte bei einer Bank einen Kredit und überbrachte zwei Höchstbetragsbürgschaften des A sowie des Sohnes S des zukünftigen Beklagten. Die Bank wies die Bürgschaft des S zurück und bewilligte dem P einen Teilkredit, der durch die Bürgschaft des A abgesichert war. A verlangte daraufhin von der Bank Freistellung von der Bürgenverpflichtung, da P diese abredewidrig an die Bank weitergeleitet habe. Kurz darauf legte P eine Bürgschaft des Beklagten B vor, woraufhin die Bank ihm einen weiteren Kredit bewilligte. Auch B machte dann – ebenso wie vorher A - geltend, P habe ihn arglistig getäuscht. Der BGH sah den Hauptschuldner P als Dritten i.S.d. § 123 II an, hielt es jedoch für möglich, daß § 123 II 'fahrlässige Unkenntnis' aufgrund des gleichgelagerten Verhaltens des anderen Bürgens einschlägig ist und verwies zur näheren Klärung zurück.

[1274] BGH WM 92, 1016

[1275] LG Stuttgart WM 99,1822(1825) obiter führt es bei der Prüfung, ob der Bank, wenn sie fahrlässig Informationen nicht sammelt und zur Kenntnis nimmt, Wissen besitzt und dieses Wissen sie zur Aufklärung verpflichten könne: "...auch die ... Vielzahl der Geschäfte der Antragstellerin (Bank) ändert daran nichts, da nicht ersichtlich ist, daß der Kredit bereits notleidend geworden wären, als der Vertrag angebahnt wurde."

[1276] OLG Stuttgart WM 99, 2310

vertriebenen Kombinationsmodellen in Betracht kommen. Wird die Bank von mehreren Kunden darüber informiert, daß ihr Vermittler falsche Angaben über eine Anlage tätigt und sich dauernd pflichtwidrig verhält, dann wird m.E. der Darlehensgeber 'fahrlässig bösgläubig`. Für daraufhin in der Zukunft abgeschlossene Darlehensverträge muß dann § 123 II eingreifen. Dies stellt m.E. auch keine unzulässige Beeinträchtigung des Geschäftsverkehrs dar. Denn der Darlehensgeber hat es in der Hand, den Vertrieb durch seine Vermittler zu überprüfen und auf das unregelmäßige Verhalten seiner Vermittler einzuwirken.

**V. Gesamtergebnis**

M.E. ist das Verhalten des Allfinanzvermittlers, der parallel beide Verträge verhandelt und der unrichtige Aussagen über Umtände tätigt, die sich auf den anderen Vertrag desselben Kombinationsmodells beziehen, dem dahinterstehenden Produktgeber des anderen Vertrages zuzurechnen, wenn die unrichtige Angabe des Vermittlers den Kunden zum Abschluß auch dieses Vertrages bestimmte. Insoweit ist auch dem OLG Nürnberg in seiner Entscheidung vom 22.11.1999 zu folgen (Fallgruppe VI). Denn in diesem Fall liegt ein Verstoß gegen die Pflicht aus § 123 I BGB vor, nicht über Umstände zu täuschen, die den anderen zum Abschluß des Vertrages bestimmen (vertragsbezogene Loyalitätspflicht). Nur wenn man dieser Fallgruppe VI folgt, gelangt man im übrigen zu der gleichen Wertung, die von der Rechtsprechung für die Fälle des finanzierten Kaufs einer beweglichen Sache entwickelt worden ist.
In der Betriebswirtschaft ist der Vermittler als eine relativ personalintensive Distributionsform anerkannt, dessen Produktivität durch Mehrfachnutzung erhöht wird. Dabei werden die Gefahren dieser Vertriebsform durchaus erkannt: „Eine große Herausforderung stellt jedoch die qualitative Überwachung des produzierten Neugeschäftes unter Einschluß der Verkaufsmethoden dar. Unsere Erfahrungen in Deutschland zeigen, daß das über unabhängige Vertriebsorganisationen abgeschlossene Geschäft stornoanfälliger ist und damit zusätzlichen administrativen Aufwand verursacht."[1277]
Ein Fehlverhalten der Vertriebspersonen wird als Problem akzeptiert, an deren Lösung gearbeitet werden muß. Wickelt also ein Produktgeber seine Geschäfte über multifunktionale Vermittler ab, ist dies eine bewußte Entscheidung für diesen Vertriebsweg. Dem Vorteil der Mehrfachnutzung stehen aber auch Nachteile gegenüber, die sich aus der Wahrnehmung dieser Doppelfunktion ergeben. Wertungsmäßig ist die oben skizzierte Lösung m.E. auch vertretbar, da der Kunden zum Abschluß aller Verträge gerade durch das Kombinationsmodell motiviert wurde, so dass es wertungswidersprüchlich wäre, diesem Gedanken der Kombination bei dem Fehlverhalten des Vermittlers rechtlich nicht mehr zu berücksichtigen.
Der Ansicht der Fallgruppe I und II, die diese Zurechnung ablehnen, ist nicht zu folgen. Dies wäre nur dann der Fall, wenn die Täuschung in dem einen Vertrag den Kunden nicht zum Abschluß des anderen Vertrages veranlaßt hätte und insoweit nicht kausal geworden ist. Nur insoweit läge ein Handeln 'bei Gelegenheit' vor. Fallgruppe V ist als zu weitgehend abzulehnen.
In Fällen einer zeitlichen Zäsur, wenn die Verhandlungen über den Abschluß eines Vertrags nicht parallel zu den Verhandlungen des anderen Vertrags geführt werden, ist der Vermittler zum Zeitpunkt der falschen Aussage noch nicht Verhandlungsgehilfe des Produktgebers des zweiten Vertrages und kann daher auch keine Loyalitätspflicht verletzt haben. Nur in diesen Fällen wird überhaupt die Frage relevant, ob die Kenntnis des Vermittlers über die vorange-

[1277] Müller, Thexis, 94,42

gangene Täuschung, die bei den Verhandlungen eines anderen Vertrages erfolgt ist, dem dahinterstehenden Produktgeber zuzurechnen ist oder ob der Produktgeber fahrlässige Unkenntnis i.S.d. § 123 II BGB besitzt.
Das aus dem anderen Vertrag des Kombinationsmodells erlangte Wissen des Vermittlers ist dem hinter dem Vermittler stehenden Produktgeber nicht gemäß § 166 I BGB zuzurechnen, da der Vermittler gerade nicht als Vertreter des Produktgebers handelt und andernfalls eine Potenzierung der Aufklärungspflichten bei dem Produktgeber einträte.
Fahrlässige Unkenntnis des Produktgebers ist allenfalls dann anzunehmen, wenn jener Kenntnis von dem pflichtwidrigen Verhalten des Vermittlers besitzt. Allenfalls bei massenhaft vertriebenen Kombinationsmodellen, bei denen der Produktgeber Kenntnis von der Pflichtwidrigkeit des Vermittlers mit einer bei vielen gleichen Kombinationsmodellen erlangt, ist vorstellbar, eine fahrlässige Unkenntnis des Produktgebers für ähnliche Fallgestaltungen anzunehmen. Fallgruppe VII behandelt einen sehr spezifischen Fall, der nicht generell übertragbar ist.

## I. Annex: Betrachtung der Kombinationen als wirtschaftliche Einheit durch den Gesetzgeber – Zulässigkeit des Einwendungsdurchgriffs

Während es beim Schadensersatzanspruch wegen Verletzung vorvertraglicher Aufklärungspflichten um Risiken geht, die sich aus dem zu finanzierenden Geschäft ergeben, geht es beim Einwendungsdurchgriff um die Frage, ob Störungen des finanzierten Geschäfts auch das Darlehensverhältnis erfassen.

### I. Rechtslage unter Geltung des Abzahlungsgesetzes

#### 1. Finanzierter Abzahlungskauf

Als das Abzahlungsgesetz 1894 verabschiedet wurde, herrschte die Situation vor, daß der Warenverkäufer selbst bei einem Abzahlungsgeschäft dem Kunden Kredit gewährt. Demzufolge regelte das AbzG allein den Tatbestand, daß der Verkäufer selbst dem Käufer Kredit gewährt und mithin Gläubiger der einzelnen Kaufpreisraten ist. Nach dem ersten Weltkrieg änderten sich die wirtschaftlichen Rahmenbedingungen.[1278]

Spezielle Finanzierungsbanken übernahmen die Kreditierung des Kaufpreises, wodurch der Kunde verpflichtet wurde, zwei Verträge mit zwei Vertragspartnern abzuschließen. Er fiel dadurch aus dem Schutzbereich des Abzahlungsgesetzes heraus, mit der Folge, daß er gegenüber der Finanzierungsbank auch dann verpflichtet blieb, wenn im Kaufverhältnis Störungen und Mängel auftraten.

Gerade dieser Risikoerhöhung durch Auseinanderfallen von Verkäufer und Kreditgeber zu Lasten des typischerweise rechtlich und wirtschaftlich unerfahrenen Kunden sollte durch den Einwendungsdurchgriff Rechnung getragen werden.[1279] Die Aufspaltung eines wirtschaftlich einheitlichen Vorgangs in zwei rechtlich selbständige Verträge dürfe nach Ansicht des BGH nicht zu Lasten des Kunden gehen, wenn dieser an der Aufspaltung kein Interesse hat und aus der Einschaltung der Bank auch keinen Vorteil zieht.[1280]

Der BGH vermied eine abschließende Umschreibung der Voraussetzungen des Einwendungsdurchgriffs. Feste Abgrenzungsmerkmale wie das Erfordernis der Sicherungsübereignung[1281] wurde aufgegeben. Als entscheidend wurde der subjektive Eindruck angesehen, den der Verbraucher hinsichtlich der Zusammengehörigkeit von Kauf und Darlehen hat sowie - im Vergleich zu den finanzierten Immobilienkäufen – die Schutzbedürftigkeit des Verbrauchers.

#### 2. Behandlung von Abschreibungsmodellen durch die Rechtsprechung

Der Einwendungsdurchgriff wurde bei finanzierten Abschreibungsgesellschaften abgelehnt. Dies wurde damit begründet, daß der Erwerber an der Aufnahme eines Kredits und der dadurch bewirkten Aufspaltung eines wirtschaftlich einheitlichen Geschäftes in rechtlich selbständige Verträge aus steuerlichen Gründen dringend interessiert sei. Wenn aber die Einschaltung eines Finanzierungsinstituts angestrebt werde, um steuerliche Vergünstigungen zu

---

[1278] Zu den entwicklungsgeschichtlichen Hintergründen des Einwendungsdurchgriffs: Gundlach, Konsumentenkredit und Einwendungsdurchgriff, S. 36ff.; v.Bieberstein, Der finanzierte Abzahlungskauf S. 11ff.

[1279] BGH NJW 71, 2303 (2306); BGH Urt.v. 29.10.1956 BGHZ 22,95 und BGHZ 100,101

[1280] BGH Urt. v. 21.6.1979, BGH WM 79,1181

[1281] BGH WM 80,159

erlangen, so sei es auch sachgerecht, den Erwerber das damit verbundene Aufspaltungsrisiko tragen zu lassen. Schließlich wird argumentiert, daß derartige Geschäfte der langfristigen Vermögensanlage dienten und von einem Personenkreis durchgeführt würden, dem i.d.R. eine wirtschaftliche und rechtsgeschäftliche Erfahrenheit nicht fehle. Die Einschaltung des Kreditinstituts liege im Interesse des Anlegers; nur eine hohe Fremdfinanzierung ermögliche steuerliche Auswirkungen für den Anleger. [1282] Es fehle an dem Verstoß gegen Treu und Glauben.
Bei diesem Personenkreis sei in der Regel eine wirtschaftliche und rechtsgeschäftliche Unerfahrenheit zu verneinen.[1283] Unklarheiten darüber, daß Immobilienveräußerer und kreditgebende Bank verschiedene Rechtsträger sind, bestünden nicht.[1284] Den spezifischen Gefahren der sogenannten Publikums-KG müsse mit dem rechtlichen Instrumentarium des Gesellschaftsrechts begegnet werden. Es sei zu beachten, daß dieser Personenkreis – auch wenn es nicht zu einer Beurkundung des Grundstücksgeschäfts mit notarieller Belehrung kommt – sich vielfach der Hilfe eines Steuer- oder Anlageberaters bedienen werde oder das zumindest zum eigenen Schutze tun könne.[1285]

**a. Ansicht der Literatur**

Der Rechtsprechung des BGH ist überwiegend zugestimmt worden.[1286]
Vereinzelt[1287] ist diese Argumentation des BGH angegriffen worden. Der Chance des kurzfristigen Eigentumserwerbs bei gleichzeitiger Nutzung von Steuervorteilen für den Kunden stünden die Vorteile der Bank gegenüber, welche auf einem relativ mühelos erschlossenen Markt Massengeschäfte tätigen kann. Daher hätten beide Vertragsparteien Vorteile. Die Risikozuteilung müsse daher nach dem Gesichtspunkt der Beherrschbarkeit und Absorbierbarkeit entschieden werden.

**2. Finanzierter Immobilienkauf, Bauherrenmodelle**

**a. Die Auffassung des BGH**

Der BGH stellte fest, daß Abzahlungsgeschäfte eine gewisse Ähnlichkeit mit den finanzierten Grundstücksgeschäften aufweisen. Es bestehe eine funktionelle Zusammengehörigkeit beider Verträge, wenn das Darlehen zweckgebunden gewährt wird. Ein „ innerer“ oder „wirtschaftlicher“ Zusammenhang zwischen finanziertem Rechtsgeschäft und Darlehen, eine „funktionelle“ Zusammengehörigkeit beider Verträge, bestehe nur insoweit, als das Darlehen zweckgebunden gewährt werde.[1288] Dies reiche jedoch nicht für einen Einwendungsdurchgriff nach § 242 BGB aus.[1289]

---

[1282] BGH NJW 81, 389; WM 85, 1287; WM 86, 6;WM 86, 671; WM 86, 700; WM 86, 735, 736; so auch die Literatur, ausführlich Hopt, FS Stimpel, S. 265,286; Immenga ZHR 151 (1987) 148-161; Döhring, Der langfristige Kredit 1981, S. 570 (575); Heymann, DB 81, 563 ; Canaris, Bankvertragsrecht, S. 1505
[1283] BGH BB 81, 80 (81); bestätigt in JZ 85, 661(666)
[1284] BGH Urteil vom 13.11.1980 III ZR 96/79 BB 81, 80 (81)
[1285] BGH BB 81, 81
[1286] Hübner, ZIP 84, 1175 (1181)
[1287] Baudenbacher, JZ 85, 661(668)
[1288] BGH NJW 80, 41(42)
[1289] BGH WM 70,1363; BGH NJW 80, 41, 42

In seiner ersten Entscheidung zum finanzierten Grundstückskauf begründete der BGH dies mit dem rein formalen Kriterium, daß das Abzahlungsgesetz, aus dem das Prinzip entwickelt worden sei, nur für bewegliche Sachen gelte.[1290]
In der Folgezeit ersetzte der BGH diesen rein formalen Standpunkt durch eine materielle Argumentation.
Der Einwendungsdurchgriff beruhe auf dem Gedanken, daß ein an sich einheitliches Geschäft in zwei selbständige Teile nicht zu Lasten des Käufers/ Darlehensnehmers gehen soll.[1291] Beim finanzierten Immobilienkauf fehlten zusätzliche Umstände, die die Berufung auf die rechtliche Selbständigkeit des Darlehens als Verstoß gegen Treu und Glauben erscheinen lassen.

Denn auch der rechtsunkundige Laie wisse, daß Immobilienveräußerer und kreditgebende Bank verschiedene Rechtsträger sind.[1292]
Die Formbedürftigkeit des Geschäfts führe überdies dazu, daß der Notar den Käufer über die Risiken des Vertragsschlusses aufklärt und ihn von einem übereilten Kaufentschluß abhält. Der Kreditgeber spielt bei der Finanzierung eine selbständige Rolle und nehme gegenüber beiden Interessen wahr. Die Trennung der Beteiligungs- und Finanzierungsgeschäfte aus steuerlichen Gründen liege im Gegensatz zum finanzierten Teilzahlungskauf gerade im Interesse des Anlegers. Nur eine hohe Fremdfinanzierung ermöglicht die volle steuerliche Ausschöpfung.[1293] Jener müsse daher auch das Aufspaltungsrisiko tragen. Anders als beim finanzierten Abzahlungskauf sei der Personenkreis nicht wirtschaftlich und rechtsgeschäftlich unerfahren. Zum anderen erliege er nicht einem kurzfristigen Konsumanreiz, sondern treffe eine wohlüberlegte Vermögensdisposition für längere Frist.[1294] Er bediene sich oftmals der Hilfe eines Steuer- oder Anlageberaters oder könne dies zumindest tun.[1295] Der BGH stellt maßgeblich auf die mangelnde Schutzwürdigkeit sowie auf das subjektive Element ab.

**b. Neuorientierung der Rechtsprechung**

In einer vielbeachteten Entscheidung hinsichtlich eines Immobilienkaufs vom Bauträger[1296] hat der BGH als obiter dictum Ausführungen gemacht, unter welchen Bedingungen er auch bei finanzierten Immobilienkäufen einen Einwendungsdurchgriff bejahen würde. Dies treffe regelmäßig dann zu, wenn die Bank als Globalkreditgeberin des Kapitalanlegers diesem gegenüber in einer dem widersprüchlichen Verhalten vergleichbaren Weise auftritt.

---

1290 BGH WM 70,1363

1291 Ursprünglich begründete der BGH die Ablehnung noch damit, daß das AbzG, aus dem der Einwendungsdurchgriff heraus entwickelt worden ist, nur für bewegliche Sachen gelte (BGH WM 70,1362). Dieser Aspekt fand später keine Erwägung mehr.

1292 BGH WM 79,1054; BGH WM NJW 80, 42f.; BGH WM 86,1561(1562) zumal die übliche Vereinbarung über die grundpfandrechtliche Absicherung des Darlehensrückzahlungsanspruchs zugunsten der kreditgebenden Bank die rechtliche Trennung der beiden Vertragsverhältnisse augenfällig macht.

1293 BGH WM 80, 1448; BGH WM 82, 653; BGH WM 85, 1287; WM 86, 7; v.Heymann NJW 90,1137

1294 BGH WM 80, 1448; BGH WM 83, 653

1295 BGH WM 80,1448; BGH NJW 81, 389; BGH WM 83, 652 (653); BGH BB 85, 1288 OLG Köln WM 94, 197(201); OLG Koblenz ZIP 81, 968 (970)

1296 BGH NJW 80,43; dazu siehe auch Döring, Der langfristige Kredit 81, 575 f; Wolfsteiner, DNotZ 80, 349

Dies soll dann gelten, wenn sich die kreditgebende Bank nicht auf ihre Rolle als Kreditgeberin beschränkt, sondern sich in einer darüber hinausgehenden Weise am finanzierten Geschäft beteiligt [1297], also insbesondere Aufgaben des Bauträgers im Zusammenwirken mit diesem wahrgenommen habe.
Sie müsse gleichsam als ein Partner des finanzierten Geschäfts erscheinen und dürfe sich auch darüber hinaus nicht auf die Rolle des Kreditgebers beschränkt oder das in sie gesetzte Vertrauen verletzen.[1298] Im konkreten Fall lehnte der BGH den Einwendungsdurchgriff jedoch ab.

Im folgenden wurden noch zwei weitere Fallgruppen entwickelt. Danach solle der Einwendungsdurchgriff auch bei Immobilienanlagen ausnahmsweise dann durchgreifen, wenn die Bank einen speziellen Gefährdungstatbestand für den Anleger schafft oder ihn begünstigt.[1299]
Diese Entscheidung ist als Abschied vom Differenzierungskriterium der Schutzbedürftigkeit hin zum Kriterium der Art und des Maßes des Zusammenwirkens von Projektinitiatoren und Bank angesehen worden.[1300]
Unter der Geltung des Abzahlungsgesetzes wurde nicht mehr abschließend geklärt, inwieweit bei Immobilienerwerbsverträgen ein Einwendungsdurchgriff in Betracht kommt. [1301]

### c. Literatur

#### aa. Billigung der Rechtsprechung des BGH

Die restriktive Auffassung des BGH hat in der Literatur überwiegend Zustimmung gefunden.[1302] Bei langfristigen Vermögensanlagen werden Vor- und Nachteile sorgfältig abgewogen. Daß diese auf Gewinn angelegte Anlageform auch erhebliche Risiken bergen kann, muß jedem Interessenten bewußt sein, der auf diese Weise unternehmerisch tätig werden will. Der Einwendungsdurchgriff sei für die Geschäfte zur Beschaffung von Konsumgütern entwickelt worden. Geschützt werden sollte der Verbraucher, der sich durch den Anreiz eines raschen, vom Verkäufer und seiner Bank vorfinanzierten Konsums zu übereilten Entscheidungen verführen ließe.[1303] Es könne davon ausgegangen werden, daß der Kunde einen Fachmann heranzieht, der das unternehmerische Risiko noch einmal auseinandersetzt.[1304]

---

[1297] BGH NJW 81, 389; BGH WM 86, 1561(1562); BGH WM 79, 1054 (1055)
[1298] BGH NJW 80, 41 (42)
[1299] BGH WM WM 85, 993 Der BGH erwog hier zwar bei Schaffung eines speziellen Gefährdungstatbestands den Durchgriff, nahm letztlich aber nur die Verletzung einer Aufklärungspflicht im Rahmen der c.i.c an.
[1300] Otto, Stellung der Bank bei der Finanzierung von Immobilienanlagen, S. 105
[1301] BGH NJW 80, 41, 43; NJW 81, 389, 390f. ließen offen, ob im Falle eines gewöhnlichen, d.h. nicht im Zusammenhang mit einem Abschreibungs-, Bauherren- oder Bauträgermodell stehenden Immobilienerwerbs ein Einwendungsdurchgrif zuzulassen sei.
[1302] Werner/Machunsky, DB 82, 2229; Schwintowski, NJW 89, 2089; v. Heymann NJW 90, 1146; derselbe BB 86, 1173 (1174) ; Immenga, ZHR 151 (1987) S. 149(156); Hopt, FS f.Stimpel, 1985 S. 276ff.; Canaris, Großkommentar HGB Bd III/3, Bankvertragsrecht, Rn. 1504; Döring, Der langfristige Kredit 1981, 575; Hübner, ZIP 84,1181ff;
[1303] Hopt, FS Stimpel S. 277
[1304] Hopt, a.a.O. S. 280

**bb. Zulassung des Einwendungsdurchgriffs bei Vorliegen besonderer Umstände**

Teilweise wird bei Bauherrenmodellen der Einwendungsdurchgriff dann bejaht, wenn der Anleger für die Bank erkennbar die rechtlichen und wirtschaftlichen Risiken der Beteiligung an dem Modell nicht überschauen kann und auch nicht durch einen dritten, unbeteiligten Fachmann beraten wurde. Überdies seien Bauherrenmodelle regelmäßig so kompliziert gestaltet, daß selbst Spezialisten die damit verbundenen Risiken nur schwer abschätzen könnten.[1305]

Teilweise[1306] wird der Einwendungsdurchgriff beim Bauträger und bei der Beteiligung an Abschreibungsgesellschaften bejaht. Die Interessenslage sei die gleiche wie beim klassischen B-Geschäft. Der kurzfristige Immobilienerwerb über finanzierte Bauträgermodelle habe den Banken einen ganzen Geschäftszweig eröffnet. Anders sei die Lage bei einem individuell abgewickelten Grundstückskauf. Hier habe die Bank nicht die Möglichkeit, einen durch die Baubranche geschaffenen Markt durch massenhafte Finanzierung systematisch zu nutzen. Die Finanzierung gleiche vielmehr der Vergabe eines freien Barkredits, so daß eine generelle Risikozuordnung an die Bank nicht angemessen sei.

Teilweise wurden einzelne materielle Bewertungskriterien kritisiert:

Angesichts der Heterogenität heutiger Kundenschichten und Zielgruppen im Bereich des Teilzahlungsgeschäfts einerseits und des Immoblieninvestments andererseits seien individuelle Kundenmerkmale wie Finanzkraft, Geschäftserfahrung u.s.w. als genereller Wertungsmaßstab ungeeignet.[1307] Das Argument, wer den Steuerspareffekt seiner Kapitalanlage steigern wolle, müsse auch die vollen Risiken seiner Profitgier in Kauf nehmen, sei moralpädagogisch eingefärbt.[1308] Die auf einen hohen Fremdmitteleinsatz ausgerichtete Finanzierungskonzeption von Immobilienanlagen diene nicht nur dem Anleger. Die Möglichkeit, Grundeigentum ohne eigenen Liquiditätseinsatz zu erlangen, mache die Immobilienanlage erst zu einem marktfähigen Produkt, aus dem auch die Banken einen erheblichen Zinsnutzen zögen.[1309] Die Schutzbedürftigkeit und Schutzwürdigkeit des Darlehensnehmers sei kein abgrenzungstaugliches Kriterium.[1310]

Es wurde auch darauf hingewiesen, daß der Einwendungsdurchgriff längst nicht mehr nur eine singuläre Erscheinung auf dem Sektor des Konsumentenkredits sei. Der BGH habe bei sonst gleicher Interessenlage aller Beteiligten die Zulässigkeit des Einwendungsdurchgriffs auch bei Verträgen angenommen, die zum Zweck einer langfristigen Vermögensbildung abgeschlossen worden seien.[1311]

---

[1305] Werner/Machunsky, DB 82, 2229; Baudenbacher, JZ 85, S. 667

[1306] Baudenbacher JZ 85, 668

[1307] Otto, Stellung der Banken bei der Finanzierung von Immobilienkapitalanlagen, S. 106; Gilles JZ 75, 311

[1308] Otto, a.a.O., S. 106

[1309] Otto, a.a.O., S. 106

[1310] Otto, a.a.O., S. 106

[1311] Modell der Vermögensbildung in Arbeitnehmerhand BGH, Urt. v. 8.6.1978; finanzierter Mitarbeitervertrag BGH Urt. v. 23.11.1978, DB 79,743; Waschmittelvertretervertrag BGH Urt. v. 17.5.1979, NJW 79,2095; finanzierte Errichtung eines Tennisplatzes BGH urt. v. 19.11.1981, DB 82,426

## II. Rechtslage nach Inkrafttreten des Verbraucherkreditgesetzes

### 1.Finanzierter Kauf beweglicher Sachen

Durch das Inkrafttreten des Verbraucherkreditgesetzes ist der Einwendungsdurchgriff nunmehr durch § 9 VerbrKrG spezialgesetzlich geregelt. Die Regelung orientiert sich an der Rechtsprechung unter Geltung des Abzahlungskaufs.[1312]

### 2.Finanzierte Abschreibungsmodelle

Sie werden vom Anwendungsbereich des VerbrKrG erfaßt. Eine wirtschaftliche Einheit von Beteiligungs- und Kreditvertrag wird nicht dadurch ausgeschlossen, daß die besondere vertragliche Ausgestaltung des Geschäfts dem Verbraucher auch Vorteile bringt: eine Änderung der gesetzlichen Risikoverteilung durch die Betroffenen ist nach § 18 Satz 1 VerbrKrG ausgeschlossen. Unerheblich ist, daß ein Verbraucher, der sich an einer Abschreibungsgesellschaft beteiligt, häufig oder sogar typischerweise geschäftlich nicht unerfahren ist oder sachverständig beraten wird. Auf die individuelle Schutzbedürftigkeit eines Verbrauchers kommt es nicht an, vielmehr werden Kreditverträge mit Verbrauchern generell und zwingend in den Schutzbereich des Gesetzes einbezogen.[1313] Das VerbrKrG differenziert innerhalb seines persönlichen Anwendungsbereichs nicht danach, welche Motive der Kreditaufnahme zugrundeliegen.[1314] Der Referentenkommentar weist darauf hin, daß innerhalb der Grenzen der §§ 1-3 VerbrKrG auch Kreditaufnahmen zwecks Steuerersparnis in den Schutzbereich des VerbrKrG fallen.[1315] Das VerbrKrG differenziert nur zwischen Krediten an Privatpersonen und Krediten für eine selbständige berufliche Tätigkeit.

Widerrufen werden kann rechtstechnisch nur der Kreditvertrag. Über § 9 Abs. 2 VerbrKrG besteht Übereilungsschutz auch für den Beteiligungsvertrag.

Neues Differenzierungskriterium ist nun nicht mehr die Natur des Kombinationsmodells, sondern, ob die Willenserklärung des Kunden notariell beurkundet worden ist oder nicht. Alle Kunden werden grundsätzlich als schutzbedürftig angesehen. Der Schutz entfällt nur dann, wenn das Geschäft der notariellen Form bedarf. Dem Notar kommt damit eine entscheidende Funktion zu, die bei Erlaß der Bundesnotarordnung in diesem Umfang noch gar nicht bestand.

### 3. Vergleich der Rechtslage vor und nach Inkrafttreten des VerbrKrG

Der BGH knüpft beim Einwendungsdurchgriff an die Schutzbedürftigkeit des Kreditnehmers an, typisiert dann und verfeinert diese Typisierung wiederum im Lichte dieser Grundregel, während dem Verbraucherkreditgesetz schon dieser Ausgangspunkt fremd ist, da es nie nach der Schutzwürdigkeit des Verbrauchers fragt, sondern typisierend und unwiderlegbar von der Schutzwürdigkeit eines jeden ausgeht, der unter die Definition des Verbrauchers i.S.d. § 1 Abs. 1 VerbrKrG fällt.[1316]

---

[1312] Zu den Abweichungen, Franz, Der Einwendungsdurchgriff, S. 25ff.

[1313] Bruchner/Ott-Wagner/Wieduwilt, VerbrKrG, § 9 Rn. 186

[1314] Dauner-Lieb WM 91,17

[1315] Gesetzesbegründung BT-DR 11/5462 S.11(Seibert § 1 Rn. 3)

[1316] Böckstiegel, Rücksichtnahme auf Kreditnehmer, S. 121

### 4. Finanzierte Immobilienmodelle - Einwendungsdurchgriff nach § 9 VerbrKrG bei Immobilien, die grundpfandrechtlich abgesichert sind?

Gem. § 3 Abs. 2 Nr. 2 VerbrKrG findet bei Realkrediten der Einwendungsdurchgriff nicht statt. Die Nichtanwendung des § 9 Abs. 3 VerbrKrG wird damit begründet, daß es völlig untypisch sei, daß sich etwaige Einwendungen aus dem finanzierten Geschäft – bezogen auf den Erwerb von Waren oder Dienstleistungen – auf den Realkredit auswirken, d.h. auf die Kalkulationsgrundlage der Realkreditinstitute durchschlagen.[1317]
Die Nichtanwendung des § 9 Abs. 3 VerbrKrG ist immer dann der Fall, wenn die Gewährung des Kredites von der Sicherung durch ein Grundpfandrecht abhängig gemacht wird. Die Sonderstellung von grundpfandrechtlich gesicherten Krediten begründet der Gesetzgeber damit, daß diese Kreditart nicht zu den typischen Verbraucherkrediten zählt.[1318]

#### a. Ansicht der Literatur zur Frage des Einwendungsdurchgriffs bei finanzierten Immobilienmodellen nach Erlaß des VerbrKrG

Pfeiffer[1319] will den Einwendungsdurchgriff auch bei Bauherren- und Abschreibungsmodellen in den Fällen des aus einer Hand vermittelten, qualifiziert einheitlichen, massenhaft abgewickelten Immobiliengeschäfts vornehmen, wenn dem Anleger Erwerb, Finanzierung und steuerrechtliche 'Beratung' aus einer Hand angeboten werden.
Die Rechtsprechung lehnt einen Einwendungsdurchgriff bei steuersparwilligen Anlegern mit der Begründung ab, dieser Personenkreis könne sich der Hilfe eines Steuer- oder Anlageberaters bedienen. Dogmatisch handelt es sich nach Pfeiffer[1320] bei der Pflicht zur Inanspruchnahme einer qualifizierten Beratung um eine Obliegenheit des Anlegers, deren Beachtung in seinem eigenen Interesse liegt. Nichtbeachtung der Obliegenheit könne ihm nicht den Schutz durch den Einwendungsdurchgriff einbringen.
Wenn ein Objekt nun in der Weise vermarktet wird, daß der Vertreiber auch die Vermittlung der Finanzierung übernimmt und der Anleger zum finanzierenden Kreditinstitut in keinerlei persönlichen Kontakt tritt, und der Vertreiber für das Anlageobjekt in der Weise werbe, daß er dem Erwerber alle erforderlichen Informationen selbst gibt[1321], so sei ein solches Verhalten des Vertreibers objektiv und für alle Beteiligten erkennbar geeignet, den Erwerber von der Inanspruchnahme eigener steuerrechtlicher Beratung abzuhalten. Daher könne in diesen Fällen nicht noch eine weitere Obliegenheit des Anlegers zur Inanspruchnahme steuerrechtlicher Beratung bestehen.[1322] Pfeiffer grenzt diese Fälle von dem typischen finanzierten Grundstückskaufvertrag ab. Hier werden Grundstückskäufer, die einmal in ihrem Leben Bauherren werden, regelmäßig bei ihrem Kreditinstitut selbst vorstellig und lassen sich ein individuelles Finanzierungskonzept vorschlagen, das ihren Eigenkapitalanteil, ihr Einkommen und etwaige Bausparleistungen berücksichtigt.
Bei den massenhaft vertriebenen Modellen hingegen wirbt der Vertreiber mit dem Allfinanzgedanken. Er präsentiert Erwerb und Finanzierung als Rechnungsposten eines wirt-

---

[1317] Graf von Westphalen/ Emmerich/ von Rottenburg, Verbraucherkreditgesetz, § 3 Rn. 93; Ulmer/Habersack, Verbraucherkreditgesetz, § 3 Rn. 26
[1318] Begründung Regierungsentwurf, BT-Drucksache 11/5462 S. 18f.
[1319] Pfeiffer, ZBB 96, 304 (318)
[1320] Pfeiffer ZBB 96, 304 (318)
[1321] Etwa durch eine ausführliche Erläuterungsschrift und entsprechende Rechenanleitung, in die der Erwerber nur die Höhe seines steuerpflichtigen Einkommens eintragen muß, um die Höhe seiner Steuerersparnis aus dem Objekt zu ermitteln.
[1322] Pfeiffer, a.a.O., S. 318

schaftlich einheitlichen Vorgangs und bietet Immobilie und Finanzierung – scheinbar - aus einer Hand an.
Pfeiffer will den Einwendungsdurchgriff überdies bei den Modellen zulassen, die der äußeren Gestalt nach Erwerbermodelle sind, bei denen aber das Objekt nennenswerte Steuervorteile nicht verschaffen kann und/oder der angesprochene Interessentenkreis zur Inanspruchnahme relevanter steuerlicher Vorteile evident außerstande ist.[1323] Eine nähere Begründung gibt er hierfür nicht. Diesen Modellen liegt der Gedanke zugrunde, daß die Inanspruchnahme steuerlicher Beratung nicht zur Aufklärung über die Risiken führen würde. Auch ein Berater könnte den Anleger nur aufklären, daß das gesamte Konzept für ihn nicht geeignet ist und ihm raten, von der Beteiligung an dem Modell Abstand zu nehmen. Die Inanspruchnahme eines Beraters könnte also nicht konstruktiv, sondern nur destruktiv wirken und die Einschaltung des Beraters ein Informationsdefizit nicht beseitigen.

Der Einwendungsdurchgriff ist für die Fälle anerkannt, in denen die Bank über ihre Finanzierungsrolle hinaus an dem Geschäft – etwa als Mitinitiatorin oder durch eigene Kundenwerbung – beteiligt ist.
Nach Pfeiffer können die oben dargelegten Fälle des qualifiziert einheitlichen Erwerbs aus einer Hand ebenfalls unter die Fallgruppe des rollenwidrigen Verhaltens subsumiert werden.[1324] Denn die Bank wird durch den Vertrieb aus einer Hand mit ihrem Einverständnis oder ihrer Duldung nicht nur als Finanzierungsinstitut, sondern auch als eine Art Komponente des Pakets bzw. Referenzadresse genannt wird.

**Stellungnahme**

Unter der geltenden Rechtslage ist dieser Vorschlag nicht verwirklichbar. Die ganz herrschende Ansicht in der Literatur folgt daher auch dem BGH. Der Einwendungsdurchgriff nach § 9 III VerbrKrG ist de lege lata nicht möglich. Der Einwendungsdurchgriff nach § 242 BGB, wie er unter Geltung des AbzG bestand, ist nach h.M. neben dem VerbrKrG nicht mehr einschlägig.[1325]

### b. Anwendbarkeit des § 3 Abs. 2 Nr. 2 VerbrKrG im Einzelfall

#### aa Auffassung der Literatur

In der Literatur wird es überwiegend als unerheblich angesehen, wenn der Wert des Grundpfandrechts hinter dem Kreditbetrag zurückbleibt.[1326] Der Wortlaut des § 3 Abs. 2 Nr. 2 VerbrKrG enthalte keinen Hinweis auf eine beschränkte Anwendung der Vorschrift nur bei vollständiger Sicherung der gesamten Kreditsumme durch einen entsprechenden tatsächlichen Wert des Grundstücksobjekts.[1327] Der Charakter des Realkredits werde insbesondere nicht schon dadurch in Frage gestellt, daß im Einzelfall der im Hypothekenbankgesetz vorgesehene

---

[1323] Pfeiffer, ZBB 96, 304 (318)
[1324] Pfeiffer, ZBB 96, 304 (318)
[1325] Zum Streitstand vgl. oben
[1326] LG Braunschweig WM 97, 111 (116); bestätigt in OLG Braunschweig WM 98, 1223 (1227)
[1327] Bruchner/Ott/Wagner-Wieduwilt, VerbrKrG, § 3 Rn.95

Beleihungsrahmen in Höhe von 60% des Objektwerts (§§ 11,12 HypBG) überschritten wird. Diese Bestimmungen beruhten auf dem hypothekenbankspezifischen Prinzip der Pfandbriefdeckung und dienten vorrangig dem Schutz der Inhaber von Schuldverschreibungen, so daß die Beleihungsgrenze nicht als zu den in § 3 Abs. 2 Nr. 2 VerbrKrG bezeichneten 'üblichen Bedingungen' gehörend angesehen werden könne.[1328] Der Grundsatz der Rechtssicherheit[1329] verbiete, die Anwendung von § 3 Abs. 2 Nr. 2 VerbrKrG mittelbar vom jeweiligen Wert des jeweiligen Grundpfandobjekts abhängig zu machen, zumal der Verkehrswert eines Grundstückes aufgrund der ständig wechselnden Marktverhältnisse andauernden Veränderungen unterliegt.

In der Literatur wird im Einzelfall die Anwendung des § 3 Abs. 2 Nr. 2 VerbrKrG erwogen, wenn zwischen der Höhe des bestellten Grundpfandrechtes und dem Wert des Objektes offensichtlich ein krasses Mißverhältnis besteht und wegen des tatsächlich ungedeckten Kreditrisikos Kreditkosten, insbesondere Zinsen, vereinbart werden, die üblicherweise für nicht durch Grundpfandrechte abgesicherte (Personal-)kredite verlangt werden.[1330]
Bruchner gibt aber zu bedenken, daß im Rahmen steuersparender Immobilienanlagen nicht allein der Wert des Objektes die Wirtschaftlichkeit der Anlage bestimme, sondern auch die damit in Verbindung stehenden steuerlichen Vorteile.[1331] Auch knüpfe der Gesetzgeber in § 3 Abs. 2 Nr. 2 VerbrKrG das Vorliegen eines Immobiliarkredites gerade nicht an die voll umfängliche, grundpfandrechtliche Absicherung, um Fragen der Bewertung und volatilen Werthaltigkeit des Grundpfandobjektes für den Anwendungsbereich zu vermeiden.[1332]
b. Drescher nimmt dies nur bei (vollständiger) Wertlosigkeit des Grundpfandrechts an.[1333]
Der Sinn und Zweck des Gesetzes -Sicherung des Kredits durch das Grundrecht- fordere, daß die dingliche Belastung auch zur Deckung der Kreditforderung nach Annahme der Vertragsparteien- bei Vertragsabschluß- ausreicht und geeignet ist.[1334]
Allerdings wird nicht verlangt, daß die Beleihungsgrenze des § 11 II Hypothekenbankgesetz eingehalten wird.[1335] Ein Korrektiv wird lediglich dahingehend vorgenommen, daß die Besicherung mit einem wertlosen, insbesondere schlechtrangigen Grundpfandrecht den Tatbestand der Umgehung nach § 18 VerbrKrG erfüllen könnte. Folge wäre, daß dieses Geschäft nach § 18 I VerbrKrG unwirksam wäre oder nach § 18 II zur Anwendung des VerbrkrG führen würde.[1336] In diesem Fall solle das VerbrKrG vollständig Anwendung finden.[1337]
Nach Hannes/Münstermann soll die Ausnahmeregelung des § 3 II Nr. 2 VerbrKrG dann Anwendung finden, wenn lediglich zweifelhaft ist, ob die Sicherheit ausreicht, weil die Ansichten über die Bonität einer Sicherheit oftmals differieren und auch allgemeine wirtschaftliche Entwicklungen eine Rolle spielen.[1338]

---

[1328] Zur Bemessung der 'üblichen Bedingungen' vgl. Bruchner WM 99, 825 (828 ff.)
[1329] Schoppmann, a.a.O. S.63 hinsichtlich des Schutzbereichs des Entwurfs der sog. Distanz-Richtlinie; die Argumentation gilt jedoch m.E. in gleicher Weise für das VerbrKrG.
[1330] Bruchner a.a.O. Rn. 96;
[1331] Bruchner WM 99, 825 (828) mit Verweis auf das Urteil des Hanseatischen OLG Bremen vom 4.11.1998 Az. 1 U 48/98
[1332] Bruchner, WM 99, 825 (828)
[1333] Drescher, Verbraucherkreditgesetz und Bankenpraxis Rn. 68
[1334] Hannes/ Münstermann, a.a.O. § 3 Rn. 166
[1335] Hannes/ Münstermann, a.a.O., § 3 Rn. 90
[1336] Hannes/Münstermann, § 3 Rn. 166
[1337] Bülow, VerbKrG, § 3 Rn.44
[1338] Hannes/Münstermann, VerbrKrG, § 3 Rn. 166

Eine Sicherung soll selbst dann vorliegen, wenn wegen der Überschreitung üblicher Beleihungsgrenzen entgegen § 3 Abs. 2 Nr. 2 VerbrKrG nicht 'der Kredit', sondern nur ein Teil desselben tatsächlich gesichert wird.[1339]

### bb. Der Vorschlag von Pfeiffer

Pfeiffer[1340]argumentiert, der Verbraucher sei schutzwürdig, weil er bei verdeckter Untersicherung Gefahr laufe, daß auf weitere Sicherheiten oder das sonstige persönliche Vermögen Zugriff genommen werde, ohne daß er hiermit rechnet, wohingegen das Kreditinstitut durch die beim Realkredit erforderliche sorgfältige Bewertung geschützt sei. Pfeiffer verweist weiterhin auf das Umgehungsverbot des § 18 VerbrKrG. Dies schließe eine formelle Betrachtung des Begriffs Sicherung in § 3 Abs.2 Nr.2 VerbrKrG aus.
Pfeiffer hält die Ausnahmeregel des § 3 Abs.2 Nr.2 VerbrKrG nur dann für gegeben, wenn das Grundpfandrecht eine echte, materiell werthaltige Sicherung des ganzen Kredits bewirke.[1341] Ob und inwieweit eine Sicherungswirkung erreicht wird, könne nur unter Berücksichtigung des im Sicherungsfall realisierbaren Wertes beurteilt werden.[1342]
Pfeiffer will bei einer evidenten, erhebliche Überschreitung der 80 %- Grenze keine Sicherung mehr annehmen mit der Folge, daß das Verbraucherkreditgesetz Anwendung finden soll. Nach § 3 Abs.2 Nr.2 VerbrKrG wird auf § 7 Abs.3-5 BauspkG Bezug genommen. Die Definitionsnorm des § 7 Abs.1 BauspkG. konkretisiere die Beleihungsgrenze von 80 %[1343] und fülle § 7 Abs.3 BausparkG inhaltlich aus. Dadurch nehme sie auch auf § 3 Abs.2 Nr.2 VerbrKrG Bezug. Die dem § 7 Abs.3-5 BauspkG zugrundeliegende Wertung, wann eine grundpfandrechtliche Sicherung vorliegt, sei daher auch auf § 3 Abs.2 Nr.2 VerbrKrG verallgemeinerbar. Ihr komme Leitbildfunktion zu.[1344]
Karpferer verwendet hier den Gedanken[1345], daß die Bank gar nicht den Immobilienanteil beleiht, sondern dem Anleger eine Art Blanko-Kredit gebe. Die dazu benötigte zusätzliche Sicherheit sei die Kreditlinie des Anlegers.

### cc. Auffassung der Rechtsprechung

Das OLG Braunschweig[1346] hält eine solche Einschränkung für möglich, lehnt sie aber im konkreten Fall ab. Maßstab für ein krasses Mißverhältniss solle § 138 BGB sein. Bei einem Vergleich zwischen Leistung und Gegenleistung (wobei nur der Kaufpreis für das Grundstück berücksichtigt werden soll, nicht jedoch zusätzliche Kosten) müsse die Leistung knapp

---

[1339] LG Bochum EwiR § 3 VerbrKrG 1/96, 475
[1340] Pfeiffer, § 3 VerbrKrG 1/96 EwiR S. 475
[1341] Zu den Beleihungspraktiken teilweise bis zu 125% des Immobilienwertes gerlach-report 46/93 S. 2
[1342] Pfeiffer verweist insoweit auf den Freigabeanspruch bei Globalsicherheiten sieheauch Pfeiffer: Übersicherung, Freigabeanspruch, Freigabeklauseln – Unsicherheiten im Recht der Sicherungsgeschäfte Ursachen, Auswege, WM: 95, 1565, 1571 m.w.N.
[1343] § 7 Abs.1 S.4 BausparkG bestimmt, daß die grundpfandrechtlich gesicherte Beleihung 80 % des Beleihungswerts des Objekts nicht übersteigen darf.
[1344] Pfeiffer, ZBB 4/96 S.304(306); ebenso Drescher VerbrKrG und Bankenpraxis, 1994, Rn.72 ebenso Spickhoff, BB 99, 165(169) für den Fall, daß der Kredit durch die bestellte Grundschuld erheblich untersichert ist und infolgedessen für Realkredite unübliche, dem Kreditnehmer ungünstige Kreditkonditionen vereinbart werden.
[1345] gerlach-report 46/93 S. 3
[1346] OLG Braunschweig WM 98,1223 (1227)

doppelt so hoch wie die Gegenleistung sein.[1347] Auf eine volle Werthaltigkeit des Grundpfandrechts komme es nicht an, da § 3 Abs. 2 Nr. 2 VerbrKrG die Privilegierung an die Üblichkeit der Kreditbedingungen und nicht an diejenige der grundpfandrechtlichen Absicherung des Kredits anknüpfe.[1348]
Das OLG Thüringen lehnte den Einwendungsdurchgriff wegen § 3 Abs. 2 Nr. 2 VerbrKrG ab, obwohl sich im konkreten Fall der Verkehrswert – auch nach den Schätzungen der Bank – auf ca. 104.000,- DM belief, während die Grundschuld zur Absicherung einer Kreditsumme von 180.000,- DM bestellt wurde. Der Senat wies zwar darauf hin, daß die Grundschuld nur unvollständig werthaltig ist, verwies aber ohne weiteres Problembewußtsein auf andere oberinstanzliche Entscheidungen.[1349]

**dd. Eigene Ansicht**

M.E. muß die Anwendbarkeit des § 3 Abs. 2 Nr. 2 auf krasse Ausnahmefälle beschränkt bleiben, da andernfalls eine große Rechtsunsicherheit eintreten würde. Die Verbraucher würden durch eine Vielzahl von Wertgutachten nachzuweisen versuchen, daß die Beleihungsgrenze von 80% überschritten ist. Die Gericht würden mit Sachverständigengutachten geradezu überflutet werden.

**e. Weitere Anmerkung**

Der Anwendungsbereich des VerbrKrG ist eröffnet, wenn die Voraussetzungen des § 3 Abs. 2 Nr.2 VerbrKrG nicht vorliegen. Dies ist dann der Fall, wenn nicht gleichzeitig eine Grundsicherheit für das aufgenommene Darlehen bestellt wird. Die Voraussetzungen des § 3 Abs. 2 Nr. 2 VerbrKrG liegen also auch dann nicht vor, wenn der Kunde der Bank eine andere Sicherung bringt. Vorstellbar ist die Einräumung eines Pfandrechts an einem beweglichen Gegenstand nach §§ 1204 ff. BGB oder einer Sicherungsabtretung oder Sicherungsübereignung nach §§ 929 ff. Angesichts der Höhe des benötigten Darlehens müßte es sich bei diesen die Sicherung einräumenden Gegenständen bzw. Forderungen um beträchtliche Wertgegenstände handeln, die der Kunde der Bank zur Sicherheit überläßt. Regelmäßig kann nur eine wirtschaftlich wohlsituierte Bevölkerungsschicht einen Darlehensbetrag in Höhe eines Grundstückskaufpreises mit Wertgegenständen absichern. Somit sind also Fallgestaltungen des finanzierten Immobilien- und Beteiligungserwerb möglich, die vollständig unter das VerbrKrG fallen.
Folge dieser Ansicht ist, daß ein sehr kleiner Bevölkerungskreis, dem ausreichende Sicherungsmöglichkeiten zur Verfügung stehen, die Möglichkeit besitzt, bei gestörtem Kombinationsmodell der Bank den Einwendungsdurchgriff entgegenzuhalten. Geschützt wird damit nur die wirtschaftliche Oberschicht. Der wirtschaftlich Schwächere hingegen muß mangels weiterer Wertgegenstände das zu erwerbende Grundstück als Sicherheit hingegeben und fällt aus dem Schutzbereich des VerbrKrG heraus. Dieses Ergebnis mutet seltsam an, ist aber notwendige Konsequenz des Anwendungsbereich des VerbrKrG. Dieses Beispiel zeigt, daß der Gesetzgeber die wirtschaftliche Einheit auch bei finanzierten Immobilienmodellen im Rahmen des VerbrKrG anerkennt.

---

[1347] OLG Braunschweig WM 98,1223 (1227)
[1348] zustimmend v. Heymann WuB I.G.-5.98; im Ergebnis ebenso Streit ZIP 99,479(480); LG Braunschweig WM 97, 111, 116;
[1349] OLG Thüringen WM 99, 2315 (2317) mit Verweis auf OLG Hamm WM 98, 1230; OLG Braunschweig WM 98, 1223

**Ergebnis**

Die Rechtsprechung unter dem AbzG knüpfte an den Erwerbsgegenstand an. Rechtstechnisch verneinte sie das Vorliegen der subjektiven Voraussetzungen des Einwendungsdurchgriff und den Verstoß gegen Treu und Glauben.
Das VerbrKrG stellt in § 9 VerbrKrG nur auf das objektive Vorliegen der Verbindungselemente ab. Die subjektive Sicht findet keine Berücksichtigung mehr. Die funktionelle Begrenzung ergibt sich aus § 3 Abs. 2 Nr. 2 VerbrKrG. Anknüpfungspunkt ist die Art und Weise der Kreditsicherung.

In der Arbeit hat sich herausgestellt, daß den Modellen gleiche Wertungen zugrunde liegen. Im Bereich der Zurechnung von Täuschungen des multifunktionalen Vermittlers und der Zurechnung von Verhandlungen des Vermittlers an der Haustür besteht die Tendenz, diese Kombinationsmodelle einheitlich zu behandeln. Lediglich beim Einwendungsdurchgriff ist dies de lege lata nicht möglich.

Auch unter dem VerbrKrG werden Grundstücksfinanzierungen, selbst wenn sie zweckgebunden für den Erwerb eines ganz bestimmten Objekts und unter der Voraussetzung einer entsprechenden Sicherung an diesem Grundstück vergeben werden, trotz ihres engen wirtschaftlichen Zusammenhangs als zwei rechtlich selbständige und isoliert zu betrachtende Verträge angesehen. [1350]

---

[1350] Vgl. OLG Köln WM 94, 197 (200); allerdings mit den unter e gemachten Einschränkungen

## J. Zusammenfassung der Ergebnisse

I. Es hat sich gezeigt, daß ein großer Handlungsbedarf für die Regelung des Berufsbildes des Allfinanzdienstleistungsvermittlers besteht. Angesichts der jährlichen Milliardenverluste für die Verbraucher am Grauen Kapitalmarkt ist eine Qualifizierung der Vermittler ebenso notwendig wie die Einrichtung einer speziellen Aufsichtsbehörde. Der Gesetzentwurf ist grundsätzlich zu begrüßen, wobei die vorgetragenen Kritikpunkte im Gesetzgebungsverfahren Berücksichtigung finden sollten. Hier erscheint insbesondere die Anlehnungslösung, wonach Nebenberufler keine Qualifizierung nachweisen müssen, verbesserungswürdig.

II. Wird ein Produktbündel unterschiedlicher Produktgeber vermittelt, das der Allfinanzvermittler dem Kunden als individuell ausgearbeitetes Konzept „ Allfinanz aus einer Hand" verkauft, tritt er regelmäßig als Berater und nicht Vermittler auf und haftet aus einem konkludent geschlossenen Beratungsvertrag. Eine Vermittlung ist nur vorstellbar, wenn das Paket von den dahinterstehenden Produktgebern zusammengestellt worden ist und wenn der Vermittler nur in den Vertrieb eingeschaltet ist. Dann muß sich der Vermittler auf die Erläuterung des Produktbündels beschränken, so daß der Kunde selbst erkennen kann, ob das Angebot seinen individuellen Bedürfnissen gerecht wird. Produktkombinationen verschieben meist die Verantwortung. Dies gilt insbesondere für das Verhältnis von Versicherung zu Versicherungsvertreter. Aufklärungspflichten können sich wegen gleichzeitiger Vermittlung verstärken.

III. Die Rechtsprechung zur Rückabwicklung von Kombinationsmodellen, die an der Haustür vermittelt worden sind, differenzierte anfangs nach der Art des Produktbündels. Sie verband mit steuersparenden Modellen und Immobilienmodellen einen Kundenkreis, der sich eines eigenen Beraters bedienen könnte und daher nicht schutzwürdig sei. Dieser Wertungswiderspruch in der Behandlung der Produktkombinationen wird mit dem Inkrafttreten des Haustürwiderrufsgesetz beseitigt. All drei Produktkombinationen werden hinsichtlich der Rückabwicklung gleich behandelt. Die Rechtsprechung sieht alle Kombinationsmodelle an der Haustür im Rahmen des Haustürwiderrufsgesetzes als wirtschaftliche Einheit an. Mit dem Inkrafttreten des VerbrKrG ist die Rechtslage hinsichtlich des finanzierten Immobilienmodells unklar geworden. Folgt man der Auffassung, wonach das HwiG nicht ergänzend zur Anwendung gelangt, hat sich die Rechtslage der finanzierten Immobilienmodelle für den Kunden verschlechtert, da ihm kein Widerrufsrecht zusteht. Hierdurch ist eine erneute Ungleichbehandlung zu den zwei anderen Modellen eingetreten. Folgt man der vorzuziehenden Mindermeinung, werden die drei Modelle wertungsmäßig gleichbehandelt. Bei jedem der drei Modelle kann der Kunde nach Ausübung des Widerrufs das Vertragsbündel rückabwickeln, ohne das Liquditätsrisiko eines der Produktgeber tragen zu müssen.

IV. Der Begriff des Nichtdritten i.S.d. § 123 II BGB hat sich seit der Zeit des Reichsgerichts weiterentwickelt. Dem Begriff des Nichtdritten werden nicht mehr bestimmten Funktionen wie Makler bzw. Vertreter zugeordnet, sondern es wird auf die konkreten Umstände des Einzelfalls abgestellt. Die vom BGH entwickelten drei Fallgruppen können auf eine Fallgruppe reduziert werden. Entscheidend ist, ob der Dritte in die Vertragsverhandlungen mit der Gegenseite einbezogen war. Nichtdritter ist, wer Verhandlungsgehilfe und damit Erfüllungsgehilfe i.S.d. § 278 BGB ist.

Der BGH differenziert beim finanzierten Abzahlungskauf nicht nach dem Anfechtungsgegenstand. Unerheblich ist, ob die Umstände, über die der Vermittler täuscht, sich unmittelbar auf den Kauf- oder Darlehensvertrag beziehen. Die arglistige Täuschung berechtigt zur Anfechtung beider Verträge, wenn der Umstand für den Abschluß des Vertrages ursächlich gewesen ist. Seit dem Jahre1967 löst der BGH die Fälle arglistiger Täuschung des Kaufvertrages mit der Rechtsfigur des Einwendungsdurchgriffs. Dabei wurde die Rechtsprechung zur erweiterten Anfechtung niemals als überholt angesehen (noch 12 Jahre später löst der BGH zwei Täuschungsfälle mittels der erweiterten Anfechtung). Der Einwendungsdurchgriff wurde als der umfassendere Rechtsbehelf begriffen. Nach Inkrafttreten des VerbrKrG ist umstritten, ob die erweiterte Anfechtung neben dem gesetzlich normierten Einwendungsdurchgriff Anwendung findet. Beim finanzierten Kauf beweglicher Sachen außerhalb des VerbrKrG wird die erweiterte Anfechtung bejaht.

V. Bei finanzierten Steuermodellen wird nicht nach dem Anfechtungsgegenstand unterschieden. Im krassen Gegensatz dazu steht die überwiegende Ansicht der oberinstanzlichen Gerichte bei finanzierten Immobilienkapitalanlagen, die streng nach Geschäftskreisen differenziert. Täuschungen über nicht unmittelbar darlehensvertragsbezogener Umstände berechtigen nicht zur Anfechtung.
Die Rechtsprechung problematisiert den Umfang der Zurechnung fehlerhafter Angaben des Vermittlers bei finanzierten Immobilienkapitalanlagen regelmäßig im Rahmen der c.i.c. Ob und welche Angaben des Vermittlers der Bank zuzurechnen sind, ist höchstrichterlich nicht geklärt. Hier gibt es widersprüchliche Urteile mit unterschiedlichem Tenor. Zu folgen ist der neuen Tendenz, die – anders als die überwiegende Anzahl oberinstanzlicher Gerichte - fehlerhafte Angaben auch hinsichtlich nicht unmittelbar darlehensbezogener Umstände zurechnet. Das Urteil des OLG Nürnberg vom November 1999 bestätigt diese neue Tendenz, die überdies mit den Entscheidungen zum finanzierten Abzahlungskauf übereinstimmt. Die Zurechnung fehlerhafter Angaben muß sowohl im Rahmen der Anfechtung nach § 123 BGB, als auch im Rahmen der c.i.c. erfolgen.
Dogmatisch ist der Vermittler Erfüllungsgehilfe hinsichtlich der Nebenpflicht der Bank, keine unrichtigen Angaben über Umstände zu machen, die den Kunden zum Abschluß des Vertrags verleiten. Diese Nebenpflicht ist eine vertragsbezogene Loyalitätspflicht, bei dessen Verletzung der Gehilfe nicht bei Gelegenheit handelt. Bei Gelegenheit handelt er erst, wenn die unrichtigen Angaben nicht kausal für den Vertragsabschluß für den Kunden waren. Nur so wird dem Selbstbestimmungsrecht, das sich in § 123 BGB manifestiert, Rechnung getragen.

VI. Unter Geltung des Abzahlungsgesetzes wurden fremdfinanzierte Steuersparmodelle und finanzierte Immobilienmodelle von der Rechtsprechung nicht als wirtschaftlich einheitliches Geschäft angesehen. Mit Inkrafttreten des Verbraucherkreditgesetzes wird die wirtschaftliche Einheit bei finanzierten Steuersparmodellen anerkannt. Bei finanzierten Immobilienmodellen gilt weiterhin strikt das Trennungsprinzip nebst seinem Aufspaltungsrisiko. Auch hier gibt es in der Literatur Tendenzen, den Einwendungsdurchgriff zu bejahen. De lega lata scheint dies bislang nicht möglich.

VII.
Es bleibt letztlich zu fragen, ob es dem Finanzmakler weiter erlaubt sein kann, Produkte unterschiedlicher Produktgeber zu vermitteln. Es ist die Tendenz in der Rechtsprechung

erkennbar, die hinter dem Vermittler stehenden Produktgeber in Haftung zu nehmen, sei es, daß das Wissen des mehrfunktional tätigen Vermittlers dem dahinterstehenden Produktgeber zugerechnet wird, sei es daß sein Handeln auf alle Produktgeber zurückschlägt. Vorstellbar ist, daß Produktgeber sich im vorhinein über das Produktbündel abstimmen, so daß bei fehlerhaft konzeptionierten Modellen sich kein Produktgeber findet, der bereit ist, sein Produkt zur Vermittlung zu stellen. Die Bündelung durch den Vermittler führt dazu, daß Störungen eines Produktteils (Täuschungen durch den Vermittler, fahrlässig unrichtige Angaben des Vermittlers, Vermittlung eines Produktteils an der Haustür durch den Vermittler) letztlich auf die dahinterstehenden Produktgeber zurückwirken.

Folge davon ist, daß die Bank entweder ihren Vertrieb selbst übernimmt und keine Allround-Dienstleister zuläßt oder daß sie das Konzept vorher mit den übrigen Produktpartnern abstimmt, bevor der Allfinanzvermittler das Kombinationsmodell beim Kunden anbietet.

## Literaturverzeichnis

**A**

Altmann, Erwin — Anfechtung von Willenserklärungen bei arglistiger Täuschung durch „Dritte" (§ 123 Abs. 2 BGB), Marburg, 1934

Abram, Nils — Werden in Deutschland gesetzliche Berufsregelungen für Versicherungsvermittler bald Wirklichkeit? VersR 98,551

Andras, Hans — Konzentration oder Kooperation: Strategische Vertriebskonzepte aus der Sicht des Versicherers, in : ÖBA 2/90 S. 112

Assmann/Schütze — Handbuch des Kapitalanlagerechts 2.Aufl. 1997, München

Armansperg, Wolfgang von — Die Abschreibungsgesellschaft: Entstehung, Ausgestaltung, Einschränkungen, München, 1983

**B**

Backhaus, Beate — Verbraucherkredite- Bestandaufnahme, Möglichkeiten und Zielsetzungen einer Reform in der BRD im Vergleich mit der zu Großbritannien nach Erlaß des Consumer Credit Act 1974 entstandenen Rechtslage, Hamburg, 1983

Bar, Christian von — Verkehrspflichten: richterliche Gefahrsteuerungsgebote im deutschen Deliktsrecht, Köln , 1980

Ballerstedt, Kurt — Zur Haftung für c.i.c. bei Geschäftsabschluß durch StellvertreterAcP 151 (1950/51),501

Bank, Fritz — Begriff und zivilrechtliche Bedeutung der arglistigen Täuschung, Leipzig, 1913 (zitiert: Bank, Täuschung, S.)

Basedow, Jürgen/ Meyer, Ulrich/ Schwintowski, Hans Peter — Lebensversicherung, internationale Versicherungsverträge und Verbraucherschutz, Versicherungsvertrieb: Beiträge der 5. Wissenschaftstage des Bundes der Versicherten, Versicherungswissenschaftliche Studien, 4.Band, 1. Aufl. 1996 (zitiert Autor, Titel, Versicherungswissenschaftliche Studien, S.)

Bätscher, Neuwilen Heilmann — Financial Services für den privaten Haushalt In: Geld, Banken und Versicherungen Hrsg. v. W-R

Baudenbacher,Carl — Einwendungsdurchgriff beim finanzierten Immobilienerwerb? JZ 1985, 661ff.

Bauer, Friedrich — Die Anfechtung der Willenserklärung wegen arglistiger Täuschung (zitiert Bauer, Täuschung, S.)

Baum, Marcus — Die Wissenszurechnung, 1999, Berlin

Baumann, Horst — Versicherungsrecht nach der Deregulierung VersR 96,1

Baumbach, Adolf /Duden, Konrad /Hopt, Klaus — Handelsgesetzbuch, Kommentar, 29. Auflage, 1995, München (zitiert Baumbach/Duden/Hopt, HGB)

Baur, Werner — Rückzahlungsanspruch des Abzahlungskäufers gegen die Finanzierungsbank bei nicht ordnungsgemäßer Leistung durch den Verkäufer? NJW 75, 2008

Becker, Hans/ Herges/Pia Steitz, Marcus — Was erwarten die Kunden von der Bank? Bum 2/91, S. 23

Beckmann, Roland — Auswirkungen der Auge-und- Ohr-Rechtsprechung NJW 96, 1378

Beer, Manfred — Verbraucherkreditgesetz: Hürden im Hypothekengeschäft Versicherungskaufmann 2/94 S. 45

Benkel, Gert A./ Reusch, Peter — Der Einfluß der Deregulierung der Versicherungsmärkte auf die Haftung des Versicherungsmaklers VersR 92,1302

Bender, Rolf — Probleme des Konsumentenkredits NJW 80,1129

Bennemann, Jürgen — Ein neues Recht für den Verbraucher, JR 86, 358

| | |
|---|---|
| Bernstein | Kollisionsrechtliche Fragen der culpa in contrahendo, RabelsZ 77, 281 |
| Bethge, Uwe | Provisions- und Beratungsprobleme bei der Immobilienvermittlung durch Banken ZfIR 98, 325 |
| derselbe | Maklerrecht in der Praxis, 2. Auflage, Bonn, 1999 |
| Biagosch, Axel | Zum Thema aus deutscher Sicht VW 90,761 |
| Bichlmeier, Gerd | Zusicherung und Vertrauen- eine Untersuchung zu §§ 459 Abs. 2, 463 S. 1BGB, 1978 |
| Bieberstein, Marschall | Anmerkung zu BGHZ 37,94 in MDR 62,562 |
| Bockholt, Heinrich | Neue Ausbildungsnormen, Frankfurter Allgemeine Zeitung vom 04.11.1996, S. 29 |
| Bockshecker, Walter | Versicherungsfachwirt: Die Perspektive für Insider Versicherungskaufmann 4/94 S. 36 |
| Böckstiegel, Martin | Rücksichtnahme auf Kreditnehmer, München, 1996 |
| Bosselmann, Eckhard | Gesetzliche Berufszugangs- und Berufsausübungsregeln für Versicherungsmakler? Versicherungswirtschaft 5/95 S. 310 |
| Brandt, Markus | Mehr Verbraucherschutz durch Registrierungspflicht für Finanzdienstleistungs- und Versicherungsvermittler ? ZRP 98, 179 |
| Breiholdt, Jutta | Der Makler als Erfüllungsgehilfe des Verkäufers, ZfIR 10/97, 630 |
| Breit, Roland | Register von Vermittlern für Vermittler Versicherungskaufmann 11/94 S. 22 |
| Breuer, K | Prüfungen in einer neuen Dimension: Versicherungsfachmann/-fachfrau (BWV) VW (47), 1992, S. 398 |
| | Mit Titel und Ausweis zum Kunden VW (46), 1991, S. 1015 |
| Brittan, Leon | Der Europäische Binnenmarkt der Versicherungen: Was noch zu tun bleibt VW 90,754 |
| Bronisch, Otfried | Anmerkungen VersR 51,295 |
| Brox, Hans | Allgemeiner Teil des BGB, 23. Neubearbeitete Auflage, Köln, 1999 |
| Bruchner, Helmut | Anmerkung zu LG Ellwangen Urt. v. 15.Mai.1998, WM 99,129 WuB I G 5.-3.99 S. 566 |
| Bruchner | Bankenhaftung bei fremdfinanziertem Immobilienerwerb WM 99,825 |
| Bruchner, Helmut/ Ort, Claus/ Wagner-Wieduwilt, Klaus | Verbraucherkreditgesetz, Kommentar, 2. Überarbeitete Auflage, München, 1994 |
| Bruck, Ernst/Möller, Hans | Kommentar zum Versicherungsvertragsgesetz, und zu den allgemeinen Versicherungsbedingungen unter Einschluß des Versicherungsvermittlerrechts, Berlin, 1961 |
| Bruns/Häuser | Der nicht organisierte Kapitalmarkt, 1983 |
| Brych/Pause | Bauträgerkauf und Baumodelle, 3.völlig neubearbeitete Auflage, München, (1999) |
| Buhl, H.U./ Will, A. | Information Management 1993, S. 42 |
| Bülow,Peter | Heidelberger Kommentar zum VerbrKrG, 3. Völlig neubearbeitete und erweiterte Auflage, Heidelberg, 1998 |
| Burgmaier/Palan | Finanzberatung- Übermut verloren, Wirtschaftswoche vom 04.01.1996 |
| Bünger, Klaus | Plädoyer für die Gewerbefreiheit bei Versicherungsvermittlern, Gewerbearchiv 94, 305 |
| Büschgen, Hans E. | Bankbetriebslehre, Bankgeschäfte und Bankmanagement, 2. Auflage, Wiesbaden 1989 |
| Büschgen, Hans E./ Büschgen Anja | Nachdenken über den Allfinanz-Berater als betriebliche Ausbildungs-, Hochschul- oder Zusatzqualifikation, Institut für Bankwirtschaft und Bankrecht, Mitteilungen und Berichte 21. Jhg. 1990 Nr. 61 S. 5 |
| Burgmaier Stefanie/ Palan, Dietmar | Finanzberatung- Übermut verloren Wirtschaftwoche vom 04.01.1996 |
| Bydlinski, Peter | Anmerkung zu BGH Urt. v. 26.9.1995, XIZR 199/94, DZWiR 96,117 |

**C**

Canaris, Claus-Wilhelm Bankvertragsrecht, 2.Aufl. Berlin, New York 1981

derselbe — Der Bereicherungsausgleich im Dreipersonenverhältnis, Festschrift für Karl Larenz zum 70. Geburtstag, München, 1973, S. 838ff.

Ansprüche wegen 'positiver Vertragsverletzung' und 'Schutzwirkung für Dritte' bei nichtigen Verträgen, JZ 65,475

Schranken der Privatautonomie zum Schutze des Kreditnehmers, ZIP 80,709

Gesetzliches Verbot und Rechtsgeschäft, Heidelberg, 1983

Die Vertrauenshaftung im deutschen Privatrecht, München, 1971

Grundprobleme des Finanzierungsleasing im Lichte des VerbrKrG, ZIP 93, 401

Möglichkeiten der Wissenszurechnung, Versicherungsrecht, Sonderheft Karlsruher Forum 1994 S. 33

Christoffel, Roman — Anmerkung zu OLG München WM 97, 254 WuB I G 5.-3.97 S. 533

Clasen — Zur Haftung des Versicherers für seinen Vertreter

Clemens, Hubert — Öffentliches Zentralregister für Vermittler gegründet VW 95,1354

Coester, Michael — Verbraucherschutz bei drittfinanzierten Geschäften (§9 VerbrKrG), Jura 1992, S. 617ff.

Crisolli, Karl-August/ Ostler, Fritz — Abzahlungsgesetz, 5. Auflage völlig überarbeitet von Ostler, Berlin, 1958

**D**

Damm, Reinhard — Entwicklungstendenzen der Expertenhaftung JZ 91,373

Daum, Werner — Der Bundesgerichtshof zum finanzierten Abzahlungskauf: zugleich ein Beitrag zur culpa in contrahendo, NJW 68, 372

Dauner-Lieb, Barbara — Kein zivilrechtlicher Schutz für Besserverdienende, DB 85,1062(1065)

Verbraucherschutz bei verbundenen Geschäften (§ 9 VerbrKrG), WM-Sonderbeilage 6/91

Deckert — Die Eigentumswohnung, Loseblattsammlung, Stand 05.03.1985, Gruppe 10, S. 1ff.

Dehner, Walter — Die Entwicklung des Maklerrechts seit 1994 NJW 97, 18

Denck, Johannes — Der Rückforderungsdurchgriff beim finanzierten Abzahlungskauf MDR 80, 709

Deneke, Volrad — Ihr Status- Berufschancen und Verdienstaussichten in Allfinanz 2000

Diesselhorst, Malte — Die Natur der Sache als außergesetzliche Rechtsquelle verfolgt an der Rechtsprechung zur Saldotheorie, Tübingen, 1968

Zum Irrtum beim Vertragsschluß in : Sympotica Franz Wieacker, Göttingen 1970

Dietrich — Die Publikumspersonengesellschaft

Döhring — Rechtliche Aspekte des Bauherrenmodells und Haftung der kreditierenden Bank, Der langfristige Kredit 1981

Dolle-Helms, Elke — Schlechter Rat ist teuer, DIE ZEIT vom 05.08.1999 S. 24

Donau, Helmut — Nochmals: Probleme zum Kundenfinanzierungsvertrag, NJW 55,1660

Drasdo/Hofbauer — MABV, Gewerberechtliche Vorschriften für Wohnungsunternehmen, Immobilienmakler und Anlagevermittler, 3.Auflage, Essen, 1996 (zitiert: Drasdo/Hofbauer, § 34 c GewO Rn. )

Drescher, Jochen — Verbraucherkreditgesetz und Bankenpraxis, München, 1994

Dürbeck, Werner — Der Einwendungsdurchgriff nach § 9 Abs. 3 Verbraucherkreditgesetz, Jur. Diss., München 1994 (zitiert Dürbeck, Einwendungsdurchgriff, S.)

Düren, Harald — Finanzdienstleister auf der Suche nach einem neuen Berufsbild Handelsblatt vom 11.01.96

**E**

Eberhardt, Ulrich — Die Mißbrauchsaufsicht des Bundesaufsichtsamtes für das Versicherungswesen, Karlsruhe, 1997

Ebke, Werner/

Scheel, Hansjörg — Die Haftung des Wirtschaftsprüfers für fahrlässig verursachte Vermögensschäden Dritter, WM 91,389

Eck — Vorträge über das BGB, 2. Aufl. Bd. I S. 149

Eckert, H.W. — BGH EwiR § 5 HwiG 1/99, 129

Eckert, Jörn — Anmerkung zu BGH Urt. v. 5.Mai1992 XI ZR 242/91, WM 92, 1355,WuB I E 1.-13.92, S.1245

Ehrenberg — Anmerkung zum Urteil JW 28, 1740 JW 28, 1741

Ehrlicher, Werner/ Simmert, Diethard B. — Der volkswirtschaftliche Sparprozeß, Beiheft zu Kredit und Kapital, Berlin, 1985, S. 67 (zitiert Verfasser; Titel in: Ehrlicher/Simmert; S. )

Ellgering, Ingo — Produkte eines Allfinanzangebotes Erfahrungen, Probleme, Perspektiven in: Allfinanz 2000 S. 247(zitiert:Ellgering, Produkte eines Allfinanzangebotes)

Emmerich, Volker — Verbundene Geschäfte im Verbraucherkreditgesetz, in: Das neue Verbraucherkreditgesetz, hrsg. Von: Walther Hadding, Klaus J. Hopt, Frankfurt am Main 1991, S. 67ff.

derselbe — Der finanzierte Abzahlungskauf JuS 71,273

Das neue Verbraucherkreditgesestz in Vortrags- und Diskussionsveranstaltung der Bankrechtlichen Vereinigung e.V. am 28.Juni 1991 in Frankfurt/Main, zusammengefaßt von Mathias Habersack WM 91, 1449

Das Recht der Leistungsstörungen, 4. Völlig neubearbeitete Auflage, München, 1997

Ennercerus, Ludwig/ Nipperdey, Hans-Carl — Allgemeiner Teil des Bürgerlichen Rechts, I.Bd., 1 und 2. Halbband, 15.Aufl., Tübingen, 1960

Erdmann, Michael — Versicherungsvermittlung gehört in die Hände von Profis- grundsätzlich und ausschließlich VersVerm 96,393

Erman, Walther — Handkommentar zum Bürgerlichen Gesetzbuch, Band 1, (§§1-853), 9.Auflage, Münster 1993

Ertel, Karin — Die Wissenszurechnung im deutschen und anglo-amerikanischen Zivilrecht, 1998

Escher-Weingart, Christina — Anmerkung zu BGH Urt. v. 20.November 1995 II ZR 209/94, WM 96,201, WuB IV a § 123 1.96

Esser, Josef — Das Verhältnis von Kaufvertrag und Darlehensvertrag beim B-Geschäft des finanzierten Teilzahlungsgeschäfts, Festschrift für Eduard Kern, 1968, Tübingen, S. 87

Esser-Josef, — Lehrbuch des Schuldrechts, 1968, Bd. 1, Heidelberg, 6. Auflage 1984

Weyers, Hans-Leo — Schuldrecht, Band II, Besonderer Teil, 7.Auflage, Heidelberg 1991

F

Fahr, Ulrich — Die Umsetzung der Versicherungsrichtlinien der dritten Generation in deutsches Recht VersR 92,1033

Falken, Rüdiger — Der Versicherungsberater als Interessenvertreter des Versicherungsnehmers S. 147

Finger, Peter — Nochmals: Der finanzierte Ehemaklervertrag, JZ 79,583(585)

Fischer, Ansgar/ Machunsky, Jürgen — Haustürwiderrufsgesetz: Kommentar, 2.Auflage, Göttingen, 1995

Flessner, Axel — Haftung und Gefahrbelastung des getäuschten Käufers NJW 72, 1777

Flume, Werner — Allgemeiner Teil des Bürgerlichen Rechts, 4. Unveränderte Auflage, 1992 Band 2 :Das Rechtsgeschäft

Franz, Ulrich — Der Einwendngsdurchgriff gemäß § 9 Absatz 3 Verbraucherkreditgesetz, Baden-Baden, 1996, (zitiert Franz, Einwendungsdurchgriff, S.)

Fischer, Manfried/ Klanten, Thomas — Bankrecht, 2.wesentlich erweiterte Auflage, Köln, 1996

Fricke, Martin — Einige Gedanken über die Berufsfreiheit der Versicherungsvermittler und die Umsetzung der EG-Vermittlerempfehlung vom 18.12.1991 in deutsches Recht VersR 95,1134

Frehrking, Daniel-Christian/Schöffski, Oliver — Strukturvertrieb von Finanzdienstleistungen ZfB 64. Jg. (1994), H.5 S. 571

Fröhler/Kormann — Kommentar zur Gewerbeordnung, 1978,

Frost, Marina — „Vorvertragliche" und „vertragliche" Schutzpflichten, Berlin, 1981

Frotz, Gerhard — Verkehrsschutz im Vertretungsrecht: zugleich ein Beitrag zur sozialen Verantwortung als Korrelat privatautonomer Gestaltungsfreiheit, Frankfurt/Main, 1972

Früh, Andreas — Die Aufklärungspflichten von Kreditinstituten bei der Kreditvergabe WM 98, 2176

Fuchs, Hartmut — Erfahrungen auf dem Weg zur Allfinanz, Geldinstitue Magazin für Management und Banktechnik 5/1990, S. 34 (zitiert Fuchs, Geldinstitute, S.)

Fuellmich, Reiner/ — Die Haftung der Banken für massenhaft fehlerhafte Treuhandmodellfinanzierungen, Festschrift für Erwin Deutsch zum 70. Geburtstag, Köln, 1999

Fuellmich/Rieger — Die Haftung der Banken für massenhaft fehlerhafte Treuhandmodellfinanzierungen, ZIP 99,465

Fundel, Stefan Andreas — Die Haftung für Gehilfenfehlverhalten im Bürgerlichen Recht, Tübingen, 1998

**G**

Gaiser, Anja Sofia — Anmerkung zu BGH Urt. v. 3.November 1998, XI ZR 346/97, WM 98,2463, WuB IV D. § 1 HwiG 1.99

Gallois — Die Anwendung des Haustürwiderrufsgesetz auf den Vertrieb von Bauherren- und Erwerbermodellen BB 90,2062

Geise, Wolfgang — Sparkassen-Finanzgruppe und Allfinanz Sparkasse Heft 2 1993 S. 56

Geisendörfer, Ulrich — Berufs- und Gewerbefreiheit, ein Grundrecht für Unternehmer, Gewerbearchiv 95, 41

Gemünd, Wolfgang — Direktvertrieb auf dem Vormarsch? Versicherungskaufmann 4/95 S. 42

Gerhardt, Walter — Die Haftungsfreizeichnung innerhalb des gesetzlichen Schutzverhältnisses, JZ 70,535

Gernhuber, Joachim — Austausch und Kredit im rechtsgeschäftlichen Verbund Zur Lehre von den Vertragsverbindungen Festschrift für Karl Larenz zum 70. Geburtstag, München, 1973, S. 455

Gesamtverband der Deutschen Versicherungswirtschaft e.V. — Die Deutsche Versicherungswirtschaft. Jahrbuch des Gesamtverbandes der Deutschen Versicherungswirtschaft e.V. 1990, Karlsruhe 1991, S. 48 (zitiert Deutsche Versicherungswirtschaft, S. )

Gierke, Julius von — Die Anfechtung des Versicherungsvertrages wegen arglistiger Täuschung (zitiert Gierke, Die Anfechtung des Versicherungsvertrages, S.)

Gies, Helmut/ Müller, Helmut/ Kuntze, Wolfgang — Möglichkeiten und Grenzen von Allfinanzkonzepten, Karlsruhe, 1990

Gilles, Peter — Das Recht der Direktmarketing-Kundenwerbung und Verträge außerhalb von Geschäftsräumen, 1982 (zitiert: Das Recht der Direktmarketing-Kundenwerbung, S.)

derselbe — Der sogenannte Einwendungsdurchgriff bei finanzierten Umsatz- und Dienstleistungsgeschäften als rechtspolitisches und methodisches Problem, JZ 75,305

Das Gesetz über den Widerruf von Haustürgeschäften und ähnlichen Geschäften NJW 86,1131

Glauber, Volker — Die Empfangsvollmacht des Vermittlungsagenten bei Antragstellung, VersR 92, 937

derselbe — Auf dem Weg zu einem Verbraucherkreditgesetz ZRP 89,299

Goß, Horst — Volkswirtschaftliche Konsequenzen der Allfinanz, unter besonderer Berücksichtigung des Bank-,
Bauspar-, und Versicherungswesens, Europäische Hochschulschriften, Reihe V, Volks- und Betriebswirtschaft, Band 1277, Frankfurt am Main

| | |
|---|---|
| | u.a.1992, (zitiert Goß, Volkswirtschaftliche Konsequenzen der Allfinanz, Seite) |
| | Maßzahlen zur Erfassung des Umfangs und der Struktur von Allfinanz, Die Bank, 1990 S. 188 |
| Graf, Hans-Wolff | Das Allfinanzangebot der Banken – Sein und Schein |
| Graupe | Agentenrecht, Versicherungslexikon von Manes 1930 |
| Gries, Heinz, Zinnert, Mario | Der Versicherungsmakler, 3. Auflage, Karlsruhe, 1997 |
| Grimm, Andreas | Das neue Verbraucherkreditgesetz: ein verbraucherpolitischer Beitrag zur Umsetzung der EG-Richtlinie in nationales Recht, München, 1993 |
| Groeben, Hans von der/ Thiesing, Jochen/ | Kommentar zum EWG-Vertrag Bd, 1 Art A- I EUV: Art. 1- 84 EGV |
| Grunewald, Barbara | Wissenszurechnung bei juristischen Personen in Festschrift für Karl Beusch zum 68. Geburtstag am 31. Oktober, (hrsg. v. Heinrich Beisse, Marcus Lütter, Heribald Nörger), Berlin, New York, 1993 |
| Grunsky, Wolfgang | Vertragsfreiheit und liberale Wirtschaftsordnung in: Peter Harbusch/Dietrich Wiek (Hrsg.) Marktwirtschaft: eine Einführung in das Konzept der freiheitlichen Wirtschaftsordnung, Stuttgart, 1975 |

H

| | |
|---|---|
| Haas, Manfred | Der Big-Bang ist ausgeblieben Sparkasse 11/95 S. 534 |
| Habersack, Mathias | Das neue Verbraucherkreditgesetz, WM 1991, S. 1449ff. |
| Habersack, Mathias | Drittfinanzierter Immobilien- und Beteiligungserwerb unter Geltung des § 9 VerbrKrG, ZHR 156(1992), S. 45ff. |
| Hadding, Walther/ Häuser, Franz | Die zivilrechtliche Reichweite des Verbots der Vermittlung und des Abschlusses von Darlehensverträgen im Reisegewerbe WM 84,1413 |
| Hadding, Walther/ Haesemeyer, Ludwig | Die gefährliche Kontovollmacht – BGHZ 83, 293, JuS 1984, 176 ff. |
| Hamman, Uwe | Anmerkung zu LG Saarbrücken, Urt. v. 18.3.1994, 10 O 209/93, WM 94,1974, WuB I G 1.-2.95 S. 136 |
| Hanau/Reitze | Kurzkommentar BGH EwiR § 278 BGB 1/96 S. 104 |
| | Hdb. der. Bauinvestition u. Immobilienkapitalanlagen, Stand: Dez 1998, Fach 1400ff./3000ff. |
| Hopt, Klaus J. | Das neue Verbraucherkreditgesetz- Erste Erfahrungen und Probleme, Bankrechtliche Vereinigung, Band 2, WM-Script, Frankfurt a. M. 1991 (zit. Verfassers, in: Hadding/Hopt, Das neue Verbraucherkreditgesetz) |
| Hasse, Andreas/ Zimmermann, Roland | Deutschland: Rechtsgrundsätze der Beratungshaftung im Versicherungsvertrieb Phi 2/98 S. 42 |
| Hässler, Manfred | Der Kampf um den Kunden Cash 5/93 S. 37 |
| Heilmann,W.R. | Geld, Banken und Versicherungen, 1990 Bd. II (zitiert: Verfasser, Titel, in: Geld, Banken und Versicherungen, S. ) |
| Hein, Manfred | Aktuelle Fragen des Wettbewerbs in der Bankwirtschaft, Berlin, 1989 (zitiert Hein, Bankwirtschaft, S. ) |
| Hellner, Thorwald/ Steuer, Stefan | Bankrecht und Bankpraxis, Teil 1, Köln |
| Helmke, J. | Allfinanz- Plus und Minus aus der Sicht des Kunden aus: Geld, Banken und Versicherungen hrsg. V. W.R. Heilmann, 1990 Bd II |
| Hertel, Christian | Anmerkung zum Urt. LG München v. 26.Mai.1998,3 O 312/98, WM 98,1723 WuB IV D. § 1 HwiG 4.98 |
| derselbe | Anmerkung zum Urt. OLG Hamm v. 12.Januar 1998, 31 U 168/97, WM 99,1056 WuB I G 5.-4.99 S. 714 |
| Heymann, Ekkehardt | Bankenhaftung bei Immobilienanlagen, 12. Auflage, 1998, Frankfurt am Main |
| derselbe | Zur Haftung bei Bauherren- und Ersterwerbermodellen, DB 81,563 |
| | Die Angabe des Gesamtbetrages aller Teilzahlungen 'wenn möglich' nach § 4 Abs. 1 VerbrKrG,BB 91,1721 |

| | |
|---|---|
| | Die neuere Rechtsprechung zur Bankenhaftung bei Immobilien-Kapitalanlagen, NJW 99,1577 |
| | Rechtliche und wirtschaftliche Aspekte von Bauherren- und Ersterwerber-Modellen, BB Beilage 12/80 |
| | Anmerkung zum OLG Hamm Urt. v. 21. November 1996, 5 U 54/96, WM 98,1230, WuB I G 5.-2.98 S. 785 |
| | Anmerkung zu BGH Urt. v. 7. November 1991 III ZR 118/90, WM 92,432, WuB I G 7.- 5.92 S. 690 |
| | Anmerkung zu OLG Düsseldorf Urt. v. 21.Mai 1993, 17 U 74/92, WM 93,2207, WuB I E 2c.- 1.94 |
| | Zur Haftung der Bank bei Immobilienfonds-Modellen BB 86,1173; |
| Hielscher, Jens-Robert | Auswirkungen der EG und Allfinanz auf die Geschäftspolitik der Versicherer Versicherungsbetriebe 6/90 S. 28 |
| Hippel, Eike von | Fortschritte beim Verbraucherschutz im Versicherungswesen JZ 90,730 |
| Derselbe | Kein Schutz vor Anlagebetrug, ZRP 97, 307 |
| Hirth | BGH EwiR § 607 BGB 2/94, 31 |
| Hoechstetter | Der Versicherungsberater- Geschichte und Zukunft, Der Rechtsbeistand 5/98 S: 75ff. |
| Hofmann, Gerold | Sparzielorientiertes Denken- Fondsauswahl mit System, Versicherungskaufmann 9/94 S. 48 |
| Hoffmann, Hans--Joachim | Arglist des Unternehmers aus der Sicht der für ihn tätigen Personen, JR 69,372 |
| Hohlfeld, Knut Dr. | Die Zukunft der Versicherungsaufsicht nach Vollendung des Binnenmarktes VersR 93,144 |
| | Kunden werden kritischer Versicherungskaufmann 4/95 S. 18 |
| | Verstärkt Überzeugungsarbeit leisten Versicherungskaufmann 3/94 S. 18, VW 91, 1494 |
| Holz, Ralf | Entstehung neuer Finanzprodukte: theoretische und empirische Erkenntnisse, Bergisch-Gladbach, 1996 |
| Honeck, Gerhard | Anlegerschutz und Grauer Kapitalmarkt Kreditwesen 14/95 S. 16 |
| Honsell, Heinrich | Berliner Kommentar zum Versicherungsvertragsgesetz, 1999, 1.Aufl. § 22 Rn. 25 |
| derselbe | Bereicherungsanspruch und Schadensersatz bei arglistiger Täuschung NJW 73, 350 |
| Hopp, Franz Wilhelm/ Mehl, Georg | Versicherungen in Europa heute und morgen, Geburtstags-Schrift für Georg Büchner, Karlsruhe, 1991, S. 747 |
| Hopt, Klaus J. | Haftung der Banken bei der Finanzierung von Publikumsgesellschaften und Bauherrenmodellen, in: Festschrift für Walter Stimpel zum 68. Geburtstag, hrsg. Von Marcus Lutter, Hans-Joachim Mertens, Peter Ulmer, Berlin, New York, 1985, S. 265ff. |
| Hopt | Die Nichtigkeit von Darlehensverträgen bei Abschluß im Reisegewerbe NJW 85, 1665(1668) |
| Horn | Die Aufklärungs- und Beratungspflichten der Banken ZBB 2/97 S. 140 |
| Hötzel, Klaus/ Wohlrabe, Jürgen | Die Bedeutung von Kombinationsprodukten für den Verkauf von Lebensversicherungen Versicherungswirtschaft 2/98 S. 126 |
| Hörter, Klaus | Der finanzierte Abzahlungskauf, Bad Homburg, Berlin, Zürich, 1969 |
| Huber, Ulrich | Der Unfall des betrogenen Gebrauchtwagenkäufers JuS 72, 439 |
| derselbe | Bereicherungsausgleich bei Drittfinanzierung der Kommanditbeteiligung an einer insolvent gewordenen Publikums-(Abschreibungs)KG ZIP 84,1175(1181) |
| Hübner, Heinz | Allgemeiner Teil des Bürgerlichen Gesetzbuches, Berlin/New York, 1985 |
| Hübner | Berufsregelung für Versicherungsvermittler in Deutschland, Karlsruhe, 1997, Deregulierung und Versicherungsvermittlung – Verbraucherschutz |

| | |
|---|---|
| | durch Beratung in: Recht und Ökonomie der Versicherung, Festschrift für Egon Lorenz zum 60. Geburtstag, Karlsruhe, 1994, S. 317 |
| Huhs, Rainer | Vereinbarkeit der Ausnahme für Versicherungsverträge von der Geltung des Gesetzes über den Widerruf von Haustürgeschäften und ähnlichen Geschäften (HwiG) mit Art. 3 Grundgesetz VuR 87,74 |
| **I** | |
| Ihl, Karlheinz | Chancen und Risiken der Honorarberatung Versicherungskaufmann 8/94 S. 25 |
| Iken, Matthias | Der Graue Kapitalmarkt floriert, Die Welt, Hamburg vom 01.04.1999 |
| Imbeck, Martin | Zur Aufspaltung von Gesamtheiten oder Verschmelzung von Teilakten als Mittel rechtsgeschäftlicher Gestaltung: am Beispiel des finanzierten Abzahlungskaufs, der verdeckten Sacheinlage, der Gebrauchtwagenagenten und der Bauherrenmodelle, Frankfurt/Main, Berlin, Bern, New York, Paris, Wien, 1994 |
| Imle, Wolfgang | Vorsatz, Arglist und Hinterlist im BGB, Eimsdetten, 1933 |
| Immenga, Ulrich | Bankenhaftung bei der Finanzierung steuerbegünstigter Anlagen ZHR 151(1987)<br>BB 84,5 |
| **J** | |
| Jacusiel, Alfred | Das Recht des Verhandlungsagenten, 3.Auflage, Berlin 1925 |
| Jannott, Edgar | Auswirkungen der Deregulierung des Aufsichtsrechts auf den Versicherungsvertrieb VW 94,612 |
| Jansen, Dieter Ernst | Allfinanz 2000 – Das Handbuch der Kapitalanleger und Vermögensbildung, Neuwied, 1992 |
| Jauernig, Othmar | Bürgerliches Gesetzbuch: mit Gesetz zur Regelung des Rechts der Allgemeinen Geschäftsbedingungen, 9. neubearbeitete Auflage, München 1999 |
| Jehle, Thomas | Schutzbedürftigkeit des Anlegers in steuerbegünstigten Kapitalanlagen NJW 85,1010(1011) |
| Joerges, Christian | Verbraucherschutz als Rechtsproblem: eine Untersuchung zum Stand der Theorie und zu den Entwicklungsperspektiven des Verbraucherrechts, Heidelberg 1981 |
| Josef | Unrichtigkeit des Versicherungsantrags und arglistige Täuschung durch den Agenten, Zeitschrift für Handelsrecht und Konkursrecht 67,173 |
| Jung, Mathias | Die Auswirkungen der 6.KWG-Novelle auf Anlagevermittler, (Börsen-)Makler und Vermögensverwalter BB 98,649 |
| Jung, Mathias/ Schleicher/Bettina | Neue gesetzliche Regeln für Finanzdienstleister ab dem 01.01.1998 – Die 6.KWG-Novelle |
| Jüttner, Michael | Die Zurechnung der arglistigen Täuschung Dritter im rechtsgeschäftlichen Bereich unter besonderer Berücksichtigung des Problems der `gespaltenen Arglist`, Münster, 1998 (zitiert, Jüttner, arglistige Täuschung, S.) |
| **K** | |
| Kaven, J.-P. | Banken und Versicherungen zwischen Konkurrenz und Kooperation, Zeitschrift für das gesamte Kreditwesen, 1987, S. 12 |
| Keich, Roland | Verbraucherberatung und Bauspargeschäft: Notwendigkeit eines Ethical Bankings, VuR 1992,61-72 |
| Keil, Christoph | Im Gespräch mit Elisabeth Glück Es muß eine gesetzliche Regelung geben VW 94,1292 |
| Kern, Bernd-Rüdiger | Versicherungswirtschaft 53/98, S. 1124 |
| Kern, Holger | Bancassurance-Modell der Zukunft Versicherungswirtschaft 53 (1998) S. 1124 |
| Kessler | Anmerkungen zum Urteil des OLG Köln Urt.v. 27.Oktober 1993, 13 U 91/93, WM 94,197; WuB I E 1.-5.94 S.485 |
| Kieninger, Eva-Maria | Informations-, Aufklärungs- und Beratungspflichten beim Abschluß von Versicherungsverträgen AcP 198(1998) S. 191 |

| | |
|---|---|
| | Zur Gesetzesinitiative der Bundesländer vom 7.7. 97, Versicherungsrecht 98,5 |
| Kind, Sandra | Anmerkung zu BGH Urt.v. 2.Februar 1999, XI ZR 74,98, WM 99, 724, WuB IV D. § 3 HwiG 1.99 S. 870 |
| Klauss, Herbert<br>Ose, Ludwig | Verbraucherkreditgeschäfte, Kommentar, 2.Auflage, Herne, Berlin 1989 |
| Klein, Wilhelm | Der lange Weg zur Allfinanz – ein Konzept mit Zukunft in Europa Versicherungswirtschaft 51 1996 S. 218 |
| | Allfinanz aus Sicht des Versicherers: eine Menge Nachholbedarf bank und markt 1997 S. 18 |
| Knauth, Klaus-Wilhelm | Die Bedeutung des Gesetzes über den Widerruf von Haustürgeschäften und ähnlichen Geschäften für die Kreditwirtschaft WM 87,517 |
| Knauth | Das Gesetz über den Widerruf von Haustürgeschäften und ähnlichen Geschäften, WM 86, 509 |
| Koeble | Rechtshandbuch Immobilien Bd. I, München 1991 /zitiert: Koeble- Pause Kap. Rn. |
| Köhler | BGB A.T., 22. Auflage, München, 1994 |
| Koller, Ingo | EwiR § 1 HwiG 7/96 S. 1091 |
| Köndgen, Johannes | Die Entwicklung des Bankkreditrechts in den Jahren 1991-93 NJW 94,1508 (1511) |
| Köpcke, G | Geschäftstypen der positiven Vertragsverletzung, 1965 |
| Köpfer, Josef | Der finanzierte Abzahlungskauf, JA 74,10 |
| Kothe, Wolfhard | Die Kondiktionssperre nach § 814 1.alt BGB, BB 88, 633 |
| Koziol, Helmut | Sonderprivatrecht für Konsumentenkredite, AcP 188(1988), 183(227) |
| Krauss, Ernst-Martin | Das Rechtsverhältnis von Kaufvertrag und Darlehensvertrag beim sogenannten B-Geschäft: unter besonderer Berücksichtigung der im Landgerichtsbezirk Kiel verwendeten Formulare, 1964 |
| Kreuzer, Karl F | Anmerkung zu BGH Urt. v. 28.01.76 – VIII ZR 246/74, JZ 76,778(779) |
| Krohn | Sparkasse 78,290(291) |
| Kuhlenbeck | Von den Pandekten, 1904 |
| Kuhn, Moritz | Finanzdienstleistungen, Allfinanz- ein Konzept mit Zukunft? Schweizerische Versicherungszeitschrift (SVZ) 65 (1997) 9/10 S: 253 |
| Kümpel, Siegfried | Bank- und Kapitalmarktrecht, 2. Neubearbeitete und wesentlich erweiterte Auflage, Köln, 2000 |
| Kupisch, Berthold | Die Haftung für Erfüllungsgehilfen (§ 278) JuS 83,817 |

L

| | |
|---|---|
| Laakmann, Wilhelm | Einflüsse der Kundensegmentierung und Zielgruppenbildung auf die Vertriebspolitik, bum 8/90 S. 12ff. |
| Lahno, Ewald | Die Funktion des Versicherungsmaklers im liberalisierten Industrieversicherungsmarkt, VW 87,428(430) |
| Landmann, Robert von<br>Röhmer, Gustav | Gewerbeordnung und ergänzende Vorschriften, Kommentar, München, 1997 |
| Larenz/Wolf | Allgemeiner Teil des BGB, 8.Aufl.1998 |
| Larenz, Karl | Allgemeiner Teil des Bürgerlichen Rechts, 8. Neubearbeitete und wesentlich erweiterte Auflage, München, 1997 |
| Larenz, Karl, | Lehrbuch des Schuldrechts, Zweiter Band, Besonderer Teil, 2. Halbband, 13.Auflage, München 1994 |
| Larenz | Methodenlehre der Rechtswissenschaft, 2. neubearbeitete Auflage, 1992, Berlin |
| Larenz | Das Zurückbehaltungsrecht im dreiseitigen Rechtsverhältnis. Zur Rechtslage des Käufers beimn finanzierten Ratenkauf, Festschrift für Karl Michaelis zum 70. Geburtstag am 21. Dezember 1970, Göttingen, 1972 S. 193 |
| Larenz/Canaris | Schuldrecht II/2, 13. Auflage, 1994 |
| Lawrenz, Hannsjörg | Deutschland Struktuvertriebe polieren am Image, Versicherungskaufmann 5/94 |

| | |
|---|---|
| Lebek, Stefan | Rückabwicklung und Regreß bei verbundenen Geschäften: im Sinne von § 9 VerbrKrG, Göttingen, 1996 |
| Lehmann-Hübner | Allgemeiner Teil des bürgerlichen Gesetzbuchs, Berlin, 1966 |
| Leinweber, Rudolf | BGH EwiR § 134 BGB 2/89, 963 |
| Lenckner, Theodor | Kausalzusammenhang zwischen Täuschung und Vermögensschaden NJW 71,599 |
| Lieb, Manfred | § 9 Verbraucherkreditgesetz und Finanzierungsleasing WM 91,1533 |
| Littbarski,Sigurd | BGH EwiR § 159 VVG, 1/89, 823 |
| Leonardy, Helmut | Anmerkung zu LG Stuttgart, Urt. v. 25.2.66 – 6 S 233/65, NJW 66,1816 |
| Loipfinger/Nickel/ Richter | Geschlossene Immobilienfonds, 2.Aufl. (1995) |
| Lorenz, Stephan | Mala fides superveniens im Eigentümer-Besitzer-Verhältnis von Wissenszurechnung von Hilfspersonen, JZ 94, 549 |
| Loritz/Wagner | Konzeptions-Handbuch der steuerorientierten Kapitalanlage II (Gesellschafterliche Beteiligungen), 1995 zitiert: Konzeptionshandbuch II (Gesellschafterliche Beteiligungen) |
| Löwe, Walter | Anmerkung zum BGH-Urteil BGH EwiR § 134 BGB 1/85,39 |
| derselbe | Endlich mehr Verbraucherschutz bei „Haustürgeschäften", ZIP 85,1363 |
| | Schutz gegen Überrumpelung beim Vertragsabschluß, BB 86,821 |
| Lübtow, Ulrich von | Zur Anfechtung von Willenserklärungen wegen arglistiger Täuschung, Entwicklungstendenzen im Wirtschafts- und Unternehmensrecht, Festschrift für Horst Bartholomeyczik zum 70.Geburtstag, Berlin, 1973, S. 249 |
| Lucht, Carsten | Einheitliche Qualifikation erreichen, Versicherungskaufmann 2/94 S. 23 |
| Derselbe | Kaum Schutz gegen unseriöse Makler, Handelsblatt vom 25.04.1995, S. 35 |
| Luckey, Christian | Der Ausschluß der Empfangsvollmacht des Versicherungsvertreters, VersR 93, 151 |
| Lwowski , Hans-Jürgen/ Peters, Bernd/ Gössmann, Wolfgang | Verbraucherkreditgesetz: Kreditverträge- Leasing- verbundenes Geschäft, 2.überarbeitete und erweiterte Auflage, Berlin, 1994 |

M

| | |
|---|---|
| Ma, Weilin | Einwendungsdurchgriff und Widerrufsrecht als Instrumente des Verbraucherschutzes im Kreditkartenverfahren, Frankfurt/Main, 1996 |
| Mackenthun, Thomas | Kreditvermittlung als Absatzweg der Kreditinstitute für Konsumentenratenkredite, Berlin, 1985 |
| Manes, Alfred | Versicherungslexikon von Manes: ein Nachschlagewerk für alle Wissensgebiete der gesetzlichen Individual- und Sozialversicherung, 3. Wesentlich erweiterte und umgearbeitete Auflage, Berlin, 1930 |
| Mayen, Barbara | Aufklärungspflichten bei neuen Kreditformen – zur Übertragbarkeit der Rechtsprechung des BGH auf den Fall der Bausparsofortfinanzierung, WM 95, 913(917) |
| Martens, Christian | Anmerkung zu OLG München, Beschluß v. 18. Februar 1997, 5 W 3408/96, WM 99,1416, WuB I G 5.-8.99 S. 1115 |
| Martis, Rüdiger | Verbraucherschutz: Verbraucherkredit- und Haustürwiderrufsgesetz: systematische Darstellung, München, 1998 |
| Mater, Karl-R. | Pflichten und Haftung des Versicherungsmaklers, Versicherungsvermittler 98,190 |
| Matusche, Annemarie | Pflichten und Haftung des Versicherungsmaklers, 4. Auflage, Karlsruhe, 1995 |
| | VersR 95,1391 |
| Medicus, Dieter | Probleme der Wisenszurechnung, in: Möglichkeiten der Wissenszurechnung, Versicherungsrecht, Sonderheft, Karlsruher Forum 1994, 4ff. |
| | Bürgerliches Recht, München, 1998 |
| Meyer, Hans-Dieter | Verbraucherpolitische Informationen und Forderungen in: 4.Band der Versicherungswissenschaftlichen Studien S. 157 (zitiert Meyer, Versicherungswissenschaftliche Studien, Seite) |

Meyer-Ladewig, Jens — Die Stellung des Finanzierungsinstituts zum Verkäufer beim finanzierten Abzahlungskauf, MDR 62,446

Meyer, Jacob — Abzahlungsgeschäft und Finanzierungsinstitute, MDR 58,79

Meyer-Reim, Utz/ Testorf, Regina — Wissenszurechnung im Versicherungsunternehmen VersR 94, 1137(1138)

Mennemeyer, Siegfried — Haftung des Schuldners für Gelegenheitsdelikte seiner Erfüllungsgehilfen, 1983

Messner, Herbert — BGH EwiR § 56 GewO 1/90,261

Mohr, Paul Günther — Finanzdienstleistungen- Allfinanzangebote in rechtlicher Sicht Versicherungswirtschaft Heft 14 1992 S. 862

Moll-Iffland, Erika — BAV: Zuverlässigkeitsprüfung von Versicherungsmaklern VW 95,1589

Möller, Hans — Recht und Wirklichkeit der Versicherungsvermittlung: eine rechtspolitische Studie, Hamburg, 1946

Möllers, Elmar — Der Bundesgerichtshof zur Teilfinanzierung, NJW 67,1784

derselbe — Probleme zum Kundenfinanzierungsvertrag NJW 56,1741
Probleme zum Kundenfinanzierungsvertrag NJW 58,207(209)
Teilzahlungsfinanzierung, Rechtsformen und Rechtsfragen, Dissertation Münster 1957

Mordhorst,Hans — Allfinanz aus einer Hand- ja oder nein? Modell des Allfinanzdienstleisters der Leonberger Bausparkasse Versicherungskaufmann 5/94 S. 48

Müller, Helmut — Hamburger Gesellschaft zur Förderung des Versicherungswesens mbH (Hrsg.): Beiträge über den Versicherungsmakler (Ewald Lahno gewidmet), 1993 (zitiert: Müller, Beiträge über den Versicherungsmakler S. )

derselbe — Neue Rolle der Aufsicht- Versicherer, Vermittler und Kunden unter den neuen Rahmenbedingungen der Versicherungsaufsicht, Versicherungsvermittler 91, 568

Müller, P — Allfinanz oder Finanzdienstleistungen als Zielgruppenstrategie? Thexis, 1994, S. 36

Müller-Erzbach — Zwei Beiträge zur Interessensjurisprudence Iherings Jahrbücher für die Dogmatik des bürgerlichen Rechts Bd. 73, 135

Müller-Laube, Hans-Martin — Teilzahlungskredit und Umsatzgeschäft, Baden-Baden, 1973

Müller-Lutz, Heinz-Leo — Begründungen, Möglichkeiten und Grenzen von Allfinanz, 1993, München

derselbe — Quo Vadis Allfinanz? Versicherungsbetriebe 7/8 1993 S. 4

Münchner Kommentar zum Bürgerlichen Recht — Bd.3 Schuldrecht BT I, 3. Auflage, München, 1995 (hrsg. v. Westermann, Harm, Peter)Bd. 2, Schuldrecht AT, 3. Auflage, München, 1994 (hrsg. v. Heinrichs, Helmut)
Bd.1 Allgemeiner Teil, 3. Auflage, München, 1993 (hrsg. v. Säcker, Franz Jürgen) 2.Auflage

Münstermann, Walter Hannes, Rudi — Verbraucherkreditgesetz: Kommentar, Münster, 1991

**N**

Nobbe, Gerd — Aktuelle höchst- und obergerichtliche Rechtsprechung zum Bankrecht, 6.Auflage, Köln, 1999

**O**

Öchsner, Thomas — „Am liebsten so ein paar braune die Woche“ Süddeutsche Zeitung Nr. 194 S. 26 vom 24.08.1999

Oehm, Frank — Das Darlehen im Reisegewerbe, Frankfurt/Main, 1985

Opitz — Geschlossene Immobilienfonds (1995)

Oppitz, Günther — Ausbildung des Nachwuchses in der Hypo-Bank: Geänderte Anforderungen und neue Wege, Die Bank, 1/89, S. 22

Ortmann,Mark — Anmerkung zu LG Paderborn,Urt. v. 22.Februar, 1996, 3 O 383/95, WM 96,1843, WuB I G 1.- 13.96

Ostler, Fritz/ Weidner, Jochen — Abzahlungsgesetz, 6.Auflage, Berlin, New York 1971

| | |
|---|---|
| Ostwald | Wer ist 'Dritter'bei Anfechtung einer Willenserklärung wegen arglistiger Täuschung, JW 22,795 |
| Otto, Peter | Stellung der Bank bei der Finanzierung von Immobilienanlagen, 1988, Berlin |

**P**

| | |
|---|---|
| Pagendarm, Kurt | Das finanzierte Abzahlungsgeschäft, WM 1967,434ff. |
| | Anmerkung zu BGH/Z 47,224, LM Nr. 9 zu § 6 AbzG |
| Palandt, Otto (Begr.) | Bürgerliches Gesetzbuch, 59. Auflage, München 1999 |
| Peiner, Wolfgang | Einflüsse in- und ausländischer Finanzdienstleister auf die Produktgestaltung in der Lebensversicherung, ZversWiss 91,268 |
| Penzel, Hans-Gert | Die Informatikabteilung auf dem Weg in neue Organisationsformen, IBM Nachrichten 41/91 S. 305 S. 7 |
| Petermann | Abzahlungsgeschäfte in der Zwangsvollstreckung, DRPfl 58,680 |
| Peters, Bernd | Anmerkung zum OLG Karlsruhe Urt. v. 12.Februar 1993, 14 U 115/92, WM 93,1130, WuB I E 2b.-6.93 |
| derselbe | Das Widerrufsrecht nach dem VerbrKrG DZWiR 94,353 |
| Petersmann, Dirk | Finanzdienstleistungen für akademische Zielgruppen Thexis 6/94 S. 44 |
| Pfeiffer,Thomas | LM HwiG (Nr. 27 Bl.5) |
| derselbe | Anmerkung zu OLG Hamm Urt. v. 29. Juni 1995, 5 U 45/95, WM 95,1872, WuB I F 1a.-2.96 S. 25 |
| | Der Einwendungsdurchgriff beim Realkredit, ZBB 96,304 |
| Pietzcker, Soeren | Die Rückabwicklung der verbundenen Geschäfte beim Einwendungsdurchgriff nach dem Verbraucherkreditgesetz, Berlin, 1994 |
| Picker, Eduard | Forderungsverletzung und culpa in contrahendo- Zur Problematik der Haftung 'zwischen' Vertrag und Delikt, AcP 183 (1983) 369 |
| Plück, Schmutzler Kühn | Kapitalmarktrecht, gesetzliche Regelungen und Haftungsrisiken für Finanzdienstleister, Wiesbaden, 1998 |
| Präve, Peter | Die Empfangsvollmacht des Vermittlungsagenten (ZfV 93, 130) |
| derselbe | Überlegungen zu einer Berufsregelung für Versicherungsvermittler in Deutschland, Karlsruhe, 1997 |
| Priewasser, Erich | Megatrends im Kreditgewerbe FLF 2/90, S. 47 |
| Prölss, Erich R/Frey Peter/ Schmidt, Reimer | Versicherungsaufsichtsgesetz, 11. Aufl., München 1997 (zitiert: Prölss/Frey/Schmidt-Bearbeiter, VAG, Paragraph, Randnummer) |
| Prölss, Erich R./ Martin, Anton | Versicherungsvertragsgesetz, 26. Aufl. München 1998 (zitiert: Prölss/Martin-Bearbeiter, VVG, Paragraph, Randnummer) |

**R**

| | |
|---|---|
| Raeschke-Kessler, Hilmar | Bankenhaftung bei der Anlageberatung über neue Finanzprodukte WM 93, 1830 |
| Raiser, Ludwig | Anmerkung zu BGH v. 9.2.1960- VIII ZR 51/59-, JZ 1961,26 |
| Rathjen, Peter | Zur Haftung für Gelegenheitsdelikte der Erfüllungsgehilfen JR 79,232 |
| Rehberg, Jürgen | Der Rückforderungsdurchgriff als Instrument des Verbraucherschutzes beim drittfinanzierten Abzahlungskauf, 1990 (zitiert Rehberg, Rückforderungsdurchgriff, S.) |
| Reich, Norbert | Dritte Richtlinie Schadensversicherung 92/49/EWG v. 18.Juni 1992 und Lebensversicherung 92/96/EWG vom 10.November 1992 und der Schutz des privaten Versicherungsnehmers/Versicherten, VuR 93, 10(28) |
| Reiff | BGH EWiR § 278 BGB 1/97, 14 |
| Reifner, Udo | Abschaffung des § 56 Abs. I Nr. 6 GewO? VuR 89,63 |
| derselbe | Kreditanbahnung im Wohnzimmer VuR 91,91(92) |
| | Falschberatung durch Versicherungsvermittler |

| | |
|---|---|
| | Risiko Baufinanzierung: rechtliche und wirtschaftliche Probleme privater Bauherren, 2. Auflage, Neuwied, 1996 |
| Reifner, Udo | Handbuch des Kreditrechts. Verbraucherkredit und Realkredit, München, 1991 |
| Reinelt, Ekkehardt | Zur Formbedürftigkeit des Gesellschafterbeitritts bei geschlossenen Immobilien-Fonds, NJW 92,2054 |
| Reinicke, Dietrich/ Tiedke, Klaus | Kaufrecht: einschließlich Abzahlungsgeschäfte, AGB-Gesetz, Eigentumsvorbehalt, Factoring, finanzierte Kaufverträge, Haustürgeschäfte, Leasing, Pool-Vereinbarungen, Produzentenhaftung, Time-Sharing, UN-Kaufrecht und VerbrKrG, 6. Vollständig überarbeitete Auflage, Neuwied, 1997. |
| Reinking, Kurt | Das VerbrKrG bei KFZ-Leasing, und KfZ-Kauf, FLF 93, 175 |
| Reinking, Kurt/ Eggert | Der Autokauf, 6. Auflage, 1995 |
| Reinking, Kurt/ Nissen, Thomas | Problemschwerpunkte im VerbrKrG, ZIP 91, 634 |
| Reiss | |
| Reithmann | BGH EwiR § 278 BGB 2/91, 655 |
| Reithmann, Meichssner, v.Heymann | Bauherren/Erwerbermodelle und Immobilienfonds, 7. Aufl., 1996 |
| | Kauf vom Bauträger, 7.Aufl. 1995 |
| Reitz, Ulrich | Nebenberufler in Gefahr, Versicherungskaufmann 12/96, 14 |
| Remsperger, Hermann | Erscheinungsformen, Ursachen und Implikationen von Allfinanz-Strategien Die Bank 89/299 |
| Reuter, Joachim | Dunkle Geschäfte mit der Euro-Angst Welt am Sonntag 26.04.1997 |
| Rexrodt, Günter | Deregulierung im Wirtschaftsverwaltungsrecht Gewerbearchiv 93, 393 |
| RGRK | Das Bürgerliche Gesetzbuch,12.Auflage |
| | Bd.I (§ 1 – §§ 240), 1982 |
| | Bd.II (§§241 – §§ 413), 1976 |
| Richardi, Reinhard | Die Wissensvertretung, AcP 169(1969), 385ff. |
| Riehl | Die Arglist bei Vertragsschluß, Berlin 1916 |
| derselbe | Ansprüche des Käufers im Falle der Arglist des Bevollmächtigten des Verkäufers beim Kaufabschlusse Gruchot 63(1919)S. 257 |
| | Zu einigen Streitfragen beim Kauf und über die Haftung des Verkäufers für die Arglist seines Vermittlers sowie Vertreters bei Gelegenheit des Kaufabschlusses, JW 14, 500 |
| Rietschel | Anmerkung LM Nr. 15 zu § 276 (Cc) |
| Rimmelspacher, Bruno | Anmerkung zu BGH Urt. v. 9.April 1992, IX ZR 145/91, WM 92,1016, WuB I F 1a.-14.92 S. 1026 |
| Roemer, Mark | Direktvertrieb kundenindividueller Finanzdienstleistungen, Heidelberg, 1998 (zitiert Roemer, Direktvertrieb, Seite) |
| Roemer, Wolfgang | Zu den Informationspflichten der Versicherer und ihrer Vermittler, Versicherungsrecht 98, 1313 |
| Rosendahl, G | Milliarden Verlust Zeitschrift für das gesamte Kreditwesen 6/93 S. 18 |
| Rösing, Jörg | Information zur VAG-Novelle Versicherungskaufmann 1/95 S. 10 |
| derselbe | Zulassung von Vermittlern Versicherungskaufmann 2/94 S. 7 |
| | „Struckis“ Versicherungskaufmann 4/95 S. 11 |
| Rösler, Patrick | Anmerkung zu OLG Karlsruhe Urt.v. 27. August, 1998, 9 U 25/98, WM 99,127, WuB I G 5.-1.99 S. 317 |
| Roth, Wulf-Henning | Bürgschaftsverträge und EG-Richtlinie über Haustürgeschäfte, ZIP 96, 1285 |
| Rudolph, B | Sollten Banken am Versicherungsmarkt tätig sein) Die Bank (1987) S. 657 |
| v.Rottenburg, Franz | Anmerkung zu BGH Urt. v. 25.Mai 1993, XI ZR 140/92; WM 93, 1236 WuB IV C. § 1b AbzG 4.93 S. 1089 |
| Rümker, Dietrich | Haftung der Bank aus der Finanzierung von Bauherrenmodellen und geschlossenen Immobilienfonds-Modellen, ZHR 151(1987) 162 |
| Ryba, Dieter | Die Haftung des Geschäftsherrn für die Arglist seiner Gehilfen bei Vertragsschluß unter besonderer Berücksichtigung der sogenannten Verhandlungsvollmacht, Breslau, 1928 |

**S**

Schäfer, Hans-Dieter — Startschuß für den Europäischsen Versicherungsmarkt: 1. Juli 1994 VersVerm 94, 287

Schäfer — Haftung für fehlerhafte Anlageberatung und Vermögensverwaltung, 2. Aufl. 1995

Schäfer Frank A./ Schittly, Hans D. — Die Berater und Verkäufer als ´menschliches Kernstück´ der Vertriebstätigkeit aller Marktbeteiligten

Schimansky/Bunte/ Lwowski — Bankrechtshandbuch Band I, München 1997 (zitiert Verfasser in: Schimanski u.a., § Rn. )

Schippel — Notartag 93,27

Schirmer, Helmut — Rechtsprechung des BGH zum Versicherungsvertragsrecht, ZversWiss 92, 381

Schlaus, Wilhelm — Rechtsfragen der Haustürgeschäfte unter besonderer Berücksichtigung der Kredit- und Wertpapiergeschäfte, ZHR 151 (1987) S. 180

Schmelzer — Haftung bei fehlerhafter Beratung Versicherungskaufmann 9/94 S. 26

Schmidt, Christoph — Der Einfluß europäischer Richtlinien, 1996

Schmidt, Eike — Zur Dogmatik des § 278 BGB, zugleich einige kritische Bemerkungen zur geplanten Reform des § 831 BGB, AcP 170 (1970), 502

derselbe — Grundlagen des Haftungs- und Schadensrechts, In: Grundlagen des Vertrags- und Schuldrechts, Bd.1, Frankfurt a. M. 1972

Schmidt, Reimer — Die Obligenheiten: Studien auf dem Gebiet des Rechtszwangs im Zivilrecht unter besonderer Berücksichtigung des Privatversicherungsrechts, Karlsruhe, 1953

Schmidt-Rimpler, Walter — Grundfragen einer Erneuerung des Vertragsrechts, AcP 147 (1941),191

Handbuch des gesamten Handelsrechts, 5. Bd. 1.Abt. 1.Hälfte (1926)

Schmitz, Winfried F — Der finanzierte Abzahlungskauf im deutschen und französischen Recht: 2 Wege, durch Verknüpfung von Kaufvertrag und Darlehensvertrag den Verbraucher zu schützen, Frankfurt/Main, 1986

Schmitz — Sitzung des Bund-Länger Ausschusses „Gewerberecht“ Gewerbearchiv 92, 293

Schmelz — Verbesserung des Verbraucherschutzes im Konsumentenkreditrecht?- § 56 Nr. 6 GewO, § 1HwiG, § 7 VerbrKrG, NJW 91,1219

Schmelzer, Holger — Haftung bei Falschberatung Versicherungskaufmann 8/94 S. 12

Schmelzer, Holger — Haftung bei fehlerhafter Beratung Versicherungskaufmann 9/94 S. 26

Schmelzer, Holger — Dürfen Makler in Versicherungsfragen gegen Honorar beraten? Versicherungskaufmann 1/95 S. 36

Schmorrte, Stefan — Finanzdienstleister- Service mangelhaft Focus 31/1995 S. 142

Schnorbus, York — Die Haftung für den Vertreter ohne Vertretungsmacht in der Kreditwirtschaft WM 99, 197

Scholz, Franz Josef — Verbraucherkreditverträge: Geldkredite, Abzahlungskauf, finanziertes Abzahlungsgeschäft, Finanzierungsleasing, Kreditvermittlung u.a., 2.völlig neubearbeitete Auflage, München, 1992

derselbe — Kreditvermittler: Aktuelle Rechtsprechung und rechtspolitischer Ausblick MDR 81, 361

Ratenkreditverträge: Abzahlungskauf, finanziertes Abzahlungsgeschäft, Barkredite, Mietkauf, Finanzierungsleasing, und Kreditvermittlung, München, 1983

Scholz — Zum Entwurf eines Verbraucherkreditgesetzes MDR 89, 1054 (1060)

Scholz — Anmerkung zum neuen Verbraucherkreditgesetz, MDR 91, 191(194)

Schönfelder, Matthias — Realkreditverträge und das Haustürwiderrufsgesetz WM 99,1495

OLG München, Urt. v. 1.Februar, 1999, 31 U 4034/98; WM 99,728, WuB IV D. § 1 HwiG 3.99 S. 867

OLG München, Urt. v. 10.März 1999, 15 U 5821/98, Wm 99, 1418, WuB IV D. § 1 HwiG 4.99 S. 1171

| | |
|---|---|
| Schönle, Herbert | Offene Fragen im Recht der Teilfinanzierung, NJW 68,475 |
| Schoser, Franz | Gewerbefreiheit vorrangig FAZ Nr. 40 vom 17.02.1998 |
| Schrey | BGH Urt. v. 17.September 1996, XI ZR 164/95, Wm 96,2100, WuB IV D. § 1 HwiG 1.98 S. 463 |
| Schubert | Unredliches Verhalten Dritter bei Vertragsabschluß, AcP 168(1968),471 |
| Schulte, Karl-Werner | Ein Register für Finanzdienstleister Karriere Ein Supplement von Wirtschaftswoche und Handelsblatt vom 06.12.1996 |
| Schulz, Harald | Vertrieb von Lebensversicherungen über die Bank Die Bank 1993,630 (632) |
| Schulz, Michael | Zur Vertretung im Wissen NJW 90, 477 |
| Schwarze/Simon | Die Vermittlung von Konsumentenkrediten:Bedeutung, Mißstände, Lösungswege, in : Georgios Magoulas, Recht und Ökonomie beim Konsumentenschutz und Konsumentenkredit, 1985 (zitiert Schwarze/Simon, Konsumentenkredite, S. ), Baden-Baden, 1985 |
| Schwerdtner, Peter | Maklerrecht, 4. Völlig neubearbeitete Auflage, München, 1999 |
| Schwintowski/Schäfer | Bankrecht, Commercial Banking, Investment Banking, Köln,1997 |
| Schwintowski, Hans-Peter | Tagungsberichte 7. Wissenschaftstagung des Bundes der Versicherten e.V. VersR 97,942(943) |
| derselbe | Haftung bei der Finanzierung von (atypisch) fehlgeschlagenen steuerbegünstigten Kapitalanlagen NJW 89,2087 |
| | Diskussion der 7. Wissenschaftstagung des Bundes der Versicherten e.V. VersR 97, 942 |
| | Zeitschrift für Versicherungswissenschaft 97,178 |
| | Anmerkung zu BGH Urt. v. 9.Juni 1998, III ZR 158/97, WM 98,1673, WuB I G 1.-4.98 S. 1026 |
| | Anmerkung zu OLG Hamm Urt.v. 8.3.1996, 20 U 229/95 VuR 12,98 S. 417(418) |
| | Bankrecht Commercial Banking- Investment Banking, 1997, Berlin |
| | Anmerkung zu BGH Urt. v. 9.Juni 1998, III ZR 158/97, WM 98, 1673 WuB IG 1.-4.98, S. 1078 |
| | Anmerkung zu OLG Hamm Urt. v. 8.3. 96, 20 U 229/95VuR 96, 390 |
| Seibert, Ulrich | Handbuch zum Gesetz über Verbraucherkredite, zur Änderung der Zivilprozeßordnung und anderer Gesetze, 2.Aufl., Köln, 1991 |
| Sieg, Karl | Entwicklungslinien des Versicherungsvermittlerrecht ZversWiss 82,143 |
| | Die Erfüllungshaftung des Versicherers für Auskünfte seiner Agenten- vom Gewohnheitsrecht zum Gesetzesrecht VersR 98,162 |
| | Vertretung und Vermittlung von Versicherungen aus rechtlicher Sicht, Zeitschrift für Versicherungswissenschaft 88, 263 |
| Singer, Reinhard | Selbstbestimmung und Verkehrsschutz im Recht der Willenserklärungen, München, 1995 (zitiert: Singer, Selbstbestimmung, S.) |
| Soergel, Thomas | Bürgerliches Gesetzbuch mit Einführungsgesetz und Nebengesetzen, 13. Völlig neubearbeitete und erweiterte Auflage 1999 |
| | Schuldrecht I Bd. 2, 12. Auflage, 1990 |
| Spickhoff, Andreas/ Petershagen | Bankenhaftung bei fehlgeschlagenen Immobilienerwerber-Treuhandmodellen, BB 1999, 165 |
| Spiro, Karl | Die Haftung für Erfüllungsgehilfen, 1984 |
| Stammer, Karin | Nichtbanken als Substitutions-Konkurrenten auf dem Bankleistungsmarkt, Dissertation, Köln, Frankfurt/Main, 1987 (zitiert Stammer, Bankleistungsmarkt, S. ) |
| Stampe | Anmerkung zu RG JW 21, 392, JW 21,392 |
| Staudinger, J.von | Kommentar zum Bürgerlichen Gesetzbuch mit Einführungsgesetz und Nebengesetzen Verbraucherkreditgesetz; Haustürwiderrufsgesetz, § 13 a UWG, 13. Auflage, 1998 (zitiert Staudinger/Bearbeiter Rn. |
| | Kommentar zum Bürgerlichen Gesetzbuch mit Einführungsgesetz und Nebengesetzen, 12. Auflage , 1989, zweites Buch Recht der Schuldverhältnisse |

| | |
|---|---|
| v.Stebut, Dietrich | Aufklärungspflichten und Haftungsrisiken von Finanzdienstleistern, ZIP 23-24/92 S. 1698 |
| Steiner, Claus | Kurzkommentar BGH EwiR § 607 BGB 3/94,645 |
| Stillner, Walter | Anmerkung zu OLG Stuttgart, Urteil vom 25.08.1998 VuR 4/99 S. 127 |
| Stober, Rolf | Zur zivilrechtlichen Wirkung wirtschaftsverwaltungsrechtlicher Verbote, GewArch 81,313(317) |
| Stoll, Heinrich | Die Lehre von den Leistungsstörungen: Denkschrift des Ausschusses für Personen-, Vereins- und Schuldrecht, 1936, Tübingen |
| Stoll, Heinrich | Abschied von der Lehre von der positiven Vertragsverletzung, AcP 136(1932) S. 257 |
| Stoll, Heinrich | Tatbestände und Funktionen der Haftung für culpa in contrahendo, Festschrift für Ernst von Caemmerer, S. 433, Tübingen, 1978 |
| Streit, Georg | Erfüllungsgehilfenhaftung der Kreditinstitute für Vermittler von Immobilienanlagen? ZIP 99,477 |
| Stüsser, Jörg | Bankenhaftung bei gescheiterten Immobilien- Treuhandmodellen NJW 99,1586 |
| Süchting, Joachim | Banken und Versicherungsunternehmen in: Handwörterbuch der Versicherung hrsg.: Farny,Dieter/Helten, Elmar/Koch, Peter/Schmidt, Reimer Verlag Versicherungswirtschaft Karlsruhe 1988 |

**T**

| | |
|---|---|
| Taupitz, Jochen | Wissenszurechnung nach englischem und deutschem Recht, in: Dokumentation Karlsruher Forum, Versicherungsrecht, Sonderheft, 1994, 16ff. |
| | in: 4.Band der Versicherungswissenschaftlichen Studien (zitiert, Taupitz, Versicherungswissenschaftliche Studien, Seite) |
| | Die "Augen und Ohren" des Versicherers, in Recht und Ökonomie der Versicherung Festschrift für Egon Lorenz zum 60. Geburtstag, Karlsruhe, 1994, S. 673 |
| Tempel, Otto | Materielles Recht im Zivilprozeß: Schwerpunkte der zivilrichterlichen Praxis, 3. Überarbeitete Auflage, München, 1999 |
| Tepper, Franz | Einige Bemerkungen zur Wirksamkeit von Haustürgeschäften im Kreditgewerbe,JR 90,356 |
| Teske, Wolfgang | Neue Widerrufsrechte beim Abschluß von Versicherungs- und Verbraucherkreditverträgen NJW 91,2793 |
| | Das neue Gesetz über den Widerruf von Haustürgeschäften und ähnlichen Geschäften, ZIP 86,624 |
| derselbe | Das gewerbliche Verbot des Abschlusses und der Vermittlung von Darlehensgeschäften im Reisegewerbe und seine Auswirkung auf das Zivilrecht, ZIP 85,650ff. |
| | Verbraucherschutz beim Abschluß von Versicherungsverträgen an der Haustür? ZRP 90,(1990),730 |
| Tettinger/Wank | Gewerbeordnung, Kommentar, 6.Aufl. 1999 |
| Thiele, Wolfgang | Leistungsstörung und Schutzpflichtverletzung JZ 67,649(659) |
| Thielenius, Georg | Nichtigkeit von Darlehensgeschäften im Reisegewerbe, MDR 77,803 |
| Thode, Reinhold | Anmerkung zu BGH Urt. v. 24.November 1995,V ZR 52/94, WM 96,315, WuB IV A.§ 278 BGB 1.96 |
| Thode, Reinhold | Anmerkung zu BGH Urt. v. 24.September, .96, XI ZR 318/95, WM 96,2105, WuB IV A.§ 278 BGB 1.97 S.788 |
| Thomsen, Stefan | „Nein" in der Beratung, Mein Geld vom 01.06.1996 S. 52 |
| Thüsen, von | VersR 52,69 Anmerkungen zum Urteil VersR 51,294 |
| Tietz | WiST 94, 629 |
| Titze | Anmerkung zu RG JW 21, 623 Nr.2, JW 21, 624 |
| Tintelnot, Albrecht | Gläubigeranfechtung kraft Wissenszurechnung – insbesondere zu Lasten Minderjähriger, JZ 87, 795ff. |

| | |
|---|---|
| Von Tuhr, Andreas | Der Allgemeine Teil des Deutschen Bürgerlichen Rechts, 2.Bd. 1.Hälfte, Die rechtserheblichen Tatsachen, insbesondere das Rechtsgeschäft, München, Leipzig, 1914 |
| Traub, Wolfgang | Marktfunktion und Dienstleistung des Versicherungsmaklers, Karlsruhe 1995 (zitiert Traub, Seite) |

**U**

| | |
|---|---|
| Ulmer, Peter/ Habersack, Mathias | Verbraucherkreditgesetz: Kommentar, München, 1992 |
| Ungebieler, Günther | Zur Nichtigkeit von Darlehensverträgen wegen Verstoßes gegen § 56 I nr. 6 GewO, NJW 80,568 |
| Unger, Brigitte | Die Versicherungsvermittlung im Wirkungsfeld des Aufsichts- und Wettbewerbsrechts, Dissertation, Karlsruhe 1987 (zitiert: Unger, Seite) |

**V**

| | |
|---|---|
| Versicherungs -Makler-Verband, e.V. | Der Versicherungsmakler als Berater der mittelständischen Wirtschaft, 1994 (zitiert: Der Versicherungsmakler, Randnummer) |
| VDM | Handbuch für den Makler, Braunschweig, 1993 (zitiert: Demme, S.) |
| Vollkommer, Max | Aktuelle Probleme der Kreditvermittlung, FLF 86,98 |
| | Das Schutz des Käufers beim B-Geschäft des finanzierten Abzahlungskaufs, in: Festschrift für Karl Larenz zum 70. Geburtstag, 1973, München, S. 703 |
| Vogelsang, Dietmar | Sachverständiger für Finanzplanung und Vermögensbewertung- Ein neuer Berufsstand gerlach-report Nr. 41/95 S. I |
| Vortmann, Jürgen | Aufklärungs- und Beratungspflichten der Banken, 5. Auflage, 1998 |
| | Aktuelle Rechtsfragen zum Verbraucherkreditgesetz, Köln, 1992 |
| Voß Georg, Höft Erich Müller-Stein, Jörg | Das Recht der Versicherungsvermittlung in: Gabler Versicherungsenzyklopädie, Band 3, 4. Aufl., Wiesbaden 1991, Seite 655ff (zitiert: Voß/Höft/Müller-Stein, RLV VIII, Seite) |

**W**

| | |
|---|---|
| Wach, Karl J.T. | Der Terminhandel in Recht und Praxis: zivilrechtlicher Anlegerschutz beim spekulativen Termingeschäft an den Rohstoff-, Finanz- und Devisenbörsen unter Berücksichtigung der wirtschaftlichen und soziologischen Tatsachen sowie des Straf- und Börsenrechts, Köln, 2. Auflage 1991 |
| Wacket, Peter | Aufsicht über Finanzdienstleistungs- und Versicherungsvermittler – Überregulierung statt Deregulierung FLF 3/97/117 |
| Wagner/Loritz | Konzeptionshandbuch der steuerorientierten Kapitalanlage I (Immobilienanlagen/Baumodelle), 2.Aufl. (1998) |
| Wanka, Richard | Nichtigkeit von Teilzahlungsverträgen und deren Auswirkung auf die am Teilzahlungsgeschäft Beteiligten, Erlangen-Nürnberg, 1962 |
| Wardenbach | Qualitätsgarantie für Anlageberater, Die Welt vom 06.10.1995, S. 21 |
| Waltermann, Raimund | Zur Wissenszurechnung – am Beispiel der juristischen Personen des privaten und des öffentlichen Rechts, AcP 192 (1992), 181ff. |
| Walther, Jürgen | Die Rechte des Käufers aus seiner Beziehung zum Verkäufer gegenüber einem Finanzierungsinstitut insbesondere beim B-Geschäft, Köln, 1961 S.53 (zitiert Walther, B-Geschäft, S.) |
| Wardenbach, Horst | Die 'Schmuddelkinder' der Finanzbranche, Die Welt vom 19.08.1995 |
| derselbe | Qualitätsgarantie für Anlageberater, Die Welt vom 06.10.1995 |
| | Im Gespräch mit Carsten Maschmeyer Vorurteile und Verkaufserfolge Versicherungskaufmann 5/94 S. 22 |
| Wassermann, Peter | Grundfälle zum Recht der Haustürgeschäfte JuS 90,548 |
| Weber, Hansjörg | Die Problematik des finanzierten Abzahlungskaufs, ZRP 82,306 |
| Weber-Häusermann, Elisabeth | Haftung für Hilfspersonen, 1984 |

| | |
|---|---|
| Wedler, Wilfried | Kenntnis und gesetzliche Vertretungsmacht des Versicherungsagenten oder: wie die Versicherer aus dem Schlaf gerissen werden, ZfV 92, 418 |
| Weghorn, Peter/ Lachner, Lothar | Rattenfänger in Designerklamotten – wie Strukturvertriebe arbeiten, 1996 |
| Weigel, J. | Was bringt die Kooperation Banken/Versicherungen? Bank und Markt , 1987, S. 5 |
| Weigel, Michael | Die Vertreterklausel in Antragsformularen, MDR 92, 728 |
| Weimar, Wilhelm | Haftet der Schuldner für Gelegenheitshandlungen seines Erfüllungsgehilfen? JR 82,95 |
| Weitnauer, Hermann | Neue Entscheidungen zum Abzahlungsrecht, JZ 68,201 |
| Wendt, Herbert | Anmerkung zu BGH Urt. v. 8.2.56- IV ZR 282/55, MDR 56,662 |
| Werber, Manfred | Zur Rechtsstellung des Versicherungsmaklers in heutiger Zeit Versicherungswirtschaft 17/88 S. 1159 |
| derselbe | Möglichkeiten einer Begrenzung der Versicherungsmaklerhaftung VersR 22/96 S. 917 |
| | Von der Unabhängigkeit des Versicherungsmaklers im Doppelrechtsverhältnis, in: Beiträge über den Versicherungsmakler, Heft 13 der Veröffentlichungen der Handelsgesellschaft zur Förderung des Versicherungswesens mbh, S. 185ff, Hamburg 1993 (zitiert: Werber, Doppelrechtsverhältnis, Seite) |
| | „Best advice" und die Sachwalterhaftung des Versicherungsmaklers VersR 92,917 |
| | Alte und neue Informations- und Beratungspflichten des Versicherers und des Vermittlers in ZversWiss 94, 321 |
| | Zur Rechtsstellung des Versicherungsmaklers in der heutigen Zeit, VW 17/88 S. 1159 |
| Werner, Horst/ Machunsky, Jürgen | Rechte und Ansprüche geschädigter Kapitalanleger, 3.neubearbeitete und erweiterte Auflage, Göttingen 1991 |
| derselbe | Haustürwiderrufsgesetz: Kommentar, Göttingen, 1990 |
| | Immobilienfonds und Erwerbermodelle Haftung bei steuerbegünstigten Kapitalanlagen 3. Neubearbeitete Auflage, Göttingen, 1997 |
| Werner, Horst | Nichtigkeit von Darlehensverträgen bei der Bauherrenmodellfinanzierung, BB 83,1552 |
| Wesseling, Sabine | Öffentliche Unternehmen im Allfinanzverbund, Schriften zur öffentlichen Verwaltung und öffentlichen Wirtschaft, Baden-Baden, 1997 (zitiert Wesseling, Öffentliche Unternehmen im Allfinanzverbund, S.) |
| Westermann, Harry | Haftung für fremdes Handeln, JuS 64,171 |
| Westphal, Friedrich Graf von | Anmerkungen zum BGH-Urteil vom 17.01.1985, BB 85,752(753) |
| Westphal, | Die rechtliche Qualifikation des Lieferanten des Leasingguts beim Finanzierungsleasing, BB 84,2093 |
| Westphal, Friedrich Graf Von, Emmerich,/ Volker Rottenburg, Franz von | Verbraucherkreditgesetz: Kommentar, 2.neubearbeitete und wesentlich erweiterte Auflage, Köln, 1996 |
| Wichard, Johannes Christian | Verbraucherschützende Widerrufsrechte und Vollstreckungsgegenklage BGH NJW 96,57 |
| Wiechers, Rüdiger | Der Langfristige Kredit 8/97, 246 |
| Wieling, Hans Josef | Synallagma bei Nichtigkeit und gesetzlichem Rücktritt JuS 73, 397 |
| Windscheid, Bernhard/ Kipp, Theodor | Lehrbuch des Pandektenrechts, 9.Auflage, Frankfurt/Main, 1906 |
| Wolf, Eckard | Die neuere Rechtsprechung des Bundesgerichtshof zum finanzierten Abzahlungskauf WM 80, 998 |
| Wolff, Eberhard | Zur Unanwendbarkeit des § 56 I Nr. 6 GewO auf 'vermittelte' Bürgschaften, WM 88,961 |

| | |
|---|---|
| Wolf, Manfred | Rechtsgeschäftliche Entscheidungsfreiheit und vertraglicher Interessensausgleich Tübingen 1970 |
| Wolf, Margareta | Warum wir eine Aktienkultur brauchen Kapital-Markt-Intern special-Beilage zu 28/98 |
| Wolfsteiner, Hans | Anmerkung zu BGH Urt. v. 12.7.79, III ZR 18/78, DNotZ 80,349 |
| Wollmann, Peter | Der Finanzkaufmann- Antwort auf den „neuen Kunden" Versicherungskaufmann 3/95 S. 44 |
| Wulf-Meier | Nebenberufliche Versicherungsvermittler- ein Vertriebsweg mit Zukunft? Versicherungswirtschaft 15/96 S. 1060 |
| Wunderlich, Wolfgang | Zur Haftung der Kreditinstitute gegenüber den Bauherren bei der Finanzierung von Immobilienerwerb nach dem Bauherrenmodell, DB 80,913 |
| Wüst, Günther | Präventiver und Repressiver Rechtsschutz bei Anlegerwerbung und Anlagevermittlung JZ 89,67 |

**Z**

| | |
|---|---|
| Zerres, Thomas | Die situativen Voraussetzungen des Haustürwiderrufsgesetz, 1996 |
| Zimmer, Daniel | Neue Vorschriften für den nicht organisierten Kapitalmarkt DB 98, 969 |
| Zopfs, Jannpeter | Die Rechtsstellung des Versicherungsmaklers, VersR 86,747 |
| Zunft, Fritz | Erfüllungsgehilfe und Vertrag zugunsten Dritter im Mietrecht, AcP 153 (1954), 377,378 |

**Presseberichte**

| | |
|---|---|
| Börsenzeitung v. 5.1.1989 und 6.1.1989 | |
| Cash vom 01.09.1993 S. 16 | Vermögensplanung mit Diplom |
| Frankfurter Allgemeine Zeitung vom 31.01.1998 | Fachberater für Finanzdienstleistungen |
| Frankfurter Rundschau vom 26.02.1997 | Anlegerschutz mit Schlupflöchern |
| Frankfurter Rundschau Nr. 26 v. 19.111.1985 | Bericht: „Versicherungen: Lohn der Lobby" |
| Finanztest vom 01.04.1997 S. 55 | Schlechter Schnitt |
| Finanztest 10/98 S. 49 | Allianz der Abzocker |
| Finanztest spezial Dezember 1999 | Hilfe für Anleger, Die Tricks der Vermittler |
| Handelsblatt vom 15.06.1998 | Finanzvermittler- Ausbildung per Gesetz regeln |
| Handelsblatt vom 06./07.12.1997 | Gütesiegel für Finanzberater |
| Handelsblatt vom 13.02.1997, S. 25 | Mehr Schutz für Anleger gefordert |
| Handelsblatt vom 17.02.1907 S. 17/18 | Wie Bauerfänger ihre Opfer über den Tisch ziehen |
| Handelsblatt vom 21./22.2.1997 S. 39 | Kritik aus dem Bundesrat am Bonner Gesetzentwurf |
| Handelsblatt Special vom 17.02.1997 | Grauer Kapitalmarkt |
| Handelsblatt Nr. 32 S. 26 vom 16.02.1999 | Verbraucherzentrale warnt Hohe Verluste durch stille Beteiligungen |
| Handelsblatt v. 5.1.1989 und 6.1.1989 | |
| VDI Nachrichten, Düsseldorf vom 30.04.1999 | Vermögensberatung Kompetenz wird immer wichtiger |
| Verbraucherpolitische Korrespondenz vom 25.02.1997 | |
| Die Welt vom 14.11.1994 | ZEFI-Register: Gütesiegel für Finanzdienstleister |
| Private Finanzplanung mit System | www.IFF-Hamburg.de/odars2web/d_all/bin/show.pl?key=4936-910943045&docno=140 |
| | www.IFF-Hamburg.de/odars2web/_all/bin/show.pl?key=6155-910951369&docno=107 |

Peter Lang · Europäischer Verlag der Wissenschaften

Erich Waclawik

# Die Bedeutung des rechtsgeschäftlichen Willens und seiner Erklärung für die Geltung von Verträgen

**Am Beispiel des Versuchs der Beschränkung der Irrtumsanfechtung**

Frankfurt/M., Berlin, Bern, Bruxelles, New York, Oxford, Wien, 2001. IX, 88 S.
ISBN 3-631-38028-3 · br. DM 45.– / € 23.-*

Die Erörterung der Bedeutung des rechtsgeschäftlichen Willens und seiner Erklärung für die Geltung von Verträgen blickt im deutschen Zivilrecht auf eine lange Geschichte zurück. Das BGB hat diese Grundfrage nicht ausdrücklich beantwortet; die Diskussion ist daher weiterhin in Bewegung. In neuerer Zeit wird hierbei die Auffassung vertreten, der Rechtsgeschäftslehre liege als Grundkonzept die Willenstheorie zu Grunde. Die Untersuchung geht der Berechtigung dieser These nach. Ihr Schwerpunkt bildet dabei die Erörterung einer Kontroverse, deren Entscheidung von der Richtigkeit dieser These abhängt: Die Einschränkung der Irrtumsanfechtung wegen ihrer Verwendung als „Reurecht". Die Untersuchung kommt zu dem Ergebnis, dass eine solche Einschränkung nicht notwendig, sondern im Gegenteil systemwidrig ist. Ferner wird nachgewiesen, dass der Rechtsgeschäftslehre kein ideologischer Ansatz zu Grunde liegt, auch nicht die Willenstheorie.

*Aus dem Inhalt*: Bisherige Begründung der Beschränkung der Irrtumsanfechtung · Das neue „Prinzip des Rechtsausschlusses" · Wege des geltenden Rechts zu dem durch den Irrtum verhinderten Vertrag · Erkenntnisse aus dem Streit um das „Reurecht" des Irrenden

Frankfurt/M · Berlin · Bern · Bruxelles · New York · Oxford · Wien
Auslieferung: Verlag Peter Lang AG
Jupiterstr. 15, CH-3000 Bern 15
Telefax (004131) 9402131

*inklusive der in Deutschland gültigen Mehrwertsteuer
Preisänderungen vorbehalten

**Homepage http://www.peterlang.de**

FSC
www.fsc.org
MIX
Papier | Fördert
gute Waldnutzung
FSC® C083411

Kolibri 360 GmbH
Ferdinand-Jühlke-Straße 7
99095 Erfurt, Deutschland
produktsicherheit@kolibri360.de

Druck:
CPI Druckdienstleistungen GmbH
im Auftrag der
Kolibri 360 GmbH
Ferdinand-Jühlke-Str. 7
99095 Erfurt